233网校
www.233.com

2022年证券从业系列辅导资料

黄金考点1本通

证券市场基本法律法规

MARKET FINANCIAL

主编◎孙　婧

中国金融出版社

责任编辑：王雪珂
责任校对：刘　明
责任印制：丁淮宾

图书在版编目（CIP）数据

证券市场基本法律法规/孙婧主编．—北京：中国金融出版社，2022.2
ISBN 978 - 7 - 5220 - 1542 - 2

Ⅰ.①证…　Ⅱ.①孙…　Ⅲ.①证券法—中国—资格考核—自学参考资料
Ⅳ.①D922.287

中国版本图书馆 CIP 数据核字（2022）第 036186 号

证券市场基本法律法规
ZHENGQUAN SHICHANG JIBEN FALÜ FAGUI
出版
发行　中国金融出版社
社址　北京市丰台区益泽路 2 号
市场开发部　(010)66024766，63805472，63439533（传真）
网 上 书 店　www.cfph.cn
(010)66024766，63372837（传真）
读者服务部　(010)66070833，62568380
邮编　100071
经销　新华书店
印刷　河北松源印刷有限公司
尺寸　185 毫米×260 毫米
印张　28
字数　572 千
版次　2022 年 3 月第 1 版
印次　2022 年 3 月第 1 次印刷
定价　56.00 元
ISBN 978 - 7 - 5220 - 1542 - 2
如出现印装错误本社负责调换　联系电话（010)63263947

前　言

本书是证券从业资格考试科目“证券市场基本法律法规”的辅导教材。本书遵循证券从业资格考试大纲的章节编排，共分5章28节，每章都分为考情早知道、本章知识概览、考点详解、章节真题汇总、本章总结5个部分。这5个部分清晰勾勒出每章的知识框架，使考生明确考点分布，准确把握复习主线。

本书具有以下几个方面的特点：

1. 重点突出，主次分明

本书每章的“考情早知道”部分对该章在整个科目中所占分值比例予以标示，并在“本章知识概览”中用星标对考点进行标示，全书考点按大纲要求分为一至三星，一星表示了解，二星表示熟悉，三星表示掌握，重要考点突出，一目了然。

2. 下划线+记忆技巧+易混知识点分析，深度挖掘

在具体内容中，对考试常常考察的出题点和关键词用下划线进行标记，并在重要内容后面做出注解或提示。对部分不易记忆的内容，总结记忆口诀或记忆技巧，方便考生加深印象。对于本科目出现的相似且容易混淆的知识点对比分析，帮助考生清晰区分考点内容，节省时间，提高效率。

3. 图表+图示，易懂易记

本书根据具体内容运用表格和图示对知识点进行对比或分类编写，使知识点所对应的逻辑关系更加清晰明确。

4. 总结记忆，温故知新

每节最后的“本节学习提示”列出本节学习重点，每章最后的“本章总结”运用思维导图呈现本章的重点难点，脉络清晰，方便复习。

5. 精选真题，强化考点

本书在重要知识点后面，精选部分考试真题，便于考生了解知识点的考察方式。在每章结束时也精选了若干题目加强练习，巩固学习成效。

目　录

欢迎广大学员对本书提出问题或建议，请您反馈到邮箱：1511488734@qq. com。我们会第一时间根据您的反馈进行完善。本书勘误内容，您可以通过扫描下方二维码获取。

第一章　证券市场基本法律法规

考情早知道

本章所涉法规均为证券市场法律法规体系重要且核心的法律规范，在整本教材中，考核分值较高，每套试卷中的分值占比为45%左右。主要考点集中在第二节、第三节、第四节、第五节、第七节。

其中，公司的种类，股份有限公司的设立方式与程序，合伙企业的种类，设立合伙企业的条件，公开发行证券的有关规定，证券交易的条件及方式等一般规定，内幕交易行为，上市公司收购的方式，信息披露制度、定期报告、临时报告及相关法律责任，投资者保护制度、投资者的分类、投资者保护机构、债券持有人会议、诉讼规则及相关法律责任，违反信息披露规则的法律责任、违反投资者保护规则的法律责任，基金管理人、基金托管人和基金份额持有人的概念，基金份额持有人的权利，基金管理人及基金托管人的职责，证券公司为客户开立证券账户管理的有关规定等是考核重点。

本章知识概览

小节	考点	备考指数
第一节　证券市场的法律法规体系	法的概念与特征	☆
	法律关系的概念、特征、种类与基本构成	☆
	证券市场法律法规体系的主要层级	☆☆
	证券市场各层级的主要法规	☆
第二节　公司法	公司的种类	☆☆☆
	公司法人财产权的概念	☆☆
	关于公司经营原则的规定	☆☆
	分公司和子公司的法律地位	☆☆
	公司的设立方式及设立登记的要求	☆
	公司章程的内容	☆

续表

小节	考点	备考指数
第二节　公司法	公司对外投资和担保的规定	☆☆
	关于禁止公司股东滥用权利的规定	☆☆
	有限责任公司的设立和组织机构	☆
	有限责任公司注册资本制度	☆☆
	有限责任公司股东会、董事会、监事会的职权	☆☆
	有限责任公司股权转让的相关规定	☆☆☆
	股份有限公司的设立方式与程序	☆☆☆
	股份有限公司的组织机构	☆☆
	股份有限公司的股份发行	☆☆
	股份有限公司股份转让的相关规定及对上市公司组织机构的特别规定	☆☆
	董事、监事和高级管理人员的义务和责任	☆
	公司财务会计制度的基本要求和内容	☆☆☆
	公司合并、分立的种类及程序	☆
	高级管理人员、控股股东、实际控制人、关联关系的概念	☆☆
	关于虚报注册资本、欺诈取得公司登记、虚假出资、抽逃出资、另立账簿、财务会计报告虚假记载等的法律责任	☆☆
第三节　合伙企业法	合伙企业的概念	☆☆☆
	合伙企业与公司的区别	☆
	合伙企业的种类	☆☆☆
	普通合伙人的主体适格性的限制性要求	☆☆☆
	合伙协议的订立形式与基本原则	☆☆☆
	设立合伙企业的条件	☆☆☆
	合伙企业财产分割、转让以及处分的相关规定	☆☆
	合伙企业经营中应当经全体合伙人一致同意的重要事项	☆☆☆
	合伙企业利润分配、亏损分担的原则	☆
	新合伙人入伙的条件	☆
	合伙人退伙、除名的情形或条件	☆☆☆
	特殊普通合伙企业的内容	☆☆☆
	有限合伙企业的合伙人、有限合伙企业的名称	☆☆☆
	有限合伙企业协议的内容	☆
	有限合伙企业的出资	☆☆☆
	有限合伙企业事务的执行	☆☆☆
	有限合伙企业的特殊性	☆☆☆

续表

小节	考点	备考指数
第三节　合伙企业法	有限合伙和普通合伙的转化	☆☆☆
	合伙企业的解散事由	☆
	合伙企业的清算规则	☆
	合伙企业注销后的债务承担	☆
	违反合伙企业法及合伙协议应当承担的主要法律责任	☆☆☆
第四节　证券法	证券法的适用范围	☆☆
	证券发行和交易的“三公”原则	☆☆☆
	发行交易当事人的行为准则	☆☆☆
	证券发行、交易活动禁止行为的规定	☆☆☆
	公开发行证券的有关规定	☆☆☆
	证券承销业务的种类、承销协议的主要内容	☆☆
	承销团及主承销人	☆☆
	证券的销售期限	☆☆
	代销制度	☆☆
	证券交易的条件及方式等一般规定	☆☆☆
	证券上市的条件和终止上市交易的情形	☆☆☆
	内幕交易行为	☆☆☆
	操纵证券市场行为	☆☆
	虚假陈述、信息误导行为和损害客户利益行为	☆☆☆
	上市公司收购的方式	☆☆☆
	上市公司收购的程序和规则	☆☆
	信息披露制度、定期报告、临时报告及相关法律责任	☆☆☆
	投资者保护制度、投资者的分类、投资者保护机构、债券持有人会议、诉讼规则及相关法律责任	☆☆☆
	证券交易场所的组织架构、交易规则和风险基金制度	☆☆
	证券登记结算机构的设立条件、职能、业务规则和证券结算风险基金	☆☆
	违反证券发行规定的法律责任	☆☆
	违反证券交易规定的法律责任	☆☆
	上市公司收购的法律责任	☆☆☆
	违反信息披露规则的法律责任、违反投资者保护规则的法律责任	☆☆☆
	违反证券机构管理、人员管理相关规定的法律责任及证券机构的法律责任	☆☆

续表

小节	考点	备考指数
第五节　证券投资基金法	基金管理人、基金托管人和基金份额持有人的概念、基金份额持有人的权利、基金管理人、基金托管人的职责	☆☆☆
	设立基金管理公司的条件	☆
	基金管理人的禁止行为	☆☆
	基金财产的独立性要求	☆☆☆
	基金财产债权债务独立性的意义	☆☆☆
	基金公开募集与非公开募集的区别	☆☆
	公募基金运作的方式	☆
	非公开募集基金的合格投资者的要求	☆
	非公开募集基金的投资范围	☆
	非公开募集基金管理人的登记及非公开募集基金的备案要求	☆
	相关的法律责任	☆
第六节　期货交易管理条例	期货的概念、特征及其种类	☆☆☆
	期货交易所的职责	☆☆
	期货交易所会员管理、内部管理制度的相关规定	☆
	期货公司设立的条件	☆
	期货公司的业务许可制度	☆
	期货交易的基本规则	☆
	期货监督管理的基本内容	☆
	期货相关法律责任的规定	☆
第七节　证券公司监督管理条例	证券公司依法审慎经营、履行诚信义务的规定	☆☆
	禁止证券公司股东和实际控制人滥用权利、损害客户权益的规定	☆☆
	证券公司股东出资的规定	☆
	关于成为持有证券公司5%以上股权的股东、实际控制人资格的规定	☆
	证券公司设立时业务范围的规定	☆☆☆
	证券公司变更公司章程重要条款的规定	☆☆
	证券公司合并、分立、停业、解散或者破产的相关规定	☆
	证券公司及其境内分支机构的设立、变更、注销登记的规定	☆
	有关证券公司组织机构的规定	☆☆
	证券公司及其境内分支机构经营业务的规定	☆☆☆
	证券公司为客户开立证券账户管理的有关规定	☆☆☆
	关于客户资产保护的相关规定	☆☆
	证券公司客户交易结算资金管理的规定	☆☆
	证券公司信息报送的主要内容和要求	☆
	证券监督管理机构对证券公司进行监督管理的主要措施	☆
	证券公司主要违法违规情形及其处罚措施	☆

续表

小节	考点	备考指数
第八节　证券公司风险处置条例	证券公司需进行停业整顿的相关规定	☆☆
	证券公司被国务院证券监督管理机构接管的情形	☆☆
	国务院证券监督管理机构对证券公司进行行政重组的条件、方式和期限的规定	☆☆☆
	国务院证券监督管理机构依法撤销证券公司业务许可的规定	☆☆
	国务院证券监督管理机构撤销证券公司的情形、条件及期限等相关规定	☆☆☆
	对是否需要动用证券投资者保护基金的证券公司申请破产清算的不同规定	☆
	国务院证券监督管理机构在处置证券公司风险工作中应履行的职责	☆
	证券公司风险处置过程中有关司法程序的规定	☆
	证券公司风险处置过程中相关机构或人员的规定	☆

注：本书中“☆”表示知识点的重要程度，其中☆代表了解；☆☆代表熟悉；☆☆☆代表掌握。

考点详解

第一节　证券市场的法律法规体系

考点一：法的概念与特征（☆）

（一）法的概念

法是由国家制定或认可并由国家强制力保证实施的，反映特定物质生活条件所决定的统治阶级意志，以权利和义务为内容，以确认、保护和发展对统治阶级有利的社会关系和社会秩序为目的的规范系统。

（二）法的特征

1. 法是调整人们的行为或社会关系的规范，具有规范性，法的规范性是法的基本特征

2. 法是由国家制定或认可的社会规范，具有国家意志性

3. 法是以权利和义务为内容的社会规范

4. 法是依靠国家强制力来保障实施的规范，具有国家强制性

【例题 1】关于法的概念，普遍的理解是（　　）。

A. 法是由国家制定或认可并由各组织强制力保证实施的行为规范的总称。

B. 法是由国家制定或认可并由市场强制力保证实施的行为规范的总称。

C. 法是由国家制定或认可并由上到下保证实施的行为规范的总称。

D. 法是由国家制定或认可并由国家强制力保证实施的行为规范的总称。

【答案】D

【解析】结合国内外法学研究的成果，目前对“法”较为普遍的理解是：法是由国家制定或认可并由国家强制力保证实施的，反映特定物质生活条件所决定的统治阶级意志，以权利和义务为内容，以确认、保护和发展对统治阶级有利的社会关系和社会秩序为目的的规范系统。

【例题2】具有国家意志性的社会规范是（　　）。

A. 社会团体规范　　B. 宗教规范　　C. 道德规范　　D. 法律规范

【答案】D

【解析】法是由国家制定或认可的，体现了国家的意志与权威；而其他社会规范，如道德规范、宗教规范、社会团体规范等虽然对人们的行为及相互之间关系也有一定指引与规范作用，但都不是由国家制定或认可的，不具有国家意志性。

考点二：法律关系的概念、特征、种类与基本构成（☆）

（一）法律关系的概念

法律关系是以法律规范为基础形成的、以权利和义务为内容的社会关系。

（二）法律关系的特征

1. 法律关系是一种以法律规范为基础形成的社会关系

首先，法律规范是法律关系产生的前提和基础。

其次，一种社会关系只有经过法律规范的确认或认可才会上升为法律关系。

2. 法律关系是以权利和义务为内容的社会关系

3. 法律关系是法律主体之间的社会关系

（三）法律关系的种类

分类依据	种类
所依据的法律部门	宪法法律关系、民商事法律关系、行政法律关系、劳动法律关系、诉讼法律关系
发生方式	确认性法律关系、创设性法律关系
主体地位	纵向法律关系、横向法律关系
主题数量	双边法律关系、多边法律关系
不同法律关系之间的因果关系	第一性法律关系、第二性法律关系

（四）法律关系的基本构成

构成要素	内容	具体包括
主体	自然人	我国公民以及在我国境内的外国人和无国籍人。
	组织	（1）国家机关，如国家的立法机关、行政机关、司法机关等； （2）营利性法人或非法人组织，如公司、合伙企业等； （3）非营利性法人或社会组织，如政党、行业协会、基金会等。
	国家	由领土、居民和政府组成的、拥有主权的政治实体。
客体	物	（1）天然物，如土地、河流、树木等； （2）生产物，如电脑、汽车、轮船等。
	人身、人格	人身是生命权、身体权、健康权等权利所指向的客体；人格是姓名权、名誉权、荣誉权等权利所指向的客体。
	精神成果	文艺作品、科学发明、著作权、商标权、专利权等。
	行为	包括作为和不作为两种情形。
内容	权利和义务	

【例题3】按照法律关系发生的方式，可以将法律关系分为（　　）。

A. 双边法律关系与多边法律关系

B. 确认性法律关系与创设性法律关系

C. 第一性法律关系与第二性法律关系

D. 纵向法律关系与横向法律关系

【答案】B

【解析】按照法律关系发生的方式，可以将法律关系分为确认性法律关系与创设性法律关系。确认性法律关系是法律规范对先前已存在的社会关系进行调整所形成的法律关系。创设性法律关系是根据法律规范而建立的全新社会关系。在法律规范对该种社会关系作出规定之前，该种社会关系并不存在。

【例题4】法律关系是以法律规范为基础形成的、以权利和义务为内容的社会关系。法律关系的基本构成要素包括（　　）。

Ⅰ. 法律关系的目标

Ⅱ. 法律关系的客体

Ⅲ. 法律关系的内容

Ⅳ. 法律关系的主体

A. Ⅰ、Ⅱ、Ⅳ　　B. Ⅱ、Ⅲ、Ⅳ

C. Ⅰ、Ⅱ、Ⅲ、Ⅳ　　D. Ⅰ、Ⅲ、Ⅳ

【答案】B

【解析】本题考查法律关系的构成要素。法律关系由主体、客体与内容三个要素构成。

【例题5】下列选项中，不属于法律关系客体的是（　　）。

A. 组织　B. 人格　C. 物　D. 不作为的行为

【答案】A

【解析】实践中，法律关系客体包括下列几类：（1）物；（2）人身、人格；（3）精神成果，又称为智力成果；（4）行为，包括作为和不作为两种情形。组织是法律关系的主体。

考点三：证券市场法律法规体系的主要层级（☆☆）

我国证券市场法律法规体系的主要层级包括五级。

法律法规层级	制定颁布主体
法律	全国人民代表大会及全国人民代表大会常务委员会
行政法规	国务院
部门规章	国务院各组成部门、直属特设机构、直属机构，中国证券监督管理委员会等国务院直属事业单位
规范性文件	有关部门或具有行政管理职能的机构
行业自律规则	行业自律组织，包括：证券交易场所、中国证券业协会、中国证券登记结算有限责任公司

【例题6】下列各项中，属于我国证券市场法律法规体系的主要层级的是（　　）。

Ⅰ. 规范性文件

Ⅱ. 证券公司规章制度

Ⅲ. 普遍遵守的职业道德

Ⅳ. 行业自律规则

A. Ⅰ、Ⅲ、Ⅳ　B. Ⅰ、Ⅳ　C. Ⅱ、Ⅲ　D. Ⅰ、Ⅱ

【答案】B

【解析】我国证券市场法律法规体系的主要层级包括五级：

1. 法律
2. 行政法规
3. 部门规章
4. 规范性文件
5. 行业自律规则

考点四：证券市场各层级的主要法规（☆）

法律法规层级	主要法规
法律	《证券法》《公司法》《刑法》《证券投资基金法》《信托法》《民法典》《担保法》《反洗钱法》等。**【注：法律全称一般为《中华人民共和国××法》】**。
行政法规	《证券公司监督管理条例》《证券公司风险处置条例》《证券、期货投资咨询管理暂行办法》《证券交易所风险基金管理暂行办法》《期货交易管理条例》《企业债券管理条例》等。
部门规章	《证券公司和证券投资基金管理公司合规管理办法》《证券期货投资者适当性管理办法》《证券投资基金管理公司管理办法》《私募投资基金监督管理暂行办法》《证券公司风险控制指标管理办法》《内地与香港股票市场交易互联互通机制若干规定》等。
规范性文件	《证券公司内部控制指引》《证券公司治理准则》等。
行业自律规则	《上海证券交易所交易规则》《深圳证券交易所交易规则》《上海证券交易所会员管理规则》《深圳证券交易所会员管理规则》《上海证券交易所股票上市规则》《深圳证券交易所股票上市规则》《全国中小企业股份转让系统业务规则（试行）》《全国中小企业股份转让系统股票转让细则》等。
	《中国证券业协会会员管理办法》《证券公司合规管理实施指引》《证券公司柜台交易业务规范》《证券公司另类投资子公司管理规范》《证券公司私募投资基金子公司管理规范》《发布证券研究报告执业规范》等。
	《中国证券登记结算有限责任公司开户代理机构管理业务指南》《中国证券登记结算有限责任公司特殊机构及产品证券账户业务指南》等。

【记忆技巧】

1. 法律看前缀“中华人民共和国”和后缀“法”

2. 行政法规看后缀，有“条例”＋咨询、交易所风险基金“办法”

3. 部门规章看后缀，有“办法”＋“规定”

4. 规范性文件看后缀，有“指引”＋“准则”

5. 自律性规则看前缀，有“交易所”＋“股份转让系统”＋“证券业协会”＋“登记结算公司”

【例题7】下列属于全国人民代表大会和全国人民代表大会常务委员会制定并颁布的法律是（　　）。

A.《期货公司监督管理办法》　　B.《中华人民共和国公司法》

C.《上市公司收购管理办法》　　D.《行政和解试点实施办法》

【答案】B

【解析】法律是指由全国人民代表大会及全国人民代表大会常务委员会制定的规范性法律文件。证券市场的法律主要包括《证券法》《公司法》《刑法》《证券投资基金法》《信托法》等。《民法典》《担保法》《反洗钱法》等也与证券资本市场有着密切联系。

【例题 8】下列选项中，不属于法律法规体系中行政法规的是（　　）。

A. 《证券公司监督管理条例》

B. 《证券、期货投资咨询管理暂行办法》

C. 《证券公司风险控制指标管理办法》

D. 《企业债券管理条例》

【答案】C

【解析】证券市场的行政法规主要包括《证券公司监督管理条例》《证券公司风险处置条例》《证券、期货投资咨询管理暂行办法》《证券交易所风险基金管理暂行办法》《期货交易管理条例》《企业债券管理条例》等。

【本节学习提示】考查重点：

①法律关系由主体（自然人、组织、国家）、客体（物、人身人格、精神成果、行为）、内容（权利和义务）构成。

②我国法律法规体系层级由上至下分为法律、行政法规、部门规章、规范性文件、行业自律规则五级。

③法律——“中华人民共和国” +“法”；

行政法规——“条例” +咨询、交易所风险基金“办法”；

部门规章——“办法” +“规定”；

规范性文件——“指引” +“准则”；

行业自律规则——“交易所” +“股份转让系统” +“证券业协会” +“登记结算公司”。

第二节　公司法

考点一：公司的种类（☆☆☆）

（一）公司的概念

公司是指以营利为目的，由一个股东单独投资组建或者特定人数的股东联合投资组建，股东以其投资额为限对公司负责，公司以其全部财产对外承担民事责任的企业法人。

（二）公司的种类

划分依据	公司种类	
股东人数和股份流动性	有限责任公司	股份有限公司
相互之间的组织关系	母公司	子公司
	总公司	分公司
	企业集团	成员企业
注册地	中国公司	外国公司
股份是否挂牌交易	上市公司	非上市公司
国有资本占比	国有独资、国有控股、国有参股	非国有公司

（三）有限责任公司与股份有限公司的区别

区别	有限责任公司	股份有限公司
概念	由特定人数的股东组成，股东以其认缴的出资额为限对公司承担责任，公司以其全部资产对外承担民事责任的公司。	由一定人数以上的股东组成，公司全部资本分为等额股份，股东以其认购的股份为限对公司承担责任，公司以其全部资产对外承担民事责任的企业法人。
股东人数	50 人以下	无上限
股份流动性	转让需征求其他股东意见	转让相对便捷、自由
募集资金	不可公开发行股份募集资金	可公开发行股份募集资金

【例题 9】下列有关公司的说法，错误的是（　　）。

A. 公司以营利为目的

B. 公司以其全部资产对外承担民事责任

C. 我国《公司法》主要适用于有限责任公司和股份有限公司

D. 公司股东对公司承担无限连带责任

【答案】D

【解析】公司是指以营利为目的，由一个股东单独投资组建或者特定人数的股东联合投资组建，股东以其投资额为限对公司负责，公司以其全部财产对外承担民事责任的企业法人。

【例题 10】根据《公司法》，有限责任公司由（　　）个以下股东出资设立。

A. 一百　　B. 二百　　C. 五十　　D. 二十

【答案】C

【解析】在股东人数上，有限责任公司设立时股东在五十人以下；股份有限公司股东人数无上限。

考点二：公司法人财产权的概念（☆☆）

公司是企业法人，有独立的法人财产，享有法人财产权。公司以其全部财产对公司的债务承担责任。

【例题 11】公司作为企业法人，具有以自有财产独立对外承担各种责任的能力。这种责任能力的基础在于（　　）。

A. 公司管理者承担信义义务　　B. 民事主体法律地位一律平等

C. 股东享有有限责任保护　　D. 公司享有法人财产权

【答案】D

【解析】公司是企业法人，有独立的法人财产，享有法人财产权。公司以其全部财产对公司的债务承担责任。

考点三：关于公司经营原则的规定（☆☆）

公司从事经营活动，必须遵守法律、行政法规，遵守社会公德、商业道德，诚实守信，接受政府和社会公众的监督，承担社会责任。

考点四：分公司和子公司的法律地位（☆☆）

区别	分公司	子公司
法人资格	不具备	具有
民事责任	总公司承担	自己独立承担
公司名称和章程	无独立名称和章程，经营活动需以总公司的名义	独立的名称和章程
人事、经营	无自主权，主要业务活动和人事管理由总公司决定	独立，以自己名义开展经营活动
财产	无独立财产，所有资产属于总公司	独立财产，自负盈亏，独立核算

【记忆技巧】

分公司犹如未成年的孩子，事事都得靠家长（总公司）；

子公司是成年的孩子，可以独挑门户。

【例题 12】下列有关子公司和分公司的说法，正确的是（　　）。

A. 分公司具有法人资格　　B. 子公司具有法人资格

C. 公司不得同时设立为子公司和分公司　　D. 分公司依法独立承担民事责任

【答案】B

【解析】公司可以设立子公司，子公司具有法人资格，依法独立承担民事责任。子公司是指一定数额的股份被另一公司控制或依照协议被另一公司控制、支配的公司。

公司可以设立分公司，分公司不具有法人资格，其民事责任由总公司承担。分公司是指在业务、资金、人事等方面受本公司管辖而不具有法人资格的分支机构。

【例题 13】下列有关子公司和分公司的说法，正确的是（　　）。

Ⅰ. 分公司的重大决策需要总公司决定；子公司的重大决策可由自己决定

Ⅱ. 分公司不具有法人资格，不能独立享有权利、承担责任，其一切行为的后果及责任由总公司承担；子公司具有独立的法人资格，能独立承担公司行为所带来的后果和责任

Ⅲ. 分公司没有独立的公司名称及章程，其对外从事经营活动必须以总公司的名义，遵守总公司的章程；子公司拥有独立的公司名称和公司章程

Ⅳ. 分公司在人事、经营上没有自主权，其主要业务活动及主要管理人员由总公司决定并委任，并根据总公司的委托或授权进行业务活动；子公司能够以自己的名义开展经营活动，从事各类民事活动

A. Ⅰ、Ⅱ、Ⅳ　　　　B. Ⅱ、Ⅲ、Ⅳ

C. Ⅰ、Ⅱ、Ⅲ、Ⅳ　　　　D. Ⅰ、Ⅲ、Ⅳ

【答案】B

【解析】Ⅰ项：子公司具有如下特征：一是其一定比例以上的资本被另一公司持有或通过协议方式受到另一公司实际控制。对子公司有控制权的公司是母公司。子公司的重大决策仍需由母公司决定。

考点五：公司的设立方式及设立登记的要求（☆）

（一）公司的设立方式

设立方式	含义	适用范围	要求
发起设立	发起人认购公司应发行的全部股份而设立公司	有限责任公司 股份有限公司	
募集设立	发起人认购公司应发行股份的一部分，其余股份向社会公开募集或者向特定对象募集而设立公司	股份有限公司	发起人认购的股份≥35%

（二）公司设立登记的要求

设立公司，应当依法向公司登记机关申请设立登记。有限责任公司，必须在公司名称中标明“有限责任公司”或者“有限公司”字样。股份有限公司，必须在公司名称中标明“股份有限公司”或者“股份公司”字样。

考点六：公司章程的内容（☆）

公司章程，是指公司依法制定的，规定公司名称、住所、经营范围、经营管理制度等重大事项的基本文件。公司章程对公司、股东、董事、监事、高级管理人员具有约束力。

- 公司章程
  - 必要记载事项
    - 绝对必要记载事项
    - 相对必要记载事项
  - 任意记载事项

章程	有限责任公司	股份有限公司
相同内容	（1）公司名称和住所；（2）公司经营范围；（3）公司法定代表人	
不同内容	（4）公司注册资本 （5）股东姓名或者名称 （6）股东的出资方式、出资额和出资时间 （7）公司的机构及其产生办法、职权、议事规则 （8）股东会会议认为需要规定的其他事项	（4）公司股份总数、每股金额和注册资本 （5）发起人的姓名或者名称、认购的股份数、出资方式和出资时间 （6）董事会、监事会的组成、职权和议事规则 （7）公司设立方式 （8）公司利润分配办法 （9）公司的解散事由与清算办法 （10）公司的通知和公告办法 （11）股东大会会议认为需要规定的其他事项

【例题 14】下列关于公司章程的说法，错误的是（　　）。

A. 公司的经营范围由公司章程规定，并依法登记

B. 设立公司必须依法制定公司章程

C. 公司可以修改公司章程，改变经营范围，但是应当办理变更登记

D. 公司章程只对公司和股东具有约束力

【答案】D

【解析】公司章程，是指公司依法制定的，规定公司名称、住所、经营范围、经营管理制度等重大事项的基本文件。公司章程是公司组织或活动的基本准则。设立公司必须依法制定公司章程。公司章程对公司、股东、董事、监事、高级管理人员具有约束力。公司章程在公司法中具有重要意义。

考点七：公司对外投资和担保的规定（☆☆）

公司可以对外投资和提供担保。公司提供担保的方式包括保证、抵押和质押等。

公司向其他企业投资或者为他人提供担保，依照公司章程的规定，由董事会或者股东会、股东大会决议；公司章程对投资或者担保的总额及单项投资或者担保的数额有限额规定的，不得超过规定的限额。公司为公司股东或者实际控制人提供担保的，必须经股东会或者股东大会决议（1/2 以上通过）。

上市公司在一年内担保金额超过公司资产总额 30% 的，应当由股东大会作出决议，并经出席会议的股东所持表决权的 2/3 以上通过。

【记忆技巧】

为普通对象担保——董事会、股东会（有限责任公司）、股东大会（股份有限公司）决议；

为重点对象担保——必须经股东会或股东大会决议。

【例题 15】 上市公司在 1 年内担保金额超过公司资产总额 30% 的，应当由股东大会作出决议，并经（　　）通过。

A. 出席会议的股东所持表决权的 1/2 以上

B. 出席会议的股东所持表决权的 2/3 以上

C. 全体股东所持表决权的 1/2 以上

D. 全体股东所持表决权的 2/3 以上

【答案】 B

【解析】 上市公司在一年内担保金额超过公司资产总额 30% 的，应当由股东大会作出决议，并经出席会议的股东所持表决权的 2/3 以上通过。

考点八：关于禁止公司股东滥用权利的规定（☆☆）

公司股东应当遵守法律、行政法规和公司章程，依法行使股东权利，不得滥用股东权利损害公司或者其他股东的利益；不得滥用公司法人独立地位和股东有限责任损害公司债权人的利益。

考点九：有限责任公司的设立和组织机构（☆）

（一）公司的设立

设立有限责任公司，应当具备下列条件：

（1）股东符合法定人数，有限责任公司由 50 个以下股东出资设立；

（2）有符合公司章程规定的全体股东认缴的出资额；

（3）股东共同制定公司章程；

（4）有公司名称，建立符合有限责任公司要求的组织机构；

（5）有公司住所**【注意不是生产设备】**。

（二）有限责任公司的组织机构

<table>
<tr><td>股东会</td><td colspan="2">由全体股东组成，公司的权力机构</td></tr>
<tr><td rowspan="4">董事会</td><td>选举</td><td>董事会成员由股东会选举产生</td></tr>
<tr><td>人数</td><td>3 ~ 13 人</td></tr>
<tr><td>任期</td><td>3 年/届，连选可以连任</td></tr>
<tr><td>人员</td><td>董事长 1 人，可以设副董事长。董事长、副董事长的产生办法由公司章程规定。
【注：股份有限公司董事长、副董事长由全体董事过半数选举产生】</td></tr>
</table>

续表

董事会	职工代表董事	两个以上的国有企业或者两个以上的其他国有投资主体投资设立的有限责任公司，其董事会成员中应当有公司职工代表；其他有限责任公司董事会成员中可以有公司职工代表（职工代表董事由职工代表大会、职工大会或者其他形式民主选举产生）。
	执行董事	股东人数较少或者规模较小的有限责任公司，可以设1名执行董事，不设董事会，执行董事可以兼任公司经理。
	董事长	董事长召集和主持董事会会议，检查董事会决议的实施情况。副董事长协助董事长工作，董事长不能履行职务或者不履行职务的，由副董事长履行职务；副董事长不能履行职务或者不履行职务的，由半数以上董事共同推举1名董事履行职务。**【董事长—副董事长—推举的董事】**
监事会	选举	由股东会选举产生，或者由职工代表大会、职工大会或其他方式民主选举产生。
	人数	≥3人 （股东人数较少或者规模较小的有限责任公司，可以设1至2名监事，不设监事会。董事、高级管理人员不得兼任监事。） **【提示：关于本科目所涉各类主体任职限制要求对比汇总，详见本书最后《易混知识点汇总分析（二）》】**
	任期	3年/届，连选可以连任
	人员	主席1人，由全体监事过半数选举产生**【注：股份有限公司相同】**
	职工代表监事	≥监事会成员的1/3
	主席	监事会主席召集和主持监事会会议；监事会主席不能履行职务或者不履行职务的，由监事会副主席召集和主持监事会会议；监事会副主席不能履行职务或者不履行职务的，由半数以上监事共同推举1名监事召集和主持监事会会议。**【主席—副主席—推举的监事】**
经理	由董事会决定聘任或者解聘。经理对董事会负责。	

【例题16】 根据《公司法》，下列关于设立有限责任公司应当具备的条件的说法，正确的有（　　）。

Ⅰ. 股东符合法定人数，公司由20个以下股东出资设立

Ⅱ. 有符合公司章程规定的全体股东认缴的出资额

Ⅲ. 股东共同制定公司章程

Ⅳ. 有公司名称，建立符合有限责任公司要求的组织机构

A. Ⅰ、Ⅲ、Ⅳ　　B. Ⅰ、Ⅱ、Ⅲ　　C. Ⅰ、Ⅱ、Ⅳ　　D. Ⅱ、Ⅲ、Ⅳ

【答案】 D

【解析】 设立有限责任公司，应当具备下列条件：

（1）股东符合法定人数，有限责任公司由50个以下股东出资设立；

（2）有符合公司章程规定的全体股东认缴的出资额；

（3）股东共同制定公司章程；

（4）有公司名称，建立符合有限责任公司要求的组织机构；

（5）有公司住所。

【例题 17】下列关于有限责任公司的董事和监事任期的说法，错误的是（　　）。

A. 董事任期届满，连选可以连任

B. 监事任期由公司章程规定，但每届任期不得超过五年

C. 董事任期由公司章程规定，但每届任期不得超过三年

D. 监事任期届满，连选可以连任

【答案】B

【解析】董事任期由公司章程规定，但每届任期不得超过 3 年。董事任期届满，连选可以连任。监事的任期每届为 3 年。监事任期届满，连选可以连任。

【例题 18】《中华人民共和国公司法》规定，有限责任公司经营规模较大的，设立监事会，其成员（　　）。

A. 必须多于 2 人　　B. 不得少于 2 人　　C. 必须多于 3 人　　D. 不得少于 3 人

【答案】D

【解析】有限责任公司设监事会，其成员不得少于 3 人。股东人数较少或者规模较小的有限责任公司，可以设 1 至 2 名监事，不设监事会。

考点十：有限责任公司注册资本制度（☆☆）

有限责任公司的注册资本为在公司登记机关登记的全体股东认缴的出资额。

股东可以用货币出资，也可以用实物、知识产权、土地使用权等可以用货币估价并可以依法转让的非货币财产作价出资；但是，法律、行政法规规定不得作为出资的财产除外。

缴纳注册资本的要求：

1. 货币出资——足额存入公司银行账户

2. 非货币财产出资——办理财产权转移手续

3. 未按规定缴纳出资的责任——足额补齐并向已按期足额缴纳出资的股东承担违约责任

【例题 19】根据《公司法》，下列不能作为股东出资的是（　　）。

A. 土地使用权　　B. 货币　　C. 劳务　　D. 知识产权

【答案】C

【解析】股东可以用货币出资，也可以用实物、知识产权、土地使用权等可以用货币估价并可以依法转让的非货币财产作价出资；但是，法律、行政法规规定不得作为出资的财产除外。

考点十一：有限责任公司股东会、董事会、监事会的职权（☆☆）

（一）股东会、董事会、经理的职权

职权内容	经理	董事会	股东会
年度经营计划和投资方案	组织实施	决定	决定公司经营方针，投资计划
公司内部管理机构设置方案	拟定	决定	
公司的基本管理制度	拟定	制定	
公司的具体规章	制定		
执行、实施	董事会决议	股东会决议	
聘任、解聘、决定薪酬	其他管理人员	经理、副经理、财务负责人	非职工代表董事、监事
年度财务预算方案、决算方案		制订	审议批准
利润分配方案和弥补亏损方案		制订	审议批准
增加或者减少注册资本以及发行公司债券的方案		制订	决议
合并、分立、解散或者变更公司形式的方案		制订	决议
其他职权	主持公司的生产经营管理工作	召集股东会会议，并向股东会报告工作	审议批准董事会、监事会或监事的报告
	提请聘任或者解聘公司副经理、财务负责人		修改公司章程

【记忆技巧】

股东会是“老大”，管着董事会，董事会承上启下管着经理。

经理负责日常经营管理，起草拟定与日常管理相关的制度文本，交由董事会拍板决定；董事会起草制订公司全局大事的方案文本，交由股东会拍板决定。

【例题 20】下列不属于有限责任公司的股东会职权的是（　　）。

A. 选举和更换由非职工代表担任的董事、监事，决定有关董事、监事的报酬事项

B. 审议批准监事会或者监事的报告

C. 对发行公司债券作出决议

D. 聘任或解聘公司总经理

【答案】D

【解析】股东会行使下列法定职权：

（1）决定公司的经营方针和投资计划；

（2）选举和更换非由职工代表担任的董事、监事，决定有关董事、监事的报酬事项；

（3）审议批准董事会的报告；

（4）审议批准监事会或者监事的报告；

（5）审议批准公司的年度财务预算方案、决算方案；

（6）审议批准公司的利润分配方案和弥补亏损方案；

（7）对公司增加或者减少注册资本作出决议；

（8）对发行公司债券作出决议；

（9）对公司合并、分立、解散、清算或者变更公司形式作出决议；

（10）修改公司章程；

（11）公司章程规定的其他职权。

【例题21】 下列属于有限责任公司董事会职权的有（　　）。

Ⅰ. 决定公司的经营计划和投资方案

Ⅱ. 制订公司合并、分立、解散或者变更公司形式的方案

Ⅲ. 对公司增加或者减少注册资本作出决议

Ⅳ. 制定公司的具体规章

A. Ⅱ、Ⅲ、Ⅳ　　B. Ⅰ、Ⅱ　　C. Ⅰ、Ⅲ、Ⅳ　　D. Ⅰ、Ⅱ、Ⅲ

【答案】 B

【解析】 董事会对股东会负责，行使下列职权：

（1）召集股东会会议，并向股东会报告工作；

（2）执行股东会的决议；

（3）决定公司的经营计划和投资方案；

（4）制订公司的年度财务预算方案、决算方案；

（5）制订公司的利润分配方案和弥补亏损方案；

（6）制订公司增加或者减少注册资本以及发行公司债券的方案；

（7）制订公司合并、分立、解散或者变更公司形式的方案；

（8）决定公司内部管理机构的设置；

（9）决定聘任或者解聘公司经理及其报酬事项，并根据经理的提名决定聘任或者解聘公司副经理、财务负责人及其报酬事项；

（10）制定公司的基本管理制度；

（11）公司章程规定的其他职权。

（二）监事会的职权

（1）检查公司财务；

（2）对董事、高级管理人员执行公司职务的行为进行监督，对违反法律、行政法规、公司章程或者股东会决议的董事、高级管理人员提出罢免的建议；

（3）当董事、高级管理人员的行为损害公司的利益时，要求董事、高级管理人员予以纠正；

（4）提议召开临时股东会会议，在董事会不履行本法规定的召集和主持股东会会议职责时召集和主持股东会会议；

（5）向股东会会议提出提案；

（6）依照《公司法》第一百五十一条的规定，对董事、高级管理人员提起诉讼；

（7）公司章程规定的其他职权。

考点十二：有限责任公司股权转让的相关规定（☆☆☆）

（一）自愿让与

1. 相互转让：股东之间可以相互转让其全部或者部分股权

2. 向外部转让

（1）书面通知其他股东征求同意，时限30天。

（2）其他股东未答复，视为默认同意转让。

（3）其他股东半数以上不同意转让的，不同意的股东应当购买该转让的股权；不购买的，视为同意转让。

（4）经股东同意转让的股权，在同等条件下，其他股东有优先购买权。2个以上股东主张行使优先购买权的，协商确定各自的购买比例；协商不成的，按照转让时各自的出资比例行使优先购买权。

（二）强制转让

人民法院依照法律规定的强制执行程序转让股东的股权时，应当通知公司及全体股东，其他股东在同等条件下有优先购买权。其他股东自人民法院通知之日起满20日不行使优先购买权的，视为放弃优先购买权。

（三）回购股权【有限责任公司为“股权”；股份有限公司为“股份”】

有下列情形之一的，对股东会回购股权决议投反对票的股东可以请求公司按照合理的价格收购其股权：

（1）公司连续5年不向股东分配利润，而公司该5年连续盈利，并且符合《公司法》规定的分配利润条件的；

（2）公司合并、分立、转让主要财产的；

（3）公司章程规定的营业期限届满或者章程规定的其他解散事由出现，股东会会议通过决议修改章程使公司存续的。

自股东会会议决议通过之日起60日内，股东与公司不能达成股权收购协议的，股东可以自股东会会议决议通过之日起 90 日内向人民法院提起诉讼。

【例题 22】下列关于有限责任公司股权转让的说法，正确的是（　　）。

Ⅰ. 有限责任公司的股东之间可以相互转让其全部或部分股权

Ⅱ. 股东向股东以外的人转让股权，应当经其他全部股东同意

Ⅲ. 经股东同意转让的股权，在同等条件下，其他股东有优先购买权

Ⅳ. 股东应就其股权转让事项书面或口头通知其他股东征求意见

A. Ⅰ、Ⅱ、Ⅳ　　B. Ⅰ、Ⅲ　　C. Ⅱ、Ⅲ　　D. Ⅰ、Ⅱ、Ⅲ

【答案】B

【解析】有限责任公司的股东之间可以相互转让其全部或者部分股权。

股东向股东以外的人转让股权，应当经其他股东过半数同意。股东应就其股权转让事项书面通知其他股东征求同意，其他股东自接到书面通知之日起满 30 日未答复的，视为同意转让。其他股东半数以上不同意转让的，不同意的股东应当购买该转让的股权；不购买的，视为同意转让。经股东同意转让的股权，在同等条件下，其他股东有优先购买权。

【例题 23】有限责任公司股东对以下（　　）对股东会决议投反对票的股东，可以请求公司按照合理价格收购其股权。

Ⅰ. 公司转让主要财产的

Ⅱ. 公司合并、分立

Ⅲ. 公司章程规定的营业期限届满，股东会会议通过决议修改章程使公司存续的

Ⅳ. 公司连续盈利且符合《公司法》规定的分配利润条件的，公司 3 年连续盈利，已连续三年不向股东分配利润

A. Ⅱ、Ⅲ、Ⅳ　　B. Ⅰ、Ⅱ、Ⅲ　　C. Ⅰ、Ⅱ、Ⅳ　　D. Ⅲ、Ⅳ

【答案】B

【解析】有下列情形之一的，对股东会回购股权决议投反对票的股东可以请求公司按照合理的价格收购其股权：

（1）公司连续 5 年不向股东分配利润，而公司该 5 年连续盈利，并且符合《公司法》规定的分配利润条件的；

（2）公司合并、分立、转让主要财产的；

（3）公司章程规定的营业期限届满或者章程规定的其他解散事由出现，股东会会议通过决议修改章程使公司存续的。

考点十三：股份有限公司的设立方式与程序（☆☆☆）

（一）设立条件

（1）发起人符合法定人数（发起人为 2 ~ 200 人，且半数以上在中国境内有住所）；

（2）有符合公司章程规定的全体发起人认购的股本总额（发起设立）或者募集的实收股本总额（募集设立）；

（3）股份发行、筹办事项符合法律规定；

（4）发起人制订公司章程，采用募集方式设立的经创立大会通过；

（5）有公司名称，建立符合股份有限公司要求的组织机构；

（6）有公司住所。

（二）设立程序

（1）订立发起人协议；

（2）订立公司章程；

（3）认缴资本（募集设立发起人认购股份≥股份总数的35%）；

（4）选举董事会和监事会，申请设立登记（董事会应于创立大会结束后30日内，向公司登记机关申请设立登记）。

【易混知识点分析】

有限责任公司与股份有限公司的设立要求有相似有不同，学习时注意几个问题：

（1）人数：有限责任公司股东≤50人；股份有限公司发起人为2～200人，募集设立股东无上限。

（2）注册资金：有限责任公司——全体股东认缴的出资额；股份有限公司——全体发起人认购的股本总额（发起设立）或者募集的实收股本总额（募集设立）。

（3）创立大会：有限责任公司无，股份有限公司募集设立需召开创立大会。

考点十四：股份有限公司的组织机构（☆☆）

股份有限公司股东大会由全体股东组成。**【注：有限责任公司称为“股东会”】**

股份有限公司设董事会，其成员为5至19人。**【有限责任公司为3～13人】**

董事会成员中可以有公司职工代表。**【有限责任公司有两个以上的国有企业或者两个以上的其他国有投资主体投资的，必须设立职工代表董事；其他有限责任公司不强制要求。】**

【有限责任公司股东会、董事会、监事会、经理的规定（任职要求及职权），同样适用于股份有限公司股东大会、董事会、监事会、经理。】

【例题24】股份有限公司的股东大会会议由董事长主持，董事长、副董事长不能履行职务或者不履行职务的，由（　　）以上董事共同推举1名董事主持。

A. 2/3　　B. 半数　　C. 1/3　　D. 全体

【答案】 B

【解析】 董事长召集和主持董事会会议，检查董事会决议的实施情况。副董事长协助董事长工作，董事长不能履行职务或者不履行职务的，由副董事长履行职务；副董事长不能履行职务或者不履行职务的，由半数以上董事共同推举1名董事履行职务。

考点十五：股份有限公司的股份发行（☆☆）

（一）股份发行的原则——公平、公正【注意没有公开】

- 同股同权：同种类的每一股份应当具有同等权利。
- 同股同价：同次发行的同种类股票，每股的发行条件和价格应当相同；任何单位或者个人所认购的股份，每股应当支付相同价额。

（二）发行的价格——发行价格 ≥ 票面金额

（三）股票的形式和记载

股票采用纸面形式或者国务院证券监督管理机构规定的其他形式。股票应当载明下列主要事项：

（1）公司名称；

（2）公司成立日期；

（3）股票种类、票面金额及代表的股份数；

（4）股票的编号。

公司发行的股票，可以为记名股票，也可以为无记名股票。

（四）发行新股

（1）股东大会作出决议。（种类及数额、发行价格、发行起止日期、向原有股东发行的种类及数额）

（2）证监会注册。

（3）公告招股说明书和财务会计报告，制作认股书。

（4）由证券公司承销，签订承销协议。

（5）同银行签订代收股款协议。

（6）向公司登记机关办理变更登记，并公告。

【例题25】 下列关于股份有限公司发起人向社会公开募集股份的说法，正确的有（　　）。

Ⅰ. 发起人向社会公开募集股份，必须公告招股说明书，并制作认股书

Ⅱ. 发起人应当与依法设立的证券经营机构签订承销协议

Ⅲ. 发起人应当与银行签订代收股款协议

Ⅳ. 股款募足后，不必须经法定的验资机构验资

A. Ⅰ、Ⅲ、Ⅳ　　B. Ⅱ、Ⅲ、Ⅳ　　C. Ⅰ、Ⅱ、Ⅳ　　D. Ⅰ、Ⅱ、Ⅲ

【答案】D

【解析】发起人向社会公开募集股份，必须公告招股说明书，并制作认股书。同时，发起人应当与依法设立的证券经营机构签订承销协议，与银行签订代收股款协议。发行股份的股款募足后，必须经法定的验资机构验资并出具证明。

【例题 26】下列关于股份发行公平、公正原则的说法，正确的有（　　）。

Ⅰ. 同种类的每一股份应当具有同等权利

Ⅱ. 同次发行的同种类股票，每股的发行条件应当相同

Ⅲ. 同次发行的同种类股票，每股的发行价格可以不同

Ⅳ. 因机构认购股份数额较大，其每股支付的价款，可以低于个人

A. Ⅰ、Ⅱ　　B. Ⅰ、Ⅲ　　C. Ⅰ、Ⅲ、Ⅳ　　D. Ⅱ、Ⅲ、Ⅳ

【答案】A

【解析】股份的发行，实行公平、公正的原则，同种类的每一股份应当具有同等权利。同次发行的同种类股票，每股的发行条件和价格应当相同；任何单位或者个人所认购的股份，每股应当支付相同价额。

考点十六：股份有限公司股份转让的相关规定及对上市公司组织机构的特别规定（☆☆）

（一）股份转让

1. 记名股票与无记名股票转让

股票类别	转让方式	具体要求
记名股票	背书或其他方式	股东大会召开前 20 日内或者公司决定分配股利的基准日前 5 日内，不得进行股东名册的变更登记。
无记名股票	证券交易场所	股票交付给受让人后即发生转让的效力。

2. 发起人及董事、监事、高级管理人员股份转让的限制

转让主体	限制时点	限制期限（不得转让）
发起人持有的本公司股份	自公司成立之日起	1 年
公开发行前的股份（包括发起人，董、监、高）	自上市交易之日起	1 年
董、监、高	任职期间	每年转让不超过 25%
董、监、高	离职之后	6 个月

【提示：关于本科目所涉各类主体转让限制的对比汇总，详见本书最后《易混知识点汇总分析（四）》】

【例题 27】股份有限公司董事、监事、高级管理人员持有的本公司股份（　　）不得转让。

Ⅰ. 自公司股票上市交易之日起最长半年内

Ⅱ. 自公司股票上市交易之日起一年内

Ⅲ. 在离职后半年内

Ⅳ. 在离职后一年内

A. Ⅰ、Ⅲ　　B. Ⅱ、Ⅲ　　C. Ⅰ、Ⅳ　　D. Ⅱ、Ⅳ

【答案】B

【解析】公司董事、监事、高级管理人员应当向公司申报所持有的本公司的股份及其变动情况，在任职期间每年转让的股份不得超过其所持有本公司股份总数的25%；所持本公司股份自公司股票上市交易之日起1年内不得转让。上述人员离职后半年内，不得转让其所持有的本公司股份。

3. 股份回购【有限责任公司为“回购股权”】

公司不得收购本公司股份。但是，有下列情形之一的除外：

回购情形	注销时限
①减少公司注册资本	自收购之日起10日内注销
②与持有本公司股份的其他公司合并	在6个月内转让或者注销
③股东因对股东大会作出的公司合并、分立决议持异议，要求公司收购其股份	
④将股份用于员工持股计划或者股权激励	公司合计持有的本公司股份数不得超过本公司已发行股份总额的10%，并应当在3年内转让或者注销
⑤将股份用于转换上市公司发行的可转换为股票的公司债券	
⑥上市公司为维护公司价值及股东权益所必需	

注：第①项、第⑤项、第⑥项规定的情形收购本公司股份的，应当通过公开的集中交易方式进行。

（二）上市公司组织机构的特别规定

上市公司，是指其股票在证券交易所上市交易的股份有限公司。

上市公司设立独立董事，具体办法由国务院规定。

上市公司设董事会秘书，负责公司股东大会和董事会会议的筹备、文件保管、公司股东资料的管理以及办理信息披露事务等事宜。

上市公司董事与董事会会议决议事项所涉及的企业有关联关系的，不得对该项决议行使表决权，也不得代理其他董事行使表决权。该董事会会议由过半数的无关联关系董事出席即可举行，董事会会议所作决议须经无关联关系董事过半数通过。出席董事会的无关联关系董事人数不足3人的，应将该事项提交上市公司股东大会审议。

考点十七：董事、监事和高级管理人员的义务和责任（☆）

董事、高级管理人员不得有下列行为：

（1）挪用公司资金；

（2）将公司资金以其个人名义或者以其他个人名义开立账户存储；

（3）违反公司章程的规定，未经股东会、股东大会或者董事会同意，将公司资金借贷给他人或者以公司财产为他人提供担保；

（4）违反公司章程的规定或者未经股东会、股东大会同意，与本公司订立合同或者进行交易；

（5）未经股东会或者股东大会同意，利用职务便利为自己或者他人谋取属于公司的商业机会，自营或者为他人经营与所任职公司同类的业务；

（6）接受他人与公司交易的佣金归为己有；

（7）擅自披露公司秘密；

（8）违反对公司忠实义务的其他行为。

董事、高级管理人员违反经营义务所得的收入应当归公司所有。

【记忆技巧】

对于禁止行为：与此主体（如董、高）和此事项（公司经营管理行为）有关的错误行为（违反法律、法规、行业规范、公序良俗、职业道德），均禁止。

【例题28】股份有限公司董事不得从事的行为有（　　）。

Ⅰ. 将公司资金以其个人名义开立账户存储

Ⅱ. 持有本公司的股份

Ⅲ. 不经股东大会同意与本公司订立合同或者进行交易

Ⅳ. 接受他人与公司交易的佣金并将一部分归为己有

A. Ⅰ、Ⅱ、Ⅲ　　B. Ⅱ、Ⅳ　　C. Ⅲ、Ⅳ　　D. Ⅰ、Ⅲ、Ⅳ

【答案】D

【解析】董事、高级管理人员不得有下列行为：

（1）挪用公司资金；

（2）将公司资金以其个人名义或者以其他个人名义开立账户存储；

（3）违反公司章程的规定，未经股东会、股东大会或者董事会同意，将公司资金借贷给他人或者以公司财产为他人提供担保；

（4）违反公司章程的规定或者未经股东会、股东大会同意，与本公司订立合同或者进行交易；

（5）未经股东会或者股东大会同意，利用职务便利为自己或者他人谋取属于公司的商业机会，自营或者为他人经营与所任职公司同类的业务；

（6）接受他人与公司交易的佣金归为己有；

（7）擅自披露公司秘密；

（8）违反对公司忠实义务的其他行为。

考点十八：公司财务会计制度的基本要求和内容（☆☆☆）

（一）财务会计制度的基本要求

公司应当在每一会计年度（1 月 1 日至 12 月 31 日）终了时编制财务会计报告，并依法经会计师事务所审计。

有限责任公司——依照公司章程规定的期限将财务会计报告送交各股东。

股份有限公司——在召开股东大会年会的 20 日前置备于本公司，供股东查阅；公开发行股票的股份有限公司必须公告其财务会计报告。

（二）财务会计制度的内容

1. 公积金

公司的公积金用于弥补公司的亏损、扩大公司生产经营或者转为增加公司资本。但是，资本公积金不得用于弥补公司的亏损。

股份有限公司以超过股票票面金额的发行价格发行股份所得的溢价款，以及国务院财政部门规定列入资本公积金的其他收入，应当列为公司资本公积金。

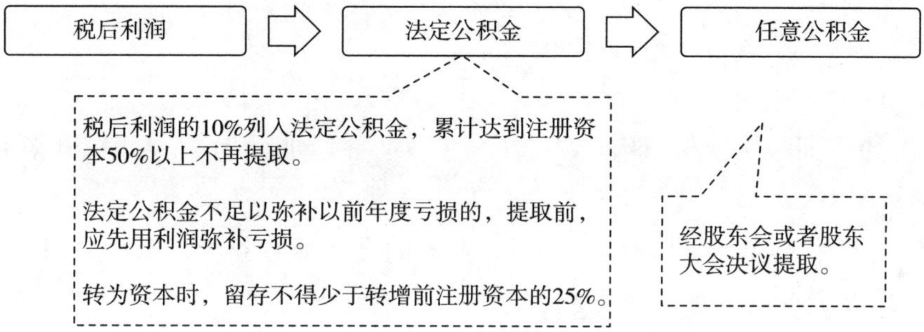

2. 利润分配

公司弥补亏损和提取公积金后所余税后利润，有限责任公司股东按照实缴的出资比例分取红利；公司新增资本时，股东有权优先按照实缴的出资比例认缴出资。另有约定除外。

股份有限公司按照股东持有的股份比例分配，但股份有限公司章程规定不按持股比例分配的除外。

公司持有的本公司股份不得分配利润。

3. 聘用、解聘会计师事务所

公司聘用、解聘承办公司审计业务的会计师事务所，由股东会、股东大会或者董事会决定。

【例题 29】股份有限公司以超过股票票面金额的发行价格发行股份所得的溢价款应当列为公司的（　　）。

A. 资本公积金　　B. 任意公积金　　C. 股本溢价　　D. 法定公积金

【答案】A

【解析】股份有限公司以超过股票票面金额的发行价格发行股份所得的溢价款，以及国务院财政部门规定列入资本公积金的其他收入，应当列为公司资本公积金。

【例题30】《中华人民共和国公司法》规定，股份有限公司将法定公积金转为股本时，留存的该项公积金不得少于转增前公司注册资本的（　　）。

A. 10%　　B. 15%　　C. 20%　　D. 25%

【答案】D

【解析】公司的公积金用于弥补公司的亏损、扩大公司生产经营或者转为增加公司资本。法定公积金转为资本时，所留存的该项公积金不得少于转增前公司注册资本的25%。

【例题31】公司聘用、解聘承办公司审计业务的会计师事务所，依照公司章程的规定，由（　　）决定。

Ⅰ. 股东会

Ⅱ. 股东大会

Ⅲ. 董事会

Ⅳ. 监事会

A. Ⅰ、Ⅱ、Ⅲ　　B. Ⅲ、Ⅳ　　C. Ⅰ、Ⅱ、Ⅳ　　D. Ⅰ、Ⅲ

【答案】A

【解析】公司聘用、解聘承办公司审计业务的会计师事务所，依照公司章程的规定，由股东会、股东大会或者董事会决定。

考点十九：公司合并、分立的种类及程序（☆）

（一）公司合并种类

吸收合并：有一个公司存续，其他解散。

新设合并：全部解散，创立新公司。

（二）合并、分立程序

（1）股东（大）会决议（2/3表决权通过）；

（2）编制资产负债表及财产清单；

（3）对债权人的通知或公告（作出决议之日起10日内通知，并在30日内登报公告）；

（4）债务承担（合并：债权人于30日（接到通知书）/45日（未接到通知书）可要求公司清偿或提供担保。债权债务由存续或新设公司承担。分立：分立后的公司承担连带责任，另有约定的除外）；

（5）办理合并登记手续。

【例题32】下列关于公司合并或者分立的债务承担的说法，错误的是（　　）。

A. 公司合并的，债权人可以在法定期限内要求公司偿还

B. 公司分立的，公司在分立前可以与债权人就债务清偿达成书面协议

C. 公司分立的，分立前的债务由分立前的公司独立承担

D. 公司合并时，合并各方的债权、债务，由合并后存续的公司或者新设的公司继承

【答案】C

【解析】公司合并的，债权人自接到通知书之日起30日内，未接到通知书的自公告之日起45日内，可以要求公司清偿债务或者提供相应的担保。公司合并时，合并各方的债权、债务，应当由合并后存续的公司或者新设的公司继承。

公司分立的，分立前的债务由分立后的公司承担连带责任。但是，公司在分立前与债权人就债务清偿达成的书面协议另有约定的除外。

【例题33】公司作出合并决议，按照规定通知债权人并予以公告后，债权人自接到通知书之日起（　　）日内，可以要求公司清偿债务或者提供相应的担保。

A. 45　　B. 90　　C. 30　　D. 60

【答案】C

【解析】公司合并的，债权人自接到通知书之日起30日内，未接到通知书的自公告之日起45日内，可以要求公司清偿债务或者提供相应的担保。

考点二十：高级管理人员、控股股东、实际控制人、关联关系的概念（☆☆）

高级管理人员，是指公司的经理、副经理、财务负责人，上市公司董事会秘书和公司章程规定的其他人员。**【其他人员，如证券公司合规负责人、首席风险官等】**

控股股东，是指其出资额占有限责任公司资本总额50%以上或者其持有的股份占股份有限公司股本总额50%以上的股东；出资额或者持有股份的比例虽然不足50%，但依其出资额或者持有的股份所享有的表决权已足以对股东会、股东大会的决议产生重大影响的股东。

实际控制人，是指虽不是公司的股东，但通过投资关系、协议或者其他安排，能够实际支配公司行为的人。

关联关系，是指公司控股股东、实际控制人、董事、监事、高级管理人员与其直接或者间接控制的企业之间的关系，以及可能导致公司利益转移的其他关系。但是，国家控股的企业之间不能仅因为同受国家控股而具有关联关系。

【例题34】根据《公司法》，关于公司高级管理人员的范围，不属于的是（　　）。

A. 副经理　　B. 经理　　C. 财务负责人　　D. 董事长

【答案】D

【解析】高级管理人员，是指公司的经理、副经理、财务负责人，上市公司董事会秘书和公司章程规定的其他人员。

【例题 35】股份有限公司的控股股东可以是持有股份的比例虽然不足百分之五十，但所享有的表决权已足以对（　　）的决议产生重大影响的股东。

A. 职工代表大会　　B. 股东大会　　C. 董事会　　D. 监事会

【答案】B

【解析】控股股东，是指其出资额占有限责任公司资本总额 50% 以上或者其持有的股份占股份有限公司股本总额 50% 以上的股东；出资额或者持有股份的比例虽然不足 50%，但依其出资额或者持有的股份所享有的表决权已足以对股东会、股东大会的决议产生重大影响的股东。

【易混知识点分析】

控股股东和实际控制人均对公司有控制的能力，两者最根本的区别是：

控股股东直接持有公司的股份，实际控制人不直接持有公司的股份。

如：A 公司为甲公司的控股股东，B 是 A 的控股股东，则 B 可以通过控制 A 间接达到控制甲公司的目的，则 B 为甲公司的实际控制人。

另：控股股东和实际控制人均既可以是自然人，也可以是法人机构。

考点二十一：关于虚报注册资本、欺诈取得公司登记、虚假出资、抽逃出资、另立账簿、财务会计报告虚假记载等的法律责任（☆☆）

违法行为	处罚权力机关	处罚处分	罚款		补充
			对象	金额	
虚报注册资本	公司登记机关	责令改正	公司	虚报金额 5% ~15%	情节严重的，撤销公司登记或者吊销营业执照
欺诈取得公司登记	公司登记机关	责令改正	公司	5 万 ~50 万元	
虚假出资	公司登记机关	责令改正	公司	虚假出资额 5% ~15%	
抽逃出资	公司登记机关	责令改正	公司	抽逃出资额 5% ~15%	
另立账簿	县级以上人民政府财政部门	责令改正	公司	5 万 ~50 万元	
财务会计报告虚假记载	有关主管部门		直接负责的主管人员和其他直接责任人员	3 万 ~30 万元	
未按规定提取法定公积金	县级以上人民政府财政部门	责令如数补足	公司	20 万元以下	

【例题 36】 公司的发起人、股东在公司成立后，抽逃其出资的，由公司登记机关责令改正，处以所抽逃出资金额（　　）的罚款。

A. 百分之二以上百分之十以下

B. 百分之五以上百分之二十以下

C. 百分之五以上百分之十五以下

D. 百分之十以上百分之二十以下

【答案】 C

【解析】 公司的发起人、股东在公司成立后，抽逃其出资的，由公司登记机关责令改正，处以所抽逃出资金额5%以上15%以下的罚款。

【例题 37】 虚报注册资本、欺诈取得公司登记、虚假出资的法律责任包括（　　）。

Ⅰ. 责令改正

Ⅱ. 罚款

Ⅲ. 撤销公司登记

Ⅳ. 吊销营业执照

A. Ⅰ. Ⅱ、Ⅳ

B. Ⅰ. Ⅱ、Ⅲ、Ⅳ

C. Ⅱ、Ⅲ

D. Ⅰ、Ⅲ、Ⅳ

【答案】 B

【解析】 虚报注册资本、提交虚假材料或者采取其他欺诈手段隐瞒重要事实取得公司登记的，由公司登记机关责令改正，对虚报注册资本的公司，处以虚报注册资本金额5%以上15%以下的罚款；对提交虚假材料或者采取其他欺诈手段隐瞒重要事实的公司，处以5万元以上50万元以下的罚款；情节严重的，撤销公司登记或者吊销营业执照。

【本节学习提示】 考查重点：

（1）公司分为有限责任公司和股份有限公司两类；

（2）有限责任公司的设立方式——发起设立，股份有限公司的设立方式——发起设立、募集设立；

（3）有限责任公司股权转让方式：自愿让与（内部、外部）、强制转让、回购股权；

（4）股东（大）会、董事会、监事会、经理的组织要求及职权（股东（大）会负责公司层面的大事；董事会是最高管理部门，承上启下；经理负责日常经营和执行；监事会只管监督、检查和建议，没有实权）；

（5）公积金分为法定公积金（税后利润10%）、任意公积金（股东（大）会决议提取）、资本公积金（不可用于弥补亏损）。

第三节　合伙企业法

考点一：合伙企业的概念（☆☆☆）

合伙企业是指由自然人、法人和其他组织依照《合伙企业法》订立合伙协议，共同出资，共担风险，共享收益，对合伙企业债务承担责任的经营性组织。

考点二：合伙企业与公司的区别（☆）

区别	公司	合伙企业
法律地位	独立法人主体	非法人企业
财产独立性	财产独立于股东	相对独立，财产属于合伙人共有
承担的责任	股东以出资为限	普通合伙企业，合伙人对企业承担无限责任

【例题 38】 下列关于合伙企业与公司的说法，正确的是（　　）。

Ⅰ. 公司具有独立的法人主体资格

Ⅱ. 合伙企业不是法人，是非法人企业

Ⅲ. 公司的财产独立于股东

Ⅳ. 合伙企业与公司的运营管理不同

A. Ⅱ、Ⅳ　　B. Ⅰ、Ⅱ、Ⅲ　　C. Ⅰ、Ⅱ、Ⅳ　　D. Ⅰ、Ⅱ、Ⅲ、Ⅳ

【答案】 D

【解析】 Ⅰ、Ⅱ项，公司具有独立的法人主体资格，是企业法人；合伙企业不是法人，是非法人企业。

Ⅲ项，公司的财产独立于股东；合伙企业的财产与合伙人仅相对独立，合伙企业的财产属于合伙人共有。

Ⅳ项，与公司相比，合伙企业具有高度的人合性，因此合伙企业的加入、退出、运营管理等方面，与公司均有较大不同。

考点三：合伙企业的种类（☆☆☆）

根据合伙人对合伙企业债务承担责任的不同，合伙企业可分为普通合伙企业和有限合伙企业。

区别	普通合伙企业	有限合伙企业
概念	由普通合伙人组成，合伙人对合伙企业债务承担无限连带责任。	由普通合伙人和有限合伙人组成，普通合伙人对合伙企业债务承担无限连带责任，有限合伙人以其认缴的出资额为限对合伙企业债务承担责任。

续表

区别	普通合伙企业	有限合伙企业
债务责任	出资人承担无限连带责任	有限合伙人有限责任；普通合伙人无限或无限连带责任
投资人数量	≥2 人以上	2~50 人，且至少 1 个普通合伙人
权利	执行合伙事务有同等权利	有限合伙人不执行企业中事务
利润分配	不得约定全部利润分配给部分合伙人或由部分合伙人承担全部亏损	可约定将全部利润分配给部分合伙人，但不得约定由部分合伙人承担全部亏损
竞业禁止	普通合伙人不得自营或合营竞争业务，有限合伙人可以（另有约定除外）	
关联交易	普通合伙人不得同本企业进行交易（协议约定或合伙人一致同意除外），有限合伙人可以（协议约定不能交易的除外）	
出资份额出质	须经全体合伙人同意	有限合伙人可出资份额出质，协议约定除外

【例题 39】根据《合伙企业法》，下列关于有限合伙企业的表述中，不正确的是（　　）。

A. 有限合伙人不得对外代表有限合伙企业

B. 有限合伙人可以对企业的经营管理提出建议

C. 有限合伙企业不得将全部利润分配给部分合伙人，但合伙协议另有约定的除外

D. 有限合伙企业由普通合伙人组成

【答案】D

【解析】有限合伙企业的投资人数为 2 人以上 50 人以下，且至少有 1 个普通合伙人。D 项错误。

【例题 40】以下关于普通合伙企业的合伙人和有限合伙企业的合伙人的说法中，错误的是（　　）。

A. 有限合伙人以认缴出资额为限对合伙企业债务承担责任

B. 有限合伙人在出资份额出质进行限制的情况下可以将出资份额出质

C. 有限合伙人可以与合伙企业进行交易，但是，合伙协议约定不能进行交易的除外

D. 普通合伙企业的合伙人对执行合伙事务享有同等的权利

【答案】B

【解析】合伙人责任方面：普通合伙人对合伙企业债务承担无限连带责任，有限合伙人以其认缴的出资额为限对合伙企业债务承担责任。

出资份额出质方面：普通合伙企业的合伙人以其出资份额出质，须经全体合伙人一致同意，否则其出质行为无效；有限合伙人可将出资份额出质，但合伙协议约定有限合伙人不能以其出资份额出质的除外。

关联交易方面：普通合伙人不得同本企业进行交易，但合伙协议另有约定或经全体合伙人一致同意的除外；有限合伙人可以与合伙企业进行交易，但是合伙协议约定不能进行交易的除外。

合伙人权利方面：普通合伙企业的合伙人对执行合伙事务享有同等的权利。而有限合伙企业中的有限合伙人不得执行合伙企业中的事务。

考点四：普通合伙人的主体适格性的限制性要求（☆☆☆）

为保护国有资产和上市公司股东的利益，国有独资公司、国有企业、上市公司不得成为普通合伙人。另外，公益性的事业单位、社会团体，其财产也不宜对外承担无限连带责任，因此，公益性的事业单位、社会团体也不得成为普通合伙人。

考点五：合伙协议的订立形式与基本原则（☆☆☆）

订立合伙协议、设立合伙企业应当遵循民法下的自愿、平等、公平、诚实信用原则。

合伙企业设立时，合伙协议应由全体合伙人协商一致，且必须以书面形式订立。

考点六：设立合伙企业的条件（☆☆☆）

设立合伙企业，应当具备下列条件：

（1）有2个以上合伙人；合伙人为自然人的，应当具有完全民事行为能力。（有限合伙企业为2～50人。）

（2）有书面合伙协议。（修改或者补充合伙协议，应当经全体合伙人一致同意；但是，合伙协议另有约定的除外。）

（3）有合伙人认缴或者实际缴付的出资。

合伙人的出资方式包括：

①货币；

②实物；

③知识产权；

④土地使用权；

⑤其他财产权利；

⑥劳务。（有限合伙人不得以劳务出资）

（4）有合伙企业的名称和生产经营场所（名称中标明“普通合伙”或“有限合伙”）。

考点七：合伙企业财产分割、转让以及处分的相关规定（☆☆）

合伙企业的财产包括合伙人的出资、以合伙企业名义取得的收益和依法取得的其他财产。

除法律另有规定外，合伙人在合伙企业清算前，不得请求分割合伙企业的财产。

合伙人转让其有合伙企业中的全部或者部分财产份额时，应当通知其他合伙人；除合伙协议另有约定外，须经其他合伙人一致同意。

合伙人以其在合伙企业中的财产份额出质的，须经其他合伙人一致同意。

【记忆技巧】

钱很重要，涉及财产的，须合伙人一致同意。

【例题 41】 下列关于合伙企业财产的说法，正确的有（　　）。

Ⅰ. 合伙企业的财产仅包括合伙人的出资

Ⅱ. 合伙人除法律另有规定外，在企业清算前，不得请求分割企业财产

Ⅲ. 除合伙协议另有约定外，合伙人转让其份额的须经其他合伙人一致同意

Ⅳ. 合伙人以其在企业中财产份额出质的，须经其他合伙人一致同意

A. Ⅰ、Ⅲ、Ⅳ　　B. Ⅱ、Ⅳ　　C. Ⅰ、Ⅱ、Ⅲ　　D. Ⅱ、Ⅲ、Ⅳ

【答案】 D

【解析】 根据《合伙企业法》第二十条的规定，合伙企业的财产包括合伙人的出资、以合伙企业名义取得的收益和依法取得的其他财产。故Ⅰ项错误。

考点八：合伙企业经营中应当经全体合伙人一致同意的重要事项（☆☆☆）

除合伙协议另有约定外，合伙企业的下列事项应当经全体合伙人一致同意：

（1）改变合伙企业的名称；

（2）改变合伙企业的经营范围、主要经营场所的地点；

（3）处分合伙企业的不动产；

（4）转让或者处分合伙企业的知识产权和其他财产权利；

（5）以合伙企业名义为他人提供担保；

（6）聘任合伙人以外的人担任合伙企业的经营管理人员。

【补充：以下事项，也需要全体合伙人一致同意】

（1）合伙人同本合伙企业进行交易。

（2）合伙人以其在合伙企业中的财产份额出质。

（3）新合伙人入伙。

（4）普通合伙企业转为有限合伙企业；有限合伙企业转为普通合伙企业。

考点九：合伙企业利润分配、亏损分担的原则（☆）

合伙企业利润分配和亏损分担的原则是：

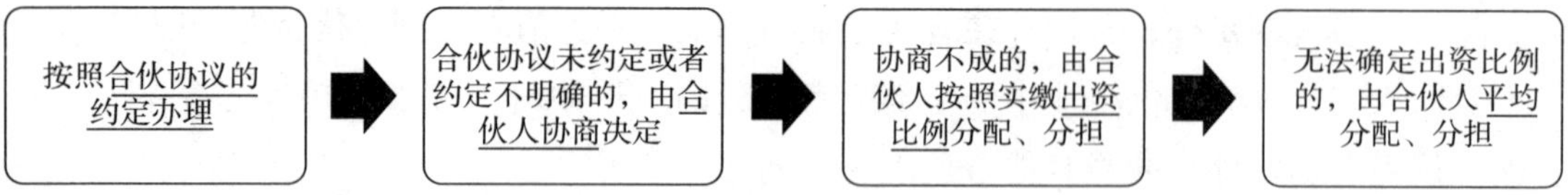

考点十：新合伙人入伙的条件（☆）

新合伙人入伙，应当符合下列条件：

（1）除合伙协议另有约定外，应当经全体合伙人一致同意；

（2）依法订立书面入伙协议。

订立入伙协议时，原合伙人应当向新合伙人如实告知原合伙企业的经营状况和财务状况。新合伙人对入伙前合伙企业的债务承担无限连带责任。**【此连带责任是对普通合伙人的要求】**

考点十一：合伙人退伙、除名的情形或条件（☆☆☆）

（一）自愿退伙

在合伙企业存续期间，有下列情形之一的，合伙人可以退伙：

（1）合伙协议约定的退伙事由出现；

（2）经全体合伙人一致同意；

（3）发生合伙人难以继续参加合伙的事由；

（4）其他合伙人严重违反合伙协议约定的义务。

（二）法定退伙（当然退伙）

合伙人有下列情形之一的，当然退伙：

（1）作为合伙人的自然人死亡或者被依法宣告死亡；

（2）个人丧失偿债能力；

（3）作为合伙人的法人或者其他组织依法被吊销营业执照、责令关闭、撤销，或者被宣告破产；

（4）法律规定或者合伙协议约定合伙人必须具有相关资格而丧失该资格；

（5）合伙人在合伙企业中的全部财产份额被人民法院强制执行。

合伙人被依法认定为无民事行为能力人或者限制民事行为能力人的，经其他合伙人一致同意，可以依法转为有限合伙人，普通合伙企业依法转为有限合伙企业。其他合伙人未能一致同意的，该无民事行为能力或者限制民事行为能力的合伙人退伙。

（三）除名退伙

合伙人有下列情形之一的，经其他合伙人一致同意，可以决议将其除名：

（1）未履行出资义务；

（2）因故意或者重大过失给合伙企业造成损失；

（3）执行合伙事务时有不正当行为；

（4）发生合伙协议约定的事由。

【记忆技巧】

自愿是具备合伙人资格，但自己不想做合伙人了；法定退伙是丧失合伙人资格，被动退伙；除名退伙是具备合伙人资格，但因自己的负面原因被动退伙。

【例题42】退伙，是指合伙企业存续期间，合伙人因特定情形发生而退出合伙企业，失去合伙人资格的法律事实或法律行为。实践中，退伙的情形不包括（　　）。

A. 法定退伙　　B. 除名退伙　　C. 事实退伙　　D. 自愿退伙

【答案】C

【考点】实践中，退伙包括自愿退伙、法定退伙和除名退伙三种情形。

【例题43】根据《合伙企业法》规定，（　　）不符合当然退伙情形。

A. 个人丧失偿债能力

B. 合伙人在合伙企业中的全部财产份额被人民法院强制执行

C. 作为合伙人的自然人死亡或者被依法宣告死亡

D. 执行合伙事务时有不正当行为

【答案】D

【考点】合伙人有下列情形之一的，当然退伙：

（1）作为合伙人的自然人死亡或者被依法宣告死亡；

（2）个人丧失偿债能力；

（3）作为合伙人的法人或者其他组织依法被吊销营业执照、责令关闭、撤销，或者被宣告破产；

（4）法律规定或者合伙协议约定合伙人必须具有相关资格而丧失该资格；

（5）合伙人在合伙企业中的全部财产份额被人民法院强制执行。

执行合伙事务时有不正当行为属于除名退伙的情形，选项D错误。

考点十二：特殊普通合伙企业的内容（☆☆☆）

以专业知识和专门技能为客户提供有偿服务的专业服务机构，可以设立为特殊的普通合伙企业。特殊的普通合伙企业名称中应当标明“特殊普通合伙”字样。

特殊的普通合伙企业应当建立执业风险基金，办理职业保险。执业风险基金用于偿付合伙人执业活动造成的债务。

特殊普通合伙企业的特殊之处表现在责任承担的方式上：

责任人	债务因由	承担方式
1个或数个合伙人	因故意或者重大过失造成合伙企业债务	应当承担无限责任或者无限连带责任，其他合伙人以其财产份额为限承担责任
合伙人	非因故意或者重大过失造成的合伙企业债务	全体合伙人承担无限连带责任
合伙人	因故意或者重大过失造成的合伙企业债务	合伙企业财产对外承担责任后，该合伙人按照合伙协议的约定承担赔偿责任

【例题44】根据《合伙企业法》，关于特殊普通合伙企业的说法，正确的有(　　)。

Ⅰ. 以专业知识和专门技能为客户提供有偿服务的专业服务机构，可以设立为特殊的普通合伙企业

Ⅱ. 特殊的普通合伙企业名称中可以标明“特殊普通合伙”字样

Ⅲ. 一个合伙人或者数个合伙人在执业活动中因故意或者重大过失造成合伙企业债务的，应当承担无限责任或者无限连带责任，其他合伙人以其在合伙企业中的财产份额为限承担责任

Ⅳ. 合伙人在执业活动中非因故意或者重大过失造成的合伙企业债务以及合伙企业的其他债务，由全体合伙人承担无限连带责任

A. Ⅰ、Ⅱ　　B. Ⅰ、Ⅲ、Ⅳ

C. Ⅰ、Ⅱ、Ⅲ、Ⅳ　　D. Ⅱ、Ⅲ、Ⅳ

【答案】B

【解析】Ⅱ项，特殊的普通合伙企业名称中应当标明“特殊普通合伙”字样。**【注意是“应当”，带有强制性。选项中为“可以”，带有非强制性。】**

考点十三：有限合伙企业的合伙人、有限合伙企业的名称（☆☆☆）

合伙人	2~50名合伙人，至少1名普通合伙人**【普通合伙企业≥2名合伙人】**
名称	名称中应当标明“有限合伙”字样**【普通合伙企业为“普通合伙”字样】**

【例题45】下列关于有限合伙企业合伙人的说法正确的是（　　）。

A. 合伙人人数有限制　　B. 可以不设普通合伙人

C. 不能设置多个普通合伙人　　D. 合伙人人数没有限制

【答案】A

【解析】有限合伙企业由2个以上50个以下合伙人设立；但是，法律另有规定的除外。有限合伙企业至少应当有1个普通合伙人。

考点十四：有限合伙企业协议的内容（☆）

合伙协议应当载明下列事项：**【适用普通合伙企业和有限合伙企业】**

（1）合伙企业的名称和主要经营场所的地点；

（2）合伙目的和合伙经营范围；

（3）合伙人的姓名或者名称、住所；

（4）合伙人的出资方式、数额和缴付期限；

（5）利润分配、亏损分担方式；

（6）合伙事务的执行；

（7）入伙与退伙；

（8）争议解决办法；

（9）合伙企业的解散与清算；

（10）违约责任。

有限合伙协议除需满足普通合伙企业协议内容的要求外，还应当载明下列事项：**【仅适用有限合伙企业】**

（1）普通合伙人和有限合伙人的姓名或者名称、住所；

（2）执行事务合伙人应具备的条件和选择程序；

（3）执行事务合伙人权限与违约处理办法；

（4）执行事务合伙人的除名条件和更换程序；

（5）有限合伙人入伙、退伙的条件、程序以及相关责任；

（6）有限合伙人和普通合伙人相互转变程序。

【例题46】根据《合伙企业法》，有限合伙协议除需满足普通合伙企业协议内容的要求外，还应当载明的事项包括（　　）。

Ⅰ. 执行事务合伙人应具备的条件和选择程序

Ⅱ. 执行事务合伙人的除名条件和更换程序

Ⅲ. 有限合伙人入伙、退伙的条件、程序以及相关责任

Ⅳ. 有限合伙人和普通合伙人相互转变程序

A. Ⅰ、Ⅳ　　B. Ⅰ、Ⅱ、Ⅲ

C. Ⅰ、Ⅱ、Ⅲ、Ⅳ　　D. Ⅱ、Ⅲ、Ⅳ

【答案】C

【解析】有限合伙协议除需满足普通合伙企业协议内容的要求外，还应当载明下列事项：

（1）普通合伙人和有限合伙人的姓名或者名称、住所；

（2）执行事务合伙人应具备的条件和选择程序；

（3）执行事务合伙人权限与违约处理办法；

（4）执行事务合伙人的除名条件和更换程序；

（5）有限合伙人入伙、退伙的条件、程序以及相关责任；

（6）有限合伙人和普通合伙人相互转变程序。

考点十五：有限合伙企业的出资（☆☆☆）

有限合伙人可以用货币、实物、知识产权、土地使用权或者其他财产权利作价出资。有限合伙人不得以劳务出资**【普通合伙人可以】**。

【例题 47】 下列属于有限合伙人可以用于出资的是（　　）。

Ⅰ. 货币

Ⅱ. 劳务

Ⅲ. 知识产权

Ⅳ. 土地使用权

A. Ⅰ、Ⅲ、Ⅳ　　B. Ⅰ、Ⅱ、Ⅲ　　C. Ⅱ、Ⅲ、Ⅳ　　D. Ⅰ、Ⅱ、Ⅳ

【答案】 A

【解析】 有限合伙人可以用货币、实物、知识产权、土地使用权或者其他财产权利作价出资。有限合伙人不得以劳务出资。

考点十六：有限合伙企业事务的执行（☆☆☆）

有限合伙企业由普通合伙人执行合伙事务。执行事务合伙人可以要求在合伙协议中确定执行事务的报酬及报酬提取方式。

有限合伙人不执行合伙事务，不得对外代表有限合伙企业。

有限合伙人的下列行为，不视为执行合伙事务：

（1）参与决定普通合伙人入伙、退伙；

（2）对企业的经营管理提出建议；

（3）参与选择承办有限合伙企业审计业务的会计师事务所；

（4）获取经审计的有限合伙企业财务会计报告；

（5）对涉及自身利益的情况，查阅有限合伙企业财务会计账簿等财务资料；

（6）在有限合伙企业中的利益受到侵害时，向有责任的合伙人主张权利或者提起诉讼；

（7）执行事务合伙人怠于行使权利时，督促其行使权利或者为了本企业的利益以自己的名义提起诉讼；

（8）依法为本企业提供担保。

【例题 48】 下列关于有限合伙企业执行合伙事务的说法，正确的是（　　）。

A. 有限合伙企业由普通合伙人为主、有限合伙人为辅的方式执行合伙事务

B. 有限合伙企业由普通合伙人和有限合伙人联合执行合伙事务

C. 有限合伙企业由普通合伙人执行合伙事务

D. 有限合伙企业由有限合伙人执行合伙事务

【答案】C

【解析】有限合伙企业由普通合伙人执行合伙事务。执行事务合伙人可以要求在合伙协议中确定执行事务的报酬及报酬提取方式。

考点十七：有限合伙企业的特殊性（☆☆☆）

有限合伙人可以按照合伙协议的约定向合伙人以外的人转让其在有限合伙企业中的财产份额，但应当提前30日通知其他合伙人。

第三人有理由相信有限合伙人为普通合伙人并与其交易的，该有限合伙人对该笔交易承担与普通合伙人同样的责任。

作为有限合伙人的自然人在有限合伙企业存续期间丧失民事行为能力的，其他合伙人不得因此要求其退伙。

有限合伙人退伙后，对基于其退伙前的原因发生的有限合伙企业债务，以其退伙时从有限合伙企业中取回的财产承担责任。

【易混知识点分析】

普通合伙人丧失民事行为能力：合伙人一致同意，可转为有限合伙人；未一致同意的，该合伙人退伙。

有限合伙人丧失民事行为能力：其他合伙人不得因此要求其退伙。

考点十八：有限合伙和普通合伙的转化（☆☆☆）

有限合伙企业仅剩有限合伙人的，应当解散；有限合伙企业仅剩普通合伙人的，转为普通合伙企业。

除合伙协议另有约定外，普通合伙人转变为有限合伙人，或者有限合伙人转变为普通合伙人，应当经全体合伙人一致同意。

有限转普通的，对其作为有限合伙人期间有限合伙企业发生的债务承担无限连带责任。

普通转有限的，对其作为普通合伙人期间合伙企业发生的债务承担无限连带责任。

【记忆技巧】

不管是有限转普通，还是普通转有限，均可以合伙人担任普通合伙人为起点，向前

推，无论之前是普通合伙人还是有限合伙人，该合伙人均需承担无限连带责任。

【例题49】根据《合伙企业法》，下列关于有限合伙和普通合伙转化的说法，错误的是（　　）。

A. 除合伙协议另有约定外，有限合伙人转变为普通合伙人，应当经全体合伙人一致同意

B. 有限合伙企业仅剩有限合伙人的，应当解散

C. 有限合伙人转变为普通合伙人的，对其作为有限合伙人期间有限合伙企业发生的债务以其认缴的出资额为限对合伙企业债务承担责任

D. 普通合伙人转变为有限合伙人的，对其作为普通合伙人期间合伙企业发生的债务承担无限连带责任

【答案】C

【解析】有限合伙人转变为普通合伙人的，对其作为有限合伙人期间有限合伙企业发生的债务承担无限连带责任。普通合伙人转变为有限合伙人的，对其作为普通合伙人期间合伙企业发生的债务承担无限连带责任。

考点十九：合伙企业的解散事由（☆）

（1）合伙期限届满，合伙人决定不再经营；

（2）合伙协议约定的解散事由出现；

（3）全体合伙人决定解散；

（4）合伙人已不具备法定人数满30天；

（5）合伙协议约定的合伙目的已经实现或者无法实现；

（6）依法被吊销营业执照、责令关闭或者被撤销；

（7）法律、行政法规规定的其他原因。

考点二十：合伙企业的清算规则（☆）

合伙企业解散，应当由清算人进行清算。

清算人由全体合伙人担任；经全体合伙人过半数同意，可以自合伙企业解散事由出现后15日内指定1个或者数个合伙人，或者委托第三人，担任清算人。

合伙企业财产在支付清算费用和职工工资、社会保险费用、法定补偿金以及缴纳所欠税款、清偿债务后的剩余财产，依照普通合伙企业利润分配、亏损分担规则进行分配。

考点二十一：合伙企业注销后的债务承担（☆）

合伙企业注销后，原普通合伙人对合伙企业存续期间的债务仍应承担无限连带责任。

考点二十二：违反合伙企业法及合伙协议应当承担的主要法律责任（☆☆☆）

违法行为	处罚权力机关	处罚处分	罚款		补充
			对象	金额	
欺骗取得企业登记	企业登记机关	责令改正	企业	5000～5万元	情节严重的，撤销企业登记，并处5万～20万元的罚款
未标明合伙企业名称字样	企业登记机关	责令限期改正	企业	2000～1万元	
未领取营业执照经营	企业登记机关	责令停止	企业	5000～5万元	
未及时办理变更登记	企业登记机关	责令限期登记	企业	2000～2万元（逾期未登记）	

【例题50】 下列关于未标明合伙企业名称字样责任的说法，错误的是（　　）。

A. 未在名称中标明“普通合伙”“特殊普通合伙”或者“有限合伙”，只需改正即可，不需要承担其他法律责任

B. 未在名称中标明“普通合伙”字样的，由企业登记机关责令限期改正，处以二千元以上一万元以下金额的罚款

C. 未在名称中标明“有限合伙”字样的，由企业登记机关责令限期改正，处以二千元以上一万元以下金额的罚款

D. 未在名称中标明“特殊普通合伙”字样的，由企业登记机关责令限期改正，处以二千元以上一万元以下金额的罚款

【答案】 A

【解析】 合伙企业未在其名称中标明“普通合伙”“特殊普通合伙”或者“有限合伙”字样的，由企业登记机关责令限期改正，处以2000元以上1万元以下的罚款。

【本节学习提示】 考查重点：

（1）合伙企业分为普通合伙企业和有限合伙企业两类。

（2）普通合伙企业由普通合伙人组成（≥2人），有限合伙企业（2～50人）由普通合伙人（至少1人）和有限合伙人组成。

（3）普通合伙人承担无限连带责任，有限合伙人承担有限责任。

（4）合伙企业出资：货币、实物、知识产权、土地使用权、其他财产权利、劳务（有限合伙企业不可以）。

（5）应当经全体合伙人一致同意的事项：改名、改经营范围、改场所、处分转让财产、提供担保、外聘管理人员、合伙人与本企业交易、合伙人以出资进行出质、新人入伙、普通和有限互转。

（6）退伙分为：自愿退伙、法定退伙、除名退伙。

（7）合伙企业转化：仅剩普通合伙人的，转为普通合伙企业；仅剩有限合伙人的，解散。

第四节　证券法

考点一：证券法的适用范围（☆☆）

（1）在中华人民共和国境内，股票、公司债券、存托凭证和国务院依法认定的其他证券的发行和交易；

（2）政府债券、证券投资基金份额的上市交易；

（3）资产支持证券、资产管理产品发行、交易的管理办法，由国务院依照《证券法》的原则规定；

（4）在中华人民共和国境外的证券发行和交易活动，扰乱中华人民共和国境内市场秩序，损害境内投资者合法权益的，依照《证券法》有关规定处理并追究法律责任。

【记忆技巧】

发行和交易——“肱”（公司债券）、“骨”（股票）、“存”（存托凭证）

仅交易——“正”（政府债券）、“极”（证券投资基金份额）

参考依据——“管”（资产管理产品）、“支”（资产支持证券）、“歪”（境外证券）

【例题 51】下列关于《证券法》的适用范围的说法，错误的是（　　）。

A. 中华人民共和国境内，股票、公司债券、存托凭证和国务院依法认定的其他证券的发行和交易

B. 政府债券、证券投资基金份额的上市交易

C. 在中华人民共和国境外的证券发行和交易活动，扰乱中华人民共和国境内证券交易的市场顺序，损害境内投资者合法权益的，依照境外相关规定，处理并追究责任

D. 资产支持证券，资产管理产品发行、交易的管理办法，由国务院依照本法的原则规定

【答案】C

【解析】《证券法》的适用范围包括以下四类：

一是在中华人民共和国境内，股票、公司债券、存托凭证和国务院依法认定的其他证券的发行和交易；

二是政府债券、证券投资基金份额的上市交易；

三是资产支持证券、资产管理产品发行、交易的管理办法，由国务院依照《证券法》的原则规定；

四是在中华人民共和国境外的证券发行和交易活动，扰乱中华人民共和国境内市场秩序，损害境内投资者合法权益的，依照《证券法》有关规定处理并追究法律责任。

【例题 52】下列属于我国《证券法》规定的证券种类的品种有（　　）。

Ⅰ. 股票

Ⅱ. 公司债券

Ⅲ. 存托凭证

Ⅳ. 汇票

A. Ⅰ、Ⅲ、Ⅳ　　B. Ⅰ、Ⅱ、Ⅲ、Ⅳ

C. Ⅱ、Ⅳ　　D. Ⅰ、Ⅱ、Ⅲ

【答案】D

【解析】在中华人民共和国境内，股票、公司债券、存托凭证和国务院依法认定的其他证券的发行和交易，适用证券法。

考点二：证券发行和交易的“三公”原则（☆☆☆）

证券的发行、交易活动，必须遵循公开、公平、公正的“三公”原则。

【例题53】证券的发行、交易活动应当遵循的原则不包括（　　）。

A. 公平　　B. 公正　　C. 公开　　D. 同股同权

【答案】D

【解析】证券的发行、交易活动，必须遵循公开、公平、公正的原则。

【易混知识点分析】

《公司法》中，股份发行的原则是：公平、公正（无公开）

《证券法》中，证券(股票) 发行与交易的原则是：公开、公平、公正

注意关键字是“股份”还是“股票（证券)”

考点三：发行交易当事人的行为准则（☆☆☆）

证券发行、交易活动的当事人具有平等的法律地位，应当遵守自愿、有偿、诚实信用的原则。

【例题54】根据《证券法》，证券发行、交易活动的当事人应当遵守的原则不包括（　　）。

A. 稳健　　B. 有偿　　C. 自愿　　D. 诚实信用

【答案】A

【解析】证券发行、交易活动的当事人具有平等的法律地位，应当遵守自愿、有偿、诚实信用的原则。

考点四：证券发行、交易活动禁止行为的规定（☆☆☆）

证券的发行、交易活动，必须遵守法律、行政法规；禁止欺诈、内幕交易和操纵证

券市场的行为。

考点五：公开发行证券的有关规定（☆☆☆）

证券发行包括公开发行和非公开发行。

公开发行证券，必须符合法律、行政法规规定的条件，并依法报经国务院证券监督管理机构或者国务院授权的部门注册。

非公开发行证券的，不得采用广告、公开劝诱和变相公开方式。

（一）公开发行的定义

有下列情形之一的，为公开发行：

（1）向不特定对象发行证券的；

（2）向特定对象发行证券累计超过200人的，但依法实施员工持股计划的员工人数不计算在内；

（3）法律、行政法规规定的其他发行行为。

【例题55】根据《证券法》，下列关于公开发行证券的说法，正确的有（　　）。

Ⅰ. 符合法律、行政法规规定的条件

Ⅱ. 报经国务院证券监督管理机构或者国务院授权的部门注册

Ⅲ. 未经依法注册，任何单位和个人不得公开发行证券

Ⅳ. 证券发行注册制的具体范围、实施步骤，由国务院证券监督管理机构规范

A. Ⅰ、Ⅱ、Ⅳ　　B. Ⅰ、Ⅱ、Ⅲ

C. Ⅰ、Ⅱ、Ⅲ、Ⅳ　　D. Ⅲ、Ⅳ

【答案】B

【解析】公开发行证券，必须符合法律、行政法规规定的条件，并依法报经国务院证券监督管理机构或者国务院授权的部门注册。未经依法注册，任何单位和个人不得公开发行证券。证券发行注册制的具体范围、实施步骤，由国务院规定。

【例题56】符合下列哪一种情形的，为公开发行（　　）。

Ⅰ. 向不特定对象发行证券的

Ⅱ. 向特定对象发行证券累计超过150人的

Ⅲ. 法律、行政法规规定的其他发行行为

Ⅳ. 向特定对象发行证券累计超过200人的

A. Ⅰ、Ⅱ、Ⅳ　　B. Ⅱ、Ⅲ、Ⅳ

C. Ⅰ、Ⅱ、Ⅲ、Ⅳ　　D. Ⅰ、Ⅲ、Ⅳ

【答案】D

【解析】公开发行的定义有下列情形之一的，为公开发行：（1）向不特定对象发行证券的；（2）向特定对象发行证券累计超过200人的；（3）法律、行政法规规定的其他

发行行为。

（二）公开发行新股的条件和规则

公司首次公开发行新股（IPO），应当符合下列条件：

（1）具备健全且运行良好的组织机构；

（2）具有持续经营能力**【注意是持续经营，不是持续盈利】**；

（3）最近 3 年财务会计报告被出具无保留意见审计报告；

（4）发行人及其控股股东、实际控制人最近 3 年不存在贪污、贿赂、侵占财产、挪用财产或者破坏社会主义市场经济秩序的刑事犯罪**【黑五类犯罪】**；

（5）经国务院批准的国务院证券监督管理机构规定的其他条件。

公司对公开发行股票所募集资金，必须按照招股说明书或者其他公开发行募集文件所列资金用途使用。改变资金用途，必须经股东大会作出决议。擅自改变用途，未作纠正的，或者未经股东大会认可的，不得公开发行新股**【新债也不可以】**。

（三）公开发行债券的条件和规则

公开发行公司债券，应当符合下列条件：

（1）具备健全且运行良好的组织机构；

（2）最近 3 年平均可分配利润足以支付公司债券 1 年的利息**【3 年 1 息】**；

（3）国务院规定的其他条件。

【《公司债券发行与交易管理办法》公开发行公司债券的条件，在以上 3 项的基础上，增加一条：具有合理的资产负债结构和正常的现金流量。】

公开发行公司债券筹集的资金，必须按照公司债券募集办法所列资金用途使用；改变资金用途，必须经债券持有人会议作出决议。公开发行公司债券筹集的资金，不得用于弥补亏损和非生产性支出。

有下列情形之一的，不得再次公开发行公司债券：

（1）对已公开发行的公司债券或者其他债务有违约或者延迟支付本息的事实，仍处于继续状态；

（2）违反《证券法》规定，改变公开发行公司债券所募资金的用途。

【例题 57】公司公开发行债券要求最近（　　）年平均可分配利润足以支付公司债券 1 年的利息。

A. 1　　　　B. 2　　　　C. 3　　　　D. 5

【答案】C

【解析】公开发行公司债券，应当符合下列条件：

（1）具备健全且运行良好的组织机构；

（2）最近 3 年平均可分配利润足以支付公司债券 1 年的利息；

（3）国务院规定的其他条件。

【易混知识点分析】

对于改变募集资金用途，公开发行股份与公开发行债券的决策机构不同：

公开发行股份，股份的所有者是股东，股东大会是公司最高权力机构，所以改变股票募集资金用途由股东大会决定。

公开发行债券，债权的所有者是债权人，债券持有人大会是该债券的最高权力机构，所以改变债券募集资金用途由债券持有人会议决定。

（四）公开发行证券的程序

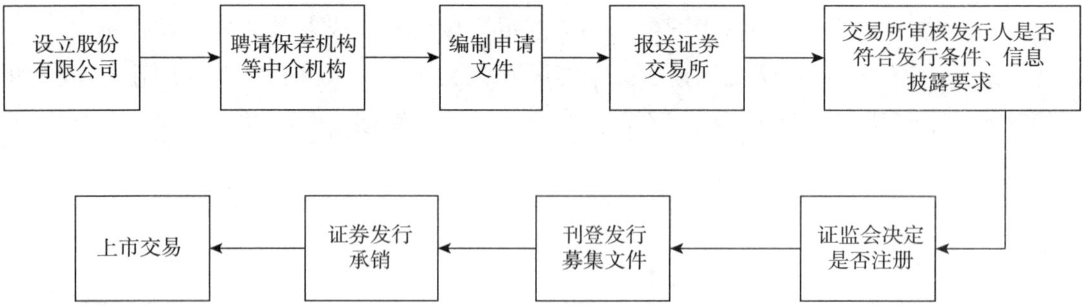

发行人报送的证券发行申请文件，应当充分披露投资者作出价值判断和投资决策所必需的信息，内容应当真实、准确、完整。

国务院证券监督管理机构或者国务院授权的部门（证监会）应当自受理证券发行申请文件之日起3个月内，依照法定条件和法定程序作出予以注册或者不予注册的决定，发行人根据要求补充、修改发行申请文件的时间不计算在内；不予注册的，应当说明理由。

发行证券的信息依法公开前，任何知情人不得公开或者泄露该信息。发行人不得在公告公开发行募集文件前发行证券。

考点六：证券承销业务的种类、承销协议的主要内容（☆☆）

证券承销业务采取代销或者包销方式。

证券公司承销证券，应当同发行人签订代销或者包销协议，载明下列事项：

（1）当事人的名称、住所及法定代表人姓名；

（2）代销、包销证券的种类、数量、金额及发行价格；

（3）代销、包销的期限及起止日期；

（4）代销、包销的付款方式及日期；

（5）代销、包销的费用和结算办法；

（6）违约责任；

（7）国务院证券监督管理机构规定的其他事项。

【例题 58】根据《证券法》，代销协议应当载明的事项不包括（　　）。

A. 侵权责任

B. 代销的付款方式及日期

C. 代销的期限及起止日期

D. 代销证券的种类、数量、金额及发行价格

【答案】A

【解析】A 项，代销或者包销协议中应载明的事项是违约责任，不是侵权责任。

考点七：承销团及主承销人（☆☆）

向不特定对象发行证券聘请承销团承销的，承销团应当由主承销和参与承销的证券公司组成。

考点八：证券的销售期限（☆☆）

代销、包销期限最长不得超过 90 日。

代销、包销的证券应当保证先行出售给认购人，证券公司不得为本公司预留所代销的证券和预先购入并留存所包销的证券。

【例题 59】对于采取代销方式销售的公司债券，其销售期最长不超过（　　）。

A. 180 日　　B. 90 日　　C. 360 日　　D. 60 日

【答案】B

【解析】证券的代销、包销期限最长不得超过 90 日。

【例题 60】下列关于证券承销的说法，错误的是（　　）。

A. 证券公司承销证券，应当先出售给认购人，而不是为本公司预留

B. 证券公司承销证券，应当同发行人签订代销协议或者包销协议

C. 证券包销是指证券公司将发行人的证券按照协议全部购入或者在承销期结束时将售后剩余证券全部退还给发行人的承销方式

D. 证券代销是指证券公司代发行人发售证券，在承销期结束时，将未出售的证券全部退还给发行人的承销方式

【答案】C

【解析】证券包销，是指证券公司将发行人的证券按照协议全部购入，或者在承销期结束时将售后剩余证券全部自行购入的承销方式。故 C 项错误。

考点九：代销制度（☆☆）

股票发行采用代销方式，代销期限届满，向投资者出售的股票数量未达到拟公开发

行股票数量70%的，为发行失败。发行人应当按照发行价并加算银行同期存款利息返还股票认购人。

考点十：证券交易的条件及方式等一般规定（☆☆☆）

（一）证券交易的条件

证券交易当事人依法买卖的证券，必须是依法发行并交付的证券。非依法发行的证券，不得买卖。

依法发行的证券，《公司法》和其他法律对其转让期限有限制性规定的，在限定的期限内不得转让。

（二）证券交易的方式

发行方式	交易场所	交易方式
公开发行	证券交易所、国务院批准的其他全国性证券交易场所	公开的集中交易方式或证监会批准的方式
非公开发行	证券交易所、国务院批准的其他全国性证券交易场所、区域性股权市场	

【例题61】根据《中华人民共和国证券法》，下列关于证券交易所的说法，错误的是（　　）。

A. 公开发行的证券，应当在依法设立的证券交易或者在国务院批准的其他地方性证券交易场所交易

B. 非公开发行的证券，可以在按照国务院批准设立的区域性股权市场转让

C. 非公开发行的证券，可以在证券交易所、国务院批准的其他全国性证券交易场所转让

D. 公开发行的证券，应当在依法设立的证券交易所上市交易或者在国务院批准的其他全国性证券交易场所交易

【答案】A

【解析】公开发行的证券，应当在依法设立的证券交易所上市交易或者在国务院批准的其他全国性证券交易场所交易。

非公开发行的证券，可以在证券交易所、国务院批准的其他全国性证券交易场所、按照国务院规定设立的区域性股权市场转让。

考点十一：证券上市的条件和终止上市交易的情形（☆☆☆）

（一）上市的条件

证券交易所上市规则规定的上市条件，应当对发行人的经营年限、财务状况、最低公开发行比例和公司治理、诚信记录等提出要求。

（二）终止上市交易

上市交易的证券，有证券交易所规定的终止上市情形的，由证券交易所按照业务规则终止其上市交易。

【例题62】申请证券上市交易，应当向（　　）提出申请，由其依法审核同意，并由双方签订上市协议。

A. 国务院证券监督管理机构　　B. 证券交易所

C. 国务院授权的部门　　D. 省级人民政府

【答案】B

【解析】申请证券上市交易，应当向证券交易所提出申请，由证券交易所依法审核同意，并由双方签订上市协议。

考点十二：内幕交易行为（☆☆☆）

（一）内幕信息知情人

（1）发行人及其董事、监事、高级管理人员；

（2）持有公司5%以上股份的股东及其董事、监事、高级管理人员，公司的实际控制人及其董事、监事、高级管理人员；**【注意：涉及股东持股比例的，均以5%作为关注比例，全国股转系统挂牌公司是10%】**

（3）发行人控股或者实际控制的公司及其董事、监事、高级管理人员；

（4）由于所任公司职务或者因与公司业务往来可以获取公司有关内幕信息的人员；

（5）上市公司收购人或者重大资产交易方及其控股股东、实际控制人、董事、监事和高级管理人员；

（6）因职务、工作可以获取内幕信息的证券交易场所、证券公司、证券登记结算机构、证券服务机构的有关人员；

（7）因职责、工作可以获取内幕信息的证券监督管理机构工作人员；

（8）因法定职责对证券的发行、交易或者对上市公司及其收购、重大资产交易进行管理可以获取内幕信息的有关主管部门、监管机构的工作人员；

（9）国务院证券监督管理机构规定的可以获取内幕信息的其他人员。

【记忆技巧】

内幕信息知情人主要有3类：

1. 第（1）~（3）条：发行人条线（包括发行人以及能控制发行人的和发行人控制的）**【注：当股东为自然人时，指的是其自身；当股东为法人机构时，指的是其董、监、高人员】**

2. 第（4）~（5）条：业务往来条线（包括收购、重组、其他业务）

3. 第（6）~（8）条：管理监管条线（包括证券机构、自律组织、证监会、其他

有关部门）

【例题63】 根据《证券法》，下列不属于证券交易内幕信息的知情人是（　　）。

A. 因职责、工作可以获取内幕信息的证券工作人员

B. 持有公司3%股份的股东

C. 发行人的监事

D. 由于所任公司职务或者因与公司业务往来可以获取公司有关内幕信息的人员

【答案】 B

【解析】 证券交易内幕信息的知情人包括：持有公司5%以上股份的股东及其董事、监事、高级管理人员，公司的实际控制人及其董事、监事、高级管理人员。

【例题64】 根据《证券法》，持有公司（　　）以上股份的股东及其董事、监事、高级管理人员，公司的实际控制人及其董事、监事、高级管理人员等均属于证券交易内幕信息的知情人员。

A. 10%　　B. 20%　　C. 15%　　D. 5%

【答案】 D

【解析】 持有公司5%以上股份的股东及其董事、监事、高级管理人员，公司的实际控制人及其董事、监事、高级管理人员属于证券交易内幕信息的知情人。

（二）内幕信息

1. 对股票价格有重大影响的信息

（1）公司的经营方针和经营范围的重大变化；

（2）公司的重大投资行为，公司在一年内购买、出售重大资产超过公司资产总额的30%，或者公司营业用主要资产的抵押、质押、出售或者报废一次超过该资产的30%；

（3）公司订立重要合同、提供重大担保或者从事关联交易，可能对公司的资产、负债、权益和经营成果产生重要影响；

（4）公司发生重大债务和未能清偿到期重大债务的违约情况；

（5）公司发生重大亏损或者重大损失；

（6）公司生产经营的外部条件发生重大变化；

（7）公司的董事、1/3以上监事或者经理发生变动，董事长或者经理无法履行职责；

（8）持有公司5%以上股份的股东或者实际控制人持有股份或者控制公司的情况发生较大变化，公司的实际控制人及其控制的其他企业从事与公司相同或者相似业务的情况发生较大变化；

（9）公司分配股利、增资的计划，公司股权结构的重要变化，公司减资、合并、分立、解散及申请破产的决定，或者依法进入破产程序、被责令关闭；

（10）涉及公司的重大诉讼、仲裁，股东大会、董事会决议被依法撤销或者宣告无效；

（11）公司涉嫌犯罪被依法立案调查，公司的控股股东、实际控制人、董事、监事、高级管理人员涉嫌犯罪被依法采取强制措施；

（12）国务院证券监督管理机构规定的其他事项。

2. 对债券价格有重大影响的信息

（1）公司股权结构或者生产经营状况发生重大变化；

（2）公司债券信用评级发生变化；

（3）公司重大资产抵押、质押、出售、转让、报废；

（4）公司发生未能清偿到期债务的情况；

（5）公司新增借款或者对外提供担保超过上年末净资产的20%；

（6）公司放弃债权或者财产超过上年末净资产的10%；

（7）公司发生超过上年末净资产10%的重大损失；

（8）公司分配股利，作出减资、合并、分立、解散及申请破产的决定，或者依法进入破产程序、被责令关闭；

（9）涉及公司的重大诉讼、仲裁；

（10）公司涉嫌犯罪被依法立案调查，公司的控股股东、实际控制人、董事、监事、高级管理人员涉嫌犯罪被依法采取强制措施；

（11）国务院证券监督管理机构规定的其他事项。

【记忆技巧】

内幕信息是对发行人证券的市场价格有重大影响的尚未公开的信息。所以记忆的核心就是“重大、重要、较大”以及虽无以上文字，但实际事项对公司经营管理影响较大的事件。

【例题65】根据《证券法》，下列不属于证券市场内幕信息的是（　　）。

A. 上市公司收购的有关方案

B. 公司营业用主要资产的抵押、出售或者报废一次超过该资产的百分之十，但未达到该资产的百分之三十

C. 公司股权结构的重大变化

D. 公司的重大投资行为和重大购置财产的决定

【答案】B

【解析】公司的重大投资行为，公司在一年内购买、出售重大资产超过公司资产总额的30%，或者公司营业用主要资产的抵押、质押、出售或者报废一次超过该资产的30%的，属于内幕信息。

考点十三：操纵证券市场行为（☆☆）

禁止任何人以下列手段操纵证券市场，影响或者意图影响证券交易价格或者证券交

易量：

（1）单独或者通过合谋，集中资金优势、持股优势或者利用信息优势联合或者连续买卖；

（2）与他人串通，以事先约定的时间、价格和方式相互进行证券交易；

（3）在自己实际控制的账户之间进行证券交易；

（4）不以成交为目的，频繁或者大量申报并撤销申报；

（5）利用虚假或者不确定的重大信息，诱导投资者进行证券交易；

（6）对证券、发行人公开作出评价、预测或者给予投资建议，并进行反向证券交易；

（7）利用在其他相关市场的活动操纵证券市场；

（8）操纵证券市场的其他手段。

【记忆技巧】

操纵市场行为的记忆核心：

一是采取超出常规股票正常交易的方式和行为，包括："单独或合谋""与他人串通""自己账户间交易""不以成交为目的""诱导投资者交易""做出建议后反向交易"等。

二是最终的目的都是"影响交易价格或交易量"。

遇到以上词汇，即可选为操纵市场行为。

考点十四：虚假陈述、信息误导行为和损害客户利益行为（☆☆☆）

禁止证券交易场所、证券公司、证券登记结算机构、证券服务机构及其从业人员、证券业协会、证券监督管理机构及其工作人员，在证券交易活动中作出虚假陈述或者信息误导。

禁止证券公司及其从业人员从事下列损害客户利益的行为：

（1）违背客户的委托为其买卖证券；

（2）不在规定时间内向客户提供交易的确认文件；

（3）未经客户的委托，擅自为客户买卖证券，或者假借客户的名义买卖证券；

（4）为牟取佣金收入，诱使客户进行不必要的证券买卖；

（5）其他违背客户真实意思表示，损害客户利益的行为。

考点十五：上市公司收购的方式（☆☆☆）

（一）要约收购

收购期限不得少于 30 日，并不得超过 60 日。

要约收购期限内，收购人不得：

（1）撤销其收购要约；

（2）卖出被收购公司的股票；

（3）不得采取要约规定以外的形式和超出要约的条件买入被收购公司的股票。

变更收购要约的，收购人不得：

（1）降低收购价格；

（2）减少预定收购股份数额；

（3）缩短收购期限；

（4）国务院证券监督管理机构规定的其他情形。

（二）协议收购

以协议方式收购上市公司时，达成协议后，收购人必须在3日内将该收购协议向国务院证券监督管理机构及证券交易所作出书面报告，并予公告。在公告前不得履行收购协议。

采取协议收购方式的，协议双方可以临时委托证券登记结算机构保管协议转让的股票，并将资金存放于指定的银行。

【例题66】下列有关上市公司收购的方式，错误的是（　　）。

A. 以协议方式收购上市公司，达成协议后，收购人必须在3日内向国务院证券监督管理机构及证券交易所作出书面报告，并予公告

B. 采取要约收购的，收购人在收购期限内，可以采取要约规定以外的形式购入被收购公司股票

C. 收购要约约定的收购期限不得少于30日，并不得超过60日

D. 采取要约收购的，收购人在收购期间，不得卖出被收购公司的股票

【答案】B

【考点】采取要约收购方式的，收购人在收购期限内，不得卖出被收购公司的股票，也不得采取要约规定以外的形式和超出要约的条件买入被收购公司的股票。

考点十六：上市公司收购的程序和规则（☆☆）

标准	处理方式
持股比例达到5%	①应当在该事实发生之日起3日内，向国务院证券监督管理机构、证券交易所作出书面报告，通知该上市公司，并予公告； ②在上述期限内，不得再行买卖该上市公司的股票，规定情形除外。
持股比例每增减5%	①应当在该事实发生之日起3日内，向国务院证券监督管理机构、证券交易所作出书面报告，通知该上市公司，并予公告； ②在该事实发生之日起至公告后3日内，不得再行买卖该上市公司的股票； ③违反上述规定买入上市公司有表决权的股份的，在买入后的36个月内，对该超过规定比例部分的股份不得行使表决权。

续表

标准	处理方式
持股比例每增减 1%	在该事实发生的次日通知该上市公司，并予公告。
持股比例达到 30%	继续进行收购的，应当依法向该上市公司所有股东发出收购上市公司全部或者部分股份的要约。（协议收购按规定免除发出要约的除外）**【30%是红线】**

在上市公司收购中，收购人持有的被收购的上市公司的股票，在收购行为完成后的18个月内不得转让。

收购行为完成后，收购人应当在15日内将收购情况报告国务院证券监督管理机构和证券交易所，并予公告。

【例题67】根据《中华人民共和国证券法》，下列关于上市公司收购的说法，正确的有（　　）。

Ⅰ. 通过证券交易所的证券交易，投资者持有一个上市公司已发行的有表决权股份比例每增加或者减少百分之五时，应当按照规定报告并予公告

Ⅱ. 投资者持有一个上市公司已发行的有表决权股份达到百分之五后，其所持该上市公司已发行的有表决权股份比例每增加或者减少百分之一，应当在该事实发生的次日通知该上市公司，并予公告

Ⅲ. 投资者持有一个上市公司已发行的有表决权股份达到百分之五后，其所持该上市公司已发行的有表决权股份比例每增加或者减少百分之五，应当进行报告和公告，在该事实发生之日起至公告后三日内，不得再行买卖该上市公司的股票，但国务院证券监督管理机构规定的情形除外

Ⅳ. 违反上市公司收购规则买入上市公司有表决权的股份的，在买入后的三十六个月内，对该超过规定比例部分的股份不得行使表决权

A. Ⅰ、Ⅱ、Ⅲ　　B. Ⅱ、Ⅳ

C. Ⅲ、Ⅳ　　D. Ⅰ、Ⅱ、Ⅲ、Ⅳ

【答案】D

【解析】投资者持有或者通过协议、其他安排与他人共同持有一家上市公司已发行的有表决权股份达到5%后，其所持该上市公司已发行的有表决权股份比例每增加或者减少5%，应当依照前款规定进行报告和公告。在该事实发生之日起至公告后3日内，不得再行买卖该上市公司的股票，但国务院证券监督管理机构规定的情形除外。违反上述规定买入上市公司有表决权的股份的，在买入后的36个月内，对该超过规定比例部分的股份不得行使表决权。

投资者持有或者通过协议、其他安排与他人共同持有一家上市公司已发行的有表决权股份达到5%后，其所持该上市公司已发行的有表决权股份比例每增加或者减少1%，应当在该事实发生的次日通知该上市公司，并予公告。

【例题68】 根据《证券法》，通过证券交易所的证券交易，投资者持有或者通过协议，其他安排与他人共同持有一个上市公司已发行的股份达到5%的，应当在该事实发生之日起3日内，向（　　）作出书面报告。

A. 证券业协会

B. 证券登记结算机构

C. 国务院证券监督管理机构及证券交易所

D. 国务院证券监督管理机构

【答案】 C

【解析】 通过证券交易所的证券交易，投资者持有或者通过协议、其他安排与他人共同持有一家上市公司已发行的有表决权股份达到5%时，应当在该事实发生之日起3日内，向国务院证券监督管理机构、证券交易所作出书面报告，通知该上市公司，并予公告。

【例题69】 通过证券交易所的证券交易，投资者持有或者通过协议、其他安排与他人共同持有一个上市公司已发行的股份达到（　　）时，继续进行收购的，触发要约收购。

A. 5%　　B. 10%　　C. 30%　　D. 50%

【答案】 C

【解析】 通过证券交易所的证券交易，投资者持有或者通过协议、其他安排与他人共同持有一家上市公司已发行的有表决权股份达到30%时，继续进行收购的，应当依法向该上市公司所有股东发出收购上市公司全部或者部分股份的要约。

考点十七：信息披露制度、定期报告、临时报告及相关法律责任（☆☆☆）

（一）信息披露制度

信息披露义务人披露的信息，应当真实、准确、完整，简明清晰，通俗易懂，不得有虚假记载、误导性陈述或者重大遗漏。**【凡涉及信息披露和报送文件的，均有真实、准确、完整的要求】**

证券同时在境内境外公开发行、交易的，其信息披露义务人在境外披露的信息，应当在境内同时披露。

信息披露义务人披露的信息应当同时向所有投资者披露，不得提前向任何单位和个人泄露。但是，法律、行政法规另有规定的除外。

（二）定期报告

报告周期	公布时间	审计要求
年度报告	在每一会计年度结束之日起4个月内	应当由会计师事务所审计
中期报告	每一会计年度的上半年结束之日起2个月内	—

发行人的董事、高级管理人员应当对证券发行文件和定期报告签署书面确认意见。

发行人的监事会应当对董事会编制的证券发行文件和定期报告进行审核并提出书面审核意见。监事应当签署书面确认意见。

（三）临时报告

发生可能对上市公司、股票在国务院批准的其他全国性证券交易场所交易的公司的股票交易价格产生较大影响的重大事件，投资者尚未得知时，公司应当立即将有关该重大事件的情况向国务院证券监督管理机构和证券交易场所报送临时报告，并予公告，说明事件的起因、目前的状态和可能产生的法律后果。**【注：上述重大事件与内幕信息相同】**

（四）法律责任

信息披露义务人未按照规定披露信息，或者公告的证券发行文件、定期报告、临时报告及其他信息披露资料存在虚假记载、误导性陈述或者重大遗漏，致使投资者在证券交易中遭受损失的，信息披露义务人应当承担赔偿责任；发行人的控股股东、实际控制人、董事、监事、高级管理人员和其他直接责任人员以及保荐人、承销的证券公司及其直接责任人员，应当与发行人承担连带赔偿责任，但是能够证明自己没有过错的除外。

考点十八：投资者保护制度、投资者的分类、投资者保护机构、债券持有人会议、诉讼规则及相关法律责任（☆☆☆）

（一）投资者保护制度

证券公司向投资者销售证券、提供服务时，应当按照规定充分了解投资者的基本情况、财产状况、金融资产状况、投资知识和经验、专业能力等相关信息；如实说明证券、服务的重要内容，充分揭示投资风险；销售、提供与投资者上述状况相匹配的证券、服务。

（二）投资者的分类

根据财产状况、金融资产状况、投资知识和经验、专业能力等因素，投资者可以分为普通投资者和专业投资者。专业投资者的标准由国务院证券监督管理机构规定。

（三）投资者保护机构

上市公司董事会、独立董事、持有1%以上有表决权股份的股东或者依照法律、行政法规或者国务院证券监督管理机构的规定设立的投资者保护机构，可以作为征集人，自行或者委托证券公司、证券服务机构，公开请求上市公司股东委托其代为出席股东大会，并代为行使提案权、表决权等股东权利。**【即征集投票权】**

（四）债券持有人会议

公开发行公司债券的，发行人应当为债券持有人聘请债券受托管理人，并订立债券受托管理协议。受托管理人应当由本次发行的承销机构或者其他经国务院证券监督管理机构认可的机构担任，债券持有人会议可以决议变更债券受托管理人。**【注意受托管理人是由发行人聘请，为债券持有人的利益服务】**

（五）诉讼规则及相关法律责任

投资者保护机构受50名以上投资者委托，可以作为代表人参加诉讼，并为经证券登记结算机构确认的权利人向人民法院登记，但投资者明确表示不愿意参加该诉讼的除外。

考点十九：证券交易场所的组织架构、交易规则和风险基金制度（☆☆）

证券交易所必须在其名称中标明“证券交易所”字样。其他任何单位或者个人不得使用“证券交易所”或者近似的名称。

证券交易所章程的制定和修改，必须经国务院证券监督管理机构批准。

【记忆技巧】

交易所是自律组织，能管自律组织的上级机关是行政管理部门——证监会。

（一）证券交易场所的组织架构

证券交易所设总经理1人，由国务院证券监督管理机构任免。

有《公司法》第一百四十六条规定的情形或者下列情形之一的，不得担任证券交易所的负责人：

（1）因违法行为或者违纪行为被解除职务的证券交易场所、证券登记结算机构的负责人或者证券公司的董事、监事、高级管理人员，自被解除职务之日起未逾5年；

（2）因违法行为或者违纪行为被吊销执业证书或者被取消资格的律师、注册会计师或者其他证券服务机构的专业人员，自被吊销执业证书或者被取消资格之日起未逾5年。

【记忆技巧】

核心关键词：被解除职务未逾5年；被取消专业资格未逾5年。

因违法行为或者违纪行为被开除的证券交易场所、证券公司、证券登记结算机构、证券服务机构的从业人员和被开除的国家机关工作人员，不得被招聘为证券交易所的从业人员。

【例题70】 以下可以被招聘为证券交易所从业人员的是（　　）。

A. 因违法行为被开除的证券交易场所的从业人员

B. 因违纪行为被开除的警察

C. 因违纪行为被开除的证券公司从业人员

D. 刚本科毕业的小王

【答案】 D

【解析】 因违法行为或者违纪行为被开除的证券交易场所、证券公司、证券登记结算机构、证券服务机构的从业人员和被开除的国家机关工作人员，不得被招聘为证券交易所的从业人员。

（二）交易规则

进入实行会员制的证券交易所参与集中交易的，必须是证券交易所的会员。

证券交易所不得允许非会员直接参与股票的集中交易。

证券交易所应当为组织公平的集中交易提供保障，实时公布证券交易即时行情，并按交易日制作证券市场行情表，予以公布。证券交易即时行情的权益由证券交易所依法享有。未经证券交易所许可，任何单位和个人不得发布证券交易即时行情。

因不可抗力、意外事件、重大技术故障、重大人为差错等突发性事件而影响证券交易正常进行时，为维护证券交易正常秩序和市场公平，证券交易所可以按照业务规则采取技术性停牌、临时停市等处置措施，并应当及时向国务院证券监督管理机构报告。

证券交易所应当加强对证券交易的风险监测，出现重大异常波动的，证券交易所可以按照业务规则采取限制交易、强制停牌等处置措施，并向国务院证券监督管理机构报告；严重影响证券市场稳定的，证券交易所可以按照业务规则采取临时停市等处置措施并公告。

【例题71】《证券法》规定，证券交易所可以根据需要按照业务规则对出现重大异常交易情况的证券账户的投资者（　　）。

A. 停止清算　　B. 限制交易　　C. 强制销户　　D. 停止交易

【答案】 B

【解析】 证券交易所应当加强对证券交易的风险监测，出现重大异常波动的，证券交易所可以按照业务规则采取限制交易、强制停牌等处置措施，并向国务院证券监督管理机构报告。

（三）风险基金

证券交易所应当从其收取的交易费用和会员费、席位费中提取一定比例的金额设立风险基金。风险基金由证券交易所理事会管理。风险基金提取的具体比例和使用办法，由国务院证券监督管理机构会同国务院财政部门规定。

【例题72】 下列关于证券交易所风险基金制度的说法，正确的有（　　）。

Ⅰ. 证券交易所可以从其收取的交易费用和会员费、席位费中提取一定比例的金额设立风险基金

Ⅱ. 风险基金由证券交易所理事会管理

Ⅲ. 证券交易所应当将收存的风险基金存入开户银行基本账户

Ⅳ. 证券交易所不得擅自使用风险基金

A. Ⅰ、Ⅱ、Ⅲ　　B. Ⅰ、Ⅱ、Ⅳ　　C. Ⅰ、Ⅲ、Ⅳ　　D. Ⅱ、Ⅲ、Ⅳ

【答案】 B

【解析】Ⅲ项，证券交易所应当将收存的风险基金存入开户银行专门账户，不得擅自使用。

考点二十：证券登记结算机构的设立条件、职能、业务规则和证券结算风险基金（☆☆）

（一）证券登记结算机构的设立条件

（1）自有资金不少于人民币2亿元；

（2）具有证券登记、存管和结算服务所必需的场所和设施；

（3）国务院证券监督管理机构规定的其他条件。

证券登记结算机构的名称中应当标明"证券登记结算"字样。

（二）证券登记结算机构的职能

（1）证券账户、结算账户的设立；

（2）证券的存管和过户；

（3）证券持有人名册登记；

（4）证券交易的清算和交收；

（5）受发行人的委托派发证券权益；

（6）办理与上述业务有关的查询、信息服务；

（7）国务院证券监督管理机构批准的其他业务。

【记忆技巧】

登记结算机构职能的核心词汇：登记、结算、存管以及与之相关的账户设立、派发权益和查询。

【例题73】中国证券登记结算有限责任公司具体负责（　　）。

Ⅰ. 证券账户的设立

Ⅱ. 结算账户的设立

Ⅲ. 证券的存管和过户

Ⅳ. 证券交易所上市证券交易的清算和交收

A. Ⅱ、Ⅲ、Ⅳ　　B. Ⅰ、Ⅱ、Ⅳ

C. Ⅰ、Ⅱ、Ⅲ、Ⅳ　　D. Ⅰ、Ⅲ

【答案】C

【解析】证券登记结算机构应履行下列职能：

（1）证券账户、结算账户的设立；

（2）证券的存管和过户；

（3）证券持有人名册登记；

（4）证券交易的清算和交收；

（5）受发行人的委托派发证券权益；

（6）办理与上述业务有关的查询、信息服务；

（7）国务院证券监督管理机构批准的其他业务。

（三）证券登记结算机构的业务规则

在证券交易所或者国务院批准的其他全国性证券交易场所交易的证券，应当全部存管在证券登记结算机构。证券登记结算机构不得挪用客户的证券。

证券登记结算机构应当向证券发行人提供证券持有人名册及有关资料。其保存期限不得少于20年。**【提示：关于本科目所涉各类资料保存期限的对比汇总，详见本书最后《易混知识点汇总分析（一）》】**

证券登记结算机构为证券交易提供净额结算服务时，应当要求结算参与人按照货银对付的原则，足额交付证券和资金，并提供交收担保。

（四）证券结算风险基金

证券登记结算机构应当设立证券结算风险基金，用于垫付或者弥补因违约交收、技术故障、操作失误、不可抗力造成的证券登记结算机构的损失。

证券结算风险基金从证券登记结算机构的业务收入和收益中提取，并可以由结算参与人按照证券交易业务量的一定比例缴纳。

【易混知识点分析】

证券交易所和证券登记结算机构风险基金的资金来源：

证券交易所——风险基金——交易费用、会员费、席位费

证券登记结算机构——证券结算风险基金——业务收入和收益、结算参与人缴纳

考点二十一：违反证券发行规定的法律责任（☆☆）

违法行为	权力机关	处罚处分	罚款	
			公司	责任人
擅自公开或者变相公开发行证券	证监会	责令停止发行、退还资金+存款利息	募资金额5%～50%	50万～500万元
	监管机构或部门会同县级以上地方人民政府	对募集设立的公司予以取缔		
发行文件隐瞒重要事实或者编造重大虚假内容	证监会		尚未发行：200万～2000万元 已经发行：募资金额10%～1倍	100万～1000万元

续表

违法行为	权力机关	处罚处分	罚款	
			公司	责任人
控股股东、实际控制人指使上述行为	证监会	没收违法所得	违法所得10%～1倍；无所得或不足2000万元的，200万～2000万元	100万～1000万元
擅自改变募集资金用途	证监会	责令改正	50万～500万元	10万～100万元
证券公司承销擅自或变相公开发行的证券	证监会	责令停止承销或者销售，没收违法所得；情节严重暂停或撤销业务许可	违法所得1～10倍；无所得或不足100万元的，100万～1000万元	50万～500万元
保荐人的保荐书虚假记载、误导性陈述或者重大遗漏	证监会	责令改正，给予警告，没收业务收入；情节严重暂停或撤销业务许可	业务收入1～10倍；无所得或不足100万元的，100万～1000万元	50万～500万元

注：责任人指“直接负责的主管人员和其他直接责任人员”。

【例题74】 根据《证券法》，擅自公开或者变相公开发行证券的，应当退还所募资金并（　　）。

A. 不需要加算利息　　B. 加算银行同期贷款利息

C. 加算银行同期存款利息　　D. 加算金融同业存款利息

【答案】 C

【解析】 违反《证券法》第九条的规定，擅自公开或者变相公开发行证券的，责令停止发行，退还所募资金并加算银行同期存款利息，处以非法所募资金金额5%以上50%以下的罚款。

【例题75】 下列关于违反证券发行规定的法律责任的说法，正确的有（　　）。

Ⅰ. 未经依法注册，擅自公开或者变相公开发行证券的，责令停止发行，退还所募资金并加算银行同期存款利息，并处罚款

Ⅱ. 发行人在其公告的证券发行文件中隐瞒重要事实或者编造重大虚假内容，尚未发行证券的可以不追究责任

Ⅲ. 发行人的控股股东、实际控制人组织，指使发行人在其公告的证券发行文件中隐瞒重要事实或者编造重大虚假内容，依规只对发行人进行处罚

Ⅳ. 证券公司承销或者销售擅自公开发行证券的，责令停止承销或者销售，没收违法所得，并处罚款

A. Ⅱ、Ⅳ　　B. Ⅱ、Ⅲ　　C. Ⅰ、Ⅲ　　D. Ⅰ、Ⅳ

【答案】D

【解析】Ⅱ项，发行人在其公告的证券发行文件中隐瞒重要事实或者编造重大虚假内容，尚未发行证券的，处以200万元以上2000万元以下的罚款；已经发行证券的，处以非法所募资金金额10%以上1倍以下的罚款。

Ⅲ项，发行人的控股股东、实际控制人组织、指使从事前款违法行为的，没收违法所得，并处以违法所得10%以上1倍以下的罚款；没有违法所得或者违法所得不足2000万元的，处以200万元以上2000万元以下的罚款。

考点二十二：违反证券交易规定的法律责任（☆☆）

违法行为	权力机关	处罚处分	罚款	
			公司	责任人
内幕交易	证监会	责令依法处理非法持有的证券，没收违法所得	违法所得1～10倍；无所得或不足50万元的，50万～500万元	20万～200万元
操纵市场	证监会	责令依法处理非法持有的证券，没收违法所得	违法所得1～10倍；无所得或不足100万元的，100万～1000万元	50万～500万元
虚假陈述、信息误导	证监会	没收违法所得	违法所得1～10倍；无所得或不足20万元的，20万～200万元	—

注：责任人指“直接负责的主管人员和其他直接责任人员”。

考点二十三：上市公司收购的法律责任（☆☆☆）

违法行为	权力机关	处罚处分	罚款	
			公司	责任人
收购人未履行上市公司收购的公告、发出收购要约义务	证监会	责令改正，给予警告	50万～500万元	20万～200万元

注：责任人指“直接负责的主管人员和其他直接责任人员”。

【例题76】根据《证券法》，关于收购人未按照本法规定履行上市公司收购的公告、发出收购要约等义务受到的处罚，不包括（　　）。

A. 没收违法所得　　B. 责令改正　　C. 处以罚款　　D. 给予警告

【答案】A

【解析】收购人未按照《证券法》的规定履行上市公司收购的公告、发出收购要约义务的，责令改正，给予警告，并处以50万元以上500万元以下的罚款。对直接负责的主管人员和其他直接责任人员给予警告，并处以20万元以上200万元以下的罚款。

考点二十四：违反信息披露规则的法律责任、违反投资者保护规则的法律责任（☆☆☆）

违法行为	权力机关	处罚处分	罚款	
			公司	责任人
信息披露义务人未按规定报送有关报告或者履行信息披露义务	证监会	责令改正，给予警告	50万~500万元	20万~200万元
报送的报告或者披露的信息有虚假记载、误导性陈述或者重大遗漏	证监会	责令改正，给予警告	100万~1000万元	50万~500万元
未履行或者未按照规定履行投资者适当性管理义务	证监会	责令改正，给予警告	10万~100万元	20万元以下

注：责任人指“直接负责的主管人员和其他直接责任人员”。

考点二十五：违反证券机构管理、人员管理相关规定的法律责任及证券机构的法律责任（☆☆）

违法行为	权力机关	处罚处分	罚款	
			公司	责任人
擅自设立证券公司、非法经营证券业务	证监会	责令改正，没收违法所得	违法所得1~10倍；无所得或不足100万元的，100万~1000万元	20万~200万元
证券公司为其股东或者股东的关联人提供融资或者担保	证监会	责令改正，给予警告	50万~500万元	10万~100万元
从业人员私下接受客户委托买卖证券	证监会	责令改正，给予警告，没收违法所得	违法所得1~10倍；无所得的，50万元以下	

注：责任人指“直接负责的主管人员和其他直接责任人员”。

【本节学习提示】考查重点：

（1）证券发行与交易的三公原则：公开、公平、公正。

（2）禁止欺诈、内幕交易和操纵证券市场的行为。

（3）公开发行：不特定对象、超过200人。

(4) 公开发行股票的条件：良好的组织机构、持续经营能力、3 年无保留意见、3 年无“黑五类”犯罪。

(5) 公开发行公司债的条件：良好的组织机构、3 年 1 息。

(6) 股票发行由证监会注册，自申请受理之日起 3 个月内作出决定。

(7) 证券承销方式包括包销和代销，期限均不超过 90 日。

(8) 上市公司收购分为要约收购和协议收购，要约收购期限为 30 日至 60 日。

(9) 通过协议、交易所购买等方式收购股票达 30%，拟继续收购的，应采取要约收购的方式。(30% 是红线)

(10) 内幕交易行为包括：影响股票价格较大波动的（重要、重大、较大及会产生重大影响）事件；影响债券价格较大波动的（重要、重大、较大及会产生重大影响）事件。

(11) 操纵证券市场的行为包括：“单独或合谋”“与他人串通”“自己账户间交易”“不以成交为目的”“诱导投资者交易”“做出建议后反向交易”等行为，最终“影响证券交易价格和成交量”。

第五节　证券投资基金法

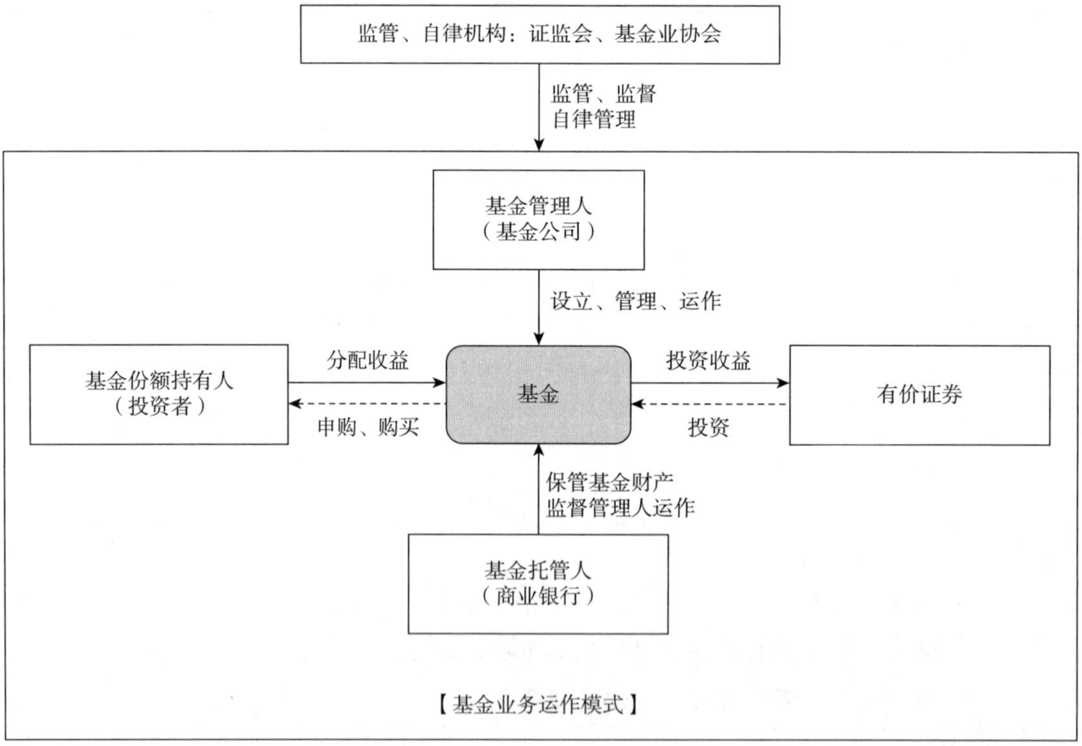

【基金业务运作模式】

考点一：基金管理人、基金托管人和基金份额持有人的概念、基金份额持有人的权利、基金管理人、基金托管人的职责（☆☆☆）

（一）基金管理人、基金托管人、基金份额持有人的概念

基金合同当事人包括基金份额持有人、基金管理人和基金托管人。**【注意，没有基金销售机构】**

基金份额持有人是指根据基金合同和基金招募说明书持有基金份额的基金出资人，是基金财产的所有者和基金投资的受益人。

基金管理人是指按照法律、法规的规定和基金合同的约定，为基金份额持有人的利益，对基金财产进行管理及运作的机构。基金管理人由依法设立的公司或者合伙企业担任。**【公募基金管理人应由基金管理公司和经证监会核准的机构担任，即需要证监会审批的业务资格】**

基金托管人是指按照法律、法规的规定和基金合同的约定，在证券投资基金活动中承担基金资产保管、基金资金清算、交易监督、会计核算等职责的商业银行或其他金融机构。

（二）基金份额持有人的权利

（1）分享基金财产收益。

（2）参与分配清算后的剩余基金财产。

（3）依法转让或者申请赎回其持有的基金份额。

（4）按照规定要求召开基金份额持有人大会或者召集基金份额持有人大会。

（5）对基金份额持有人大会审议事项行使表决权。**【基金份额持有人是基金的实际所有者，不是基金公司】**

（6）对基金管理人、基金托管人、基金服务机构损害其合法权益的行为依法提起诉讼。

（7）公开募集基金的基金份额持有人有权查阅或者复制公开披露的基金信息资料；非公开募集基金的基金份额持有人有权对涉及自身利益的情况，查阅基金的财务会计账簿等财务资料。

基金份额持有人大会由全体基金份额持有人组成，行使下列职权：**【相当于公司的股东大会，是该只基金的最高权力机构】**

（1）决定基金扩募或者延长基金合同期限；

（2）决定修改基金合同的重要内容或者提前终止基金合同；

（3）决定更换基金管理人、基金托管人；

（4）决定调整基金管理人、基金托管人的报酬标准；

（5）基金合同约定的其他职权。

【例题77】下列选项中，属于基金份额持有人大会职权的是（　　）。

Ⅰ.决定更换基金管理人、基金托管人

Ⅱ.安全保管基金财产

Ⅲ.决定基金扩募或者延长基金合同期限

Ⅳ.决定修改基金合同的重要内容或者提前终止基金合同

A. Ⅰ、Ⅱ、Ⅳ　　B. Ⅰ、Ⅲ、Ⅳ

C. Ⅰ、Ⅱ、Ⅲ、Ⅳ　　D. Ⅱ、Ⅲ、Ⅳ

【答案】B

【解析】基金份额持有人大会由全体基金份额持有人组成，行使下列职权：

（1）决定基金扩募或者延长基金合同期限；

（2）决定修改基金合同的重要内容或者提前终止基金合同；

（3）决定更换基金管理人、基金托管人；

（4）决定调整基金管理人、基金托管人的报酬标准；

（5）基金合同约定的其他职权。

Ⅱ项属于基金托管人的职责。

（三）基金管理人的职责

（1）依法募集资金，办理基金份额的发售和登记事宜；

（2）办理基金备案手续；

（3）对所管理的不同基金财产分别管理、分别记账，进行证券投资；

（4）按照基金合同的约定确定基金收益分配方案，及时向基金份额持有人分配收益；

（5）进行基金会计核算并编制基金财务会计报告；

（6）编制中期和年度基金报告；

（7）计算并公告基金资产净值，确定基金份额申购、赎回价格；

（8）办理与基金财产管理业务活动有关的信息披露事项；

（9）按照规定召集基金份额持有人大会；

（10）保存基金财产管理业务活动的记录、账册、报表和其他相关资料；

（11）以基金管理人名义，代表基金份额持有人利益行使诉讼权利或者实施其他法律行为。

（四）基金托管人的职责

（1）安全保管基金财产；

（2）按照规定开设基金财产的资金账户和证券账户；

（3）对所托管的不同基金财产分别设置账户，确保基金财产的完整与独立；

（4）保存基金托管业务活动的记录、账册、报表和其他相关资料；

（5）按照基金合同的约定，根据基金管理人的投资指令，及时办理清算、交割事宜；

（6）办理与基金托管业务活动有关的信息披露事项；

（7）对基金财务会计报告、中期和年度基金报告出具意见；

（8）复核、审查基金管理人计算的基金资产净值和基金份额申购、赎回价格；

（9）按照规定召集基金份额持有人大会；

（10）按照规定监督基金管理人的投资运作。

【例题78】证券投资基金托管人应当履行的职责包括（　　）。

Ⅰ. 按照规定召集基金份额持有人大会

Ⅱ. 对基金财务会计报告、中期和年度基金报告出具意见

Ⅲ. 复核、审查基金管理人计算的基金资产净值和基金份额申购、赎回价格

Ⅳ. 按照规定开设基金财产的资金账户和证券账户

A. Ⅰ、Ⅱ、Ⅲ、Ⅳ　　B. Ⅰ、Ⅱ、Ⅳ

C. Ⅱ、Ⅲ　　D. Ⅰ、Ⅲ、Ⅳ

【答案】A

【解析】基金托管人依法应当履行下列职责：

（1）安全保管基金财产；

（2）按照规定开设基金财产的资金账户和证券账户；

（3）对所托管的不同基金财产分别设置账户，确保基金财产的完整与独立；

（4）保存基金托管业务活动的记录、账册、报表和其他相关资料；

（5）按照基金合同的约定，根据基金管理人的投资指令，及时办理清算、交割事宜；

（6）办理与基金托管业务活动有关的信息披露事项；

（7）对基金财务会计报告、中期和年度基金报告出具意见；

（8）复核、审查基金管理人计算的基金资产净值和基金份额申购、赎回价格；

（9）按照规定召集基金份额持有人大会；

（10）按照规定监督基金管理人的投资运作。

【例题79】基金托管人根据（　　）指令办理资金划拨。

A. 基金投资人　　B. 基金注册登记机构

C. 基金销售机构　　D. 基金管理人

【答案】D

【解析】基金托管人依法应当履行的职责之一为：按照基金合同的约定，根据基金管理人的投资指令，及时办理清算、交割事宜。故本题选择D选项。

【易混知识点分析】

基金管理人和基金托管人的职责，经常作为易混知识点进行考查，区分如下：

1. 基金管理人主要负责基金的运作管理、投资管理及与基金管理相关的信息披露

运作管理包括：募集，备案，召集持有人大会，保存管理业务的资料，代表持有人行使权利；

投资管理包括：证券投资，计算净值和申赎价格，分配收益；

与基金管理相关的信息披露：编制财务会计报告，中期报告、年度报告。

2. 基金托管人主要负责保管基金财产、监督管理人及与基金托管相关的信息披露

保管基金财产包括：保管财产，开设资金证券账户，账户分别设置管理，保管托管业务资料，办理清算交割，召集持有人大会；

监督管理人包括：对中期报告、年度报告出具意见，复核基金净值和申赎价格，监督管理人运作。

这其中，最易混淆的是基金财务会计报告、年度和中期基金报告、基金净值和申赎价格的计算。这几项均是由管理人负责编写制定，然后由托管人复核审查、出具意见。

考点二：设立基金管理公司的条件（☆）

1. 有符合《证券投资基金法》和《公司法》规定的章程

2. 注册资本不低于1亿元人民币，且必须为实缴货币资本【**本科目所涉金融机构注册资本，均要求实缴**】

3. 主要股东应当具有经营金融业务或者管理金融机构的良好业绩、良好的财务状况和社会信誉，资产规模达到国务院规定的标准，最近3年没有违法记录

4. 取得基金从业资格的人员达到法定人数

5. 董事、监事、高级管理人员具备相应的任职条件

6. 有符合要求的营业场所、安全防范设施和与基金管理业务有关的其他设施

7. 有良好的内部治理结构、完善的内部稽核监控制度、风险控制制度

【记忆技巧】

设立金融机构条件的记忆口诀：**（此口诀同样适用证券公司、期货公司的设立）**

“股东”“出钱”，然后找个“地方”坐下来敲定“规则”，再“找人”来“经营管理”。

股东——主要股东应当具有经营金融业务或者管理金融机构的良好业绩、良好的财务状况和社会信誉，资产规模达到国务院规定的标准，最近3年没有违法记录；

出钱——注册资本不低于1亿元人民币，且必须为实缴货币资本；

地方——有符合要求的营业场所、安全防范设施和与基金管理业务有关的其他设施；

规则——有符合《证券投资基金法》和《公司法》规定的章程；

找人——董事、监事、高级管理人员具备相应的任职条件；取得基金从业资格的人员达到法定人数；

经营管理——有良好的内部治理结构、完善的内部稽核监控制度、风险控制制度。

【例题80】下列关于设立管理公开募集基金的基金管理公司的说法，正确的有（　　）。

Ⅰ. 具备符合《证券投资基金法》和《公司法》规定的章程

Ⅱ. 取得基金从业资格的人员达到法定人数

Ⅲ. 董事、监事、高级管理人员具备相应的任职条件

Ⅳ. 注册资本不低于5000万元人民币，且必须为实缴资本

A. Ⅰ、Ⅱ、Ⅳ　　B. Ⅰ、Ⅱ、Ⅲ　　C. Ⅱ、Ⅲ　　D. Ⅰ、Ⅲ

【答案】B

【解析】设立管理公开募集基金的基金管理公司，应当具备的条件有：

（1）有符合《证券投资基金法》和《公司法》规定的章程；

（2）注册资本不低于1亿元人民币，且必须为实缴货币资本；

（3）主要股东应当具有经营金融业务或者管理金融机构的良好业绩、良好的财务状况和社会信誉，资产规模达到国务院规定的标准，最近3年没有违法记录；

（4）取得基金从业资格的人员达到法定人数；

（5）董事、监事、高级管理人员具备相应的任职条件；

（6）有符合要求的营业场所、安全防范设施和与基金管理业务有关的其他设施；

（7）有良好的内部治理结构、完善的内部稽核监控制度、风险控制制度。

考点三：基金管理人的禁止行为（☆☆）

主体	禁止行为
公募基金管理人及董、监、高和从业人员	（1）将其固有财产或者他人财产混同于基金财产从事证券投资； （2）不公平地对待其管理的不同基金财产； （3）利用基金财产或者职务之便为基金份额持有人以外的人牟取利益； （4）向基金份额持有人违规承诺收益或者承担损失； （5）侵占、挪用基金财产； （6）泄露因职务便利获取的未公开信息、利用该信息从事或者明示、暗示他人从事相关的交易活动； （7）玩忽职守，不按照规定履行职责。
私募管理人及从业人员从事私募业务	与公募管理人禁止行为的第（1）、（2）、（5）、（6）、（7）相同，并额外增加以下3条： ①利用基金财产或者职务之便，为本人或者投资者以外的人牟取利益，进行利益输送； ②从事损害基金财产和投资者利益的投资活动； ③从事内幕交易、操纵交易价格及其他不正当交易活动。

考点四：基金财产的独立性要求（☆☆☆）

财产独立	基金财产独立于基金管理人、基金托管人的固有财产。
收益独立	基金管理人、基金托管人因基金财产的管理、运用或者其他情形而取得的财产和收益，归入基金财产。
清算独立	基金管理人、基金托管人因依法解散、被依法撤销或者被依法宣告破产等原因进行清算的，基金财产不属于其清算财产。
债权独立	基金财产的债权，不得与基金管理人、基金托管人固有财产的债务相抵销；不同基金财产的债权债务，不得相互抵销。
债务独立	基金财产的债务由基金财产本身承担，基金份额持有人以其出资为限对基金财产的债务承担责任。非因基金财产本身承担的债务，不得对基金财产强制执行。
责任独立	基金管理人、基金托管人、基金服务机构依照法律规定，应当承担的民事赔偿责任和缴纳的罚款、罚金，由基金管理人、基金托管人、基金服务机构以其固有财产承担。

【记忆技巧】

基金财产属于基金份额持有人（投资者）所有，与管理人、托管人无关，管理人和托管人只负责运作和财产保管。

【例题81】下列关于基金财产的说法，正确的有（　　）。

Ⅰ. 基金财产独立于基金管理人固有财产

Ⅱ. 基金财产独立于基金托管人固有财产

Ⅲ. 基金财产不完全独立于基金管理人固有财产

Ⅳ. 基金财产不完全独立于基金托管人固有财产

A. Ⅲ、Ⅳ　　B. Ⅰ、Ⅱ　　C. Ⅱ、Ⅲ　　D. Ⅰ、Ⅳ

【答案】B

【解析】基金财产包括通过基金募集行为从基金投资人处获得的所有资金总和以及基金管理人、基金托管人因基金财产的管理、运用或者其他情形而取得的财产和收益。作为从事证券投资基金活动的基础和前提，基金财产独立于基金管理人、基金托管人的固有财产，在法律上具有独立性。

考点五：基金财产债权债务独立性的意义（☆☆☆）

1. 有利于维护基金财产的独立性
2. 有利于保障基金财产的安全
3. 有利于保护基金份额持有人的合法权益
4. 有利于基金财产的稳定运作，提高基金的运作效率

【例题 82】下列关于基金财产债权债务独立性的意义的说法，错误的是（　　）。

A. 有利于维护基金财产的独立性

B. 有利于保障基金财产的安全

C. 有利于基金财产的稳定运作，提高基金的运作效率

D. 有利于保护基金管理人的合法权益

【答案】D

【解析】D 项应为：有利于保护基金份额持有人的合法权益。

考点六：基金公开募集与非公开募集的区别（☆☆）

区别	公开募集（公募基金）	非公开募集（私募基金）
募集方式和对象	不特定对象或特定对象超过 200 人	合格投资者，累计不超过 200 人
管理人的类型	基金公司或获批机构	公司或合伙企业
管理人产生方式	证监会批准	基金业协会登记
投资范围	上市交易的股票、债券或证监会规定的证券及衍生品种	股票、债券、基金、衍生品（期权、股权、期货等）
信息披露要求	严格，依法披露	不严格，按合同约定

考点七：公募基金运作的方式（☆）

区别	封闭式基金	开放式基金
存续期限	有固定期限	无固定期限
申、赎限制	封闭期不能赎回，只能在交易所交易	可申购或赎回
基金规模	规模固定	规模可变
交易方式	在交易所上市交易	由管理人或服务机构办理
投资策略	可进行长期投资和全额投资	为保持流动性，不能将全部财产均用于长期投资

【例题 83】下列关于公募基金运作方式的说法，正确的有（　　）。

Ⅰ. 公募基金必须设立开放期

Ⅱ. 开放式基金的基金份额总额不固定

Ⅲ. 封闭式基金的基金份额持有人在基金合同期限内不得申请赎回

Ⅳ. 开放式基金的基金份额可以在基金合同约定的场所申购或者赎回

A. Ⅱ、Ⅲ　　B. Ⅰ、Ⅲ、Ⅳ　　C. Ⅱ、Ⅲ、Ⅳ　　D. Ⅰ、Ⅱ、Ⅳ

【答案】C

【解析】公募基金的运作方式可以采用封闭式、开放式或者其他方式。

采用封闭式运作方式的基金，简称“封闭式基金”，是指基金份额总额在基金合同期限内固定不变，基金份额持有人不得申请赎回的基金；采用开放式运作方式的基金，简称“开放式基金”，是指基金份额总额不固定，基金份额可以在基金合同约定的时间和场所申购或者赎回的基金。

【例题 84】下列各项，属于封闭式基金内容的是（　　）。

Ⅰ. 基金份额在基金合同期限内固定不变

Ⅱ. 一般有一个固定的存续期

Ⅲ. 基金份额不固定

Ⅳ. 是在证券市场的投资者之间进行转让

A. Ⅱ、Ⅲ、Ⅳ　　B. Ⅰ、Ⅱ、Ⅲ、Ⅳ

C. Ⅰ、Ⅱ、Ⅳ　　D. Ⅱ、Ⅳ

【答案】C

【解析】封闭式基金的基金份额是固定的，在基金存续期间内不得赎回，因此，基金份额的总额即基金规模在基金存续期间是固定的。投资者对封闭式基金份额的买卖，只能根据基金份额上市交易规则，委托证券公司在证券交易所完成交易，且交易双方均是基金的投资者。

考点八：非公开募集基金的合格投资者的要求（☆）

非公开募集基金合格投资者的单位或个人应满足下列条件：

1. 达到规定资产规模或者收入水平

投资者	合格投资者要求
机构	净资产≥1000 万元
个人	金融资产≥300 万元 或 最近 3 年个人年均收入≥50 万元
其他	社会保障基金、企业年金等养老基金，慈善基金等社会公益基金；依法设立并在基金业协会备案的私募基金产品；受国务院金融监督管理机构监管的金融产品；投资于所管理私募基金的私募基金管理人及其从业人员以及法律法规、中国证监会和中国基金业协会规定的其他投资者。

【提示：关于本科目所涉各类合格投资者要求对比汇总，详见本书最后《易混知识点汇总分析（三）》】

2. 具备相应的风险识别能力和风险承担能力

3. 基金份额认购金额不低于规定限额

基金类别	认购最低金额
固定收益类	≥30 万元
混合类	≥40 万元
权益类及衍生品类	≥100 万元

【记忆技巧】

基金投资的产品风险越高，认购起点越高。

考点九：非公开募集基金的投资范围（☆）

非公开募集基金财产的证券投资，既包括买卖公开发行的股份有限公司股票、债券、基金份额，也包括国务院证券监督管理机构规定的其他证券及其衍生品种，如股权、期货、期权以及基金合同约定的其他投资标的。

【例题 85】根据《证券投资基金法》，下列关于非公开募集基金财产的投资范围的说法，正确的有（　　）。

Ⅰ. 只能投资于上市交易的股票、债券

Ⅱ. 不可以投资于基金份额

Ⅲ. 可以投资于期货

Ⅳ. 可以投资于股权

A. Ⅰ、Ⅱ、Ⅳ　　B. Ⅰ、Ⅱ　　C. Ⅲ、Ⅳ　　D. Ⅱ、Ⅳ

【答案】C

【解析】非公开募集基金财产的证券投资，既包括买卖公开发行的股份有限公司股票、债券、基金份额，也包括国务院证券监督管理机构规定的其他证券及其衍生品种，如股权、期货、期权以及基金合同约定的其他投资标的。

考点十：非公开募集基金管理人的登记及非公开募集基金的备案要求（☆）

（一）非公开募集基金管理人的登记

担任非公开募集基金的基金管理人，应当按照中国基金业协会的规定向中国基金业协会申请登记手续，报送基本情况。

私募基金管理人提供的登记申请材料完备的，中国基金业协会应当自收齐登记材料之日起 20 个工作日内，以通过网站公示私募基金管理人基本情况的方式，为私募基金管理人办结登记手续。

（二）非公开募集基金的备案

非公开募集基金募集完毕后 20 个工作日内，基金管理人应当向中国基金业协会备案。

私募基金备案材料完备且符合要求的，中国基金业协会应当在私募基金备案材料齐备后20个工作日内，通过网站公告私募基金名单及其基本情况的方式，为私募基金办结备案手续。经备案的私募基金可以申请开立证券相关账户。

考点十一：相关的法律责任（☆）

违法行为	权力机关	处罚处分	罚款	
			公司	责任人
擅自设立基金公司、非法经营基金管理业务	证监会	予以取缔或者责令改正，没收违法所得	违法所得1～5倍；无所得或不足100万元的，10万～100万元	3万～30万元
擅自从事基金托管业务	证监会	责令停止，没收违法所得	违法所得1～5倍；无所得或不足100万元的，10万～100万元	3万～30万元
擅自或变相公开募集基金	证监会	责令停止，返还所募资金和加计的银行同期存款利息，没收违法所得	募资金额1%～5%	5万～50万元
未对基金分别管理或分账保管	证监会	责令改正	5万～50万元	3万～30万元
将固有财产与基金财产混同	证监会	责令改正，没收违法所得	违法所得1～5倍；无所得或不足100万元的，10万～100万元	3万～30万元

注：责任人指“直接负责的主管人员和其他直接责任人员”。

【例题86】未经批准擅自设立基金管理公司或者未经核准从事公开募集基金管理业务的，由证券监督管理机构（　　）或者责令改正，没收违法所得，并处违法所得1倍以上5倍以下罚款；没有违法所得或者违法所得不足100万元的，并处10万元以上100万元以下罚款。

A. 市场禁入　　B. 予以取缔　　C. 进行训诫　　D. 通报批评

【答案】B

【解析】未经批准擅自设立基金管理公司或者未经核准从事公开募集基金管理业务的，由证券监督管理机构予以取缔或者责令改正，没收违法所得，并处违法所得1倍以上5倍以下罚款；没有违法所得或者违法所得不足100万元的，并处10万元以上100万元以下罚款。对直接负责的主管人员和其他直接责任人员给予警告，并处3万元以上30万元以下罚款。

【本节学习提示】考查重点：

（1）基金按募集方式分为公募基金和私募基金；公募基金按照运作方式分为封闭式基金和开放式基金。

(2) 基金管理人的职责：负责基金的运作管理、投资管理及与基金管理相关的信息披露。

(3) 基金托管人的职责：负责保管基金财产、监督管理人及与基金托管相关的信息披露。

(4) 基金财产的独立性包括：财产独立、收益独立、清算独立、债权独立、债务独立、责任独立。

第六节　期货交易管理条例

考点一：期货的概念、特征及其种类（☆☆☆）

(一) 期货的概念

期货交易	指采用公开的集中交易方式或者国务院期货监督管理机构批准的其他方式进行的以期货合约或者期权合约为交易标的的交易活动。
期货合约	指期货交易场所统一制定的、规定在将来某一特定的时间和地点交割一定数量标的物的标准化合约。
期权合约	指期货交易场所统一制定的、规定买方有权在将来某一时间以特定价格买入或者卖出约定标的物（包括期货合约）的标准化合约。

(二) 期货的特征

期货因采用保证金交易的方式，而具有杠杆性、高风险性等特征。

(三) 期货的种类

种类	主要品种
商品期货	农产品期货、金属期货、能源期货。
金融期货	股指期货：英国 FTSE 指数期货、德国 DAX 指数期货、东京日经平均指数期货、香港恒生指数期货、沪深 300 指数期货等； 利率期货：短期利率期货、长期利率期货（中国境内为国债期货）； 外汇期货：以汇率为标的物的期货合约（中国境内无此品种）。

【例题 87】以下属于商品期货合约标的物的有（　　）。

Ⅰ. 农产品

Ⅱ. 工业品

Ⅲ. 能源

Ⅳ. 利率

A. Ⅰ、Ⅲ、Ⅳ　　B. Ⅰ、Ⅱ、Ⅳ　　C. Ⅱ、Ⅲ、Ⅳ　　D. Ⅰ、Ⅱ、Ⅲ

【答案】D

【解析】商品期货合约是指以农产品、金属期货、能源和其他商品及其相关指数产品为标的物的期货合约，主要包括农产品期货、金属期货，以及能源期货等合约。利率属于金融期货。

【例题 88】期货合约包括商品期货合约、金融期货合约及其他期货合约。下列选项中属于利率期货标的物的是（　　）。

A. 沪深 300 指数　　B. 国债期货

C. 香港恒生指数　　D. 东京日经平均指数

【答案】B

【解析】利率期货一般可分为短期利率期货和长期利率期货。中国境内的利率期货种类有国债期货等。

考点二：期货交易所的职责（☆☆）

期货交易所不以营利为目的，按照其章程的规定实行自律管理。

设立期货交易所，由国务院期货监督管理机构审批。**【国务院期货监督管理机构、国务院证券监督管理机构均指的是中国证监会】**

期货交易所的负责人由国务院期货监督管理机构任免。

期货交易所履行下列职责：

（1）提供交易的场所、设施和服务；

（2）设计合约，安排合约上市；

（3）组织并监督交易、结算和交割；

（4）为期货交易提供集中履约担保；

（5）按照章程和交易规则对会员进行监督管理；

（6）国务院期货监督管理机构规定的其他职责。

【例题 89】根据《期货交易管理条例》，下列关于期货交易所职责的说法，错误的是（　　）。

Ⅰ. 期货交易所不得提供交易的场所、设施和服务

Ⅱ. 期货交易所不得干预、设计合约、但对报备的合约审核无误后安排上市

Ⅲ. 期货交易所组织结算和交割，但不得组织与监督交易

Ⅳ. 为期货交易提供集中履约，但期货交易所不得直接或者间接参与期货交易

A. Ⅱ、Ⅲ、Ⅳ　　B. Ⅲ、Ⅳ　　C. Ⅰ、Ⅱ　　D. Ⅰ、Ⅱ、Ⅲ

【答案】D

【解析】期货交易所履行下列职责：

（1）提供交易的场所、设施和服务；

（2）设计合约，安排合约上市；

（3）组织并监督交易、结算和交割；

（4）为期货交易提供集中履约担保；

（5）按照章程和交易规则对会员进行监督管理；

（6）国务院期货监督管理机构规定的其他职责。

期货交易所不得直接或者间接参与期货交易。未经国务院期货监督管理机构审核并报国务院批准，期货交易所不得从事信托投资、股票投资、非自用不动产投资等与其职责无关的业务。

【例题90】期货交易的交割，由（　　）统一组织进行。

A. 期货业协会　　B. 投资者

C. 期货交易所　　D. 期货监督管理机构

【答案】C

【解析】期货交易的结算与交割，由期货交易所统一组织进行。

【例题91】期货交易所负责人应由（　　）聘任。

A. 国务院期货监督管理机构　　B. 财政部

C. 期货交易所　　D. 期货业协会

【答案】A

【解析】期货交易所不以营利为目的，按照其章程的规定实行自律管理。期货交易所以其全部财产承担民事责任。期货交易所的负责人由国务院期货监督管理机构任免。

考点三：期货交易所会员管理、内部管理制度的相关规定（☆）

（一）期货交易所会员管理

期货交易所会员应当是在境内登记注册的企业法人或者其他经济组织。

期货交易所可以实行全员结算制度或者会员分级结算制度。

实行会员分级结算制度的期货交易所会员由结算会员和非结算会员组成。

（二）期货交易所的内部管理制度

1. 期货交易所人员任命的禁止性规定

有下列情形之一的人员不得担任期货交易所的负责人、财务会计人员：**【与证券交易所不得担任负责人要求相同】**

①因违法行为或者违纪行为被解除职务的期货交易所、证券交易所、证券登记结算机构的负责人，或者期货公司、证券公司的董事、监事、高级管理人员，以及国务院期货监督管理机构规定的其他人员，自被解除职务之日起未逾5年。

②因违法行为或者违纪行为被撤销资格的律师、注册会计师或者投资咨询机构、财务顾问机构、资信评级机构、资产评估机构、验证机构的专业人员，自被撤销资格之日起未逾5年。

【例题92】下列关于任命期货交易所负责人的说法中，错误的是（　　）。

Ⅰ. 2015 年 4 月因违纪行为被解除职务的证券交易所、证券登记结算机构的负责人或者证券公司的董事、监事、高级管理人员，2020 年 6 月被任命为期货交易所负责人

Ⅱ. 2012 年 5 月因违法行为被解除职务的证券交易所、证券登记结算机构的负责人或者证券公司的董事、监事、高级管理人员，2015 年 6 月被任命为期货交易所负责人

Ⅲ. 2014 年 8 月因违纪行为被撤销资格的律师、注册会计师或者投资咨询机构、财务顾问机构、资信评级机构、资产评估机构、验证机构的专业人员，2018 年 8 月被任命为期货交易所负责人

Ⅳ. 2016 年 3 月因违法行为被撤销资格的律师、注册会计师或者投资咨询机构、财务顾问机构、资信评级机构、资产评估机构、验证机构的专业人员，2020 年 6 月被任命为期货交易所负责人

A. Ⅰ、Ⅱ、Ⅳ　　B. Ⅰ、Ⅲ

C. Ⅰ、Ⅱ、Ⅲ、Ⅳ　　D. Ⅱ、Ⅲ、Ⅳ

【答案】 D

【解析】 有下列情形之一的人员不得担任期货交易所的负责人、财务会计人员：

①因违法行为或者违纪行为被解除职务的期货交易所、证券交易所、证券登记结算机构的负责人，或者期货公司、证券公司的董事、监事、高级管理人员，以及国务院期货监督管理机构规定的其他人员，自被解除职务之日起未逾 5 年。

②因违法行为或者违纪行为被撤销资格的律师、注册会计师或者投资咨询机构、财务顾问机构、资信评级机构、资产评估机构、验证机构的专业人员，自被撤销资格之日起未逾 5 年。

2. 建立健全内控制度

①保证金制度；

②当日无负债结算制度；

③涨跌停板制度；

④持仓限额和大户持仓报告制度；

⑤风险准备金制度；

⑥国务院期货监督管理机构规定的其他风险管理制度。

实行会员分级结算制度的期货交易所，还应当建立、健全结算担保金制度。

3. 市场异常情况的处理及报告机制

①提高保证金；

②调整涨跌停板幅度；

③限制会员或者客户的最大持仓量；

④暂时停止交易；

⑤采取其他紧急措施。

【记忆技巧】

异常情况处理的目的是降低市场交易热情，化解风险，故所采取的措施应能达到此目的。

4. 相关事项的事先审批机制（制定、修改章程和交易规则；上市、中止、取消或恢复交易品种）

5. 所得收益的使用规范（首先用于保证期货交易场所、设施的运行和改善）

6. 发布行情信息

“五价二量”——开盘价、收盘价、最高价、最低价、结算价、成交量、持仓量。**【注：证券交易所是“四价一量”，无结算价和持仓量。】**

期货交易所不得发布价格预测信息。**【证券交易所也不可以】**

考点四：期货公司设立的条件（☆）

1. 注册资本最低限额为人民币1亿元**【实缴，货币出资比例≥85%】**

2. 具备任职条件的高级管理人员不少于3人，具有期货从业资格的人员不少于15人

3. 有符合法律、行政法规规定的公司章程

4. 主要股东以及实际控制人具有持续盈利能力，信誉良好，最近3年无重大违法违规记录

5. 有合格的经营场所和业务设施

6. 有健全的风险管理和内部控制制度

7. 国务院期货监督管理机构规定的其他条件

【记忆技巧】

适用口诀：“股东”“出钱”，然后找个“地方”坐下来敲定“规则”，再“找人”来“经营管理”。

【例题93】下列不属于《期货交易管理条例》规定的设立期货公司应当具备的条件的是（　　）。

A. 注册资本最低限额为1亿元

B. 有符合法律、行政法规规定的公司章程

C. 主要股东不得为自然人

D. 有健全的风险管理和内部控制制度

【答案】C

【解析】申请设立期货公司，应当符合《公司法》的规定，并具备下列条件：

（1）注册资本不低于人民币1亿元；

（2）具备任职条件的高级管理人员不少于3人，具有期货从业资格的人员不少于

15 人；

（3）有符合法律、行政法规规定的公司章程；

（4）主要股东以及实际控制人具有持续盈利能力，信誉良好，最近 3 年无重大违法违规记录；

（5）有合格的经营场所和业务设施；

（6）有健全的风险管理和内部控制制度；

（7）国务院期货监督管理机构规定的其他条件。

考点五：期货公司的业务许可制度（☆）

期货公司业务实行许可制度，由国务院期货监督管理机构按照其商品期货、金融期货业务种类颁发许可证。期货公司除申请经营境内期货经纪业务外，还可以申请经营境外期货经纪、期货投资咨询以及国务院期货监督管理机构规定的其他期货业务。**【注：期货公司不得开展自营业务】**

期货公司或者其分支机构有下列情形之一的，国务院期货监督管理机构应当依法办理期货业务许可证注销手续：

（1）营业执照被公司登记机关依法注销；

（2）成立后无正当理由超过 3 个月未开始营业，或者开业后无正当理由停业连续 3 个月以上；

（3）主动提出注销申请；

（4）国务院期货监督管理机构规定的其他情形。

【例题 94】 期货公司业务实行许可证制度，经国务院期货监督管理机构批准，期货公司可以经营的业务不包括（　　）。

A. 期货投资咨询业务　　B. 期货自营业务

C. 境内期货经纪业务　　D. 境外期货经纪业务

【答案】 B

【解析】 期货公司业务实行许可制度，由国务院期货监督管理机构按照其商品期货、金融期货业务种类颁发许可证。期货公司除申请经营境内期货经纪业务外，还可以申请经营境外期货经纪、期货投资咨询以及国务院期货监督管理机构规定的其他期货业务。

【例题 95】 关于监管机构注销期货业务许可证的说法，错误的是（　　）。

A. 期货公司分支机构在注销经营许可证前，应当终止经营活动

B. 期货公司主动提出注销申请的，应当依法办理期货业务许可证注销手续

C. 营业执照被公司登记机关依法注销的，应当依法办理期货业务许可证注销手续

D. 成立后无正当理由超过 2 个月未开始营业，应当依法办理期货业务许可证注销手续

【答案】 D

【解析】期货公司或者其分支机构有下列情形之一的，国务院期货监督管理机构应当依法办理期货业务许可证注销手续：

（1）营业执照被公司登记机关依法注销；

（2）成立后无正当理由超过 3 个月未开始营业，或者开业后无正当理由停业连续 3 个月以上；

（3）主动提出注销申请；

（4）国务院期货监督管理机构规定的其他情形。

期货公司在注销期货业务许可证前，应当结清相关期货业务，并依法返还客户的保证金和其他资产。期货公司分支机构在注销经营许可证前，应当终止经营活动，妥善处理客户资产。

【例题 96】期货公司由（　　）按照其商品期货、金融期货业务种类颁发许可证。

A. 国务院证券监督管理机构　　B. 国务院期货监督管理机构

C. 证监会　　D. 期货业协会

【答案】B

【解析】期货公司业务实行许可制度，由国务院期货监督管理机构按照其商品期货、金融期货业务种类颁发许可证。

考点六：期货交易的基本规则（☆）

（1）保证金交易制度；

（2）当日无负债结算制度；

（3）强行平仓制度；

（4）涨跌停板制度；

（5）强制减仓制度；

（6）大户报告制度；

（7）套期保值制度。

在期货交易所进行期货交易的，应当是期货交易所会员。任何单位或者个人不得违规使用信贷资金、财政资金进行期货交易。

期货交易的结算与交割，由期货交易所统一组织进行。

期货交易所向会员收取的保证金，属于会员所有，除用于会员的交易结算外，严禁挪作他用。

期货公司向客户收取的保证金，属于客户所有，除下列可划转的情形外，严禁挪作他用：

（1）依据客户的要求支付可用资金；

（2）为客户交存保证金，支付手续费、税款；

（3）国务院期货监督管理机构规定的其他情形。

考点七：期货监督管理的基本内容（☆）

国务院期货监督管理机构依法履行职责，可以采取下列措施：

（1）对期货交易所、期货公司及其他期货经营机构、非期货公司结算会员、期货保证金安全存管监控机构和交割仓库进行现场检查。

（2）进入涉嫌违法行为发生场所调查取证。

（3）询问当事人和与被调查事件有关的单位和个人，要求其对与被调查事件有关的事项作出说明。

（4）查阅、复制与被调查事件有关的财产权登记等资料。

（5）查阅、复制当事人和与被调查事件有关的单位和个人的期货交易记录、财务会计资料以及其他相关文件和资料；对可能被转移、隐匿或者毁损的文件和资料，可以予以封存。

（6）查询与被调查事件有关的单位的保证金账户和银行账户。

（7）在调查操纵期货交易价格、内幕交易等重大期货违法行为时，经国务院期货监督管理机构主要负责人批准，可以限制被调查事件当事人的期货交易。

国务院期货监督管理机构依法履行职责，进行监督检查或者调查时，被检查、调查的单位和个人应当配合，如实提供有关文件和资料，不得拒绝、阻碍和隐瞒；其他有关部门和单位应当给予支持和配合。

考点八：期货相关法律责任的规定（☆）

违法行为	权力机关	处罚处分	罚款	
			公司	责任人
期货交易所交易行为违规	证监会	责令改正，给予警告，没收违法所得；情节严重的，责令停业整顿	违法所得1～5倍；无所得或不足10万元的，10万～50万元	1万～10万元
期货公司业务违规	证监会	责令改正，给予警告，没收违法所得；情节严重的，责令停业整顿或者吊销期货业务许可证	违法所得1～3倍；无所得或不足10万元的，10万～30万元	1万～5万元
期货公司欺诈客户	证监会	责令改正，给予警告，没收违法所得；情节严重的，责令停业整顿或者吊销期货业务许可证	违法所得1～5倍；无所得或不足10万元的，10万～50万元	1万～10万元

注：责任人指“直接负责的主管人员和其他直接责任人员”。

期货交易所交易行为违规包括：

（1）未经批准，擅自办理《期货交易管理条例》第十三条所列事项的；

（2）允许会员在保证金不足的情况下进行期货交易的；

（3）直接或者间接参与期货交易，或者违反规定从事与其职责无关的业务的；

（4）违反规定收取保证金，或者挪用保证金的；

（5）伪造、涂改或者不按照规定保存期货交易、结算、交割资料的；

（6）未建立或者未执行当日无负债结算、涨跌停板、持仓限额和大户持仓报告制度的；

（7）拒绝或者妨碍国务院期货监督管理机构监督检查的；

（8）违反国务院期货监督管理机构规定的其他行为。

期货公司业务违规行为包括：

（1）接受不符合规定条件的单位或者个人委托的；

（2）允许客户在保证金不足的情况下进行期货交易的；

（3）未经批准，擅自办理《期货交易管理条例》第十九条所列事项的；

（4）违反规定从事与期货业务无关的活动的；

（5）从事或者变相从事期货自营业务的；

（6）为其股东、实际控制人或者其他关联人提供融资，或者对外担保的；

（7）违反国务院期货监督管理机构有关保证金安全存管监控规定的；

（8）不按照规定向国务院期货监督管理机构履行报告义务或者报送有关文件、资料的；

（9）交易软件、结算软件不符合期货公司审慎经营和风险管理以及国务院期货监督管理机构有关保证金安全存管监控规定的要求的；

（10）不按照规定提取、管理和使用风险准备金的；

（11）伪造、涂改或者不按照规定保存期货交易、结算、交割资料的；

（12）任用不具备资格的期货从业人员的；

（13）伪造、变造、出租、出借、买卖期货业务许可证或者经营许可证的；

（14）进行混码交易的；

（15）拒绝或者妨碍国务院期货监督管理机构监督检查的；

（16）违反国务院期货监督管理机构规定的其他行为。

期货公司欺诈客户行为包括：

（1）向客户作获利保证或者不按照规定向客户出示风险说明书的；

（2）在经纪业务中与客户约定分享利益、共担风险的；

（3）不按照规定接受客户委托或者不按照客户委托内容擅自进行期货交易的；

（4）隐瞒重要事项或者使用其他不正当手段，诱骗客户发出交易指令的；

（5）向客户提供虚假成交回报的；

（6）未将客户交易指令下达到期货交易所的；

（7）挪用客户保证金的；

（8）不按照规定在期货保证金存管银行开立保证金账户，或者违规划转客户保证金的；

（9）国务院期货监督管理机构规定的其他欺诈客户的行为。

【例题97】根据《期货交易管理条例》，期货公司为其股东、实际控制人或者其他关联人提供融资，或者对外担保的，责令改正，给予警告，没收违法所得，并处违法所得1倍以上3倍以下的罚款；没有违法所得或者违法所得不满（　　）的，并处10万元以上30万元以下的罚款；情节严重的，责令停业整顿或者吊销期货业务许可证。

A. 10万元　　B. 1万元　　C. 3万元　　D. 5万元

【答案】A

【解析】根据《期货交易管理条例》第六十六条规定，期货公司为其股东、实际控制人或者其他关联人提供融资，或者对外担保的，责令改正，给予警告，没收违法所得，并处违法所得1倍以上3倍以下的罚款；没有违法所得或者违法所得不满10万元的，并处10万元以上30万元以下的罚款；情节严重的，责令停业整顿或者吊销期货业务许可证。

【本节学习提示】考查重点：

（1）期货交易的是期货合约和期权合约。

（2）期货种类分为商品期货合约（农产品、金属、能源）和金融期货合约（股指期货、利率期货、外汇期货）。

（3）期货的特征包括：杠杆性、高风险性。

（4）期货交易所的结算制度分为：全员结算制和会员分级结算制。

（5）期货交易规则包括：保证金交易制度、当日无负债结算制度、强行平仓制度、涨跌停板制度、强制减仓制度、大户报告制度、套期保值制度。

第七节　证券公司监督管理条例

考点一：证券公司依法审慎经营、履行诚信义务的规定（☆☆）

依法审慎经营是对证券公司的正常经营提出的重要要求。这一要求包括两方面内容：一是“依法经营”；二是“审慎经营”。

证券公司对客户负有诚信义务，不得侵犯客户的财产权、选择权、公平交易权、知情权及其他合法权益。

【例题 98】 根据《证券公司监督管理条例》规定，下列关于证券公司对客户负有诚信义务的说法，错误的是（　　）。

A. 证券公司不得侵犯客户的财产权

B. 证券公司不得侵犯客户的选择权

C. 证券公司不得侵犯客户的荣誉权

D. 证券公司不得侵犯客户的知情权

【答案】 C

【解析】 证券公司对客户负有诚信义务，不得侵犯客户的财产权、选择权、公平交易权、知情权及其他合法权益。

考点二：禁止证券公司股东和实际控制人滥用权利、损害客户权益的规定（☆☆）

证券公司的股东和实际控制人不得滥用权力，占用证券公司或者客户的资产，损害证券公司或者客户的合法权益。

考点三：证券公司股东出资的规定（☆）

证券公司的股东应当用货币或者证券公司经营必需的非货币财产出资。证券公司股东的非货币财产出资总额≤证券公司注册资本的 30%。**【相当于货币出资比例≥70%。期货公司要求货币出资比例≥85%】**

【例题 99】 根据《证券公司监督管理条例》，证券公司股东的非货币财产出资总额不得超过证券公司注册资本的（　　）。

A. 40%　　B. 25%　　C. 30%　　D. 15%

【答案】 C

【解析】 证券公司股东的非货币财产出资总额不得超过证券公司注册资本的 30%。但是，在证券公司经营过程中，证券公司的债权人将其债权转为证券公司股权的，不受前述规定的限制。

考点四：关于成为持有证券公司 5% 以上股权的股东、实际控制人资格的规定（☆）

有下列情形之一的单位或者个人，不得成为持有证券公司 5% 以上股权的股东、实际控制人：

1. 因故意犯罪被判处刑罚，刑罚执行完毕未逾 3 年

2. 净资产低于实收资本的 50%，或者或有负债达到净资产的 50%

3. 不能清偿到期债务

【例题 100】 下列关于证券公司的股东和实际控制人的说法，正确的是（　　）。

A. 证券公司可以为股东融资提供无限连带责任担保

B. 证券公司股东可以通过关联交易占用证券公司资产

C. 不能清偿到期债务的个人不得成为证券公司 5% 以上股权的股东、实际控制人

D. 证券公司股东可以通过协议使用证券公司客户资金

【答案】 C

【解析】 证券公司的股东和实际控制人不得滥用权力，占用证券公司或者客户的资产，损害证券公司或者客户的合法权益。

根据《证券公司监督管理条例》第十条的规定，有下列情形之一的单位或者个人，不得成为持有证券公司 5% 以上股权的股东、实际控制人：

1. 因故意犯罪被判处刑罚，刑罚执行完毕未逾 3 年

2. 净资产低于实收资本的 50%，或者或有负债达到净资产的 50%

3. 不能清偿到期债务

【例题 101】 出现下列（　　）情形，不能成为持有证券公司 5% 以上股权的股东、实际控制人。

A. 最近 3 年无重大违法违规记录或重大不良诚信记录

B. 净资产大于实收资本的 50%

C. 因故意犯罪被判处刑罚，刑罚未执行完毕

D. 股权结构清晰

【答案】 C

【解析】 根据《证券公司监督管理条例》第十条的规定，有下列情形之一的单位或者个人，不得成为持有证券公司 5% 以上股权的股东、实际控制人：

1. 因故意犯罪被判处刑罚，刑罚执行完毕未逾 3 年

2. 净资产低于实收资本的 50%，或者或有负债达到净资产的 50%

3. 不能清偿到期债务

考点五：证券公司设立时业务范围的规定（☆☆☆）

证券公司在设立时的业务范围应当与其财务状况、内部控制制度、合规制度和人力资源状况相适应。

1. 财务状况

证券公司经营相关业务应当符合法律对注册资本最低限额的要求，并且，证券公司的注册资本应当是实缴资本。

2. 内部控制制度

证券公司内部控制的主要内容包括经纪业务内部控制、自营业务内部控制、投资银行业务内部控制、受托投资管理业务内部控制、研究咨询业务内部控制、业务创新的内部控制、分支机构内部控制、财务管理内部控制、会计系统内部控制、信息系统内部控制、人力资源管理内部控制等方面。**【覆盖各项业务、公司管理、组织框架各个方面】**

3. 合规制度

证券公司的合规管理，是指证券公司制定和执行合规管理制度，建立合规管理机制，防范合规风险的行为。

4. 人力资源状况

证券公司高级管理人员（以下简称“高管人员”），是指证券公司的总经理、副总经理、财务负责人、合规负责人、董事会秘书以及实际履行上述职务的人员。高管人员应当符合规定的任职条件。**【注：证券公司首席风险官、首席信息官也由高管人员担任】**

考点六：证券公司变更公司章程重要条款的规定（☆☆）

证券公司章程中的重要条款，是指规定下列事项的条款：

（1）证券公司的名称、住所；

（2）证券公司的组织机构及其产生办法、职权、议事规则；

（3）证券公司对外投资、对外提供担保的类型、金额和内部审批程序；

（4）证券公司的解散事由与清算办法；

（5）国务院证券监督管理机构要求证券公司章程规定的其他事项。

证券公司增加注册资本且股权结构发生重大调整，减少注册资本，变更业务范围或者公司章程中的重要条款，合并、分立，设立、收购或者撤销境内分支机构**【分公司、营业部】**，在境外设立、收购、参股证券经营机构，应当经国务院证券监督管理机构批准。

考点七：证券公司合并、分立、停业、解散或者破产的相关规定（☆）

证券公司合并、分立、停业、解散、破产，应当经国务院证券监督管理机构批准。

合并、分立——自受理之日起 3 个月内作出批准或者不予批准的书面决定。

停业、解散或者破产——自受理之日起 30 个工作日作出批准或者不予批准的书面决定。

合并、分立中涉及客户权益的重大资产转让应当经具有证券相关业务资格的资产评估机构评估。

证券公司停止全部证券业务、解散、破产的，还应当在国务院证券监督管理机构指定的报刊上公告，并按照规定将经营证券业务许可证交国务院证券监督管理机构注销。

考点八：证券公司及其境内分支机构的设立、变更、注销登记的规定（☆）

公司登记机关应当依照法律、行政法规的规定，凭国务院证券监督管理机构的批准文件，办理证券公司及其境内分支机构的设立、变更、注销登记。

设立证券公司，应当具备下列条件，并经国务院证券监督管理机构批准：**【适用金融机构设立口诀】**

1. 有符合法律、行政法规规定的公司章程
2. 主要股东及公司的实际控制人具有良好的财务状况和诚信记录，最近 3 年无重大违法违规记录
3. 有符合本法规定的公司注册资本
4. 董事、监事、高级管理人员、从业人员符合本法规定的条件
5. 有完善的风险管理与内部控制制度
6. 有合格的经营场所、业务设施和信息技术系统
7. 法律、行政法规和经国务院批准的国务院证券监督管理机构规定的其他条件

【例题 102】在我国，设立证券公司必须经（　　）批准。

A. 中国证券业协会　　B. 国务院证券监督管理机构

C. 证券投资者保护基金有限责任公司　　D. 国家发展和改革委员会

【答案】B

【解析】根据《证券法》第一百一十八条的规定，设立证券公司，应当具备相应条件，并经国务院证券监督管理机构批准。

【例题 103】以下关于设立证券公司，应当具备下列条件，说法错误的是（　　）。

A. 主要股东及公司的实际控制人具有良好的财务状况和诚信记录，最近 2 年无重大违法违规记录

B. 有合格的经营场所、业务设施和信息技术系统

C. 有完善的风险管理与内部控制制度

D. 有符合法律、行政法规规定的公司章程

【答案】A

【解析】设立证券公司，应当具备下列条件，并经国务院证券监督管理机构批准：

（1）有符合法律、行政法规规定的公司章程；

（2）主要股东及公司的实际控制人具有良好的财务状况和诚信记录，最近 3 年无重大违法违规记录；

（3）有符合本法规定的公司注册资本；

（4）董事、监事、高级管理人员、从业人员符合本法规定的条件；

（5）有完善的风险管理与内部控制制度；

（6）有合格的经营场所、业务设施和信息技术系统；

（7）法律、行政法规和经国务院批准的国务院证券监督管理机构规定的其他条件。

考点九：有关证券公司组织机构的规定（☆☆）

1. 独立董事

证券公司可以设独立董事。证券公司的独立董事，不得在本证券公司担任董事会外的职务，不得与本证券公司存在可能妨碍其作出独立、客观判断的关系。

2. 薪酬与提名委员会、审计委员会和风险控制委员会

证券公司经营证券经纪业务、证券资产管理业务、融资融券业务和证券承销与保荐业务中两种及以上业务的，其董事会应当设薪酬与提名委员会、审计委员会和风险控制委员会，行使公司章程规定的职权。

其中薪酬与提名委员会、审计委员会的委员会负责人由独立董事担任。

【记忆技巧】

“保管金融”任选2项以上，必须有“提神风”。其中：

“保”——证券承销与保荐；“管”——证券资产管理；“金”——证券经纪；“融”——融资融券。

“提”——薪酬与提名委员会；“神”——审计委员会；“风”——风险控制委员会。

【例题104】证券公司经营证券经纪业务、证券资产管理业务、融资融券业务和证券承销与保荐业务中两种及以上业务的，其董事会应当设立（　　）。

Ⅰ. 战略发展委员会

Ⅱ. 薪酬与提名委员会

Ⅲ. 审计委员会

Ⅳ. 风险控制委员会

A. Ⅱ、Ⅲ、Ⅳ　　B. Ⅰ、Ⅱ、Ⅳ　　C. Ⅰ、Ⅲ、Ⅳ　　D. Ⅰ、Ⅱ、Ⅲ

【答案】A

【解析】证券公司经营证券经纪业务、证券资产管理业务、融资融券业务和证券承销与保荐业务中两种及以上业务的，其董事会应当设薪酬与提名委员会、审计委员会和风险控制委员会，行使公司章程规定的职权。

3. 董事会秘书

证券公司设董事会秘书，负责股东会和董事会会议的筹备、文件的保管以及股东资料的管理，按照规定或者根据国务院证券监督管理机构、股东等有关单位或者个人的要求，依法提供有关资料，办理信息报送或者信息披露事项。

4. 行使证券公司经营管理职权的机构

证券公司设立行使证券公司经营管理职权的机构，应当在公司章程中明确其名称、组成、职责和议事规则。该机构的成员为证券公司高级管理人员。

5. 合规负责人

证券公司设合规负责人，对证券公司经营管理行为的合法合规性进行审查、监督或者检查。合规负责人为证券公司高级管理人员，由董事会决定聘任，并应当经国务院证券监督管理机构认可。合规负责人不得在证券公司兼任负责经营管理的职务。

证券公司解聘合规负责人，应当有正当理由，并自解聘之日起 3 个工作日内将解聘的事实和理由书面报告国务院证券监督管理机构。

【例题 105】 证券公司合规负责人由（　　）决定聘任、解聘。

A. 股东大会　　B. 总经理　　C. 监事会　　D. 董事会

【答案】 D

【解析】 合规负责人为证券公司高级管理人员，由董事会决定聘任，并应当经国务院证券监督管理机构认可。

【例题 106】 按照《证券公司董事、监事和高级管理人员任职资格监管办法》规定，下列不属于证券公司高级管理人员的是（　　）。

A. 合规负责人　　B. 董事会秘书　　C. 财务负责人　　D. 总经理秘书

【答案】 D

【考点】 证券公司的总经理、副总经理、财务负责人、合规负责人、董事会秘书及实际履行上述职务的人属于证券公司高级管理人员。

考点十：证券公司及其境内分支机构经营业务的规定（☆☆☆）

1. 外部约束

（1）业务的审批

经国务院证券监督管理机构核准，取得经营证券业务许可证，证券公司可以经营下列部分或者全部证券业务：证券经纪；证券投资咨询；与证券交易、证券投资活动有关的财务顾问；证券承销与保荐；证券融资融券；证券做市交易；证券自营；其他证券业务。对新设公司核准的业务不超过 4 种，但中国证监会另有规定的除外。

（2）注册资本要求

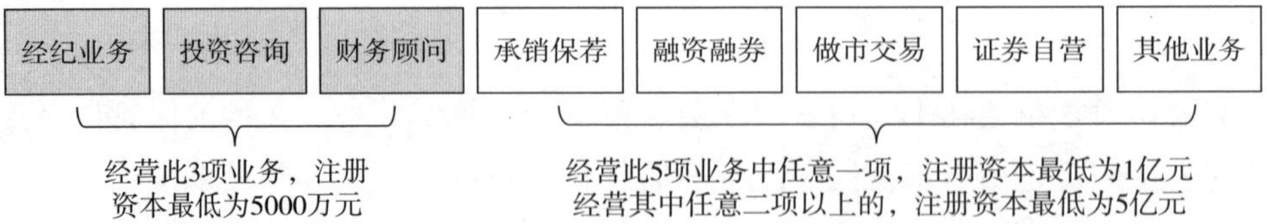

（3）禁止同业竞争

2个以上的证券公司受同一单位、个人控制或者相互之间存在控制关系的，不得经营相同的证券业务，但国务院证券监督管理机构另有规定的除外。

2. 内部约束

（1）风险控制

证券公司必须将其证券经纪业务、证券承销业务、证券自营业务、证券做市业务和证券资产管理业务分开办理，不得混合操作。

（2）分支机构管理

证券公司应当对分支机构实行集中统一管理，不得与他人合资、合作经营管理分支机构，也不得将分支机构承包、租赁或者委托给他人经营管理。

【例题107】下列关于证券公司及其境内分支机构经营业务的说法，错误的是（　　）。

A. 2个以上的证券公司受同一单位、个人控制或者相互之间存在控制关系的，不得经营相同的证券业务，但国务院证券监督管理机构另有规定的除外

B. 未经国务院证券监督管理机构批准，任何单位和个人不得以证券公司名义开展证券业务活动

C. 证券公司可以将分支机构承包、租赁或者委托给他人经营管理

D. 证券公司及其境内分支机构不得经营未经国务院证券监督管理机构批准的业务

【答案】C

【解析】证券公司应当对分支机构实行集中统一管理，不得与他人合资、合作经营管理分支机构，也不得将分支机构承包、租赁或者委托给他人经营管理。

考点十一：证券公司为客户开立证券账户管理的有关规定（☆☆☆）

证券账户的设立是证券登记结算机构的职能，中国结算（中国证券登记结算有限责任公司）对证券账户实施统一管理。

证券公司受证券登记结算机构委托，为客户开立证券账户，应当按照证券账户管理规则，对客户申报的姓名或者名称、身份的真实性进行审查。同一客户开立的资金账户和证券账户的姓名或者名称应当一致。

【证券公司柜台为客户办理开户手续是接受中国结算的委托，代其办理】

【例题108】下列关于证券账户的开立与管理的说法，正确的有（　　）。

Ⅰ. 证券账户的设立是证券登记结算公司的职能

Ⅱ. 证券公司为证券资产管理客户开立的证券账户，应当自开户之日起5个交易日内报证券交易所备案

Ⅲ. 证券公司为客户开立证券账户，应当对客户申报的姓名或名称、身份的真实性

进行审查

Ⅳ. 同一客户开立的资金账户的姓名或者名称可以不一致，证券公司应当对其进行分类管理

A. Ⅰ、Ⅲ
B. Ⅱ、Ⅲ、Ⅳ
C. Ⅰ、Ⅲ、Ⅳ
D. Ⅰ、Ⅱ、Ⅳ

【答案】 A

【解析】 Ⅱ项，证券公司为证券资产管理客户开立的证券账户，应当自开户之日起3个交易日内报证券交易所备案。

Ⅳ项，证券公司受证券登记结算机构委托，为客户开立证券账户，应当按照证券账户管理规则，对客户申报的姓名或者名称、身份的真实性进行审查。同一客户开立的资金账户和证券账户的姓名或者名称应当一致。

考点十二：关于客户资产保护的相关规定（☆☆）

证券公司的客户资产，包括客户的交易结算资金和证券、客户的委托资产等。客户的交易结算资金、证券资产管理客户的委托资产属于客户，应当与证券公司、指定商业银行、资产托管机构的自有资产相互独立、分别管理。

证券公司不得以证券经纪客户或者证券资产管理客户的资产向他人提供融资或者担保。任何单位或者个人不得强令、指使、协助、接受证券公司以其证券经纪客户或者证券资产管理客户的资产提供融资或者担保。

【例题109】 下列说法不符合证券公司客户资产保护规定的是（　　）。

A. 证券公司将证券资产管理客户的委托资产交由符合条件的资产托管机构托管
B. 客户资产与证券公司的自有资产相互独立、分别管理
C. 证券公司将客户的交易结算资金以每个客户的名义单独立户管理
D. 证券公司以证券资产管理客户的资产向他人提供融资

【答案】 D

【解析】 根据《证券公司监督管理条例》第六十一条的规定，证券公司不得以证券经纪客户或者证券资产管理客户的资产向他人提供融资或者担保。任何单位或者个人不得强令、指使、协助、接受证券公司以其证券经纪客户或者证券资产管理客户的资产提供融资或者担保。

【例题110】 客户的交易结算资金、证券资产管理客户的委托资产属于客户，与证券公司、指定商业银行、资产托管机构的自有资产（　　）。

A. 混合管理
B. 相互独立、分别管理
C. 适当独立
D. 共同管理

【答案】 B

【解析】 根据《证券公司监督管理条例》第五十九条的规定，客户的交易结算资金、证券资产管理客户的委托资产属于客户，应当与证券公司、指定商业银行、资产托管机构的自有资产相互独立、分别管理。

考点十三：证券公司客户交易结算资金管理的规定（☆☆）

证券公司从事证券经纪业务，其客户的交易结算资金应当存放在指定商业银行，以每个客户的名义单独立户管理。客户交易结算资金的存取，应当通过指定商业银行办理。

指定商业银行的名单，由国务院证券监督管理机构会同国务院银行业监督管理机构确定并公告。

证券公司可以在符合一定条件的情况下，对客户交易结算资金或者委托资金、客户担保账户内的证券或者资金等客户资产进行单方面的处理。

1. 动用客户的交易结算资金或者委托资金的情形

（1）客户进行证券的申购、证券交易的结算或者客户提款；

（2）客户支付与证券交易有关的佣金、费用或者税款；

（3）法律规定的其他情形。

2. 动用客户担保账户内的证券或者资金的情形

（1）法定情形：客户担保账户内的证券或者资金与其债务的比例低于规定的最低维持担保比例、证券公司通知客户在一定的期限内补交差额但客户未能按期交足差额，或者到期未偿还融资融券债务的，证券公司应当立即按照约定处分其担保物；

（2）约定情形：客户担保账户内的证券或者资金被司法冻结等。

考点十四：证券公司信息报送的主要内容和要求（☆）

（一）定期报送

1. 年度、月度报告——向证监会报送

年度报告——每一会计年度结束之日起4个月内。**【应由会计师事务所审计】**

月度报告——每月结束之日起7个工作日内。

2. 临时报告

（二）不定期报送

国务院证券监督管理机构可以要求下列单位或者个人，在指定的期限内提供与证券公司经营管理和财务状况有关的资料、信息：

（1）证券公司的董事、监事、工作人员；

（2）证券公司的股东、实际控制人；**【控制证券公司的】**

（3）证券公司控股或者实际控制的企业；**【证券公司控制的】**

（4）证券公司的开户银行、指定商业银行、资产托管机构、证券交易所、证券登记结算机构；

（5）为证券公司提供服务的证券服务机构。

【例题111】 国务院证券监督管理机构可以要求下列（　　）单位，在指定的期限内提供与证券公司经营管理和财务状况有关的资料、信息。

Ⅰ.证券公司的开户银行、指定商业银行、资产托管机构

Ⅱ.证券交易所

Ⅲ.证券登记结算机构

Ⅳ.为证券公司提供服务的证券服务机构

A. Ⅱ、Ⅲ、Ⅳ　　B. Ⅰ、Ⅱ、Ⅲ

C. Ⅰ、Ⅱ、Ⅲ、Ⅳ　　D. Ⅰ、Ⅳ

【答案】 C

【解析】 国务院证券监督管理机构可以要求下列单位或者个人，在指定的期限内提供与证券公司经营管理和财务状况有关的资料、信息：

（1）证券公司的董事、监事、工作人员；

（2）证券公司的股东、实际控制人；

（3）证券公司控股或者实际控制的企业；

（4）证券公司的开户银行、指定商业银行、资产托管机构、证券交易所、证券登记结算机构；

（5）为证券公司提供服务的证券服务机构。

考点十五：证券监督管理机构对证券公司进行监督管理的主要措施（☆）

国务院证券监督管理机构对治理结构不健全、内部控制不完善、经营管理混乱、设立账外账或者进行账外经营、拒不执行监督管理决定、违法违规的证券公司，应当责令其限期改正，并可以采取下列措施：

（1）责令增加内部合规检查的次数并提交合规检查报告；

（2）对证券公司及其有关董事、监事、高级管理人员、境内分支机构负责人给予谴责；

（3）责令处分有关责任人员，并报告结果；

（4）责令更换董事、监事、高级管理人员或者限制其权利；

（5）对证券公司进行临时接管，并进行全面核查；

（6）责令暂停证券公司或者其境内分支机构的部分或者全部业务、限期撤销境内分支机构。

考点十六：证券公司主要违法违规情形及其处罚措施（☆）

违法行为	权力机关	处罚处分	罚款	
			公司	责任人
合规负责人未履行报告义务	证监会	责令改正，给予警告，没收违法所得		处以违法所得等值罚款；无所得或不足3万元的，罚3万元以下
违反有关分支机构管理规定	证监会	责令改正，给予警告，没收违法所得	违法所得1～5倍；无所得或不足3万元的，3万～30万元	3万～10万元
将客户账户提供给他人使用	证监会	责令改正，没收违法所得	违法所得1～5倍；无所得或不足3万元的，3万～30万元	3万～10万元
未按照规定为客户开立账户	证监会	责令改正	20万～50万元	1万～5万元
违反业务规则与风险控制的要求	证监会	责令改正，给予警告，没收违法所得	违法所得1～5倍；无所得或不足3万元的，3万～30万元	3万～10万元
客户资金或证券不足而接受其委托	证监会			3万～30万元
违反证券自营业务、资产管理业务规定	证监会	责令改正，给予警告，没收违法所得；情节严重的，暂停或撤销业务许可	违法所得1～5倍；无所得或不足10万元的，10万～30万元	3万～10万元
违反客户资产的保护规定	证监会	责令改正，给予警告，没收违法所得；情节严重的，撤销业务许可	违法所得1～5倍；无所得或不足10万元的，10万～60万元	3万～30万元

注：责任人指“直接负责的主管人员和其他直接责任人员”。

违反业务规则与风险控制的要求包括：

（1）证券公司未按照规定程序了解客户的身份、财产与收入状况、证券投资经验和风险偏好，或推荐的产品或者服务与所了解的客户情况不相适应；

（2）未指定专人向客户讲解有关业务规则和合同内容，并以书面方式向其揭示投资风险或未按照规定与客户签订业务合同，或者未在与客户签订的业务合同中载入规定的必备条款；

（3）未按照规定编制并向客户送交对账单；

（4）未按照规定建立并有效执行信息查询制度或未按照规定指定专门部门处理客户投诉；

（5）委托其他单位或者个人进行客户招揽、客户服务或者产品销售活动；

（6）向客户提供投资建议，对证券价格的涨跌或者市场走势作出确定性的判断；

（7）未按照规定提取一般风险准备金；

（8）未按照规定将证券自营账户报证券交易所备案；

(9) 未按照规定存放、管理客户的交易结算资金、委托资金和客户担保账户内的资金、证券。

违反证券自营业务、资产管理业务规定包括:

(1) 证券公司委托他人代为买卖证券;

(2) 证券公司从事证券自营业务，投资范围或者投资比例违反规定;

(3) 从事证券资产管理业务，投资范围或者投资比例违反规定;

(4) 接受一个客户的单笔委托资产价值低于规定的最低限额。

违反客户资产的保护规定包括:

(1) 证券公司股东、实际控制人违反规定，强令、指使、协助、接受证券公司以证券经纪客户或者证券资产管理客户的资产提供融资或者担保;

(2) 证券公司、资产托管机构、证券登记结算机构违反规定动用客户的交易结算资金、委托资金和客户担保账户内的资金、证券;

(3) 资产托管机构、证券登记结算机构对违反规定动用委托资金和客户担保账户内的资金、证券的申请、指令予以同意、执行，或发现委托资金和客户担保账户内的资金、证券被违法动用而未向国务院证券监督管理机构报告。

【例题 112】 根据《证券公司监督管理条例》，证券公司未按照规定与客户签订业务合同，中国证监会可以采取的措施不包括(　　)。

A. 给予警告　　B. 责令改正　　C. 没收违法所得　　D. 责令定期报告

【答案】 D

【解析】 证券公司未指定专人向客户讲解有关业务规则和合同内容，并以书面方式向其揭示投资风险或未按照规定与客户签订业务合同，或者未在与客户签订的业务合同中载入规定的必备条款的，责令改正，给予警告，没收违法所得，并处以违法所得 1 倍以上 5 倍以下的罚款；没有违法所得或者违法所得不足 3 万元的，处以 3 万元以上 30 万元以下的罚款。对直接负责的主管人员和其他直接责任人员单处或者并处警告、3 万元以上 10 万元以下的罚款。

【本节学习提示】 考查重点:

(1) 证券公司薪酬与提名委员会、审计委员会的委员会负责人由独立董事担任;

(2) 证券公司的独立董事，不得在本证券公司担任董事会外的职务;

(3) 合规负责人不得在证券公司兼任负责经营管理的职务;

(4) 证券公司应当对分支机构实行集中统一管理，不得合资、合作、承包、租赁或者委托给他人;

(5) 客户资产不得擅动，除了：客户正常交易及提款；支付交易佣金、税费。

第八节　证券公司风险处置条例

考点一：证券公司需进行停业整顿的相关规定（☆☆）

证券公司风险控制指标不符合有关规定，在规定期限内未能完成整改的，国务院证券监督管理机构可以责令证券公司停止部分或者全部业务进行整顿。停业整顿的期限不超过3个月。

证券公司在规定的期限内可以将其证券经纪业务委托给国务院证券监督管理机构认可的证券公司管理，或者将客户转移到其他证券公司。

【例题113】证券公司风险控制指标不符合有关规定，在规定期限内未能完成整改的，国务院证券监督管理机构可以责令证券公司停止部分或者全部业务进行整顿。停业整顿的期限不超过（　　）。

A. 20天　　B. 1个月　　C. 3个月　　D. 6个月

【答案】C

【解析】证券公司风险控制指标不符合有关规定，在规定期限内未能完成整改的，国务院证券监督管理机构可以责令证券公司停止部分或者全部业务进行整顿。停业整顿的期限不超过3个月。

考点二：证券公司被国务院证券监督管理机构接管的情形（☆☆）

行政接管是监管部门对经营存在严重问题的证券公司介入，全面接收和管理其债权债务和业务经营，防止其经营风险进一步恶化的行政强制措施。

证券公司有下列情形之一的，国务院证券监督管理机构可以将其证券经纪等涉及客户的业务进行托管；情节严重的，可以对该证券公司进行接管：**【程度一般——托管；情节严重——接管】**

（1）治理混乱、管理失控；

（2）挪用客户资产并且不能自行弥补；

（3）在证券交易结算中多次发生交收违约或者交收违约数额较大；

（4）风险控制指标不符合规定，发生重大财务危机；

（5）其他可能影响证券公司持续经营的情形。

接管期限一般不超过12个月。满12个月，确实需要继续接管的，国务院证券监督管理机构可以决定延期，延期最长不超过12个月。**【12+12】**

【例题114】（　　）是监管部门对经营存在严重问题的证券公司介入，全面接收和管理其债权债务和业务经营，防止其经营风险进一步恶化的行政强制措施。

A. 行政托管　　B. 行政接管　　C. 行政撤销　　D. 行政清理

【答案】B

【解析】行政接管是监管部门对经营存在严重问题的证券公司介入，全面接收和管理其债权债务和业务经营，防止其经营风险进一步恶化的行政强制措施。

【例题 115】国务院证券监督管理机构对证券公司证券经纪等涉及客户的业务进行托管的情形包括（　　）。

Ⅰ. 治理混乱、管理失控

Ⅱ. 挪用客户资产并且不能自行弥补

Ⅲ. 在证券交易结算中多次发生交收违约或者交收违约数额较大

Ⅳ. 风险控制指标不符合规定，发生重大财务危机

A. Ⅰ、Ⅱ、Ⅲ　　B. Ⅱ、Ⅲ、Ⅳ

C. Ⅰ、Ⅲ、Ⅳ　　D. Ⅰ、Ⅱ、Ⅲ、Ⅳ

【答案】D

【解析】证券公司有下列情形之一的，国务院证券监督管理机构可以将其证券经纪等涉及客户的业务进行托管；情节严重的，可以对该证券公司进行接管：

（1）治理混乱、管理失控；

（2）挪用客户资产并且不能自行弥补；

（3）在证券交易结算中多次发生交收违约或者交收违约数额较大；

（4）风险控制指标不符合规定，发生重大财务危机；

（5）其他可能影响证券公司持续经营的情形。

考点三：国务院证券监督管理机构对证券公司进行行政重组的条件、方式和期限的规定（☆☆☆）

1. 行政重组的条件

行政重组是对出现重大风险，但财务信息真实、完整，省级人民政府或者有关方面予以支持，有可行的重组计划的证券公司，向国务院证券监督管理机构申请进行行政重组。

2. 行政重组的方式

证券公司进行行政重组，可以采取注资、股权重组、债务重组、资产重组、合并或者其他方式。

3. 行政重组的期限

行政重组期限一般不超过 12 个月。满 12 个月，行政重组未完成的，可向国务院证券监督管理机构申请延长期限 6 个月。**【12+6】【证券公司风险处置措施中，仅行政重组期限是 12+6，其他均为 12+12】**

【例题 116】行政重组期限一般不超过 12 个月。满 12 个月，行政重组未完成的，可向国务院证券监督管理机构申请延长期限（　　）。

A. 3 个月　　B. 6 个月　　C. 9 个月　　D. 12 个月

【答案】B

【解析】证券公司进行行政重组，可以采取注资、股权重组、债务重组、资产重组、合并或者其他方式。行政重组期限一般不超过 12 个月。满 12 个月，行政重组未完成的，可向国务院证券监督管理机构申请延长期限 6 个月。

【例题 117】证券公司进行行政重组，可以（　　）方式。

Ⅰ. 股权分置

Ⅱ. 股权重组

Ⅲ. 债务重组

Ⅳ. 资产重组

A. Ⅰ、Ⅱ、Ⅲ　　B. Ⅰ、Ⅱ、Ⅳ

C. Ⅱ、Ⅲ、Ⅳ　　D. Ⅰ、Ⅲ、Ⅳ

【答案】C

【解析】证券公司进行行政重组，可以采取注资、股权重组、债务重组、资产重组、合并或者其他方式。行政重组期限一般不超过 12 个月。满 12 个月，行政重组未完成的，可向国务院证券监督管理机构申请延长期限 6 个月。

考点四：国务院证券监督管理机构依法撤销证券公司业务许可的规定（☆☆）

证券公司经停业整顿、托管、接管或者行政重组在规定期限内仍达不到正常经营条件，但能够清偿到期债务的，国务院证券监督管理机构依法撤销其证券业务许可。

被撤销证券业务许可的证券公司应当停止经营证券业务，按照客户自愿的原则将客户安置到其他证券公司，安置过程中相关各方应当采取必要措施保证客户证券交易的正常进行。

考点五：国务院证券监督管理机构撤销证券公司的情形、条件及期限等相关规定（☆☆☆）

撤销是对经停业整顿、托管、接管或者行政重组在规定期限内仍达不到正常经营条件的证券公司，采取的市场退出措施。

证券公司违法经营特别严重，不能清偿到期债务，需要动用证券投资者保护基金的，国务院证券监督管理机构可以直接撤销该证券公司。

考点六：对是否需要动用证券投资者保护基金的证券公司申请破产清算的不同规定（☆）

对不需要动用证券投资者保护基金的证券公司，国务院证券监督管理机构应当在批准破产清算前撤销其证券业务许可。

对需要动用证券投资者保护基金的证券公司，国务院证券监督管理机构对该证券公司或者其债权人的破产清算申请不予批准，并撤销该证券公司，进行行政清理。

考点七：国务院证券监督管理机构在处置证券公司风险工作中应履行的职责（☆）

国务院证券监督管理机构应当履行以下监督协调职责：

（1）制订证券公司风险处置方案并组织实施；

（2）派驻风险处置现场工作组，对被处置证券公司、托管组、接管组、行政清理组、管理人以及参与风险处置的其他机构和人员进行监督和指导；

（3）协调证券交易所、证券登记结算机构、证券投资者保护基金管理机构，保障被处置证券公司证券经纪业务正常进行；

（4）对证券公司的违法行为立案稽查并予以处罚；

（5）及时向公安机关等通报涉嫌刑事犯罪的情况，按照有关规定移送涉嫌犯罪的案件；

（6）向有关地方人民政府通报证券公司风险状况以及影响社会稳定的情况；

（7）依照本条例对证券公司进行处置的，可以向人民法院提出申请中止以该证券公司以及其分支机构为被告、第三人或者被执行人的民事诉讼程序或者执行程序；证券公司设立或者实际控制的关联公司，其资产、人员、财务或者业务与被处置证券公司混合的，国务院证券监督管理机构可以向人民法院提出申请中止以该关联公司为被告、第三人或者被执行人的民事诉讼程序或者执行程序；

（8）采取风险处置措施期间，除为保护客户和债权人利益的情形外，不得对被处置证券公司债务进行个别清偿；被处置证券公司或者其关联客户可能转移、隐匿违法资金、证券，或者证券公司违反本条例规定可能对债务进行个别清偿的，国务院证券监督管理机构可以禁止相关资金账户、证券账户的资金和证券转出；

（9）对于被处置证券公司的股东以及债权人对托管组、接管组、行政清理组以及其工作人员未依法履行职责的有证据证明的投诉，经调查核实，由国务院证券监督管理机构责令托管组、接管组、行政清理组以及其工作人员改正或者对其予以更换；

（10）法律、行政法规要求履行的其他职责。

考点八：证券公司风险处置过程中有关司法程序的规定（☆）

处置证券公司风险过程中，发现涉嫌犯罪的案件，属公安机关管辖的，应当由国务院公安部门统一组织依法查处。

风险处置现场工作组、行政清理组和管理人需要从公安机关扣押资料中查询、复制与其工作有关资料的，公安机关应当支持和配合。

证券公司进入破产程序的，公安机关应当依法将冻结的涉案资产移送给受理破产案件的人民法院，并留存必需的相关证据材料。

考点九：证券公司风险处置过程中相关机构或人员的规定（☆）

有下列情形之一的机构或者人员，禁止参与处置证券公司风险工作：

（1）曾受过刑事处罚或者涉嫌犯罪正在被立案侦查、起诉；

（2）涉嫌严重违法正在被行政管理部门立案稽查或者曾因严重违法行为受到行政处罚未逾 3 年；

（3）仍处于证券市场禁入期；**【已过禁入期不算】**

（4）内部控制薄弱、存在重大风险隐患；

（5）与被处置证券公司处置事项有利害关系；

（6）国务院证券监督管理机构认定不宜参与处置证券公司风险工作的其他情形。

【例题 118】出现以下（　　）情形的机构或者人员，禁止参与处置证券公司风险工作。

Ⅰ. 与被处置证券公司处置事项有利害关系

Ⅱ. 4 年前因非法公开发行被证监会处罚

Ⅲ. 仍处于证券市场禁入期

Ⅳ. 内部控制薄弱、存在重大风险隐患

A. Ⅰ、Ⅱ、Ⅲ　　B. Ⅰ、Ⅱ、Ⅳ

C. Ⅰ、Ⅲ、Ⅳ　　D. Ⅰ、Ⅱ、Ⅲ、Ⅳ

【答案】C

【解析】有下列情形之一的机构或者人员，禁止参与处置证券公司风险工作：

（1）曾受过刑事处罚或者涉嫌犯罪正在被立案侦查、起诉；

（2）涉嫌严重违法正在被行政管理部门立案稽查或者曾因严重违法行为受到行政处罚未逾 3 年；

（3）仍处于证券市场禁入期；

（4）内部控制薄弱、存在重大风险隐患；

（5）与被处置证券公司处置事项有利害关系；

（6）国务院证券监督管理机构认定不宜参与处置证券公司风险工作的其他情形。

【本节学习提示】考查重点：

（1）证券公司风险处置措施包括：停业整顿、托管、接管、行政重组、撤销及破产清算和重整。

（2）停业整顿的期限不超过3个月。

（3）行政托管、接管、行政清理的期限均为12个月+12个月（延期）；行政重组的期限为12个月+6个月（延期）。

（4）行政重组的方式包括：注资、股权重组、债务重组、资产重组、合并或者其他方式。

同步真题练习

1. 下列有关法律主体的说法，错误的是（　　）。

A. 在我国境内的外国人和无国籍人不属于法律主体

B. 国家可以作为国家所有权法律关系、刑事法律关系的主体

C. 非营利性法人或非法人组织属于法律主体

D. 在国际上，国家是与国际法有关的法律关系的主体

2. 下列选项中，属于法律法规体系中部门规范性文件的是（　　）。

A.《证券基金经营机构合规管理办法》

B.《私募投资基金监督管理暂行办法》

C.《内地与香港股票市场交易互联互通机制若干规定》

D.《证券公司内部控制指引》

3. 我国《公司法》适用的公司有两种：有限责任公司和股份有限公司。二者的主要区别不包括（　　）。

A. 有限责任公司中，股东以其认缴的出资额为限对公司承担责任；股份有限公司中，股东对公司承担无限连带责任

B. 股东人数上，有限责任公司设立时股东不得超过50人；股份有限公司股东人数无上限

C. 股份流动性上，有限责任公司股份转让前须征求其他股东意见；股份有限公司的资本划分为等额股份，股份转让相对便捷、自由

D. 股份有限公司可以公开发行股份募集资金；有限责任公司不可

4. 公司从事经营活动，必须做到（　　）。

Ⅰ. 遵守法律、行政法规

Ⅱ. 遵守社会公德、商业道德

Ⅲ. 诚实守信

Ⅳ. 接受政府和社会公众的监督

Ⅴ. 承担社会责任

A. Ⅰ、Ⅱ、Ⅳ、Ⅴ　　B. Ⅱ、Ⅲ、Ⅳ、Ⅴ

C. Ⅰ、Ⅱ、Ⅲ、Ⅳ　　D. Ⅰ、Ⅱ、Ⅲ、Ⅳ、Ⅴ

5. 分公司具有非独立性，主要表现在以下方面（　　）。

Ⅰ. 分公司不具有法人资格，不能独立享有权利、承担责任，其一切行为的后果及责任由公司承担

Ⅱ. 分公司没有独立的公司名称及章程，其对外从事经营活动必须以总公司的名义，遵守总公司的章程

Ⅲ. 分公司在人事、经营上没有自主权，其主要业务活动及主要管理人员由总公司决定并委任，并根据总公司的委托或授权进行业务活动

Ⅳ. 分公司没有独立的财产，其所有资产属于总公司，并作为总公司的资产列入总公司的资产负债表中

A. Ⅰ、Ⅱ、Ⅲ、Ⅳ　　B. Ⅱ、Ⅲ、Ⅳ

C. Ⅰ、Ⅱ、Ⅲ　　D. Ⅰ、Ⅱ、Ⅳ

6. 法律、行政法规没有规定的，以募集设立作为公司设立的方式时，发起人认购的股份不得少于公司股份总数的（　　）。

A. 25%　　B. 35%　　C. 45%　　D. 55%

7. 下面有关公司设立方式的说法，正确的是（　　）。

A. 发起设立仅适用于有限责任公司

B. 募集设立适用于有限责任公司和股份有限公司

C. 募集设立时，全部股份均向社会公开募集

D. 发起设立时，由发起人认购公司应发行的全部股份

8. 甲公司是一家有限责任公司，下列有关该公司董事会的说法，错误的是（　　）。

A. 甲公司股东人数只有 3 人，规模较小，决定不设董事会

B. 甲公司决定不设副董事长

C. 董事李某任期内辞职导致董事会成员低于法定人数，在改选出的董事就任前，李某仍应当按照法律、行政法规和公司章程的规定，履行董事职务

D. 董事会中的职工代表由董事会民主选举产生

9. 下列事项属于有限责任公司监事会职权的是（　　）。

Ⅰ. 检查公司财务

Ⅱ. 对董事、高级管理人员执行公司职务的行为进行监督

Ⅲ. 当董事、高级管理人员的行为损害公司的利益时，要求董事、高级管理人员予以纠正

Ⅳ. 提议召开临时股东会会议

Ⅴ. 对公司增加或者减少注册资本作出决定

Ⅵ. 向股东会会议提出提案

A. Ⅰ、Ⅱ、Ⅲ、Ⅳ、Ⅵ　　B. Ⅱ、Ⅲ、Ⅳ、Ⅴ

C. Ⅰ、Ⅲ、Ⅳ、Ⅴ、Ⅵ　　D. Ⅱ、Ⅲ、Ⅳ、Ⅴ、Ⅵ

10. 自股东会会议决议通过之日起（　　）日内，股东与公司不能达成股权收购协议的，股东可以自股东会会议决议通过之日起（　　）日内向人民法院提起诉讼。

A. 60；60　　B. 60；90　　C. 60；30　　D. 90；60

11. 下列选项中，不符合股份有限公司设立应当具备条件的是（　　）。

A. 由符合公司章程规定的全体发起人认购的股本总额或者募集的实收股本总额

B. 发起人符合法定人数。应当有 2 人以上 200 人以下为发起人，其中须有半数以上发起人在中国境内有住所

C. 发起人共同制定公司章程，采用发起设立的经创立大会通过

D. 有公司住所

12. 下列有关股份有限公司股份发行的说法，错误的是（　　）。

A. 股份的发行，同种类的每一股份应当具有同等权利

B. 股票发行价格可以按票面金额，也可以超过或者低于票面金额

C. 公司的股份采取股票的方式，每一股的金额相等

D. 同次发行的同种类股票，每股的发行条件和价格应当相同

13. 下列有关公积金的说法，错误的是（　　）。

A. 法定公积金转为资本时，所留存的该项公积金不得少于转增前公司注册资本的 30%

B. 公司的法定公积金不足弥补以前年度亏损的，在提取法定公积金之前，应当先用当年利润弥补亏损

C. 公司应当提取税后利润的 10% 列入公司法定公积金

D. 公司法定公积金累计额为公司注册资本的 50% 以上的，可以不再提取

14. 下列有关公司合并、分立的说法，错误的是（　　）。

A. 公司合并的，债权人自接到通知书之日起 20 日内，未接到通知书的自公告之日起 45 日内，要求公司清偿债务或者提供担保

B. 公司应当自作出合并、分立决议之日起 10 日内通知债权人，并于 30 日内在报纸上公告

C. 有限责任公司合并或分立，必须经代表 2/3 以上表决权的股东通过

D. 股份有限公司合并或分立，必须经出席会议的股东所持表决权的 2/3 以上通过

15. 下列选项中，合伙企业与公司的区别不包括（　　）。

A. 资本投入不同　　B. 法律地位不同

C. 财产独立性不同　　D. 承担的责任不同

16. 下列选项中，可以作为普通合伙人的是（　　）。

A. 国有独资公司、国有企业　　B. 自然人

C. 公益性的事业单位、社会团体　　D. 上市公司

17. 除合伙企业另有约定外，合伙企业的下列事项应当经全体合伙人一致同意才可通过的是（　　）。

Ⅰ. 改变合伙企业的名称

Ⅱ. 改变合伙企业的经营范围、主要经营场所的地点

Ⅲ. 处分合伙企业的不动产

Ⅳ. 转让或者处分合伙企业的知识产权和其他财产权利

Ⅴ. 以合伙企业名义为他人提供担保

Ⅵ. 聘任合伙人以外的人担任合伙企业的经营管理人员

A. Ⅰ、Ⅱ、Ⅲ、Ⅳ、Ⅵ　　B. Ⅰ、Ⅱ、Ⅲ、Ⅳ

C. Ⅰ、Ⅱ、Ⅲ、Ⅳ、Ⅴ　　D. Ⅰ、Ⅱ、Ⅲ、Ⅳ、Ⅴ、Ⅵ

18. 按照合伙企业利润分配和亏损分担的原则，下列顺序正确的是（　　）。

Ⅰ. 合伙人协商决定

Ⅱ. 按照合伙协议的约定办理

Ⅲ. 合伙人平均分配、分担

Ⅳ. 合伙人按照实缴出资比例分担

A. Ⅰ、Ⅱ、Ⅳ、Ⅲ　　B. Ⅱ、Ⅲ、Ⅰ、Ⅳ

C. Ⅰ、Ⅱ、Ⅲ、Ⅳ　　D. Ⅱ、Ⅰ、Ⅳ、Ⅲ

19. 根据《合伙企业法》规定，下列哪一选项符合除名退伙情形（　　）。

Ⅰ. 未履行出资义务

Ⅱ. 执行合伙事务时有不正当行为

Ⅲ. 因故意或重大过失给合伙企业造成损失

Ⅳ. 合伙人在合伙企业中的全部财产份额被人民法院强制执行

A. Ⅰ、Ⅱ、Ⅲ　　B. Ⅱ、Ⅲ、Ⅳ

C. Ⅰ、Ⅱ、Ⅲ、Ⅳ　　D. Ⅰ、Ⅲ、Ⅳ

20. 甲企业是一家有限合伙企业，下列有关甲企业的做法，不符合规定的是（　　）。

A. 甲企业由 40 名合伙人设立

B. 甲企业有 5 名普通合伙人

C. 甲企业的有限合伙人以劳务出资

D. 甲企业的名称中应当标明“有限合伙”字样

21. 合伙企业提交虚假文件或者采取其他欺骗手段，取得合伙企业登记的，由企业登记机关责令改正，情节严重的，撤销企业登记，并处以（　　）的罚款。

A. 5 万元以上 20 万元以下　　B. 5000 元以上 5 万元以下

C. 2000 元以上 2 万元以下　　D. 5 万元以上 10 万元以下

22. 股票发行采用代销方式，代销期限届满，向投资者出售的股票数量未达到拟公开发行股票数量（　　）的，为发行失败。

A. 50%　　B. 60%　　C. 70%　　D. 80%

23. 以下符合公司首次公开发行新股的条件的是（　　）。

Ⅰ. 具备健全且运行良好的组织机构

Ⅱ. 具有持续经营能力

Ⅲ. 最近 5 年财务会计报告被出具无保留意见审计报告

Ⅳ. 经国务院批准的国务院证券监督管理机构规定的其他条件

A. Ⅰ、Ⅱ、Ⅲ　　B. Ⅱ、Ⅲ、Ⅳ　　C. Ⅰ、Ⅲ、Ⅳ　　D. Ⅰ、Ⅱ、Ⅳ

24. 设立证券登记结算机构，需要具备的条件包括（　　）。

Ⅰ. 主要管理人员和从业人员必须具有证券从业资格

Ⅱ. 具有证券登记、存管和结算服务所必需的场所和设施

Ⅲ. 自有资金不少于人民币 2 亿元

Ⅳ. 国务院证券监督管理机构规定的其他条件

A. Ⅰ、Ⅱ、Ⅲ、Ⅳ　　B. Ⅱ、Ⅲ、Ⅳ

C. Ⅰ、Ⅱ、Ⅲ　　D. Ⅰ、Ⅲ、Ⅳ

25. 下列选项中，属于操纵证券市场行为的是（　　）。

Ⅰ. 单独或者通过合谋，集中资金优势、持股优势或者利用信息优势联合或者连续买卖

Ⅱ. 利用虚假或者不确定的重大信息，诱导投资者进行证券交易

Ⅲ. 与他人串通，以事先约定的时间、价格和方式相互进行证券交易

Ⅳ. 在自己实际控制的账户之间进行证券交易

A. Ⅰ、Ⅱ、Ⅲ　　B. Ⅰ、Ⅱ、Ⅲ、Ⅳ

C. Ⅱ、Ⅲ、Ⅳ　　D. Ⅰ、Ⅲ、Ⅳ

26. 下列有关证券交易所的规定中，正确的是（　　）。

A. 证券交易所设理事会，并设总经理 1 人，总经理由证券交易所的会员公开选举

B. 证券交易所章程的制定和修改，必须经国务院证券监督管理机构批准

C. 证券交易所的财产积累归会员所有，在其存续期间，于每一会计年度期末进行分配

D. 个人不得使用证券交易所或者近似的名称，但是单位可以

27. 证券登记结算机构应当妥善保存登记、存管和结算的原始凭证及有关文件资料。其保存期限不得少于（　　）。

A. 10 年　　B. 15 年　　C. 20 年　　D. 永久

28. 下列选项中，属于基金合同当事人的是（　　）。

Ⅰ. 基金监管者

Ⅱ. 基金托管人

Ⅲ. 基金管理人

Ⅳ. 基金份额持有人

A. Ⅰ、Ⅱ、Ⅲ　　B. Ⅱ、Ⅳ

C. Ⅱ、Ⅲ、Ⅳ　　D. Ⅰ、Ⅱ、Ⅲ、Ⅳ

29. 非公开募集基金合格投资者的单位和个人应满足的条件，下列不符合的是（　　）。

A. 具备相应风险识别能力和风险承担能力

B. 达到规定财产规模或者收入水平

C. 基金份额认购金额不低于规定限额

D. 最近一年末净资产不低于 800 万元的法人单位

30. 按照《期货交易管理条例》第九条的规定，因违法行为或者违纪行为被撤销资格的财务顾问机构的专业人员，自被撤销资格之日起未逾（　　）年的人员不得担任期货交易所的负责人、财务会计人员。

A. 2　　B. 3　　C. 4　　D. 5

31. 《期货交易管理条例》第二十八条规定，期货交易所向会员收取的保证金，属于（　　）所有。

A. 期货交易所　　B. 期货公司

C. 会员　　D. 期货监督管理机构

32. 《期货交易管理条例》第六十六条规定，期货公司从事或者变相从事期货自营业务的，应责令改正，给予警告，没收违法所得，并处违法所得 1 倍以上（　　）倍以下的罚款。

A. 3　　B. 5　　C. 6　　D. 10

33. 《证券公司监督管理条例》第十二条规定，证券公司设立时，其业务范围应当与其财务状况、内部控制制度、合规制度和（　　）相适应。

A. 人力资源状况　　B. 技术条件　　C. 市场风险　　D. 政策法规环境

34. 按照《证券公司内部控制指引》第二条的规定，下列不属于证券公司内部控制内容的是（　　）。

A. 经纪业务　　B. 业务创新　　C. 自营业务　　D. 操作风险

35. 证券公司合并、分立的，国务院证券监督管理机构应当对合并、分立的申请进行审查，并在自受理之日起（　　）个月内作出批准或者不予批准的书面决定。

A. 1　　B. 2　　C. 3　　D. 4

36. 按照《证券公司监督管理条例》第二十条的规定，证券公司经营（　）等两种以上业务的，其董事会应当设薪酬与提名委员会、审计委员会和风险控制委员会，行使公司章程规定的职权。

Ⅰ. 证券经纪业务

Ⅱ. 证券资产管理业务

Ⅲ. 证券承销与保荐业务

Ⅳ. 证券自营业务

Ⅴ. 融资融券业务

A. Ⅰ、Ⅳ　　B. Ⅱ、Ⅲ

C. Ⅰ、Ⅲ、Ⅳ　　D. Ⅰ、Ⅱ、Ⅲ、Ⅴ

37. 按照《证券公司业务范围审批暂行规定》第七条的规定，中国证监会另有规定的除外，依照法定条件对新设证券公司核准的业务一般不超过（　　）种。

A. 3　　B. 4　　C. 5　　D. 6

38. 证券公司应当自每月结束之日起（　　）个工作日内，报送月度报告。

A. 3　　B. 5　　C. 7　　D. 10

39. 国务院证券监督管理机构在处置证券公司风险工作中，派驻风险处置现场工作组，对（　　）、托管组、管理人以及参与风险处置的其他机构和人员进行监督和指导。

Ⅰ. 接管组

Ⅱ. 行政清理组

Ⅲ. 被处置证券公司

Ⅳ. 托管人

A. Ⅰ、Ⅱ、Ⅲ　　B. Ⅰ、Ⅲ、Ⅳ

C. Ⅱ、Ⅲ、Ⅳ　　D. Ⅰ、Ⅱ、Ⅳ

40. 证券公司违法经营特别严重，不能清偿到期债务，需要动用证券投资者保护基金的，国务院证券监督管理机构可以（　　）该证券公司。

A. 托管　　B. 接管　　C. 清理　　D. 直接撤销

答案与解析

1.【答案】A

【解析】法律主体主要包括自然人、组织和国家三类，其中，可以成为法律主体的自然人包括我国公民以及在我国境内的外国人和无国籍人，选项A说法错误。

2.【答案】D

【解析】《证券基金经营机构合规管理办法》《私募投资基金监督管理暂行办法》《内地与香港股票市场交易互联互通机制若干规定》均属于法律法规体系中的部门规章，《证券公司内部控制指引》则属于证券市场的部门规范性文件。

3.【答案】A

【解析】有限责任公司的股东以其认缴的出资额为限对公司承担责任；股份有限公司的股东以其认购的股份为限对公司承担责任，二者都是有限责任，选项A错误。

4.【答案】D

【解析】公司从事经营活动，必须做到遵守法律、行政法规，遵守社会公德、商业道德，诚实守信，接受政府和社会公众的监督，承担社会责任。

5.【答案】A

【解析】分公司具有非独立性，主要表现在：一是分公司不具有法人资格，不能独立享有权利、承担责任，其一切行为的后果及责任由公司承担；二是分公司没有独立的公司名称及章程，其对外从事经营活动必须以总公司的名义，遵守总公司的章程；三是分公司在人事、经营上没有自主权，其主要业务活动及主要管理人员由总公司决定并委任，并根据总公司的委托或授权进行业务活动；四是分公司没有独立的财产，其所有资产属于总公司，并作为总公司的资产列入总公司的资产负债表中。Ⅰ、Ⅱ、Ⅲ、Ⅳ项均正确。

6.【答案】B

【解析】募集设立时，发起人认购的股份不得少于公司股份总数的35%。但是，法律、行政法规另有规定的，从其规定。

7.【答案】D

【解析】发起设立适用于有限责任公司和股份有限公司，选项A错误；募集设立只适用于股份有限公司，选项B错误；募集设立时，发起人认购公司应发行股份的一部分，其余股份向社会公开募集或者向特定对象募集而设立公司，选项C错误。

8.【答案】D

【解析】本题考查有限责任公司董事会的规定。董事会中的职工代表由公司职工通过职工代表大会、职工大会或其他形式民主选举产生。

9.【答案】A

【解析】本题考查有限责任公司监事会的职权。其中，Ⅰ、Ⅱ、Ⅲ、Ⅳ、Ⅵ项属于监事会职权，而Ⅴ属于股东会职权，因此应选 A。

10. 【答案】B

【解析】自股东会会议决议通过之日起 60 日内，股东与公司不能达成股权收购协议的，股东可以自股东会会议决议通过之日起 90 日内向人民法院提起诉讼。

11. 【答案】C

【解析】设立股份有限公司，应当具备下列条件：（1）发起人符合法定人数。应当有 2 人以上 200 人以下为发起人，其中须有半数以上发起人在中国境内有住所。（2）有符合公司章程规定的全体发起人认购的股本总额或者募集的实收股本总额。（3）股份发行、筹办事项符合法律规定。（4）发起人共同制定公司章程，采用募集设立的经创立大会通过。（5）有公司名称，建立符合股份有限公司要求的组织机构。（6）有公司住所。选项 C 错误。

12. 【答案】B

【解析】股票发行价格可以按票面金额，也可以超过票面金额，但不得低于票面金额，选项 B 错误。

13. 【答案】A

【解析】法定公积金转为资本时，所留存的该项公积金不得少于转增前公司注册资本的 25%。选项 B、C、D 说法正确。

14. 【答案】A

【解析】公司合并的，债权人自接到通知书之日起 30 日内，未接到通知书的自公告之日起 45 日内，要求公司清偿债务或者提供担保；公司分立的，分立前的债务由分立后的公司承担连带责任。因此，选项 A 错误。

15. 【答案】A

【解析】本题考查合伙企业与公司的区别。合伙企业与公司的区别主要有：

（1）法律地位不同。公司具有独立的法人主体资格，是企业法人；合伙企业不是法人，是非法人企业。（2）财产独立性不同。公司的财产独立于股东；合伙企业的财产与合伙人仅相对独立，合伙企业的财产属于合伙人共有。（3）承担的责任不同。股东对公司的责任以出资额为限，承担有限责任；而合伙企业中，普通合伙人对合伙企业承担无限责任。

16. 【答案】B

【解析】为保护国有资产和上市公司股东的利益，国有独资公司、国有企业、上市公司不得成为普通合伙人。另外，公益性的事业单位、社会团体，其财产也不宜对外承担无限连带责任，因此，公益性的事业单位、社会团体也不得成为普通合伙人。

17. 【答案】D

【解析】本题考查《合伙企业法》的相关规定。根据《合伙企业法》第三十一条的规定，除合伙企业另有约定外，合伙企业的下列事项应当经全体合伙人一致同意：（1）改变合伙企业的名称；（2）改变合伙企业的经营范围、主要经营场所的地点；（3）处分合伙企业的不动产；（4）转让或者处分合伙企业的知识产权和其他财产权利；（5）以合伙企业名义为他人提供担保；（6）聘任合伙人以外的人担任合伙企业的经营管理人员。

18. **【答案】** D

【解析】 根据《合伙企业法》第三十三条的规定，合伙企业利润分配和亏损分担的原则是：首先，按照合伙协议的约定办理；合伙协议未约定或者约定不明确的，由合伙人协商决定；协商不成的，由合伙人按照实缴出资比例分配、分担；无法确定出资比例的，由合伙人平均分配、分担。

19. **【答案】** A

【解析】 根据《合伙企业法》第四十九条的规定，合伙人有下列情形之一的，经其他合伙人一致同意可以决议将其除名：（1）未履行出资义务；（2）因故意或者重大过失给合伙企业造成损失；（3）执行合伙事务时有不正当行为；（4）发生合伙协议约定的事由。合伙人在合伙企业中的全部财产份额被人民法院强制执行属于当然退伙的情形。

20. **【答案】** C

【解析】 有限合伙企业由 2 个以上 50 个以下合伙人设立；但是，法律另有规定的除外。有限合伙企业至少应当有 1 个普通合伙人。选项 A、B 正确。有限合伙人不得以劳务出资，选项 C 错误。有限合伙企业名称中应当标明“有限合伙”字样，选项 D 正确。

21. **【答案】** A

【解析】 合伙企业提交虚假文件或者采取其他欺骗手段，取得合伙企业登记的，由企业登记机关责令改正，情节严重的，撤销企业登记，并处以 5 万元以上 20 万元以下的罚款。

22. **【答案】** C

【解析】 股票发行采用代销方式，代销期限届满，向投资者出售的股票数量未达到拟公开发行股票数量 70% 的，为发行失败。发行人应当按照发行价并加算银行同期存款利息返还股票认购人。

23. **【答案】** D

【解析】 公司首次公开发行新股，应当符合下列条件：（1）具备健全且运行良好的组织机构；（2）具有持续经营能力；（3）最近 3 年财务会计报告被出具无保留意见审计报告；（4）发行人及其控股股东、实际控制人最近 3 年不存在贪污、贿赂、侵占财产、挪用财产或者破坏社会主义市场经济秩序的刑事犯罪；（5）经国务院批准的国务院证券监督管理机构规定的其他条件。故Ⅰ、Ⅱ、Ⅳ项正确，正确答案选 D。

24. **【答案】** B

【解析】 设立证券登记结算机构，应当具备下列条件：自有资金不少于人民币 2 亿元；具有证券登记、存管和结算服务所必需的场所和设施；国务院证券监督管理机构规定的其他条件。

25. 【答案】B

【解析】禁止任何人以下列手段操纵证券市场，影响或者意图影响证券交易价格或者证券交易量：

（1）单独或者通过合谋，集中资金优势、持股优势或者利用信息优势联合或者连续买卖；

（2）与他人串通，以事先约定的时间、价格和方式相互进行证券交易；

（3）在自己实际控制的账户之间进行证券交易；

（4）不以成交为目的，频繁或者大量申报并撤销申报；

（5）利用虚假或者不确定的重大信息，诱导投资者进行证券交易；

（6）对证券、发行人公开作出评价、预测或者投资建议，并进行反向证券交易；

（7）利用在其他相关市场的活动操纵证券市场；

（8）操纵证券市场的其他手段。

故Ⅰ、Ⅱ、Ⅲ、Ⅳ项全部正确，选B。

26. 【答案】B

【解析】证券交易所设理事会，并设总经理1人，总经理由国务院证券监督管理机构任免。选项A错误。证券交易所章程的制定和修改，必须经国务院证券监督管理机构批准。选项B正确。证券交易所在其存续期间，不得将其财产积累分配给会员。选项C错误。证券交易所必须在其名称中标明“证券交易所”字样。其他任何单位或者个人不得使用证券交易所或者近似的名称。选项D错误。

27. 【答案】C

【解析】证券登记结算机构应当妥善保存登记、存管和结算的原始凭证及有关文件资料。其保存期限不得少于20年。

28. 【答案】C

【解析】合同当事人包括基金份额持有人、基金管理人和基金托管人。

29. 【答案】D

【解析】本题考查非公开募集基金合格投资者的单位和个人应满足的条件。最近1年末净资产不低于1000万元的法人单位才符合条件，选项D错误。

30. 【答案】D

【解析】根据《期货交易管理条例》第九条规定，因违法行为或者违纪行为被撤销资格的律师、注册会计师或者投资咨询机构、财务顾问机构、资信评级机构、资产评估机构、验证机构的专业人员，自被撤销资格之日起未逾5年的人员不得担任期货交易所的负责人、财务会计人员。

31.【答案】C

【解析】期货交易所向会员收取的保证金，属于会员所有，除用于会员的交易结算外，严禁挪作他用。

32.【答案】A

【解析】期货公司从事或者变相从事期货自营业务的，应责令改正，给予警告，没收违法所得，并处违法所得1倍以上3倍以下的罚款。

33.【答案】A

【解析】证券公司设立时，其业务范围应当与其财务状况、内部控制制度、合规制度和人力资源状况相适应。

34.【答案】D

【解析】证券公司内部控制的主要内容包括经纪业务内部控制、自营业务内部控制、投资银行业务内部控制、受托投资管理业务内部控制、研究咨询业务内部控制、业务创新的内部控制、分支机构内部控制、财务管理内部控制、会计系统内部控制、信息系统内部控制、人力资源管理内部控制等方面。

35.【答案】C

【解析】证券公司合并、分立的，国务院证券监督管理机构应当对合并、分立的申请进行审查，并在自受理之日起3个月内作出批准或者不予批准的书面决定。

36.【答案】D

【解析】证券公司经营证券经纪业务、证券资产管理业务、融资融券业务和证券承销与保荐业务中两种以上业务的，其董事会应当设薪酬与提名委员会、审计委员会和风险控制委员会，行使公司章程规定的职权。

37.【答案】B

【解析】按照《证券公司业务范围审批暂行规定》第七条的规定，中国证监会另有规定的除外，依照法定条件对新设证券公司核准的业务一般不超过4种。但中国证监会另有规定的除外。

38.【答案】C

【解析】证券公司应当自每月结束之日起7个工作日内，报送月度报告。

39.【答案】A

【解析】国务院证券监督管理机构应当履行的监督协调职责包括：派驻风险处置现场工作组，对被处置证券公司、托管组、接管组、行政清理组、管理人以及参与风险处置的其他机构和人员进行监督和指导。

40.【答案】D

【解析】证券公司违法经营特别严重，不能清偿到期债务，需要动用证券投资者保护基金的，国务院证券监督管理机构可以直接撤销该证券公司。

本章总结

- 本章要点
  - 证券市场的法律法规体系
    - 1.法律关系基本构成包括：主体、客体和内容
    - 2.我国法律法规体系层级包括：法律、行政法规、部门规章、规范性文件、行业自律规则
  - 公司法
    - 3.公司按股东人数和股份流动性分为：有限责任公司、股份有限公司
    - 4.股东人数：有限责任公司50人以下；股份有限公司无上限，发起人2~200人
    - 5.分公司和子公司最主要的区别：分公司不具备法人资格；子公司具有法人资格，可以自己的名义开展经营活动
    - 6.公司的设立方式分为：发起设立和募集设立（募集设立仅适用股份有限公司）
    - 7.公司董事会人数：有限责任公司3~13人，股份有限公司5~19人；监事会至少3人
    - 8.发起人股份自公司成立之日起锁定1年，公开发行前的股份自上市交易之日起锁定1年，董监高所持股份在任职期间每年转让不超过25%，离职后6个月内不得转让
  - 合伙企业法
    - 9.合伙企业分为：普通合伙企业和有限合伙企业
    - 10.承担责任方面：普通合伙人——无限连带责任；有限合伙人——有限责任
    - 11.投资人数量：普通合伙企业≥2人，有限合伙企业2~50人，且至少1个普通合伙人
    - 12.出资：货币，实物，知识产权，土地使用权，劳务（有限合伙人不得劳务出资）
    - 13.需合伙人一致同意事项：改变名称、经营范围、经营场所，处分不动产、知识产权，提供担保，外聘管理人员，合伙人与本企业交易，以出资出质，新人入伙，普通转有限、有限转普通
    - 14.退伙包括：自愿退伙、法定退伙、除名退伙
  - 证券法
    - 15.证券发行与交易的原则：公开、公平、公正
    - 16.当事人原则：自愿、有偿、诚实信用
    - 17.证券发行分为：公开发行、非公开发行
    - 18.首次公开发行条件：健全良好组织机构，持续经营，3年无保留意见，3年无“黑五类”犯罪
    - 19.公开发行公司债条件：健全良好的组织机构，3年1息
    - 20.证券承销可采取包销或代销的方式，期限不超过90日
    - 21.内幕信息是使股票、债券价格发生较大变化的“重大、重要、较大”和影响较大的事件
    - 22.上市公司收购方式分为：要约收购和协议收购，要约收购期限（30日，60日）
  - 证券投资基金法
    - 23.基金管理人职责：基金的运作管理、投资管理及与基金管理相关的信息披露
    - 24.基金托管人职责：保管基金财产、监督管理人及与基金托管相关的信息披露
    - 25.基金财产独立性要求：财产独立、收益独立、清算独立、债权独立、债务独立、责任独立
    - 26.基金募集方式分为：公开募集和非公开募集
    - 27.公募基金的运作方式分为：封闭式基金和开放式基金
  - 期货交易管理条例
    - 28.期货种类包括：商品期货（农产品、金属、能源）、金融期货（股指期货、利率期货、外汇期货）
    - 29.期货交易所职责：提供场所、安排合约、交易结算和交割、集中履约担保、会员管理
  - 证券公司监督管理条例
    - 30.证券公司内控制度覆盖各项业务、公司管理系统、组织框架和分支各个方面
    - 31.客户资产包括交易结算资金、证券和委托的资产，客户资产与金融机构资产相互独立
    - 32.可以动用客户结算资金的情形：用于正常交易结算和提款，支付佣金、费用和税款
  - 证券公司风险处置条例
    - 33.风险指标不符合规定，限期未能整改的停业整顿
    - 34.行政接管的情形：混乱失控、挪用客户资产、多次违约、重大财务危机
    - 35.行政重组的方式：注资、股权重组、债务重组、资产重组、合并

第二章　证券经营机构管理规范

考情早知道

本章内容主要围绕证券公司的机构管理和制度建设要求，包括证券公司的内部控制、合规管理、风险管理等方面。本章内容在每套试卷中的分值占比为20%左右。主要考点集中在第一节和第二节。

其中，证券公司董事会、监事会、高级管理人员的相关要求；证券公司各类业务内部控制的主要内容；证券公司董事会、监事会或监事、下属单位负责人的合规管理职责；证券公司合规负责人进行合规审查、合规检查、对公司违法违规行为或合规风险隐患的处理规定；证券公司管理敏感信息的基本原则和保密要求；证券公司风险控制指标基本规定；全面风险管理体系所包括的内容和覆盖范围；证券公司流动性风险管理的目标；经营机构向投资者销售产品或提供服务应了解的投资者信息；确定普通投资者风险承受能力的主要因素；经营机构销售产品或提供服务的禁止性行为；客户身份识别和客户身份资料与交易记录保存的基本要求；证券公司反洗钱保密要求；证券公司信息技术治理中的权责分配机制；证券公司信息技术合规与风险管理；证券公司信息系统运行各环节的安全管理要求等是考核重点。

本章知识概览

小节	考点	备考指数
第一节　公司治理、内部控制与合规管理	证券公司治理的基本要求	☆☆
	证券公司股权管理的相关要求	☆☆☆
	对证券公司董事会、监事会、高级管理人员的相关要求	☆☆☆
	证券公司与客户关系的基本原则	☆☆
	证券公司内部控制的基本要求	☆☆
	证券公司各类业务内部控制的主要内容	☆☆
	对证券公司业务创新的相关规定	☆

续表

小节	考点	备考指数
第一节　公司治理、内部控制与合规管理	对证券公司内部控制的监督、检查与评价机制	☆
	证券公司合规、合规管理及合规风险的概念	☆☆
	证券公司合规经营基本原则与应遵守的基本要求	☆☆☆
	证券公司合规管理基本制度的有关内容	☆☆
	证券公司董事会、监事会或监事、下属单位负责人的合规管理职责	☆☆☆
	证券公司工作人员在业务活动和执业行为中的合规管理职责	☆☆☆
	证券公司合规负责人进行合规审查、合规检查、对公司违法违规行为或合规风险隐患的处理规定	☆☆☆
	证券公司合规部门、合规管理人员的相关规定	☆☆
	证券公司合规负责人和合规管理人员的独立性原则	☆☆
	证券公司合规报告的内容规定	☆
	对证券公司及有关人员违反合规管理规定的监管措施	☆
	证券公司管理敏感信息的基本原则和保密要求	☆☆☆
	各主体在证券公司信息隔离墙制度建立和执行方面的职责	☆☆
	证券公司跨墙人员基本行为规范	☆☆☆
	证券公司观察名单、限制名单管理的基本要求	☆☆
	证券公司分类监管的概念	☆☆☆
	证券公司分类监管的评价指标体系及评价方法	☆☆
	基于分类监管要求划分的证券公司基本类别	☆☆
第二节　风险管理	证券公司风险控制指标基本规定	☆☆☆
	净资本计算标准	☆
	证券公司从事相关证券业务的净资本标准	☆☆☆
	证券公司应持续符合的风险控制指标标准	☆☆☆
	证券公司编制风险控制指标监管报表相关要求	☆
	风险控制指标相关监管措施	☆
	全面风险管理的定义	☆☆☆
	全面风险管理体系所包括的内容和覆盖范围	☆☆☆
	证券公司全面风险管理文化的要求	☆
	证券公司全面风险管理的责任主体	☆☆☆
	首席风险官及风险管理部门的履职保障	☆
	证券公司应将子公司风险管理纳入统一体系的要求	☆☆
	证券公司风险管理的政策和机制要求	☆☆☆
	中国证券业协会就证券公司的全面风险管理实施自律管理可采取的措施	☆

续表

小节	考点	备考指数
第二节　风险管理	证券公司流动性风险的定义	☆☆☆
	证券公司流动性风险管理的目标	☆☆☆
	证券公司流动性风险管理应遵循的原则	☆☆
	证券公司流动性风险管理的组织架构及职责	☆
	证券公司流动性风险限额管理的基本要求	☆
	证券公司融资管理的基本要求	☆
	信用风险的定义及业务类型	☆☆☆
	信用风险管理应遵循的原则	☆
	信用风险管理组织架构的要求	☆☆
	信用风险识别、评估和控制的要求	☆
	风险监控、报告和预警的相关规定	☆
第三节　投资者适当性管理	证券经营机构执行投资者适当性的基本原则	☆☆
	经营机构向投资者销售产品或提供服务应了解的投资者信息	☆☆☆
	普通投资者享有特别保护的规定	☆☆☆
	专业投资者的范围	☆☆
	确定普通投资者风险承受能力的主要因素	☆☆☆
	划分产品或服务风险等级时应考虑的因素	☆☆
	经营机构在投资者坚持购买风险等级高于其承受能力的产品时的职责	☆☆☆
	经营机构销售产品或提供服务的禁止性行为	☆☆
	经营机构向普通投资者销售产品或提供服务前应告知的信息	☆☆
	经营机构需进行现场录音录像留痕的要求	☆☆☆
	对经营机构违反适当性管理规定的监管措施	☆☆☆
第四节　证券公司反洗钱工作	反洗钱的定义	☆☆☆
	客户身份识别和客户身份资料与交易记录保存的基本要求	☆☆☆
	洗钱和恐怖融资风险评估及客户分类管理要求	☆☆☆
	可疑交易报告要求及可疑交易报告后续控制措施	☆☆☆
	涉及恐怖活动资产冻结的流程及要求	☆☆
	证券公司反洗钱保密要求	☆☆☆
	证券公司对境内外分支机构和相关附属机构的管理要求	☆☆
第五节　证券公司信息技术管理	证券公司借助信息技术手段从事证券基金业务活动的一般规定	☆
	证券公司信息技术治理中的权责分配机制	☆☆☆

续表

小节	考点	备考指数
第五节　证券公司信息技术管理	证券公司信息技术合规与风险管理	☆☆☆
	证券公司信息系统运行各环节的安全管理要求	☆☆☆
	证券公司数据全生命周期管理机制	☆☆
	证券公司信息技术应急管理的组织架构、应急预案、应急演练、信息系统备份能力要求相关规定	☆☆
	委托信息技术服务机构提供信息技术服务的责任划分、管理要求、信息技术服务机构内部质量控制机制和禁止性要求、信息技术服务协议及保密协议签署要求	☆☆
	证券公司信息技术管理的监管要求及监管措施	☆

注：本书中“☆”表示知识点的重要程度，其中☆代表了解；☆☆代表熟悉；☆☆☆代表掌握。

考点详解

第一节　公司治理、内部控制与合规管理

考点一：证券公司治理的基本要求（☆☆）

1. 建立健全组织架构、明确职责划分：建立健全“三会一层”的组织架构，明确股东（大）会、董事会、监事会、经理层之间的职责划分

2. 不得侵犯客户合法权益

3. 建立完备的内部控制体系：建立完备的合规管理、风险管理和内部控制体系

【例题1】按照《证券公司监督管理条例》和《证券法》的要求，以下关于证券公司治理的基本要求中有关不得侵犯客户合法权益的说法，错误的是（　　）。

A. 证券公司不得挪用客户交易结算资金

B. 证券公司不得挪用客户委托管理的资产

C. 证券公司可以根据实际情况将客户托管在公司的证券挪用

D. 证券公司的股东和实际控制人不得占用客户资产，损害客户合法权益

【答案】C

【解析】证券公司对客户负有诚信义务，不得侵犯客户的财产权、选择权、公平交易权、知情权及其他合法权益。证券公司不得挪用客户交易结算资金，不得挪用客户委托管理的资产，不得挪用客户托管在公司的证券。证券公司的股东和实际控制人不得占用客户资产，损害客户合法权益。

考点二：证券公司股权管理的相关要求（☆☆☆）

证券公司的股东、控股股东、实际控制人应当特别注意以下几点：

（1）不得滥用权力；

（2）不得超越职权（不得超越股东（大）会、董事会任免证券公司的董、监、高人员，不得违规干预证券公司的经营管理活动）；

（3）依法维护证券公司独立性（在业务、机构、资产、财务、办公场所等方面严格分开）；

（4）不得开展业务竞争；

（5）关联交易不得损害公司利益；**【重大关联交易披露表决程序由章程规定】**

（6）不得虚假出资、抽逃出资；

（7）不得违规要求提供融资或担保；

（8）未经批准，不得委托持股；变相接受或让渡证券公司股权的控制权。

在处理与股东及股东关联方之间的关系时，证券公司还应注意，不得有以下行为发生：

（1）持有股东的股权，但法律、行政法规或者中国证监会另有规定的除外；**【禁止互相持股】**

（2）通过购买股东持有的证券等方式向股东输送不当利益；

（3）股东违规占用公司资产；

（4）法律、行政法规或者中国证监会禁止的其他行为。

【例题2】按照《证券公司治理准则》的要求，关于证券公司与股东之间关系的特别规定，以下选项错误的是（　　）。

A. 证券公司的控股股东、实际控制人不得利用其控制地位或滥用权利损害公司客户的合法权益

B. 证券公司的控股股东可以直接任免证券公司的董事、监事和高级管理人员

C. 证券公司的股东、实际控制人不得违反公司章程的规定干预证券公司的经营管理活动

D. 证券公司与其他关联方应当在业务等方面严格分开，各自独立经营、独立核算、独立承担责任和风险

【答案】B

【解析】证券公司的控股股东不得超越股东（大）会、董事会任免证券公司的董事、监事和高级管理人员。证券公司的股东、实际控制人不得违反法律、行政法规和公司章程的规定干预证券公司的经营管理活动。

【例题3】下列关于证券公司的股东和实际控制人的做法，正确的是（　　）。

A. 证券公司股东不得损害证券公司客户的合法权益

B. 证券公司股东可以通过协议使用证券公司客户资金

C. 证券公司股东可以通过关联交易占用证券公司资产

D. 证券公司可以为股东融资进行担保

【答案】 A

【解析】 证券公司对客户负有诚信义务，证券公司股东和实际控制人在行使合法权利的同时不得占用公司或客户资产，损害证券公司或客户合法权益。

【例题4】 在处理与股东之间的关系时，证券公司不得发生的行为有（　　）。

Ⅰ. 持有股东的股权（法律法规或者中国证监会另有规定的除外）

Ⅱ. 与股东进行关联交易

Ⅲ. 为股东提供借款

Ⅳ. 为股东提供信用担保

A. Ⅰ、Ⅲ、Ⅳ　　B. Ⅱ、Ⅲ、Ⅳ　　C. Ⅲ、Ⅳ　　D. Ⅰ、Ⅱ

【答案】 A

【解析】 在处理与股东及股东关联方之间的关系时，证券公司还应注意，不得有以下行为发生：

（1）持有股东的股权，但法律、行政法规或者中国证监会另有规定的除外；（Ⅰ项正确）

（2）通过购买股东持有的证券等方式向股东输送不当利益；

（3）股东违规占用公司资产；

（4）法律、行政法规或者中国证监会禁止的其他行为。

同时，证券公司的股东、控股股东、实际控制人也不得违规要求证券公司提供融资或担保。故Ⅲ、Ⅳ项正确。

Ⅱ项，证券公司与其股东、控股股东、实际控制人可以开展合法合规的关联交易，但不能利用管理交易损害证券公司与客户的合法权益。

考点三：对证券公司董事会、监事会、高级管理人员的相关要求（☆☆☆）

【证券公司的“三会一层”同样也要符合《公司法》的要求】

（一）董、监、高任职资格与持续监管要求

1. 任职资格

证券公司任免董事、监事、高级管理人员，应当报国务院证券监督管理机构备案。董、监、高未能尽职，导致证券公司出现重大风险的，由国务院证券监督管理机构可以责令证券公司予以更换。**【注意不是证券业协会，公司从业人员由协会管理】**

经营证券经纪业务、证券资产管理业务、融资融券业务和证券承销与保荐业务中两种以上业务的证券公司，应当建立独立董事制度。

独立董事与公司其他董事任期相同**【3年/届】**，连任时间不得超过6年**【2届】**。任何人员最多可以在2家证券公司担任独立董事。

证券公司有下列情形之一的，独立董事人数应≥董事人数的1/4：

（1）董事长、经营管理的主要负责人由同一人担任；

（2）内部董事人数占董事人数1/5以上；

（3）中国证监会认定的其他情形。

【例题5】按照《证券监督管理条例》的要求，以下（　　）公司应当建立独立董事制度。

A. 经营证券经纪业务、证券资产管理业务和证券承销与保荐业务的甲公司

B. 经营融资融券业务、柜台业务和研究咨询业务的乙公司

C. 经营证券经纪业务、自营业务和证券投资顾问业务的丙公司

D. 经营证券承销与保荐业务、研究咨询业务和自营业务的丁公司

【答案】A

【解析】经营证券经纪业务、证券资产管理业务、融资融券业务和证券承销与保荐业务中两种以上业务的证券公司，应当建立独立董事制度。

【易混知识点分析】

经营证券经纪业务、证券资产管理业务、融资融券业务和证券承销与保荐业务中两种以上业务的证券公司：**【即“保”“管”“金（谐音：经）”“融”四项业务】**

（1）应当建立独立董事制度。

（2）其董事会应当设薪酬与提名委员会、审计委员会和风险控制委员会。

2. 持续监管

证券公司高级管理人员离任的，公司应当对其进行审计，并自其离任之日起2个月内将审计报告报送中国证监会派出机构；证券公司的法定代表人或者经营管理的主要负责人离任的，应当聘请具有证券、期货相关业务资格的会计师事务所对其进行审计。未报送审计报告的，离任人员不得在其他证券公司任职。

（二）董事会

证券公司设董事会的，内部董事人数≤董事人数的1/2。**【内部董事人数占董事人数（1/5，1/2）的，独立董事人数≥1/4】**

证券公司可以聘请外部专业人士担任董事。

证券公司董事会每年至少召开2次会议。**【采取现场、视频或者电话会议方式，同样适用监事会】**

（三）董事会专门委员会（薪酬与提名、审计、风险控制委员会）

专门委员会应当由董事组成，专门委员会应当向董事会负责。

专门委员会可以聘请外部专业人士提供服务，由此发生的合理费用由证券公司承担。

审计委员会中独立董事的人数≥1/2，并且至少有1名独立董事从事会计工作5年以上。

薪酬与提名委员会、审计委员会的负责人应当由独立董事担任。**【对风险控制委员会无要求】**

名称	职责
薪酬与提名委员会	①对董事、高级管理人员的选任标准和程序进行审议并提出意见，搜寻合格的董事和高级管理人员人选，对董事和高级管理人员人选的资格条件进行审查并提出建议；**【注意没有监事】** ②对董事和高级管理人员的考核与薪酬管理制度进行审议并提出意见； ③对董事、高级管理人员进行考核并提出建议； ④公司章程规定的其他职责。
审计委员会	①监督年度审计工作，就审计后的财务报告信息的真实性、准确性和完整性作出判断，提交董事会审议； ②提议聘请或者更换外部审计机构，并监督外部审计机构的执业行为； ③负责内部审计与外部审计之间的沟通； ④公司章程规定的其他职责。
风险控制委员会	①对合规管理和风险管理的总体目标、基本政策进行审议并提出意见； ②对合规管理和风险管理的机构设置及其职责进行审议并提出意见； ③对需董事会审议的重大决策的风险和重大风险的解决方案进行评估并提出意见； ④对需董事会审议的合规报告和风险评估报告进行审议并提出意见； ⑤公司章程规定的其他职责。

【例题6】以下关于审计委员会的说法错误的是（　　）。

A. 审计委员会的负责人应当由独立董事担任

B. 审计委员会中独立董事的人数不得少于1/2，并且至少有2名独立董事从事会计工作5年以上

C. 审计委员会可以聘请专业人士提供服务，由此发生的合理费用由证券公司承担

D. 可以提议聘请或者更换外部审计机构，并监督外部审计机构的执业行为

【答案】B

【解析】审计委员会中独立董事的人数不得少于1/2，并且至少有1名独立董事从事会计工作5年以上。

（四）监事会

证券公司应当将其内部稽核报告、合规报告、月度或者季度财务会计报告、年度财务会计报告及其他重大事项及时报告监事会。

监事会可根据需要对公司财务情况、合规情况进行专项检查，必要时可聘请外部专业人士协助。

（五）高级管理人员

证券公司的高级管理人员是指证券公司的总经理、副总经理、财务负责人、合规负责人、董事会秘书以及实际履行上述职务的人员，还包括证券公司行使经营管理职责的管理委员会、执行委员会以及类似机构的成员。

证券公司分管合规管理、风险管理、稽核审计部门的高级管理人员，不得兼任或者分管与合规管理、风险管理、稽核审计职责相冲突的职务或者部门。

【提示：关于本科目所涉各类主体任职限制要求对比汇总，详见本书最后《易混知识点汇总分析（二）》】

【例题7】《证券公司监督管理条例》《证券公司治理准则》对证券公司董事会的设置和议事规则作出了具体的规定，以下规定错误的是（　　）。

A. 内部董事人数不得超过董事人数的1/2

B. 证券公司可以聘请外部专业人士担任董事

C. 证券公司董事会每年至少召开一次会议

D. 董事会会议所作决议须经过无关联关系董事过半数通过

【答案】C

【解析】证券公司董事会每年至少召开两次会议。

考点四：证券公司与客户关系的基本原则（☆☆）

（1）不得挪用、侵占客户资金；

（2）保守客户秘密；

（3）履行法定信息披露义务；

（4）完善客户沟通、投诉处理机制；

（5）履行公司财务报告披露义务。

证券公司应当披露董事、监事、高级管理人员薪酬管理信息，至少包括以下方面：

（1）薪酬管理的基本制度及决策程序；

（2）年度薪酬总额和在董事、监事、高级管理人员之间的分布情况；

（3）薪酬延期支付和非现金薪酬情况。

【例题8】根据《证券公司治理准则》，下列关于证券公司与客户关系的基本原则的说法，错误的是（　　）。

A. 证券公司向客户提供的产品或者服务，对有关产品和服务的内容应履行保密的义务

B. 证券公司不得侵犯客户的财产权、选择权、公平交易权、知情权及其他合法权益

C. 证券公司不得挪用客户交易结算资金、委托管理的资产及托管在公司的证券

D. 证券公司应当设专职部门或者岗位负责与客户进行沟通，处理客户的投诉等事宜

【答案】 A

【解析】 证券公司向客户提供产品或者服务应当遵守法律、行政法规和中国证监会的规定，并对有关产品或者服务的内容及风险予以充分披露，不得有虚假陈述、误导及其他欺诈客户的行为。

考点五：证券公司内部控制的基本要求（☆☆）

证券公司内部控制是指证券公司为实现经营目标，根据经营环境变化，对证券公司经营与管理过程中的风险进行识别、评价和管理的制度安排、组织体系和控制措施。

（一）内部控制的基本要求

健全、合理、制衡、独立。

【例题9】 甲证券公司根据自身经营目标和运营状况，结合自身的环境条件，建立有效的内部控制制度、机制。以下甲证券公司内部控制当前遵循的原则，错误的是（　　）。

A. 甲证券公司的内部控制覆盖所有业务、部门和人员

B. 为了提高效率，甲证券公司承担内部控制监督检查职能的部门同时辅助前台业务运作

C. 该证券公司以合理的成本实现内部控制目标

D. 前台业务运作与后台管理支持适当分离

【答案】 B

【解析】 本题考查证券公司内部控制应当贯彻的原则：健全、合理、制衡、独立。B项，证券公司内部控制应当贯彻执行独立原则，即承担内部控制监督检查职能的部门应当独立于证券公司其他部门。

（二）内部控制机制建设的基本要求

（1）树立合法合规经营的理念和风险控制优先的意识，健全证券公司行为准则和员工道德规范，营造合规经营的制度文化环境。

（2）采取切实有效的措施杜绝挪用客户交易结算资金、客户委托管理的资产及客户托管的证券等行为，确保客户资产的安全完整。

（3）根据经营环境的变化，建立动态的净资本**【注意不是净资产】**监控机制，确保净资本符合有关监管指标的要求。

（4）加强法人统一管理，建立具体、明确、合理的授权、检查和逐级问责制度，明确界定部门、分支机构的目标、职责和权限，确保其在授权范围内行使经营管理职能。证券公司业务授权应当采取书面形式。

（5）主要业务部门之间建立健全隔离墙制度，确保经纪、自营、受托投资管理、投资银行、研究咨询等业务相对独立。电脑部门、财务部门、监督检查部门与业务部门的人员不得相互兼任，资金清算人员不得由电脑部门人员和交易部门人员兼任。

（6）不断完善业务、财务、人力资源等综合信息管理系统，根据自身实际加强业务运作的后台管理，完善集中清算、集中核算、客户资料集中管理等制度。提高实时预警、监控、防范风险的能力。

（7）建立业务风险识别、评估和控制的完整体系，运用包括敏感性分析在内的多种手段，对信用风险、市场风险、流动性风险、操作风险、技术风险、政策法规风险和道德风险等进行持续监控，明确风险管理流程和风险化解方法。

（8）建立健全包括授权管理、岗位职责、监督检查、考核奖惩等在内的各项内部管理制度。对经纪、自营、投资银行、受托投资管理、研究咨询以及创新业务等制定统一的业务流程和操作规范，针对业务的主要风险点和风险性质，制定明确的控制措施。

（9）大力加强自有资金和客户资金的风险控制，建立自有资金运用的决策、审核、批准、监控相分离的管理体系，加强资金额度控制和资金使用的日常监控，对资金异常变动和大额资金存取等行为重点监控。建立畅通、高效的信息交流渠道和重大事项报告制度，以及内部员工和客户的信息反馈机制，确保信息准确传递，确保董事会、监事会、经理人员及监督检查部门及时了解证券公司的经营和风险状况，确保各类投诉、可疑事件和内控缺陷得到妥善处理。

（10）真实、全面、及时地记载各项业务，充分发挥会计的核算监督职能，确保信息资料的真实与完整；建立完备的业务台账系统，并通过业务台账系统和会计核算系统交叉印证，防止出现账外经营、账目不清等问题。

（11）按照专人管理、相互牵制、适当审批、严格登记的原则，加强对合同、票据、印章、密押等的管理。重要合同和票据有连号控制、作废控制、空白凭证控制以及领用登记控制等专门措施。证券公司公章、合同专用章、业务专用章、财务专用章、电子印鉴等的保管、审批、使用等应适当分离、相互牵制。

（12）加强对各类档案包括各种会议记录与决议、经营协议、客户资料、交易记录、凭证账表、投诉与纠纷处理记录以及各类法规、制度等档案的妥善保管和分类管理。

（13）建立危机处理机制和程序，制订切实有效的应急应变措施和预案。

【记忆技巧】

内控制度是实现风险控制目标所能采取的各种管理制度和手段，记忆时重点关注该制度要求是否符合“健全、合理、制衡、独立”的基本原则，是否有助于防范、化解潜在风险，是否符合法律法规要求，若都符合，即为正确选项。并在此基础上，记忆特殊词汇，如是“净资本”不是“净资产”；是“业务台账”不是“财务账簿”等。

如，第（4）条：“加强法人统一管理，建立具体、明确、合理的授权、检查和逐级问责制度，明确界定部门、分支机构的目标、职责和权限，确保其在授权范围内行使经营管理职能。证券公司业务授权应当采取书面形式。”符合“健全”“制衡”的原则，且授权、问责制度有助于防范管理混乱带来的业务合规风险。

【例题 10】 以下关于证券公司内部控制制度建设的基本要求中说法错误的是（　　）。

A. 证券公司业务授权应当采用书面形式

B. 应当提高工作效率，比如资金清算人员由技术部人员兼任，以及时解决资金收支时发生的技术难题

C. 应当建立完备的业务台账系统，并通过业务台账系统和会计核算系统交叉印证，防止出现账外经营、账目不清等问题

D. 重要合同和票据应有连号控制、作废控制等专门措施

【答案】 B

【解析】 主要业务部门之间应建立健全隔离墙制度，确保经纪、自营、受托投资管理、投资银行、研究咨询等业务相对独立。电脑部门、财务部门、监督检查部门与业务部门的人员不得相互兼任，资金清算人员不得由电脑部门人员和交易部门人员兼任。

（三）内部控制的组织结构要求

证券公司应建立清晰合理的组织结构，依据所处环境和自身经营特点设立严密有效的三道业务监控防线：

（1）建立重要一线岗位双人、双职、双责为基础的第一道防线，并加强对单人单岗业务的监控。与资金、有价证券、重要空白凭证、业务合同、印章等直接接触的岗位和涉及信息系统安全的岗位，应当实行双人负责制。

（2）建立相关部门、相关岗位之间相互制衡、监督的第二道防线。不同部门应有明确的职责分工，不相容职务应适当分离。

（3）建立独立的监督检查部门对各项业务、各部门、各分支机构、各岗位全面实施监控、检查和反馈的第三道防线。

【记忆技巧】

三道防线由小到大过渡：

第一道防线：一线工作人员，关键词“双”

第二道防线：各部门、各岗位，关键词“制衡”

第三道防线：公司层面，关键词“监控”

考点六：证券公司各类业务内部控制的主要内容（☆☆）

（一）经纪业务

（1）加强经纪业务整体规划和集中管理；

（2）制定统一完善的经纪业务标准化服务规程、操作规范和相关管理制度；

（3）制定标准化的开户文本格式，制定统一的开户程序，要求所属证券营业部按照程序认真审核客户资料的真实性和完整性，关注客户资金来源的合法性；**【注意，不是客户资料的合法性】**

（4）建立对录入证券交易系统的客户资料等内容的复核和保密机制；

（5）要求所属证券营业部与客户签订代理交易协议，协议中除载明双方权利义务和风险提示外，还应列示营业部可从事的合法业务范围及证券公司授权的业务内容，向客户明示证券公司禁止营业部从事的业务内容；

（6）针对账户管理、资金存取及划转、委托与撤单、清算交割、指定交易及转托管、查询及咨询等业务环节存在的风险，制定操作程序和具体控制措施；

（7）对开户、资金存取及划转、接受委托、清算交割等重要岗位应适当分离，客户资金与自有资金严格分开运作、分开管理；

（8）在证券营业部采用统一的柜面交易系统，并加强对柜面交易系统的风险评估，严防通过修改柜面交易系统的功能及数据从事违法违规活动；证券公司应采取严密的系统安全措施、严格的授权进入及记录制度，并开启系统的审计留痕功能；

（9）实行法人集中清算制度及客户交易结算资金集中管理制度，保证客户交易结算资金的安全，防范结算风险；

（10）建立对托管证券等的登记程序与独立监控机制，严防发生挪用客户托管的证券等进行抵押、回购或卖空交易及其他损害客户利益的行为；

（11）通过身份认证、证件审核、密码管理、指令记录等措施，加强对交易清算系统的管理，确保交易清算系统的安全；

（12）建立健全经纪业务的实时监控系统；

（13）定期、不定期地对证券营业部交易系统、财务系统和清算系统进行检查，加强交易信息与财务信息、清算信息的核对，确保相关信息与证券交易所、登记结算公司、商业银行等提供的信息相符；

（14）建立交易数据安全备份制度，对交易数据采取多介质备份与异地备份相结合的数据备份方式，确保交易数据的安全完整；

（15）网上交易系统应采取有效的身份认证及访问控制措施，应详细记录客户的网上交易和查询过程，加强交易方身份识别，并对访问权限进行控制，确保交易的安全、可靠；

（16）网上交易系统应采用防火墙、入侵检测等措施保障网络安全，采用高强加密等有效技术手段，防止客户数据被窃取、篡改；

（17）对于网络中断、委托中断、客户数据丢失、银证转账故障、交易服务器故障以及出现供电中断、火灾、抢劫等紧急情况，应制定和定期修订灾难恢复和应急处理预案，建立应急演习机制，确保及时有效地处理各种故障和危机；

（18）建立投资者教育与信息沟通机制，向投资者充分揭示投资风险，加强与投资者信息沟通；

（19）建立交易清算差错的处理程序和审批制度，建立重大交易差错的报告制度，明确交易清算差错的纠纷处理，防止出现隐瞒不报、擅自处理差错等情况，差错处理应留审计痕迹；

（20）建立由相对独立人员对重点客户进行定期回访的制度。

【记忆技巧】

记忆核心：

1. 此事与证券经纪业务有无关系，如是否涉及客户资金、账户、交易、客户服务及其他经纪业务所需环节。

2. 此事所描述的制度、手段、方法等是否合理，是否有助于防范化解经纪业务潜在风险。

3. 此事是否合法合规。

【例题 11】证券公司经纪业务内部控制应当重点防范挪用客户交易结算资金及其他客户资产、非法融入融出资金以及结算风险等。具体而言，经纪业务方面的主要制度包括（　　）。

Ⅰ. 法人集中清算制度

Ⅱ. 客户交易结算资金集中管理制度

Ⅲ. 高级管理人员分工制度

Ⅳ. 交易数据安全备份制度

Ⅴ. 交易清算差错的处理程序和审批制度

Ⅵ. 重大交易差错的报告制度

A. Ⅰ、Ⅱ、Ⅲ、Ⅳ、Ⅴ　　B. Ⅱ、Ⅲ、Ⅳ、Ⅴ、Ⅵ

C. Ⅰ、Ⅲ、Ⅳ、Ⅴ、Ⅵ　　D. Ⅰ、Ⅱ、Ⅳ、Ⅴ、Ⅵ

【答案】D

【解析】本题考查证券公司经纪业务内部控制的主要内容。高级管理人员分工制度属于投资银行类业务内部控制。

（二）自营业务

（1）建立健全自营决策机构和决策程序，加强对自营业务的投资策略、规模、品种、结构、期限等的决策管理；

（2）通过合理的预警机制、严密的账户管理、严格的资金审批调度、规范的交易操作及完善的交易记录保存制度等，控制自营业务运作风险；

（3）建立健全自营业务的授权体系，确保自营部门及员工在授权范围内行使相应的职责；

（4）自营业务的研究策划、投资决策、交易执行、交易记录、资金清算和风险监控等职能应相对分离；重要投资要有详细研究报告、风险评估及决策记录；

（5）加强自营账户的集中管理和访问权限控制；

（6）建立完善的交易记录制度，加强电子交易数据的保存和备份管理，确保自营交易清算数据的安全、真实和完整，并确保自营部门和会计核算部门对自营浮动盈亏进行恰当的记录和报告；

（7）建立独立的实时监控系统；

（8）加强对参与投资决策和交易活动人员的监察，通过定期述职和签订承诺书等方式提高其自律意识，防止利用内幕消息为自己及他人谋取不当利益；

（9）确保自营资金来源的合法性。

【记忆技巧】

1. 关注此事是否与自营业务相关（自营业务即证券公司利用自己的资金进行投资而获取收益的业务活动）。

2. 其他关注点与经纪业务相同。

【例题 12】以下关于自营业务内部控制的说法错误的是（　　）。

A. 建立健全自营业务的授权体系，确保自营部门及员工在授权范围内行使相应的职责

B. 自营业务的投资决策和交易执行等职能应相应分离

C. 自营业务和投资管理业务可以一起操作

D. 重要投资要有详细研究报告、风险评估及决策记录

【答案】C

【解析】自营账户应由独立于自营业务的部门统一管理，建立自营账户审批和稽核制度；采取措施防止变相自营、账外自营、出借账户等风险；防止自营业务与受托投资管理业务混合操作。

（三）投资银行类业务**【承销与保荐、上市公司并购重组财务顾问、公司债券受托管理、非上市公众公司推荐、资产证券化业务】**

1. 组织体系方面，三道内部控制防线

（1）项目组、业务部门为内部控制的第一道防线。

（2）质量控制为内部控制的第二道防线，应当对投资银行类业务风险实施过程管理

和控制，及时发现、制止和纠正项目执行过程中的问题。

（3）内核、合规、风险管理等部门或机构为内部控制的第三道防线，应当通过介入主要业务环节、把控关键风险节点，实现公司层面对投资银行类业务风险的整体管控。

【易混知识点分析】

组织建设的三道防线：

一线岗位“双人、双职、双责”；各部门、岗位相互制衡；监督检查部门对公司全面监控的三道防线，是公司层面对内控组织建设的整体性要求。强调由小到大的全方位防控。

项目组、业务部门，质量控制，内核、合规、风险管理部门的三道防线，是针对投行业务层面的特定性要求，强调由先到后伴随业务流程全线进行的防控。

2. 内部控制保障方面

（1）应当建立健全投资银行类业务制度体系，对各类业务活动制定全面、统一的业务管理制度和操作流程，并及时更新、评估和完善。

（2）应当对投资银行类业务承做实行集中统一管理，明确界定总部与分支机构的职责范围，确保其在授权范内开展业务活动。非单一从事投资银行类业务的证券公司分支机构不得开展除项目承揽等辅助性活动以外的投资银行类业务，专门从事资产管理业务的证券公司分支机构开展资产证券化业务除外。**【这句话的意思是：若证券公司仅从事投行业务，那么该证券公司的分支机构，可以开展投行承揽和承做业务；若证券公司为综合性证券公司，那么该证券公司的分支机构，只能做投行承揽，不能承做。若证券公司仅从事资产证券化业务，那么该证券公司既可以做资产证券化业务的承揽也可以承做。】**

（3）在开展投资银行类业务时，应当在综合评估项目执行成本基础上合理确定报价，不得存在违反公平竞争、破坏市场秩序等行为。

（4）应当在综合考虑前端项目承做和后端项目管理基础上合理测算、分配投资银行类业务执行费用，保证足够的费用投入，避免因费用不足影响业务质量。

（5）应当建立健全合理的高级管理人员分工制度，严格防范利益冲突。

（6）投资银行业务部门应当为每个投资银行类项目配备具备相关专业知识和履职能力、数量适当的业务人员，保证投资银行类项目的执行质量。

（7）投资银行业务部门应当建立项目管理制度，及时掌握项目情况和业务人员的执业活动。

（8）投资银行业务部门应当建立对业务人员资格、流动等管理制度，加强对业务人员行为的管理。

（9）应当根据投资银行类业务特点制定科学、合理的薪酬考核体系，合理设定考核指标、权重及方式，与不同岗位的职责要求相适应。不得以业务包干等承包方式开展投资银行类业务，或者以其他形式实施过度激励。

（10）不得将投资银行类业务人员薪酬收入与其承做的项目收入直接挂钩，应当综合考虑其专业胜任能力、执业质量、合规情况、业务收入等各项因素。

（11）应当针对管理和执行投资银行类项目的主要人员建立收入递延支付机制，合理确定收入递延支付标准，明确递延支付人员范围、递延支付年限和比例等内容。对投资银行类项目负有主要管理或执行责任人员的收入递延支付年限原则上不得少于3年。

（12）应当为投资银行类业务配备具备相应专业知识和履职能力的内部控制人员，独立开展投资银行类业务内部控制工作。投资银行类业务专职内部控制人员数量不得低于投资银行类业务人员总数的1/10。

（13）应当建立内部控制人员回避制度，明确回避的情形。内部控制人员不得参与存在利益冲突等可能影响其公正履行职责的项目审核、表决工作。

（14）应当按照《证券公司和证券投资基金管理公司合规管理办法》为投资银行类业务配备专职合规管理人员，赋予其明确的职责和权限。

（15）应当建立科学、合理的投资银行类业务内部控制人员薪酬考核体系，保证内部控制人员独立、有效地履行内部控制职责。内部控制人员的薪酬收入不得与单个投资银行类项目收入挂钩。内部控制人员工作称职的，其薪酬收入总额应当不低于公司同级别人员的平均水平。

（16）应当建立健全投资银行类业务风险事项报告制度，明确各类投资银行业务和各业务环节可能存在的报告情形、报告主体、路径和时限等要求，保证投资银行业务负责人、内部控制部门能够及时掌握相关业务风险。

（17）应当建立健全内部问责机制，明确问责范围、问责形式和种类、问责程序等内容，落实责任追究。

（18）应当建立健全应急处理机制，在投资银行类业务开展过程中出现或可能出现风险事件时，成立应急处理小组，制订应急处理方案，牵头组织具体处置工作。证券公司合规、风险管理等内部控制部门应当作为小组成员参与应急处理工作。

（19）应当针对投资银行类业务不同类型和业务环节的特点，细化信息隔离墙制度，防范利益冲突。

（20）应当与投资银行类业务人员及相关知情人员签订保密协议。投资银行类业务人员及相关知情人员应当严格遵守保密制度和保密协议的规定，不得传播或泄露内幕信息，不得进行内幕交易，不得非法为自己或他人谋取利益。

（21）应当建立健全未公开信息知情人管理制度，对接触未公开信息的业务人员及相关人员进行登记备案，防止未公开信息被泄露或滥用。

（22）应当根据投资银行业务类型和业务环节的不同，细化反洗钱要求，加强对客户身份的识别、可疑报告、客户资料及交易记录保存、反洗钱培训与宣传等工作。

（23）应当建立健全投资银行类业务合规检查制度，明确合规检查的范围、频次、内容、程序等要求，并形成书面检查报告存档备查。

（24）应当根据监管要求、业务发展等情况的需要，建立内部控制执行效果定期评估机制。证券公司应当自行或委托外部专业机构对投资银行类业务内部控制的有效性进行全面评估。内部控制执行效果评估每年不得少于1次。

（25）委托外部机构对投资银行类业务内部控制有效性进行评估的，应当对外部机构的独立性和专业性进行审慎调查，避免发生利益冲突。证券公司依法应当承担的责任不因委托外部机构而免除。

【记忆技巧】 记忆方法同前几项业务。

【例题13】 按照《证券公司投资银行类业务内部控制指引》的要求，以下关于证券公司投资银行类业务内部控制的说法中错误的是（　　）。

A. 专门从事资产证券化业务的证券公司分支机构可以开展资产证券化业务

B. 非单一从事投资银行类业务的证券公司分支机构可以开展除项目承揽等辅助性活动以外的投资银行类业务

C. 分管投资银行类业务的高级管理人员不得同时管理与投资银行类业务存在或可能存在利益冲突的部门或机构

D. 证券公司依法应当承担的责任不因委托外部机构而免除

【答案】 B

【解析】 应当对投资银行类业务承做实行集中统一管理，明确界定总部与分支机构的职责范围，确保其在授权范围内开展业务活动。非单一从事投资银行类业务的证券公司分支机构不得开展除项目承揽等辅助性活动以外的投资银行类业务，专门从事资产管理业务的证券公司分支机构开展资产证券化业务除外。

【例题14】 按照《证券公司投资银行类业务内部控制指引》的要求，以下关于证券公司投资银行类业务内部控制的说法错误的是（　　）。

A. 不得以业务包干等承包方式开展投资银行类业务，或者以其他形式实施过度激励

B. 不得将投资银行类业务人员薪酬收入与其承做的项目收入直接挂钩

C. 对投资银行类项目负有主要管理或执行责任人员的收入递延支付年限原则上不得少于5年

D. 在开展投资银行类业务时，应当在综合评估项目成本的基础上合理确定报价

【答案】 C

【解析】 应当针对管理和执行投资银行类项目的主要人员建立收入递延支付机制，合理确定收入递延支付标准，明确递延支付人员范围、递延支付年限和比例等内容。对

投资银行类项目负有主要管理或执行责任人员的收入递延支付年限原则上不得少于3年。

（四）受托投资管理业务**【如资产管理业务：证券公司设立资产管理产品，由投资者购买，证券公司作为管理人对资管产品进行投资运作，所得收益分配给客户的业务活动。证券公司仅收取管理费。】**

（1）由受托投资管理部门统一管理受托投资管理业务。受托投资管理业务应与自营业务严格分离，独立决策、独立运作。

（2）针对业务受理、投资运作、资金清算、财务核算等环节制定规范的业务流程、操作规范和控制措施，有效防范各类风险。

（3）对委托人的资信状况、收益预期、风险承受能力、投资偏好等进行了解，并关注委托人资金来源的合法性。

（4）根据法律、法规和中国证监会的规定，制定规范的受托投资管理合同，公平对待委托人，受托投资管理合同中不得有承诺收益条款。

（5）与委托人签订受托投资管理合同，严格合同审批程序。证券公司应在合同约定的权限内管理受托资产，严格控制风险。

（6）封闭运作、专户管理受托资产，确保客户资金与自有资金的分户管理独立运作，确保受托资产的安全、完整。证券公司应创造条件积极引入有资质的银行作为托管人托管受托资产。

（7）建立规范的风险预警机制，由独立的监督检查部门或风险控制部门监控投资管理业务的运作状况，进行定期或不定期的检查、评价。

（8）加强受托投资管理业务的合同、交易、投诉处理等档案资料的集中管理，确保对浮动盈亏进行恰当的记录，并向委托人及时提供受托资产估值和风险状况的信息。

（9）制定明确、详细的受托投资管理业务信息披露制度，保证委托人的知情权。合同到期后，编制的结算报告应由委托人进行确认，必要时由中介机构或托管人审核。

（10）根据自身的管理能力及风险控制水平，合理控制受托投资管理业务规模。

【记忆技巧】记忆方法同前几项业务。

【例题15】按照《证券公司内部控制指引》的要求，以下关于证券公司受托投资管理业务内部控制的说法错误的是（　　）。

A. 受托管理业务应与自营业务严格分离，独立决策、独立运作

B. 证券公司应当对委托人的资信状况、收益预期、风险承受能力、投资偏好等进行了解，并关注委托人资金来源的合法性

C. 为加强客户对证券公司资管水平的信任，受托投资管理合同中可以有承诺不高于国债收益率的保底条款

D. 证券公司应当封闭运作、专户管理受托资产，确保客户资金与自有资金的分户

管理、独立运作

【答案】 C

【解析】 根据法律、法规和中国证监会的规定，制定规范的受托投资管理合同，公平对待委托人。受托投资管理合同中不得有承诺收益条款。

（五）研究咨询业务

（1）加强研究咨询业务的统一管理，完善研究咨询业务规范和人员管理制度，制定适当的执业回避、信息披露和隔离墙等制度，防止利益冲突。

（2）加强对客户的了解，及时为客户提供有针对性的证券投资咨询服务，与客户保持畅通的沟通渠道，及时妥善处理客户咨询和投诉。

（3）通过部门设置、人员管理、信息管理等方面的隔离措施，建立健全研究咨询部门与投资银行、自营等部门之间的隔离墙制度。对跨越隔离墙的人员、业务应有完整记录，并采取静默期等措施。对跨越隔离墙的业务、人员应实行重点监控。

（4）加强对各营业场所“工作室”（包括网上工作室）和集会性投资咨询活动的集中管理和风险控制，确保向公众提供证券投资咨询服务人员具备证券投资咨询人员执业资格，确保相关活动已履行报备手续，确保证券公司所辖营业场所没有非法投资咨询活动。

（5）加强证券投资咨询执业人员的管理和执业资格（证书）的管理，确保不存在人员兼职和挂靠，对执业人员发生变动的应及时办理变更（包括离开咨询岗位）手续。

（6）建立健全研究咨询业务档案和客户服务档案，包括客户服务记录、对公众荐股记录、研究报告及公开发表的研究咨询文章等，履行相关资料的备案义务。

（7）建立健全研究对象覆盖、信息收集、调研、证券研究报告制作、质量控制、合规审查、证券研究报告发布以及相关销售服务等关键环节的管理制度，加强流程管理和内部控制。

（8）建立健全与发布证券研究报告相关的利益冲突防范机制，明确管理流程、披露事项和操作要求，有效防范发布证券研究报告与其他证券业务之间的利益冲突。

（9）建立合理的发布证券研究报告相关人员绩效考核和激励机制，以维护发布证券研究报告行为的独立性。

【记忆技巧】 记忆方法同前几项业务。

（六）证券投资顾问业务**【注意不是财务顾问，财务顾问属于投行业务，投资顾问属于咨询业务】**

（1）建立健全证券投资顾问业务管理制度、合规管理和风险控制机制，覆盖业务推广、协议签订、服务提供、客户回访、投诉处理等业务环节。

（2）保证证券投资顾问人员数量、业务能力、合规管理和风险控制与服务方式、业务规模相适应。

（3）按照公司制定的程序和要求了解客户，评估客户的风险承受能力，向客户提供适当的投资建议服务，并履行相应的信息告知和风险揭示义务。

（4）与客户签订证券投资顾问协议，并按照公平、合理、自愿的原则，与客户协商并书面约定费用收取安排。证券投资顾问服务费应当以公司账户收取。**【注意不是投顾个人账户】**

（5）建立客户回访机制，明确客户回访的程序、内容和要求，并指定专人独立实施；建立客户投诉处理机制，及时、妥善处理客户投诉事项。

（6）规范业务推广和客户招揽行为，禁止对服务能力和过往业绩进行虚假不实、误导性的营销宣传，禁止以任何方式承诺或者保证投资收益。

（7）对业务推广、协议签订、服务提供、客户回访、投诉处理等环节实行留痕管理。业务档案保存期限自协议终止之日起不得少于5年。**【登记结算机构业务资料保存20年】**

【记忆技巧】记忆方法同前几项业务。

【例题16】按照《证券公司内部控制指引》的要求，证券投资顾问业务是证券公司、证券投资咨询机构接受客户委托，按照约定，向客户提供涉及证券及证券相关产品的投资建议服务，辅助客户作出投资决策，并直接或间接获取经济利益的经营活动。以下关于证券公司证券投资顾问业务内部控制的说法正确的是（　　）。

A. 禁止以任何方式承诺或保证投资收益

B. 与客户签订证券投资顾问协议，按照公平、合理、自愿的原则，与客户协商并以书面或口头的方式约定收取费用的安排

C. 证券投资顾问服务费应当以公司账户或者个人账户收取

D. 业务档案保存期限自协议开始之日起不得少于5年

【答案】A

【解析】与客户签订证券投资顾问协议，按照公平、合理、自愿的原则，与客户协商并书面约定收取费用的安排；证券投资顾问服务费应当以公司账户收取；业务档案保存期限自协议终止之日起不得少于5年。

考点七：对证券公司业务创新的相关规定（☆）

1. 建立完整的业务创新工作程序，严格内部审批程序，对可行性研究、产品或业务设计、风险管理、运作与实施方案等作出明确要求，并经董事会批准

2. 在可行性研究的基础上，及时与中国证监会沟通，履行创新业务的报备（报批）程序

3. 对创新业务设计科学合理的流程，制定风险控制措施及相应财务核算、资金管理办法

4. 注重业务创新的过程控制，及时纠正偏离目标行为

【例题 17】证券公司在开展业务创新时，应当建立相关机制，在可行性研究的基础上，及时与（　　）沟通，履行创新业务的报备（报批）程序。

A. 中国证券业协会　　B. 沪深交易所

C. 中国证监会　　D. 中国证券登记结算有限公司

【答案】C

【解析】在可行性研究的基础上，及时与中国证监会沟通，履行创新业务的报备（报批）程序。

考点八：对证券公司内部控制的监督、检查与评价机制（☆）

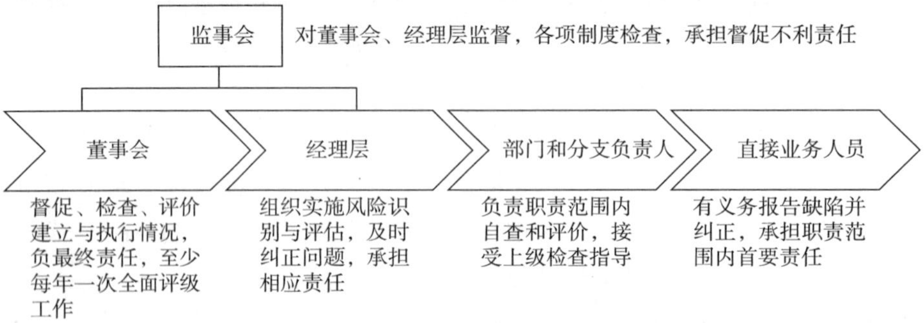

证券公司应设立监督检查部门或岗位，独立履行合规检查、财务稽核、业务稽核、风险控制等监督检查职能。监督检查部门对证券公司董事会负责。

监督检查部门应加强对内部控制执行情况的现场检查、非现场检查和常规稽核、非常规稽核，并将检查结果报证券公司注册地中国证监会派出机构。**【注意不是所在地】**

【例题 18】下列关于证券发行内部控制机制的说法，正确的有（　　）。

Ⅰ. 董事会应当督促经理人员及时纠正内部控制缺陷

Ⅱ. 负责监督检查部门的高级管理人员不得兼管业务部门

Ⅲ. 董事会对内部控制的有效性承担最终责任

Ⅳ. 业务部门的负责人负责对其业务范围内的风险控制措施进行自我检查和评价

A. Ⅰ、Ⅱ、Ⅲ　　B. Ⅱ、Ⅲ、Ⅳ　　C. Ⅰ、Ⅳ　　D. Ⅰ、Ⅱ、Ⅲ、Ⅳ

【答案】B

【解析】Ⅰ项，监事会应对董事会、经理人员履行职责的情况进行监督，对证券公司财务情况和内部控制建设及执行情况实施必要的检查，督促董事会、经理人员及时纠正内部控制缺陷，并对督促检查不力等情况承担相应责任。

【例题 19】下列关于证券公司各层级内部控制职责的说法，错误的是（　　）。

A. 董事会对内部控制的有效性负最终责任

B. 直接从事业务经营活动的业务部门的相关人员有义务向公司报告内部控制的缺陷

C. 经理层组织实施各类风险的识别与评估

D. 监事会每年至少进行一次全面的内部控制检查评价工作

【答案】 D

【解析】 董事会负责督促、检查和评价证券公司各项内部控制制度的建立与执行情况，对内部控制的有效性负最终责任；每年至少进行一次全面的内部控制检查评价工作，并形成相应的专门报告。

考点九：证券公司合规、合规管理及合规风险的概念（☆☆）

合规	证券公司及其工作人员的经营管理和执业行为符合法律、法规、规章及规范性文件、行业规范和自律规则、公司内部规章制度，以及行业普遍遵守的职业道德和行为准则。
合规管理	证券公司制定和执行合规管理制度，建立合规管理机制，防范合规风险的行为。
合规风险	因证券公司或其工作人员的经营管理或执业行为违反法律法规和准则而使证券公司被依法追究法律责任、采取监管措施、给予纪律处分、出现财产损失或商业信誉损失的风险。

考点十：证券公司合规经营基本原则与应遵守的基本要求（☆☆☆）

证券公司开展各项业务，应当遵循合规经营、勤勉尽责，坚持客户利益至上原则，并遵守下列基本要求：

1. 充分了解客户的基本信息、财务状况、投资经验、投资目标、风险偏好、诚信记录等信息并及时更新

2. 合理划分客户类别和产品、服务风险等级，确保将适当的产品、服务提供给适合的客户，不得欺诈客户

3. 持续督促客户规范证券发行行为，动态监控客户交易活动，及时报告、依法处置重大异常行为，不得为客户违规从事证券发行、交易活动提供便利

4. 严格规范工作人员执业行为，督促工作人员勤勉尽责，防范其利用职务便利从事违法违规、超越权限或者其他损害客户合法权益的行为

5. 有效管理内幕信息和未公开信息，防范公司及其工作人员利用该信息买卖证券、建议他人买卖证券，或者泄露该信息

6. 及时识别、妥善处理公司与客户之间、不同客户之间、公司不同业务之间的利益冲突，切实维护客户利益，公平对待客户

7. 依法履行关联交易审议程序和信息披露义务，保证关联交易的公允性，防止不正当关联交易和利益输送

8. 审慎评估公司经营管理行为对证券市场的影响，采取有效措施，防止扰乱市场

秩序

【例题 20】根据《证券公司和证券投资基金管理公司合规管理办法》，证券公司开展各项业务，应当（　　）。

A. 规范管理，执行到位，坚持各方面利益均衡发展原则

B. 控制风险，保障经营，坚持公司利益至上原则

C. 合规经营，勤勉尽责，坚持客户利益至上原则

D. 稳健经营，控制规模，坚持股东利益至上原则

【答案】C

【解析】证券公司开展各项业务，应当遵循合规经营，勤勉尽责，坚持客户利益至上原则。

【例题 21】按照《证券公司合规管理实施指引》的要求，证券公司的合规管理是指证券公司制定和执行合规管理制度，建立合规管理机制，防范合规风险的行为。以下（　　）不属于证券公司合规经营的基本原则和应遵守的基本要求。

A. 不得为客户违规从事证券发行、交易活动提供便利

B. 有效管理内幕信息和未公开信息，防范公司及其工作人员利用该信息买卖证券、建议他人买卖证券，或者泄露该信息

C. 保证关联交易的公允性，防止不正当关联交易和利益输送

D. 建立业务风险识别、评估和控制的完整体系

【答案】D

【解析】证券公司应建立业务风险识别、评估和控制的完整体系属于内部控制制度机制建设的基本要求。

考点十一：证券公司合规管理基本制度的有关内容（☆☆）

证券公司应当制定合规管理的基本制度，经董事会审议通过后实施。

合规管理的基本制度应当明确合规管理的目标、基本原则、机构设置及其职责、履职保障、合规考核、违法违规行为及合规风险隐患的报告、处理和责任追究等内容。

【例题 22】根据《证券公司合规管理实施指引》，合规管理的基本制度应当明确（　　）。

Ⅰ. 合规管理的目标、基本原则、机构设置

Ⅱ. 发生重大亏损或者重大损失的处置程序

Ⅲ. 履职保障、合规考核

Ⅳ. 违法违规行为及合规风险隐患的报告、处理和责任追究

A. Ⅰ、Ⅱ、Ⅲ、Ⅳ　　B. Ⅰ、Ⅲ、Ⅳ

C. Ⅱ、Ⅲ　　D. Ⅰ、Ⅳ

【答案】B

【解析】合规管理的基本制度应当明确合规管理的目标、基本原则、机构设置及其职责、履职保障、合规考核、违法违规行为及合规风险隐患的报告、处理和责任追究等内容。

考点十二：证券公司董事会、监事会或监事、下属单位负责人的合规管理职责（☆☆☆）

（一）董事会

决定本公司的合规管理目标，对合规管理的有效性承担责任，履行下列合规管理职责：

（1）审议批准合规管理的基本制度；

（2）审议批准年度合规报告；

（3）决定解聘对发生重大合规风险负有主要责任或者领导责任的高级管理人员；

（4）决定聘任、解聘、考核合规负责人，决定其薪酬待遇；

（5）建立与合规负责人的直接沟通机制；

（6）评估合规管理有效性，督促解决合规管理中存在的问题；

（7）公司章程规定的其他合规管理职责。

【记忆技巧】

董事会对合规管理的有效性承担最终责任，与内部控制相同。

董事会负责合规制度最终批准以及合规负责人的任免。【合规负责人是高管，上级是董事会】

【例题23】按照《证券公司合规管理实施指引》的要求，证券公司董事会、监事会或监事、经营管理主要负责人、其他高级管理人员、下属各单位负责人及其他工作人员均有自己的合规管理职责。其中，属于证券公司董事会的合规管理职责的是（　　）。

Ⅰ. 审议批准年度合规报告

Ⅱ. 决定解聘对发生重大合规风险负有主要责任或者领导责任的高级管理人员

Ⅲ. 决定聘任、解聘、考核合规负责人，决定其薪酬待遇

Ⅳ. 对发生重大合规风险负有主要责任或者领导责任的董事、高级管理人员提出罢免的建议

Ⅴ. 建立与合规负责人的直接沟通机制

A. Ⅰ、Ⅱ、Ⅲ、Ⅳ　　B. Ⅰ、Ⅱ、Ⅲ、Ⅴ

C. Ⅰ、Ⅲ、Ⅳ、Ⅴ　　D. Ⅱ、Ⅲ、Ⅳ、Ⅴ

【答案】B

【解析】Ⅳ项，对发生重大合规风险负有主要责任或者领导责任的董事、高级管理人员提出罢免的建议属于监事会或监事的合规管理职责。

（二）监事会或监事

（1）对董事、高级管理人员履行合规管理职责的情况进行监督；

（2）对发生重大合规风险负有主要责任或者领导责任的董事、高级管理人员提出罢免的建议；

（3）公司章程规定的其他合规管理职责。

（三）经营管理主要负责人

对公司合规运营承担责任，履行下列合规管理：

（1）组织制定公司规章制度，并监督其实施；

（2）主动在日常经营过程中倡导合规经营理念，积极培育公司合规文化，认真履行合规管理职责，主动落实合规管理要求；

（3）充分重视公司合规管理的有效性，发现存在问题时要求下属各单位及其工作人员及时改进；

（4）督导、提醒公司其他高级管理人员在其分管领域中认真履行合规管理职责，落实合规管理要求；

（5）支持合规负责人及合规部门工作，督促下属各单位为合规管理人员提供有效保障；

（6）支持合规负责人及合规部门按照监管要求和公司制度规定，向董事会监管部门报告合规风险事项；

（7）在公司经营决策过程中，充分听取合规负责人及合规部门的合规意见；

（8）督促公司下属各单位就合规风险事项开展自查或配合公司调查，严格按照公司规定进行合规问责，并落实整改措施。

【记忆技巧】

经理层负责日常经营管理工作，在合规管理中，主要负责制度的执行和监督工作，以及对合规部门的支持和配合工作。

（四）其他高级管理人员

证券公司其他高级管理人员对其分管领域的合规运营承担责任，履行下列合规管理职责：

（1）在其分管领域组织贯彻执行公司各项规章制度，组织起草、制定其分管领域的规章制度，并监督其实施；

（2）在其分管领域主动倡导合规经营理念，积极培育公司合规文化；

（3）充分重视其分管领域合规管理的有效性，发现存在问题时要求分管领域下属各单位及其工作人员及时改进；

（4）提醒、督导分管领域下属各单位负责人认真履行合规管理职责，落实合规管理要求；

（5）支持分管领域下属各单位合规管理人员的工作，督促分管领域下属各单位为合规管理人员履职提供有效保障；

（6）支持分管领域下属各单位及其合规管理人员按照公司制度规定，向公司及合规部门报告合规风险事项；

（7）在其职责范围内的经营决策过程中，听取公司合规部门及分管领域下属各单位合规管理人员的合规意见，并给予充分关注；

（8）督促分管领域下属各单位就合规风险事项开展自查或配合公司进行调查，严格按照公司规定进行合规问责，并落实整改措施。

【记忆技巧】

其他高管管辖范围是其分管领域；经营管理主要负责人管辖范围是全公司，除此之外，其他的具体管理内容均相同。

（五）下属各单位负责人

证券公司各部门、各分支机构和各层级子公司负责人负责落实本单位的合规管理目标，对本单位合规运营承担责任：

（1）在本单位组织贯彻执行公司各项规章制度，组织起草、制定与本单位职责相关的规章制度，并监督其实施；

（2）建立并完善本单位的合规管理制度与机制，将各项经营活动的合规性要求嵌入业务管理制度与操作流程中；

（3）在本单位主动倡导合规经营理念，积极培育公司合规文化；

（4）积极配合合规负责人及合规部门的工作，认真听取并落实合规负责人及合规部门提出的合规管理意见；

（5）为本单位配备合格合规管理人员，避免分配与其履行合规职责相冲突的工作；

（6）支持本单位合规管理人员的工作，为本单位合规管理人员提供履职保障，包括但不限于参与本单位重要会议、查阅本单位各类业务与管理文档、充分尊重其独立发表合规专业意见的权利等；

（7）在业务开展前应当充分论证业务的合法合规性，充分听取本单位合规管理人员的合规审查意见，有效评估业务的合规风险，主动避免开展存在合规风险的业务；

（8）发现与本单位业务相关的合规风险事项时，及时按公司制度规定进行报告，提出整改措施，并督促整改落实。

【记忆技巧】

下属单位负责人的管辖权限为：本单位

考点十三：证券公司工作人员在业务活动和执业行为中的合规管理职责（☆☆☆）

证券公司全体工作人员应当对自身经营活动范围内所有业务事项和执业行为的合规性负责，履行下列合规管理职责：

（1）主动了解、掌握和遵守相关法律、法规和准则；

（2）积极参加公司安排的合规培训和合规宣导活动；

（3）根据公司要求，签署并信守相关合规承诺；

（4）在执业过程中充分关注执业行为的合法合规性；

（5）在业务开展过程中主动识别和防范业务合规风险；

（6）发现违法违规行为或者合规风险隐患时，应当主动按照公司规定及时报告；

（7）出现合规风险事项时，积极配合公司调查，并接受公司问责，落实整改要求。

【例题24】下列属于全体工作人员的合规管理职责的是（　　）。

Ⅰ. 主动了解、掌握和遵守相关法律、法规和准则

Ⅱ. 根据公司要求，签署并信守相关合规承诺

Ⅲ. 在执业过程中充分关注执业行为的合法合规性

Ⅳ. 在业务开展过程中主动识别和防范业务合规风险

A. Ⅰ、Ⅱ、Ⅳ　　B. Ⅱ、Ⅳ

C. Ⅰ、Ⅱ、Ⅲ、Ⅳ　　D. Ⅰ、Ⅱ

【答案】C

【解析】以上选项均属于证券公司全体工作人员的合规管理职责。

考点十四：证券公司合规负责人进行合规审查、合规检查、对公司违法违规行为或合规风险隐患的处理规定（☆☆☆）

合规负责人对本公司及其工作人员的经营管理和执业行为的合规性进行审查、监督和检查。合规负责人组织拟定合规管理的基本制度和其他合规管理制度，督导下属各单位实施。

1. 合规审查

合规负责人应当对证券公司内部规章制度、重大决策、新产品和新业务方案等进行合规审查，并出具书面合规审查意见。

2. 合规检查

按照不同的方法，合规检查可以进行如下分类：

①按照组织合规检查的主体分类，合规检查包括下属各单位组织实施的合规检查，也包括合规部门单独或联合其他部门组织实施的合规检查；

②按照合规检查发生的情形分类，合规检查包括例行检查与专项检查。

合规负责人发现证券公司存在违法违规行为或合规风险隐患的，应当按照如下办法处理：

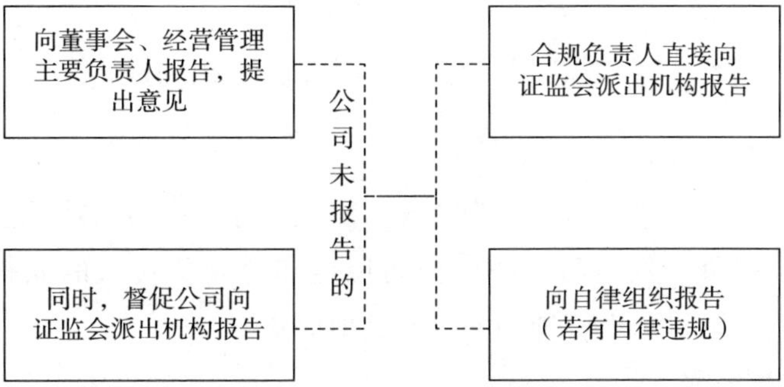

【例题 25】按照《证券公司合规管理实施指引》的要求，某证券公司设立合规负责人王某，以下关于王某的说法正确的是（　　）。

A. 王某是下属单位负责人

B. 王某直接向监事会负责

C. 王某组织拟订合规管理的基本制度和其他合规管理制度，督导下属各单位实施

D. 王某应当对证券公司内部规章制度、重大决策、新产品和新业务方案等进行合规审查，并出具书面或其他形式的合规审计意见

【答案】C

【解析】合规负责人是高级管理人员；直接向董事会负责；合规负责人应当对证券公司内部规章制度、重大决策、新产品和新业务方案等进行合规审查，并出具书面合规审计意见。

【例题 26】按照《证券公司合规管理实施指引》的要求，某证券公司设立合规负责人王某，王某发现该证券公司当年发生违法违规行为并且存在合规风险隐患，王某的下列做法错误的是（　　）。

A. 王某依照公司章程规定及时向董事会、经营管理主要负责人报告，提出处理意见，并督促整改

B. 对于违规行为，王某督促该证券公司及时向证监会相关派出机构报告

C. 对于该证券公司违反行业规范和自律规则的情况，王某只向证监会相关派出机构进行了报告

D. 王某督促该证券公司进行专项检查

【答案】D

【解析】ABC 三项，合规负责人发现证券公司存在违法违规行为或合规风险隐患的，应当按照如下办法处理：依照公司章程规定及时向董事会、经营管理主要负责人报告，

提出处理意见，并督促整改；合规负责人应当同时督促公司及时向中国证监会相关派出机构报告；公司未及时报告的，应当直接向中国证监会相关派出机构报告；有关行为违反行业规范和自律规则的，还应当向有关自律组织报告。

D项，公司发生违法违规行为或存在合规风险隐患的，证券公司应当进行专项检查。

考点十五：证券公司合规部门、合规管理人员的相关规定（☆☆）

（一）合规部门

证券公司应当设立合规部门，作为合规负责人领导的办事机构承担合规管理职责。

合规部门对合规负责人负责，按照公司规定和合规负责人的安排履行合规管理职责。合规部门不得承担与合规管理相冲突的其他职责。

（二）合规管理人员

【总部】合规部门中具备3年以上证券、金融、法律、会计、信息技术等有关领域工作经历的合规管理人员数量不得低于公司总部人数的1.5%，且不得少于5人。**【1.5%及5人需要同时满足】**

【业务部门和分支】证券公司业务部门、分支机构应当配备具备3年以上证券、金融、法律、会计、信息技术等有关领域工作经历，具备与履行合规管理职责相适应的专业知识和技能的合规管理人员。**【资格要求与总部一致】**

证券公司从事自营、投资银行、债券等合规风险管控难度较大的部门、工作人员人数在15人以上的分支机构以及证券公司异地总部等，应当配备专职合规管理人员。

【例题27】证券公司合规部门中具备3年以上（　　）等有关领域工作经历的合规管理人员数量不得低于公司总部人数的1.5%，且不得少于5人。

Ⅰ. 金融

Ⅱ. 法律

Ⅲ. 会计

Ⅳ. 信息技术

A. Ⅰ、Ⅱ、Ⅲ　　B. Ⅰ、Ⅱ、Ⅲ、Ⅳ

C. Ⅰ、Ⅱ　　D. Ⅲ、Ⅳ

【答案】B

【解析】合规部门中具备3年以上证券、金融、法律、会计、信息技术等有关领域工作经历的合规管理人员数量不得低于公司总部人数的1.5%，且不得少于5人。

考点十六：证券公司合规负责人和合规管理人员的独立性原则（☆☆）

（1）保障合规负责人考核和任免的独立性。**【由董事会任免考核】**

（2）保障合规负责人的知情权。

（3）保障合规负责人的权威性。

（4）强化合规负责人对合规管理人员的考核权。

（5）明确合规负责人考核公司有关主体的合规管理工作。

（6）保障合规负责人及其他合规管理人员的薪酬待遇。

（7）明确中国证监会和自律组织的外部支持。

合规负责人工作称职的，其年度薪酬收入总额在公司高级管理人员年度薪酬收入总额中的排名应当不低于中位数。

其他合规管理人员工作称职的，其年度薪酬收入总额应当不低于公司同级别人员的平均水平。**【投行业务内部控制人员薪酬≥同级别平均水平】**

【例题 28】下列关于证券公司合规负责人及其他合规管理人员薪酬的说法正确的是（　　）。

Ⅰ. 合规负责人工作称职的，其年度薪酬收入总额在公司高级管理人员中排名不得低于中位数

Ⅱ. 合规负责人工作称职的，其年度薪酬收入在公司高级管理人员中不低于公司同级别业务人员的平均水平

Ⅲ. 其他合规管理人员工作称职的，其薪酬收入应当不低于同级别业务人员的中位数

Ⅳ. 其他合规管理人员工作称职的，其年度薪酬收入总额应不低于同级别人员的平均水平

A. Ⅱ、Ⅳ　　B. Ⅰ、Ⅳ　　C. Ⅰ、Ⅲ　　D. Ⅱ、Ⅲ

【答案】B

【解析】合规负责人工作称职的，其年度薪酬收入总额在公司高级管理人员年度薪酬收入总额中的排名应当不低于中位数。其他合规管理人员工作称职的，其年度薪酬收入总额应当不低于公司同级别人员的平均水平。

考点十七：证券公司合规报告的内容规定（☆）

证券公司应当在报送年度报告的同时向中国证监会相关派出机构报送年度合规报告。

年度合规报告包括下列内容：

1. 证券公司和各层级子公司合规管理的基本情况
2. 合规负责人及合规部门履行合规管理职责情况
3. 公司违法违规行为、合规风险的发现、监管部门和自律组织处罚及整改情况
4. 合规管理有效性的评估及整改情况
5. 合规人员配置情况、合规性专项考核情况、合规负责人及合规管理人员薪酬保障

落实情况

6. 中国证监会及其派出机构要求或证券公司认为需要报告的其他内容

证券公司的董事、高级管理人员应当对年度合规报告签署确认意见，保证报告的内容真实、准确、完整；对报告内容有异议的，应当注明意见和理由。**【注意没有监事】**

【例题29】需要对证券公司合规年报签署确认意见的人员有（　　）。

Ⅰ. 公司股东

Ⅱ. 公司董事

Ⅲ. 公司监事

Ⅳ. 公司高级管理人员

A. Ⅰ、Ⅱ、Ⅲ　　B. Ⅱ、Ⅳ　　C. Ⅱ、Ⅲ、Ⅳ　　D. Ⅲ、Ⅳ

【答案】B

【解析】证券公司的董事、高级管理人员应当对年度合规报告签署确认意见，保证报告的内容真实、准确、完整；对报告内容有异议的，应当注明意见和理由。

考点十八：对证券公司及有关人员违反合规管理规定的监管措施（☆）

证券公司违反《证券公司和证券投资基金管理公司合规管理办法》规定的，中国证监会可以采取出具警示函、责令定期报告、责令改正、监管谈话等行政监管措施；对直接负责的董事、监事、高级管理人员和其他责任人员，可以采取出具警示函、责令参加培训、责令改正、监管谈话、认定为不适当人选等行政监管措施。

合规负责人违反《证券公司和证券投资基金管理公司合规管理办法》规定的，中国证监会可以采取出具警示函、责令参加培训、责令改正、监管谈话、认定为不适当人选等行政监管措施。

考点十九：证券公司管理敏感信息的基本原则和保密要求（☆☆☆）

敏感信息包括内幕信息及其他未公开信息。

“需知原则”是信息隔离墙制度中敏感信息管理的核心原则，有需要方享有知情权。

证券公司应当采取保密措施，防止敏感信息的不当流动和使用，包括但不限于：

（1）与公司工作人员签署保密文件，要求工作人员对工作中获取的敏感信息严格保密；

（2）加强对涉及敏感信息的信息系统、通讯及办公自动化等信息设备的管理，保障敏感信息安全；

（3）对可能知悉敏感信息的工作人员使用公司的信息系统或配发的设备形成的电子邮件、即时通讯信息和其他通讯信息进行监测；

（4）建立内幕信息知情人管理制度。

证券公司、会计师事务所、律师事务所及其他中介机构接受上市公司委托开展相关业务，该受托事项对上市公司证券交易价格有重大影响的，应当填写本机构内幕信息知情人档案。

【例题 30】 按照《证券公司信息隔离墙制度指引》的要求，某证券公司的敏感信息包括内幕信息和其他未公开信息。下列不属于该证券公司内幕信息的是（　　）。

A. 该证券公司的经营方针和经营范围发生了重大变化

B. 该证券公司董事会通过了一项重大投资行为

C. 该证券公司接受了一项 30 万元且已公示的政府补助

D. 该证券公司分配股利或者增资的计划

【答案】 C

【解析】 本题考查证券公司信息隔离墙制度中内幕信息的基本概念。该证券公司接受了一项 30 万元的政府补助，不会对该证券公司的市场价格产生重大影响，并且属于已经公开的信息，所以选项 C 不属于内幕信息。

考点二十：各主体在证券公司信息隔离墙制度建立和执行方面的职责（☆☆）

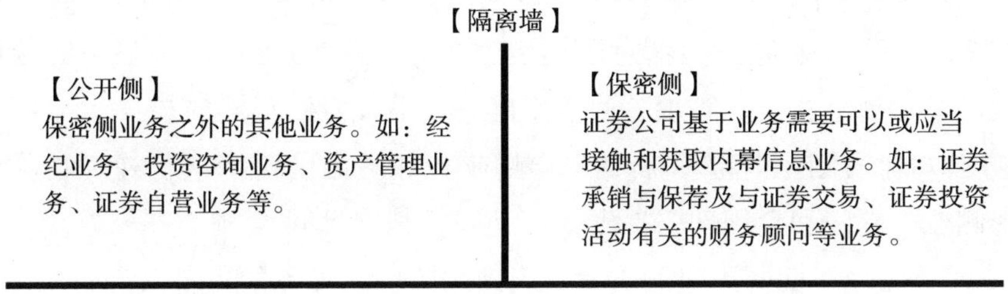

（一）信息隔离墙制度的建立

证券公司应当确保保密侧业务与公开侧业务之间的办公场所和办公设备封闭和相互独立，信息系统相互独立或实现逻辑隔离。

（二）各主体在信息隔离墙制度执行方面的职责分工

主体	职责分工
董事会和经营管理的主要负责人	对公司信息隔离墙制度的总体有效性负最终责任
合规总监和合规部门	负责协助董事会和高级管理人员建立和执行信息隔离墙制度，并负有审查、监督、检查、咨询和培训等职责
各业务部门和分支机构的负责人	对本部门和本机构执行信息隔离墙制度的有效性承担管理责任
工作人员	对本人在执业活动中遵守信息隔离墙制度承担直接责任

【例题 31】 对公司信息隔离墙制度的总体有效性负有最终责任的主体是（　　）。

A. 合规管理部门　　B. 监事会　　C. 董事会　　D. 合规总监

【答案】C

【解析】根据《证券公司信息隔离墙制度指引》，在信息隔离墙制度建立和执行方面，证券公司董事会和经营管理的主要负责人对公司信息隔离墙制度的总体有效性负最终责任。

考点二十一：证券公司跨墙人员基本行为规范（☆☆☆）

证券公司公开侧业务的工作人员需参与保密侧业务并接触内幕信息的，或公开侧业务的工作人员被动接触到保密侧业务的内幕信息的，应当履行跨墙审批程序。

行为	要求
跨墙申请和审批	应当事先向跨墙人员所属部门和合规部门提出申请，并经其审批同意。
跨墙人员行为管理	不应泄露或不当使用跨墙后知悉的内幕信息，不应获取与跨墙业务无关的内幕信息。 合规部门负责记录跨墙情况，向跨墙人员提示跨墙行为规范，并会同提出跨墙申请的业务部门和跨墙人员所属部门对跨墙人员行为进行监控。
回墙	跨墙人员在跨墙活动结束且获取的内幕信息已公开或者不再具有重大影响后方可回墙。

【例题 32】按照《证券公司信息隔离墙制度指引》的要求，对于跨墙的申请和审批、跨墙人员行为规范及监督管理、回墙作出的以下规定，正确的是（　　）。

A. 证券公司保密侧业务部门需要公开侧业务部门派员跨墙进行业务协作的，应当事先向保密侧业务部门和合规部门提出申请，并经其审批同意

B. 跨墙人员在跨墙期间不应泄露或不当使用跨墙后知悉的内幕信息

C. 合规部门负责记录跨墙情况，无权对跨墙人员行为进行监控

D. 跨墙人员在跨墙活动结束时即可回墙

【答案】B

【解析】证券公司保密侧业务部门需要公开侧业务部门派员跨墙进行业务协作的，应当事先向跨墙人员所属部门和合规部门提出申请，并经其审批同意；合规部门负责记录跨墙情况，向跨墙人员提示跨墙行为规范，并会同提出跨墙申请的业务部门和跨墙人员所属部门对跨墙人员行为进行监控；跨墙人员在跨墙活动结束且获取的内幕信息已公开或者不再具有重大影响后方可回墙。

考点二十二：证券公司观察名单、限制名单管理的基本要求（☆☆）

	观察名单	限制名单
基本要求	证券公司已经或可能掌握内幕信息的，应当将内幕信息所涉公司或证券列入观察名单。	证券公司采取信息隔离和披露措施难以有效管理利益冲突的，应当将敏感信息所涉公司或证券列入限制名单。

续表

	观察名单	限制名单
进入时点	①保密侧业务： 在与客户发生实质性接触后的适当时点**【与客户签署保密协议、对项目立项、进场开展工作和实际获知项目内幕信息中较早者】**，将相关项目所涉公司或证券列入观察名单。 ②公开侧业务： 证券自营或证券资产管理业务对某一上市公司股票持有量占其已发行股份一定比例时。	①担任首次公开发行股票项目（IPO）的上市辅导人、保荐机构或主承销商的，为担任前述角色的信息公开之日； ②担任上市公司股权类再融资项目，可转换公司债券、可交换公司债券等具有股票衍生品性质的债权类再融资项目或并购重组项目保荐机构、主承销商或财务顾问，为项目公司首次对外公告该项目之日。 证券公司可以根据实际需要，将列入限制名单的时点前移，但不应造成内幕信息的泄露和不当流动。
移出时点		证券公司在确认不再拥有与项目有关的内幕信息后，可以将该项目公司和与其有重大关联的公司或证券从限制名单中删除。
限制措施	不影响证券公司正常开展业务，但证券公司应当对于列入观察名单的公司或证券有关的相关业务活动实施监控，发现异常情况，及时调查处理。	应当禁止与其有关的发布证券研究报告、证券自营买卖、另类投资等业务。**【通过自营交易账户进行ETF、LOF、组合投资、避险投资、量化投资，以及做市交易，保荐机构相关子公司参与科创板跟投可以豁免限制】**

考点二十三：证券公司分类监管的概念（☆☆☆）

证券公司分类监管制度是证券行业的一项基础性制度，对促进证券公司加强合规管理、提升风险控制能力、培育核心竞争力，发挥了正向激励作用。中国证监会根据证券公司分类结果对不同类别的证券公司实施区别对待的监管政策。

考点二十四：证券公司分类监管的评价指标体系及评价方法（☆☆）

1. 基准分：100分

2. 评价周期：每年进行一次，评价期为上一年度5月1日至本年度4月30日

3. 评价方法：在基准分的基础上，根据证券公司风险管理能力评价指标与标准、持续合规状况、业务发展状况等方面情况，进行相应加分或扣分以确定证券公司的评价计分

4. 评价指标

计分项目	详细指标
风险管理能力	资本充足、公司治理与合规管理、全面风险管理、信息系统安全、客户权益保护、信息披露
持续合规状况	司法机关采取的刑事处罚措施、中国证监会及其派出机构采取的行政处罚措施、监管措施及证券期货行业自律组织纪律处分、自律监管措施等情况
业务发展状况	证券公司经纪业务、投行业务、资产管理业务、综合实力、机构客户服务能力、财富管理能力、境外业务、信息技术管理等方面

【例题 33】 证券公司分类评价中，属于风险管理能力评价指标的有（　　）。

Ⅰ. 资本充足

Ⅱ. 客户权益保护

Ⅲ. 信息披露

Ⅳ. 司法机关采取的刑事处罚措施

A. Ⅰ、Ⅱ、Ⅲ、Ⅳ　　B. Ⅰ、Ⅱ、Ⅲ

C. Ⅰ、Ⅳ　　D. Ⅱ、Ⅲ、Ⅳ

【答案】 B

【解析】 风险管理能力主要根据资本充足、公司治理与合规管理、全面风险管理、信息技术管理、客户权益保护、信息披露六类评价指标进行评价，体现证券公司对流动性风险、合规风险、市场风险、信用风险、技术风险及操作风险等管理能力。

考点二十五：基于分类监管要求划分的证券公司基本类别（☆☆）

级别		证券公司经营状况
A 类	AAA	风险管理能力在行业内最高，能较好地控制新业务、新产品方面的风险。
	AA	
	A	
B 类	BBB	风险管理能力在行业内较高，在市场变化中能较好地控制业务扩张的风险。
	BB	
	B	
C 类	CCC	风险管理能力与其现有业务相匹配； C 级是正常经营状态的最低等级。
	CC	
	C	
D 类	D	风险管理能力低，潜在风险可能超过公司可承受范围； 评价计分低于 60 分的证券公司。
E 类	E	潜在风险已经变为现实风险，已被采取风险处置措施； 被依法采取责令停业整顿、指定其他机构托管、接管、行政重组等风险处置措施的证券公司，评价计分为零分。

【本节学习提示】考查重点：

（1）证券公司的董、监、高人员的任免和任职资格，由证监会管辖。

（2）证券公司独立董事任期≤6年，有董事长和经营管理主要负责人是同一人以及内部董事≥董事1/5的，独立董事应当≥董事人数的1/4。

（3）独立董事最多可以在2家证券公司担任独立董事。合规、风控、稽核部门人员不得兼任与其职责冲突的职务。

（4）证券公司应设合规部门和合规负责人，合规负责人是高级管理人员。

（5）内控三道防线：一线岗位双人、双职、双责；部门岗位之间制衡；对各业务、部门、分支、岗位的全面监控。

（6）投行业务的三道防线：项目组、业务部门；质量控制；内核、合规和风控部门。

（7）各岗位内控职责：董事会——最终责任；监事会——监督督促责任；经理层——相应管理责任；部门和分支负责人——职责范围内自查和评价；业务人员——自身职责范围内责任。

（8）各岗位合规职责：董事会——有效性最终责任；监事会——监督责任；经营管理主要负责人——运营责任；其他高管——分管领域运营责任；下属单位负责人——本单位运营责任；工作人员——自身范围内责任。

第二节　风险管理

考点一：证券公司风险控制指标基本规定（☆☆☆）

证券公司风险控制指标体系以净资本和流动性为核心。

主要风险控制指标	基本计算方法
净资本	核心净资本＋附属净资本
风险覆盖率	净资本／各项风险资本准备之和×100%
资本杠杆率	核心净资本／表内外资产总额×100%
流动性覆盖率	优质流动性资产／未来30日内现金净流出×100%
净稳定资金率	可用稳定资金／所需稳定资金×100%

【例题34】证券公司风险控制指标体系的核心是（　　）。

A. 收益性和安全性　　B. 净资本和收益性

C. 净资本和流动性　　D. 安全性和流动性

【答案】C

【解析】证券公司风险控制指标体系的核心是净资本和流动性。

考点二：净资本计算标准（☆）

净资本是在净资产的基础上对资产等项目进行一定调整后得出的综合性风险控制指标。

核心净资本是在净资产的基础上，扣除资产项目的风险调整和或有负债的风险调整，再扣除或者加上中国证监会认定或核准的其他调整项目。

附属净资本是在将长期次级债按照规定比例计入净资本的基础上，扣除或者加上中国证监会认定或核准的其他调整项目。

考点三：证券公司从事相关证券业务的净资本标准（☆☆☆）

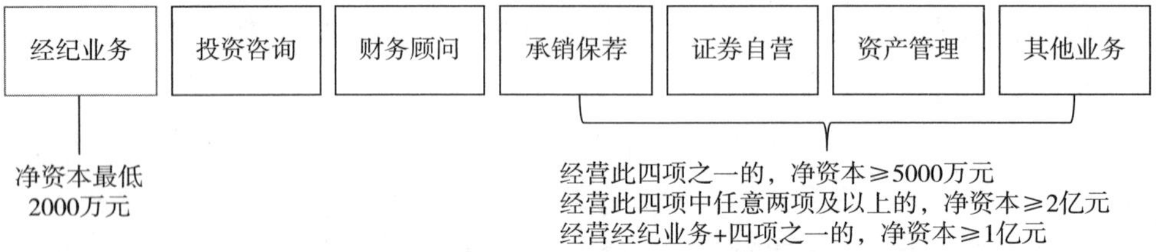

【例题35】下列证券公司从事证券业务净资本不得低于人民币2亿元的情形有（　　）。

Ⅰ. 证券公司经营经纪业务

Ⅱ. 证券公司经营证券经纪业务和证券自营业务

Ⅲ. 证券公司经营证券资产管理业务和证券承销与保荐业务

Ⅳ. 证券公司经营证券自营和证券资产管理业务

A. Ⅱ、Ⅲ、Ⅳ　　B. Ⅲ、Ⅳ　　C. Ⅰ、Ⅱ　　D. Ⅰ、Ⅱ、Ⅲ、Ⅳ

【答案】B

【解析】证券公司经营证券经纪业务的，其净资本不得低于人民币2000万元。

证券公司经营证券承销与保荐、证券自营、证券资产管理、其他证券业务等业务之一的，其净资本不得低于人民币5000万元。

证券公司经营证券经纪业务，同时经营证券承销与保荐、证券自营、证券资产管理、其他证券业务等业务之一的，其净资本不得低于人民币1亿元。

证券公司经营证券承销与保荐、证券自营、证券资产管理、其他证券业务中两项及两项以上的，其净资本不得低于人民币2亿元。

【易混知识点分析】

注册资本和净资本要求容易混淆，区别如下：

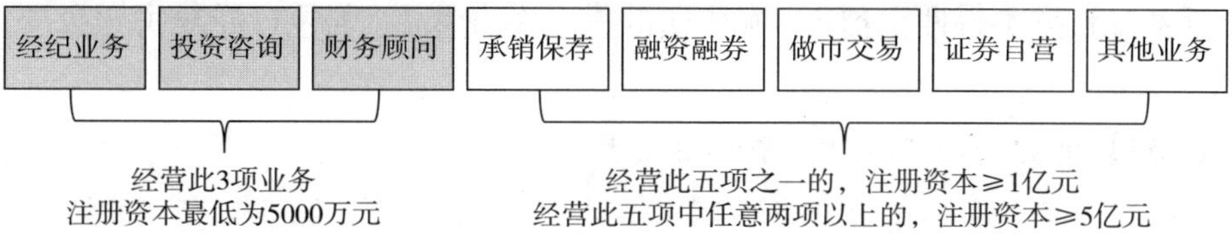

（1）净资本要求：

证券公司经营证券经纪业务的，其净资本不得低于人民币 2000 万元。

证券公司经营证券承销与保荐、证券自营、证券资产管理、其他证券业务等业务之一的，其净资本不得低于人民币 5000 万元；经营其中两项及两项以上的，其净资本不得低于人民币 2 亿元。

证券公司经营证券经纪业务，同时经营证券承销与保荐、证券自营、证券资产管理、其他证券业务等业务之一的，其净资本不得低于人民币 1 亿元。

（2）注册资本要求：

证券公司经营证券经纪，证券投资咨询与财务顾问业务的，注册资本最低限额为人民币 5000 万元；

经营证券承销与保荐、证券融资融券、证券做市交易、证券自营、其他证券业务之一的，注册资本最低限额为人民币 1 亿元；经营其中两项以上的，注册资本最低限额为人民币 5 亿元。

考点四：证券公司应持续符合的风险控制指标标准（☆☆☆）

主要风险控制指标	基本计算方法	持续复合标准
净资本	核心净资本 + 附属净资本	
风险覆盖率	净资本 / 各项风险资本准备之和 ×100%	≥100%
资本杠杆率	核心净资本 / 表内外资产总额 ×100%	≥8%
流动性覆盖率	优质流动性资产 / 未来 30 日内现金净流出 ×100%	≥100%
净稳定资金率	可用稳定资金 / 所需稳定资金 ×100%	≥100%

【例题 36】 证券公司必须持续符合风险控制指标标准的要求，下列能够符合要求的是（　　）。

A. 丙证券公司的流动性覆盖率为 80%

B. 丁证券公司的净稳定资金率为 40%

C. 甲证券公司的风险覆盖率为 120%

D. 乙证券公司的资本杠杆率为6%

【答案】C

【解析】证券公司必须持续符合下列风险控制指标标准：风险覆盖率不得低于100%；资本杠杆率不得低于8%；流动性覆盖率不得低于100%；净稳定资金率不得低于100%。

【例题37】证券公司资本杠杆率不得低于（　　）。

A. 8%　　B. 10%　　C. 50%　　D. 6%

【答案】A

【解析】证券公司风控管理要求资本杠杆率不得低于8%。

考点五：证券公司编制风险控制指标监管报表相关要求（☆）

报告事项	报告时间	报告对象
月度风险控制指标监管报表	每月结束之日起7个工作日内	中国证监会及其派出机构
净资本等风险控制指标的具体情况和达标情况	每半年	经主要负责人、首席风险官签署确认后，向公司全体董事报告，再经董事会签署确认，向公司全体股东报告，并至少获得主要股东的签收确认证明文件
净资本指标与上月相比发生20%以上不利变化或不符合规定标准	5个工作日内	全体董事
	10个工作日内	全体股东
风险控制指标不符合规定标准	1个工作日内	证监会及其派出机构
净资本等风险控制指标与上月相比发生不利变化超过20%或者达到预警标准	3个工作日内	

【例题38】证券公司应当至少每半年经主要负责人、（　　）签署确认后，向公司全体董事报告一次公司净资本等风险控制指标的具体情况和达标情况。

A. 独立董事　　B. 合规总监　　C. 董事长　　D. 首席风险官

【答案】D

【解析】证券公司应当至少每半年经主要负责人、首席风险官签署确认后，向公司全体董事报告一次公司净资本等风险控制指标的具体情况和达标情况。

考点六：风险控制指标相关监管措施（☆）

证券公司净资本或者其他风险控制指标不符合规定标准的，派出机构应当责令公司限期改正，在5个工作日内制订并报送整改计划，整改期限最长不超过20个工作日；证券公司未按时报送整改计划的，派出机构应当立即限制其业务活动。证券公司整改后，经派出机构验收符合有关风险控制指标的，中国证监会及其派出机构应当自验收完毕之日起3个工作日内解除对其采取的有关措施。

整改情况	监管措施
整改期内【**20个工作日内**】	(1) 停止批准新业务； (2) 停止批准增设、收购营业性分支机构； (3) 限制分配红利； (4) 限制转让财产或在财产上设定其他权利。
未按期完成整改	(1) 限制业务活动； (2) 责令暂停部分业务； (3) 限制向董事、监事、高级管理人员支付报酬、提供福利； (4) 责令更换董事、监事、高级管理人员或者限制其权利； (5) 责令负有责任的股东转让股权，限制负有责任的股东行使股东权利； (6) 认定负有责任的董事、监事、高级管理人员为不适当人选； (7) 中国证监会及其派出机构认为有必要采取的其他措施。
风险控制指标无法达标，后果严重	(1) 责令停业整顿； (2) 指定其他机构托管、接管； (3) 撤销经营证券业务许可； (4) 撤销。

【例题39】 证券公司整改后，经派出机构验收符合有关风险控制指标的，中国证监会及其派出机构应当自验收完毕之日起（　　）个工作日内解除对其采取的有关措施。

A. 3　　B. 5　　C. 10　　D. 15

【答案】 A

【解析】 证券公司整改后，经派出机构验收符合有关风险控制指标的，中国证监会及其派出机构应当自验收完毕之日起3个工作日内解除对其采取的有关措施。

【例题40】 证券公司风险控制指标不符合规定的，整改期内，中国证监会及其派出机构应当区别情形，对证券公司采取的措施不包括（　　）。

A. 限制分配红利　　B. 停止批准新业务

C. 责令暂停部分业务　　D. 停止批准增设、收购营业性分支机构

【答案】 C

【解析】 整改期内，中国证监会及其派出机构应当区别情形，对证券公司采取下列措施：

(1) 停止批准新业务；

(2) 停止批准增设、收购营业性分支机构；

(3) 限制分配红利；

(4) 限制转让财产或在财产上设定其他权利。

C项“责令暂停部分业务”是未按期完成整改的监管措施。

考点七：全面风险管理的定义（☆☆☆）

全面风险管理是指证券公司董事会、经理层以及全体员工共同参与，对公司经营中的流动性风险、市场风险、信用风险、操作风险、声誉风险等各类风险进行准确识别、审慎评估、动态监控、及时应对及全程管理。

【记忆技巧】

全面管理突出一个字——“全”。包括：

人全：董事会、经理层以及全体员工。

风险全：流动性风险、市场风险、信用风险、操作风险、声誉风险。

方法全：准确识别、审慎评估、动态监控、及时应对及全程管理。

【例题41】根据《证券公司全面风险管理规定》，下列关于全面风险管理的说法，正确的有（　　）。

Ⅰ. 全面风险管理包含“全员”的含义

Ⅱ. 全面风险管理包含对“全部风险”的含义

Ⅲ. 全面风险管理包含开展风险管理活动

Ⅳ. 全面风险管理不包含对风险进行全程管理

A. Ⅱ、Ⅲ、Ⅳ　　B. Ⅰ、Ⅱ、Ⅲ　　C. Ⅰ、Ⅱ、Ⅳ　　D. Ⅲ、Ⅳ

【答案】B

【解析】全面风险管理包含“全员”的含义，要求证券公司董事会、经理层以及全体员工，从上到下，共同参与风险管理。

全面风险管理包含对“全部风险”进行管理的含义，要求对各类风险进行管理，要求管理的风险包括但不限于流动性风险、市场风险、信用风险、操作风险、声誉风险等。

全面风险管理包含开展风险管理的“全部活动”的含义，要求对风险进行准确识别、审慎评估、动态监控和及时应对。

全面风险管理包含对风险进行“全程管理”的含义。

考点八：全面风险管理体系所包括的内容和覆盖范围（☆☆☆）

（一）内容

包括可操作的管理制度、健全的组织架构、可靠的信息技术系统、量化的风险指标体系、专业的人才队伍、有效的风险应对机制。

（二）覆盖范围

所有子公司以及比照子公司管理的各类孙公司，均纳入全面风险管理体系，强化分支机构风险管理，实现风险管理全覆盖。

【例题 42】 根据《证券公司全面风险管理规范》，全面风险管理体系应当包括（　　）。

Ⅰ. 可操作的管理制度，健全的组织架构

Ⅱ. 专业的人才队伍

Ⅲ. 可靠的信息技术系统、量化的风险指标体系

Ⅳ. 有效的风险应对机制

A. Ⅱ、Ⅳ　　B. Ⅱ、Ⅲ、Ⅳ

C. Ⅰ、Ⅱ、Ⅲ、Ⅳ　　D. Ⅰ、Ⅲ、Ⅳ

【答案】 C

【解析】 全面风险管理体系应当包括可操作的管理制度、健全的组织架构、可靠的信息技术系统、量化的风险指标体系、专业的人才队伍、有效的风险应对机制。证券公司应当建立健全与公司自身发展战略相适应的全面风险管理体系。

考点九：证券公司全面风险管理文化的要求（☆）

证券公司应当在全公司推行稳健的风险文化，形成与本公司相适应的风险管理理念、价值准则、职业操守，建立培训、传达和监督机制。

【例题 43】 根据《证券公司全面风险管理规范》，下列不属于证券公司风险管理文化机制的是（　　）。

A. 监督　　B. 传达　　C. 培训　　D. 考核

【答案】 D

【解析】 证券公司应当在全公司推行稳健的风险文化，形成与本公司相适应的风险管理理念、价值准则、职业操守，建立培训、传达和监督机制。

考点十：证券公司全面风险管理的责任主体（☆☆☆）

（一）董事会

证券公司董事会承担全面风险管理的最终责任，履行以下职责：

（1）推进风险文化建设；

（2）审议批准公司全面风险管理的基本制度；

（3）审议批准公司的风险偏好、风险容忍度以及重大风险限额；

（4）审议公司定期风险评估报告；**【合规管理是年度合规报告】**

（5）任免、考核首席风险官，确定其薪酬待遇；**【合规管理是合规负责人】**

（6）建立与首席风险官的直接沟通机制；

（7）公司章程规定的其他风险管理职责。

【易混知识点分析】

董事会的合规管理职责与全面风险管理职责容易混淆，区分如下：

（1）全面风险管理中的第（2）、（4）、（5）、（6）、（7）项，与合规管理职责相似。

（2）全面风险管理中的第（1）、（3）项，合规管理职责无。

（3）全面风险管理相比合规管理少了："决定解聘对发生重大合规风险负有主要责任或者领导责任的高级管理人员"；"评估合规管理有效性，督促解决合规管理中存在的问题"两项内容。

（二）监事会

证券公司监事会承担全面风险管理的监督责任，负责监督检查董事会和经理层在风险管理方面的履职尽责情况并督促整改。

（三）经理层

证券公司经理层对全面风险管理承担主要责任，应当履行以下职责：

（1）制定风险管理制度，并适时调整。**【由董事会审议批准】**

（2）建立健全公司全面风险管理的经营管理架构，明确全面风险管理职能部门、业务部门以及其他部门在风险管理中的职责分工，建立部门之间有效制衡、相互协调的运行机制。

（3）制定风险偏好、风险容忍度以及重大风险限额等的具体执行方案，确保其有效落实；对其进行监督，及时分析原因，并根据董事会的授权进行处理。**【经理层制订方案，由董事会审议批准】**

（4）定期评估公司整体风险和各类重要风险管理状况，解决风险管理中存在的问题并向董事会报告。**【董事会审议定期风险评估报告】**

（5）建立涵盖风险管理有效性的全员绩效考核体系。

（6）建立完备的信息技术系统和数据质量控制机制。

（7）风险管理的其他职责。

证券公司应当任命一名高级管理人员负责全面风险管理工作（以下统称"首席风险官"）。首席风险官不得兼任或者分管与其职责相冲突的职务或者部门。

（四）风险管理部门

证券公司应当指定或者设立专门部门履行风险管理职责，在首席风险官的领导下推动全面风险管理工作，监测、评估、报告公司整体风险水平，并为业务决策提供风险管理建议，协助、指导和检查各部门、分支机构及子公司的风险管理工作。

流动性风险、声誉风险等风险管理工作可由证券公司其他相关部门负责。

（五）各业务部门、分支机构和子公司

证券公司各业务部门、分支机构及子公司负责人应当全面了解并在决策中充分考虑与业务相关的各类风险，及时识别、评估、应对、报告相关风险，并承担风险管理的直接责任。

（六）员工

证券公司每一名员工对风险管理有效性承担勤勉尽责、审慎防范、及时报告的责任。

【例题44】按照《证券公司全面风险管理规范》的要求，（　　）承担全面风险管理的直接责任。

A. 监事会

B. 经理层

C. 董事会

D. 各业务部门、分支机构和子公司负责人

【答案】D

【解析】证券公司各业务部门、分支机构及子公司负责人应当全面了解并在决策中充分考虑与业务相关的各类风险，及时识别、评估、应对、报告相关风险，并承担风险管理的直接责任。

【例题45】按照《证券公司全面风险管理规范》的要求，（　　）的职责包括：建立健全公司全面风险管理的经营管理架构，明确全面风险管理职能部门、业务部门以及其他部门在风险管理中的职责分工，建立部门之间有效制衡、相互协调的运行机制。

A. 监事会　　B. 经理层　　C. 董事会　　D. 风险管理部门

【答案】B

【解析】本题考查全面风险管理的经理层的管理职责。

考点十一：首席风险官及风险管理部门的履职保障（☆）

证券公司风险管理部门具备3年以上的证券、金融、会计、信息技术等有关领域工作经历的人员占公司总部员工比例应不低于2%。**【合规管理人员是3年以上证券、金融、法律、会计、信息技术经验且数量≥公司总部人数的1.5%，且≥5人。】**

风险管理部门人员工作称职的，其薪酬收入总额应≥公司总部业务及业务管理部门同职级人员的平均水平。

风险管理人员不得兼任与风险管理职责相冲突的职务。**【合规要求相同】**

【例题46】风险管理部门人员工作称职的，其薪酬收入总额应不低于公司总部业务及业务管理部门同职级人员的（　　）。

A. 中位数　　B. 一定比例　　C. 最低水平　　D. 平均水平

【答案】D

【解析】风险管理部门人员工作称职的，其薪酬收入总额应当不低于公司总部业务及业务管理部门同职级人员的平均水平。

【易混知识点分析】

关于薪酬管理：

（1）合规负责人，薪酬收入总额在高管中的排名应当不低于中位数。

（2）其他合规管理人员、投行业务内部控制人员、风险管理部门人员薪酬收入总额应当不低于同职级人员的平均水平。

考点十二：证券公司应将子公司风险管理纳入统一体系的要求（☆☆）

证券公司应当将子公司的风险管理纳入统一体系，对其风险管理工作实行垂直管理。

证券公司子公司应当任命一名高级管理人员负责公司的全面风险管理工作，子公司负责全面风险管理工作的负责人不得兼任或者分管与其职责相冲突的职务或者部门。

子公司风险管理工作负责人的任命应由证券公司首席风险官提名、子公司董事会聘任，其解聘应征得证券公司首席风险官同意。

子公司风险管理工作负责人应在首席风险官指导下开展风险管理工作，并向首席风险官履行风险报告义务。

子公司风险管理工作负责人应由证券公司首席风险官考核，考核权重不低于50%。

考点十三：证券公司风险管理的政策和机制要求（☆☆☆）

（一）风险管理的政策

管理政策	具体要求
风险管理的制度与落实	证券公司应当通过评估、稽核、检查和绩效考核等手段保证风险管理制度的贯彻落实。
授权管理体系	通过制度、流程、系统等方式，进行有效管理和控制，并确保业务经营活动受到制衡和监督。
建立风险指标体系	证券公司应当制定包括风险容忍度和风险限额等的风险指标体系，并通过压力测试等方法计量风险、评估承受能力、指导资源配置。
开展新业务的风险管理	证券公司应当建立针对新业务的风险管理制度和流程，明确需满足的条件和公司内部审批路径。新业务应当经风险管理部门评估并出具评估报告。

续表

管理政策	具体要求
风险管理与绩效考核	证券公司应当建立与风险管理效果挂钩的绩效考核及责任追究机制，保障全面风险管理的有效性。
风险管理与信息管理	证券公司应当全面、系统、持续地收集和分析可能影响实现经营目标的内外部信息，识别公司面临的风险及其来源、特征、形成条件和潜在影响，并按业务、部门和风险类型等进行分类。
风险管理工作的报告	风险管理部门应当向经理层提交风险管理日报、月报、年报等定期报告，反映风险识别、评估结果和应对方案，对重大风险应提供专项评估报告，确保经理层及时、充分了解公司风险状况。 经理层应当向董事会定期报告公司风险状况，重大风险情况应及时报告。

（二）风险管理的机制

（1）建立评估标准并进行风险控制。

（2）建立逐日盯市等机制并进行报告。

（3）建立压力测试机制并实施。

（4）选择与公司风险偏好相适应的应对策略与机制。

（5）建立在各层级畅通的风险沟通机制。**【风险管理部门应当向经理层提交风险管理日报、月报、年报等定期报告，经理层应当向董事会定期报告。】**

证券公司应当针对流动性危机、交易系统事故等重大风险和突发事件建立风险应急机制，明确应急触发条件、风险处置的组织体系、措施、方法和程序，并通过压力测试、应急演练等机制进行持续改进。

【例题 47】证券公司风险管理部门应当向（　　）提交风险管理日报、月报、年报等定期报告。

A. 股东（大）会　　B. 董事会　　C. 经理层　　D. 监事会

【答案】C

【解析】风险管理部门应当向经理层提交风险管理日报、月报、年报等定期报告，反映风险识别、评估结果和应对方案，对重大风险应提供专项评估报告，确保经理层及时、充分了解公司风险状况。

考点十四：中国证券业协会就证券公司的全面风险管理实施自律管理可采取的措施（☆）

证券公司违反《证券公司全面风险管理规范》的，中国证券业协会依据《中国证券业协会自律管理措施和纪律处分实施办法》对公司及相关负责人采取自律管理措施。情节严重的，中国证券业协会对公司及相关负责人进行纪律处分。

考点十五：证券公司流动性风险的定义（☆☆☆）

流动性风险，是指证券公司无法以合理成本及时获得充足资金，以偿付到期债务、履行其他支付义务和满足正常业务开展的资金需求的风险。

考点十六：证券公司流动性风险管理的目标（☆☆☆）

建立健全流动性风险管理体系，对流动性风险实施有效识别、计量、监测和控制，确保其流动性需求能够及时以合理成本得到满足。

【例题 48】 根据《证券公司流动性风险管理指引》，下列关于证券公司流动性风险管理目标的说法，正确的有（　　）。

Ⅰ. 建立健全流动性风险管理体系

Ⅱ. 对流动性风险实施有效识别、计量

Ⅲ. 对流动性风险实施有效监测、控制

Ⅳ. 确保其流动性需求能够及时以合理成本得到满足

A. Ⅰ、Ⅱ、Ⅲ　　B. Ⅰ、Ⅱ、Ⅲ、Ⅳ

C. Ⅲ、Ⅳ　　D. Ⅰ、Ⅱ

【答案】 B

【解析】 证券公司流动性风险管理的目标，是建立健全流动性风险管理体系，对流动性风险实施有效识别、计量、监测和控制，确保其流动性需求能够及时以合理成本得到满足。

考点十七：证券公司流动性风险管理应遵循的原则（☆☆）

1	全面性原则	证券公司流动性风险管理应全面覆盖证券公司各部门、分支机构、子公司，包含所有表内外和境内外业务，贯穿决策、执行、监督、反馈等各个环节。
2	审慎性原则	证券公司应对流动性风险管理各个环节进行严谨、审慎判断，保障公司流动性的安全。
3	预见性原则	证券公司应加强资金来源、资金运用规模及期限结构变化方面的预测分析，合理预见各种可能出现的风险，协调公司表内外各项业务发展。

考点十八：证券公司流动性风险管理的组织架构及职责（☆）

（一）董事会

证券公司董事会应承担流动性风险管理的最终责任，负责审核批准公司的流动性风险偏好、政策、信息披露等风险管理重大事项，持续关注流动性风险状况并对流动性管理情况进行监督检查。

（二）经理层

（1）经理层应确定流动性风险管理组织架构，明确各部门职责分工；

（2）确保公司具有足够的资源，独立、有效地开展流动性风险管理工作；

（3）确保流动性风险偏好和政策在公司内部的有效沟通、传达和实施；

（4）建立完备的管理信息系统或采取相应手段，支持流动性风险的识别、计量、监测和控制；

（5）充分了解风险水平及其管理状况等。

证券公司首席风险官应充分了解证券公司流动性风险水平及其管理状况，并及时向董事会及经理层报告。**【注意也要向经理层报告】**

（三）流动性风险管理部门

（1）统筹公司资金来源与融资管理，协调安排公司资金需求，监控优质流动性资产状况，组织流动性风险应急计划制订、演练和评估；

（2）负责制定流动性风险管理策略、措施和流程；

（3）监测流动性风险限额执行情况，及时报告超限额情况；

（4）定期向首席风险官报告流动性风险水平、管理状况及其重大变化；

（5）组织开展流动性风险压力测试。

【例题 49】证券公司应建立有效的流动性风险管理组织架构，明确（　　）在流动性风险管理中的职责和报告路线。

A. 董事会、经理层、财务总监、首席风险官

B. 董事会、经理层、首席风险官、合规总监

C. 董事会、经理层、首席风险官、相关部门

D. 董事会、经理层、财务总监、合规总监

【答案】C

【解析】证券公司应建立有效的流动性风险管理组织架构，明确董事会、经理层及其首席风险官、相关部门在流动性风险管理中的职责和报告路线，建立健全有效的考核及问责机制。

【例题 50】根据《证券公司流动性风险管理指引》，下列关于流动性风险管理职责的说法，正确的有（　　）。

Ⅰ. 证券公司应明确负责流动性风险管理的部门及职责，并配备履行职责所需要的人力、物力资源

Ⅱ. 为体现制衡，负责流动性风险管理的部门不应同时负责统筹资金来源与融资管理

Ⅲ. 负责流动性风险管理的部门应负责制定流动性风险管理策略、措施、流程

Ⅳ. 负责流动性风险管理的部门应监测流动性风险限额执行情况，及时报告超限额情况

A. Ⅱ、Ⅲ、Ⅳ　　B. Ⅰ、Ⅱ、Ⅳ

C. Ⅰ、Ⅱ、Ⅲ　　D. Ⅰ、Ⅲ、Ⅳ

【答案】D

【解析】证券公司应明确负责流动性风险管理的部门及职责，并配备履行职责所需要的人力、物力资源。负责流动性风险管理的部门应统筹公司资金来源与融资管理，协调安排公司资金需求，监控优质流动性资产状况，组织流动性风险应急计划制订、演练和评估；负责制定流动性风险管理策略、措施和流程；监测流动性风险限额执行情况，及时报告超限额情况；定期向首席风险官报告流动性风险水平、管理状况及其重大变化；组织开展流动性风险压力测试。

考点十九：证券公司流动性风险限额管理的基本要求（☆）

证券公司应对流动性风险实施限额管理，根据其业务规模、性质、复杂程度、流动性风险偏好和外部市场发展变化、监管要求等情况，设定流动性风险限额并对其执行情况进行监控。

证券公司应至少每年对流动性风险限额进行一次评估，必要时进行调整。

【例题 51】证券公司应对流动性风险实施限额管理，根据（　），设定流动性风险限额并对其执行情况进行监控。

Ⅰ. 业务规模、性质、复杂程度

Ⅱ. 流动性风险偏好

Ⅲ. 外部市场发展变化

Ⅳ. 监管要求

A. Ⅰ、Ⅲ、Ⅳ　　B. Ⅱ、Ⅲ、Ⅳ

C. Ⅰ、Ⅱ　　D. Ⅰ、Ⅱ、Ⅲ、Ⅳ

【答案】D

【解析】证券公司应对流动性风险实施限额管理，根据其业务规模、性质、复杂程度、流动性风险偏好和外部市场发展变化、监管要求等情况，设定流动性风险限额并对其执行情况进行监控。

【例题 52】根据《证券公司流动性风险管理指引》，证券公司应至少（　　）对流动性风险限额进行一次评估，必要时进行调整。

A. 每年　　B. 每半年　　C. 每季度　　D. 每月

【答案】A

【解析】证券公司应至少每年对流动性风险限额进行一次评估，必要时进行调整。

考点二十：证券公司融资管理的基本要求（☆）

证券公司应建立并完善融资策略，提高融资来源的多元化和稳定程度，建立包括但不限于银行借款、同业拆借、债券、收益凭证、短期融资券、证券回购等灵活的场内及场外融资渠道。

证券公司的融资管理应符合以下要求：

（1）分析正常和压力情景下未来不同时间段的融资需求和来源。

（2）加强负债品种、期限、交易对手、融资抵（质）押品和融资市场等的集中度管理，适当设置集中度限额。

（3）加强融资渠道管理，积极维护与主要融资交易对手的关系，保持在市场上的适当活跃程度，并定期评估市场融资和资产变现能力。

（4）密切监测主要金融市场的交易量和价格等变动情况，评估市场流动性对公司融资能力的影响。

【例题 53】根据《证券公司流动性风险管理指引》，证券公司的融资管理应符合的要求包括（　　）。

Ⅰ. 分析正常和压力情景下未来不同时间段的融资需求和来源

Ⅱ. 加强负债品种、期限、交易对手、融资抵（质）押品和融资市场等的集中度管理，适当设置集中度限额

Ⅲ. 加强融资渠道管理，积极维护与主要融资交易对手的关系，保持在市场上的适当限额管理并定期评估市场融资和资产变现能力

Ⅳ. 密切监测主要金融市场的交易量和价格等变动情况、评估市场流动性对公司融资能力的影响

A. Ⅱ、Ⅲ、Ⅳ　　B. Ⅰ、Ⅱ、Ⅲ、Ⅳ

C. Ⅰ、Ⅲ　　D. Ⅰ、Ⅱ、Ⅳ

【答案】D

【解析】Ⅲ项应为：加强融资渠道管理，积极维护与主要融资交易对手的关系，保持在市场上的适当活跃程度，并定期评估市场融资和资产变现能力。

考点二十一：信用风险的定义及业务类型（☆☆☆）

（一）信用风险的定义

这里所指的信用风险管理，是指证券公司以自有资金出资业务的信用风险管理。信用风险指因融资方、交易对手或发行人等违约导致损失的风险。**【不是证券公司违约导致的风险】**

（二）业务类型

（1）股票质押式回购交易、约定购回式证券交易、融资融券等融资类业务；

（2）互换、场外期权、远期、信用衍生品等场外衍生品业务；

（3）债券投资交易（包括债券现券交易、债券回购交易、债券远期交易、债券借贷业务等债券相关交易业务），债券包括但不限于国债、地方债、金融债、政府支持机构债、企业债、非金融企业债务融资工具、公司债、资产支持证券、同业存单；

（4）非标准化债权资产投资；

（5）其他涉及信用风险的自有资金出资业务。

考点二十二：信用风险管理应遵循的原则（☆）

证券公司的信用风险管理应遵循“全面性、内部制衡、全流程风控”的原则组织进行相关业务。

考点二十三：信用风险管理组织架构的要求（☆☆）

1. 董事会

承担信用风险管理的最终责任，负责审议批准涵盖信用风险的公司风险偏好、容忍度等风险管理重大事项，持续关注信用风险状况。

2. 监事会

承担信用风险管理的监督责任，负责监督检查董事会和经理层在信用风险管理方面的履职尽责情况并督促整改。

3. 经理层

承担信用风险管理的主要责任，负责确定信用风险管理组织架构，明确各部门职责分工；确保公司具有足够的资源，独立、有效地开展信用风险管理工作；确保信用风险偏好和容忍度等在公司内部的有效沟通、传达和实施；建立完备的管理信息系统或采取相应手段，支持信用风险的识别、评估、监控、应对及全程管理；充分了解风险水平及其管理状况等，并向董事会报告。

4. 首席风险官

负责全面风险管理工作，应充分了解证券公司信用风险水平及其管理状况，并及时向董事会及经理层报告。

5. 风险管理部门

在首席风险官的领导下推动信用风险管理工作，监测、评估、报告公司整体信用风险情况，并为业务决策提供信用风险管理建议，协助、指导和检查各部门、分支机构及子公司的信用风险管理工作。

6. 相关业务部门

业务执行机构，也是信用风险管理的一线主体，负责其经营领域的信用风险管理执行工作，对业务风险进行识别、评估、监控和应对，并将业务风险控制在授权范围内。

【易混知识点分析】

各组织机构及主体内部控制、合规管理、信息隔离、全面风险管理、信用风险管理的职责汇总比较如下：

	董事会	监事会	经理层	其他高管	部门/分支机构负责人	业务人员
内部控制	最终责任	监督督促	相应责任		职责范围内责任	职责范围内责任
合规管理	有效性承担责任	监督建议	运营责任	分管领域运营责任	本单位运营责任	自身范围内责任
信息隔离	有效性最终责任		有效性最终责任		本部门有效性管理责任	执业直接责任
全面风险管理	审议制度	监督责任	建立制定制度体系	（风险管理部门）推动全面风险管理工作	风险管理直接责任	审慎防范及时报告
信用风险管理	最终责任	监督督促	主要责任	（首席风险官）全面风险管理工作	一线主体执行工作	

考点二十四：信用风险识别、评估和控制的要求（☆）

对于涉及信用风险的业务，证券公司应根据业务特点设置合理的准入要求，且至少满足以下要求：

（1）对于融资类业务和场外衍生品业务，证券公司可根据业务开展需要、实际情况和相关监管制度，对融资方、交易对手和标的证券设置准入要求；

（2）对于债券投资交易，证券公司应根据业务开展需要，对作为投资标的或担保品的债券，设置针对主体评级或债项评级的内部评级或外部评级准入要求，对逆回购、远期、借贷融出交易的交易对手建立准入管理规则；

（3）对于非标准化债权资产投资以及创设信用保护工具，证券公司可根据业务开展需要、实际情况和相关监管制度，对项目设置准入要求。

证券公司应当根据全面风险管理要求，建立常态化的信用风险压力测试机制，并根据市场变化、业务变化和风险水平情况，在压力测试中充分考虑信用风险因素。

考点二十五：风险监控、报告和预警的相关规定（☆）

（1）证券公司应通过设置并监测各类信用风险指标，动态、持续地监控信托风险状况、管理水平及效果。

（2）证券公司应建立健全存续期业务后续管理和跟踪机制，并明确业务覆盖范围和管理方式。

（3）证券公司应明确信用风险报告的种类、路线、内容、格式和频率。

（4）证券公司应根据监管部门或其派出机构等的要求报送与信用风险有关的报告。

【本节学习提示】考查重点：

（1）风险监控指标要求：

净资本——经纪2000万元；保荐、自营、资管、其他任一项5000万元；任二项2亿元；任一项+经纪1亿元。

风险覆盖率≥100%

资本杠杆率≥8%

流动性覆盖率≥100%

净稳定资金率≥100%

（2）流动性风险的原则：全面性、审慎性、预见性。

（3）信用风险业务分类：融资类业务、场外衍生品业务、债券投资交易、非标准化债权资产投资。

（4）各组织机构及主体风险管理职责：董事会——最终责任；监事会——监督督促；经理层——主要责任；首席风险官及风险管理部门——全面风险管理工作；业务部门或人员——一线执行报告工作。

第三节　投资者适当性管理

考点一：证券经营机构执行投资者适当性的基本原则（☆☆）

（1）投资者利益优先原则；**【优先保障投资者的合法权益】**

（2）勤勉尽责原则；

（3）客观性原则；

（4）有效性原则；

（5）差异性原则。**【对普通投资者和专业投资者实施差别的适当性管理】**

【例题54】（　　）是证券期货经营机构服务投资者、控制经营风险和保护投资者合法权益的重要操作流程，核心目的是“将适当的产品或服务销售提供给适当的投资者”。

A. 法人集中清算制度　　B. 信息隔离墙制度

C. 利益冲突管理机制　　D. 投资者适当性制度

【答案】 D

【解析】 投资者适当性制度是证券期货经营机构服务投资者、控制经营风险和保护投资者合法权益的重要操作流程，其核心目的在于“将适当的产品或服务销售或提供给适当的投资者”。

考点二：经营机构向投资者销售产品或提供服务应了解的投资者信息（☆☆☆）

经营机构向投资者销售产品或者提供服务时，应当了解投资者的下列信息：

（1）自然人的姓名、住址、职业、年龄、联系方式，法人或者其他组织的名称、注册地址、办公地址、性质、资质及经营范围等基本信息；

（2）收入来源和数额、资产、债务等财务状况；

（3）投资相关的学习、工作经历及投资经验；

（4）投资期限、品种、期望收益等投资目标；

（5）风险偏好及可承受的损失；

（6）诚信记录；

（7）实际控制投资者的自然人和交易的实际受益人；

（8）法律法规、自律规则规定的投资者准入要求相关信息；

（9）其他必要信息。

【例题 55】 按照《证券期货投资者适当性管理办法》，经营机构向个人投资者销售产品或者提供服务时，应当了解投资者的信息可以不包括（　　）。

A. 基本信息　　B. 财务状况　　C. 诚信记录　　D. 教育经历

【答案】 D

【解析】 经营机构向投资者销售产品或者提供服务时，应当了解投资者的投资相关的学习、工作经历及投资经验，教育经历并不必然与投资相关。

考点三：普通投资者享有特别保护的规定（☆☆☆）

普通投资者在以下方面享有特别保护：

（1）信息告知：帮助普通投资者理解产品或服务的风险等级、投资标的和结构、收益以及风险特征等。

（2）风险警示：包括为普通投资者提供风险揭示材料，向普通投资者销售高风险产品或提供相关服务时履行特别的注意义务。

（3）适当性匹配：通过书面或电子方式进行留痕。

【例题 56】以下（　　）不是普通投资者必须享有的特别保护。

A. 信息告知　　B. 损失补偿　　C. 风险警示　　D. 适当性匹配

【答案】B

【解析】本题考查普通投资者享有特别保护的有关规定。

考点四：专业投资者的范围（☆☆）

类别	条件
第一类	①经有关金融监管部门批准设立的金融机构（证券公司、期货公司、基金管理公司及其子公司、商业银行、保险公司、信托公司、财务公司等；经行业协会备案或者登记的证券公司子公司、期货公司子公司、私募基金管理人）。 ②上述金融机构发行的理财产品。 ③经监管部门批准设立的养老基金**【社会保障基金、企业年金】**、社会公益基金**【慈善基金】**、合格境外机构投资者（QFII）、人民币合格境外机构投资者（RQFII）等。
第二类	①同时符合下列条件的法人或者其他组织： 最近 1 年末：净资产≥2000 万元；金融资产≥1000 万元；投资经历≥2 年。 ②同时符合下列条件的自然人： 金融资产≥500 万元，或近 3 年个人年均收入≥50 万元；投资、工作经历≥2 年。 **【金融资产：存款、股票、债券、基金份额、资产管理计划、银行理财产品、信托计划、保险产品、期货及其他衍生产品等；】** **【投资经历：证券、基金、期货、黄金、外汇等投资经历；】** **【工作经历：金融产品设计、投资、风险管理及相关工作经历，或者属于第一类专业投资者中的金融机构的高级管理人员、获得职业资格认证的从事金融相关业务的注册会计师和律师。】**
第三类	普通投资者可以申请转化成为专业投资者：**【经营机构有权自主决定是否同意转化】** ①法人或组织：最近 1 年末：净资产≥1000 万元，金融资产≥500 万元，投资经历≥1 年。 ②个人：金融资产≥300 万元或 3 年个人年均收入≥30 万元，投资、工作经历≥1 年。 **【记忆技巧：第二类标准除以 2 再四舍五入。如个人金融资产 500 万元/2＝250 万元，四舍五入为 300 万元。】**

【提示：关于本科目所涉各类合格投资者要求对比汇总，详见本书最后《易混知识点汇总分析（三）》】

【例题 57】根据《证券期货投资者适当性管理办法》，下列关于专业投资者范围的说法，错误的是（　　）。

A. 最近 1 年末净资产不低于 500 万元的法人

B. 经行业协会备案的私募基金

C. 经行业协会登记的私募基金管理人

D. 证券公司资产管理产品

【答案】A

【解析】符合下列条件之一的是第二类专业投资者。同时符合下列条件的法人或者其他组织：（1）最近 1 年末净资产不低于 2000 万元；（2）最近 1 年末金融资产不低于

1000 万元；(3) 具有 2 年以上证券、基金、期货、黄金、外汇等投资经历。

【例题 58】 金融资产不低于（　　）万元或者最近 3 年个人年均收入不低于（　　）万元，且具有 1 年以上证券、基金、期货、黄金、外汇等投资经历或者 1 年以上金融产品设计、投资、风险管理及相关工作经历的自然人投资者可以申请转化成为专业投资者。

A. 100；10　　B. 200；20　　C. 300；30　　D. 500；50

【答案】 C

【解析】 符合下列条件之一的普通投资者可以申请转化成为专业投资者：金融资产不低于 300 万元或者最近 3 年个人年均收入不低于 30 万元，且具有 1 年以上证券、基金、期货、黄金、外汇等投资经历或者 1 年以上金融产品设计、投资、风险管理及相关工作经历的自然人投资者。

考点五：确定普通投资者风险承受能力的主要因素（☆☆☆）

财务状况	包含收入来源、用于投资资产占家庭总资产比例、债务状况以及可用于投资的资产规模等
投资知识	包括金融相关学历情况、工作经历以及相关资格证书等
投资经验	包括投资金融产品情况、交易频率以及投资时间等
投资目标	包括拟投资期限、投资品种、期望收益等
风险偏好	包括可承受的投资损失以及投资回报的用途等
其他信息	包括投资者的年龄、抚养、扶养和赡养义务、学历以及本人及配偶的就业状况等

经过评估，经营机构可将普通投资者按照其风险承受能力由低到高至少划分为：

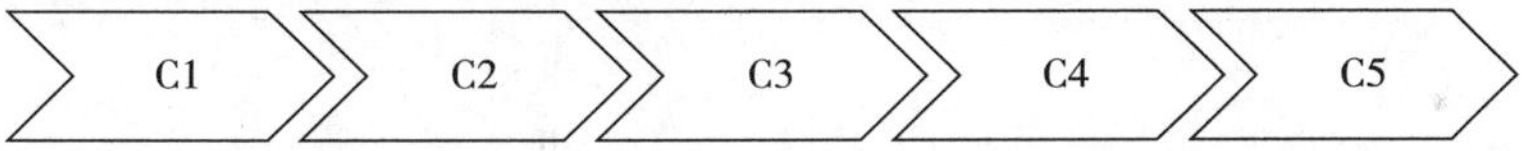

【例题 59】 经过风险承受能力评估，经营机构将普通投资者按照其风险承受能力由高到低至少划分为（　　）五个等级。

A. R1、R2、R3、R4、R5　　B. R5、R4、R3、R2、R1

C. C1、C2、C3、C4、C5　　D. C5、C4、C3、C2、C1

【答案】 D

【解析】 经营机构所提供的产品或服务的风险等级由低到高分为 C1、C2、C3、C4、C5。

考点六：划分产品或服务风险等级时应考虑的因素（☆☆）

划分产品或者服务风险等级时应综合考虑如下因素：

流动性、到期时限、杠杆情况、结构复杂性、投资单位产品或者相关服务的最低金额、投资方向和投资范围、募集方式、发行人等相关主体的信用状况、同类产品或者服务过往业绩等。

产品或者服务存在下列因素的，应当审慎评估其风险等级：

（1）存在本金损失的可能性，因杠杆交易等因素容易导致本金大部分或者全部损失的产品或者服务；

（2）产品或者服务的流动变现能力，因无公开交易市场、参与投资者少等因素导致难以在短期内以合理价格顺利变现的产品或者服务；

（3）产品或者服务的可理解性，因结构复杂、不易估值等因素导致普通人难以理解其条款和特征的产品或者服务；

（4）产品或者服务的募集方式，涉及面广、影响力大的公募产品或者相关服务；**【注意不是私募】**

（5）产品或者服务的跨境因素，存在市场差异、适用境外法律等情形的跨境发行或者交易的产品或者服务；

（6）自律组织认定的高风险产品或者服务；

（7）其他有可能构成投资风险的因素。

【例题60】 证券公司应当对销售的产品划分风险等级，下列关于划分产品风险等级时应当综合考虑的因素内容，正确的有（　　）。

Ⅰ. 杠杆情况

Ⅱ. 结构复杂性

Ⅲ. 投资产品的总金额

Ⅳ. 募集方式

A. Ⅰ、Ⅱ、Ⅳ　　　　B. Ⅰ、Ⅱ、Ⅲ、Ⅳ

C. Ⅰ、Ⅱ　　　　D. Ⅲ、Ⅳ

【答案】 A

【解析】 Ⅲ项应为：投资单位产品或者相关服务的最低金额。

考点七：经营机构在投资者坚持购买风险等级高于其承受能力的产品时的职责（☆☆☆）

经营机构应当根据产品或者服务的不同风险等级，对其适合销售产品或者提供服务的投资者类型作出判断，并向投资者提出适当性匹配意见。

如存在适当性不匹配的情况，不得主动向投资者进行推介。

经营机构告知投资者不适合购买相关产品或者接受相关服务，投资者仍主动要求购买风险等级高于其风险承受能力的产品或者相关服务的，经营机构应当做到：

（1）确认投资者是否属于风险承受能力最低类别的投资者：对于风险承受能力最低类别的投资者，业务人员应当拒绝向其销售或提供高于其风险承受能力的产品或服务。**【风险承受能力最低类别的投资者是：C1 级且不具有完全民事行为能力或不能承受任何**

损失的投资者】

（2）以书面形式进行特别风险警示：如投资者不属于风险承受能力最低类别，经营机构业务人员应当就产品或服务的风险等级高于投资者承受能力的情况进行特别书面风险警示。如投资者仍坚持购买的，可以向其销售相关产品或者提供相关服务。**【确定不属于风险最低类别 + 特别书面风险警示 + 投资者主动坚持购买三者缺一不可，除此之外，禁止销售】**

【例题 61】经营机构告知投资者不适合购买相关产品或者接受相关服务后，投资者仍主动要求购买风险等级高于其风险承受能力的产品或者接受相关服务的，经营机构应该确认投资者是否属于风险承受能力最低类别的投资者，若是，业务人员应（　　）。

A. 进行书面风险示警后，向其销售相关产品或提供相关服务

B. 拒绝向其销售或提供高于其风险承受能力的产品或服务

C. 直接向其销售相关产品或提供相关服务

D. 不予理睬

【答案】B

【解析】对于风险承受能力最低类别的投资者，业务人员应当拒绝向其销售或提供高于其风险承受能力的产品或服务。

考点八：经营机构销售产品或提供服务的禁止性行为（☆☆）

（1）向不符合准入要求的投资者销售产品或者提供服务；

（2）向投资者就不确定事项提供确定性的判断，或者告知投资者有可能使其误认为具有确定性的意见；

（3）向普通投资者主动推介风险等级高于其风险承受能力的产品或者服务；**【投资者主动要求购买且“考点七（2）”中 3 条要求均具备的除外】**

（4）向普通投资者主动推介不符合其投资目标的产品或者服务；

（5）向风险承受能力最低类别的投资者销售或者提供风险等级高于其风险承受能力的产品或者服务；

（6）其他违背适当性要求，损害投资者合法权益的行为。

考点九：经营机构向普通投资者销售产品或提供服务前应告知的信息（☆☆）

（1）可能直接导致本金亏损的事项；

（2）可能直接导致超过原始本金损失的事项；

（3）因经营机构的业务或者财产状况变化，可能导致本金或者原始本金亏损的事项；

（4）因经营机构的业务或者财产状况变化，影响客户判断的重要事由；

（5）限制销售对象权利行使期限或者可解除合同期限等全部限制内容；**【如：产品**

设置了锁定期】

（6）投资者适当性匹配意见。

【例题62】经营机构向普通投资者销售产品应当告知的信息包含（　　）。

Ⅰ. 可能直接导致超额收益的事项

Ⅱ. 因经营机构的业务或财产状况变化影响客户判断的重要事由

Ⅲ. 限制销售对象权利行使期限或者可解除合同期限等全部限制内容

Ⅳ. 投资者适当性匹配意见

A. Ⅰ、Ⅳ　　B. Ⅱ、Ⅲ、Ⅳ　　C. Ⅱ、Ⅲ　　D. Ⅰ、Ⅱ、Ⅲ、Ⅳ

【答案】B

【解析】Ⅰ项应为：可能直接导致超过原始本金损失的事项。

考点十：经营机构需进行现场录音录像留痕的要求（☆☆☆）

在普通投资者申请转为专业投资者，向普通投资者销售高风险产品或者提供相关服务，经营机构主动调整投资者分类、产品或者服务分级、适当性匹配意见以及向普通投资者履行信息告知义务这四种情形下，经营机构：

（1）通过营业网点向普通投资者进行告知、警示的，应当全过程录音或者录像。

（2）通过互联网等非现场方式进行的，应当完善配套留痕安排，由普通投资者通过符合法律、行政法规要求的电子方式进行确认。

对匹配方案、告知警示资料、录音录像资料、自查报告等的保存期限不得少于20年。

【提示：关于本科目所涉各类资料保存期限的对比汇总，详见本书最后《易混知识点汇总分析（一）》】

考点十一：对经营机构违反适当性管理规定的监管措施（☆☆☆）

违规行为	监管措施
经营机构违反《证券期货投资者适当性管理办法》规定的	对证券公司及直接负责的主管人员和其他直接责任人员，责令改正、监管谈话、出具警示函
（1）未按规定对普通投资者进行细化分类和管理； （2）未按规定进行投资者类别转化； （3）未建立或者更新投资者评估数据库； （4）未按规定了解所销售产品或者所提供服务信息或者履行分级义务； （5）未按规定划分产品或者服务风险等级； （6）未按规定录音录像或者采取配套留痕安排； （7）未按规定制定或者落实适当性内部管理制度和相关制度机制； （8）未按规定开展适当性自查； （9）未按规定妥善保存相关信息资料。	对证券公司及直接负责的主管人员和其他直接责任人员，给予警告，并处以3万元以下罚款

【例题 63】经营机构违反《证券期货投资者适当性管理办法》，未按建立或者更新投资者评估数据库的，应当给予警告，并处（　　）万元以下罚款；对直接负责的主管人员和其他直接责任人员，给予警告，并处（　　）万元以下罚款。

A. 1；1　　B. 2；2　　C. 3；3　　D. 3；1

【答案】C

【解析】本题考查对经营机构违反适当性管理规定的监管措施。

【例题 64】下列不属于监管部门对违反《证券期货投资者适当性管理办法》可采取的监管措施的是（　　）。

A. 责令改正　　B. 监管谈话　　C. 行政拘留　　D. 出具警示函

【答案】C

【解析】经营机构违反《证券期货投资者适当性管理办法》规定的，中国证监会及其派出机构可以对经营机构及其直接负责的主管人员和其他直接责任人员，采取责令改正、监管谈话、出具警示函等监督管理措施。

【本节学习提示】考查重点：

（1）投资者分为：普通投资者和专业投资者。

（2）评估普通投资者风险承受能力的因素包括：财务状况、投资知识、投资经验、投资目标、风险偏好、其他信息。

（3）专业投资者分为 3 类：

第一类：金融机构；金融机构发行的理财产品；养老基金、公益基金、QFII、RQFII；

第二类：法人组织：净资产≥2000 万元；金融资产≥1000 万元；投资经历≥2 年；

个人：金融资产≥500 万元，或近 3 年个人年均收入≥50 万元，投资、工作经历≥2 年；

第三类：转化的投资者

法人机构：净资产≥1000 万元，金融资产≥500 万元，投资经历≥1 年；

个人：金融资产≥300 万元或 3 年个人年均收入≥30 万元，投资、工作经历≥1 年。

第四节　证券公司反洗钱工作

考点一：反洗钱的定义（☆☆☆）

反洗钱是指为了预防通过各种方式掩饰、隐瞒毒品犯罪、黑社会性质的组织犯罪、恐怖活动犯罪、走私犯罪、贪污贿赂犯罪、破坏金融管理秩序犯罪、金融诈骗犯罪等犯罪所得及其收益的来源和性质的洗钱活动，依照《反洗钱法》等相关法律法规、部门规章、部门规范性文件以及行业自律规则等规定采取相关措施的行为。

考点二：客户身份识别和客户身份资料与交易记录保存的基本要求（☆☆☆）

（一）客户身份识别

1. 基本要求

根据“了解你的客户”的原则，针对具有不同洗钱或者恐怖融资风险特征的客户、业务关系或者交易，证券公司应采取相应的措施，了解客户及其交易目的和交易性质。

证券公司不得为身份不明的客户提供服务或者与其进行交易，不得为客户开立匿名账户或者假名账户。

客户由他人代理办理业务的，证券公司应当同时对代理人和被代理人的身份证件或者其他身份证明文件进行核对并登记。

客户先前提交的身份证件或者身份证明文件已过有效期的，客户没有在合理期限内更新且没有提出合理理由的，证券公司应采取限制为其办理新业务、限制撤销指定交易、限制转托管及限制其资金转出等措施。

2. 重新识别

证券公司应当在出现以下情况时重新识别客户：

（1）客户要求变更姓名或者名称、身份证件或者身份证明文件种类、身份证件号码、注册资本、经营范围、法定代表人或者负责人的；**【变更关键信息】**

（2）客户行为或者交易情况出现异常的；

（3）客户姓名或者名称与国务院有关部门、机构和司法机关依法要求金融机构协查或者关注的犯罪嫌疑人、洗钱和恐怖融资分子的姓名或者名称相同的；

（4）客户有洗钱、恐怖融资活动嫌疑的；

（5）证券公司获得的客户信息与先前已经掌握的相关信息存在不一致或者相互矛盾的；

（6）先前获得的客户身份资料的真实性、有效性、完整性存在疑点的；

（7）证券公司认为应重新识别客户身份的其他情形。

【例题65】反洗钱工作中，证券公司开展客户身份识别、重新识别和持续识别工作应当遵循（　　）原则。

A. 审慎合理　　B. 依法合规　　C. 了解你的客户　　D. 全面从严监管

【答案】C

【解析】证券公司应当勤勉尽责，建立健全和执行客户身份识别制度，遵循“了解你的客户”原则，开展客户身份识别、重新识别和持续识别工作。

【例题 66】客户先前提交的身份证件或者身份证明文件已过有效期的，客户没有在合理期限内更新且没有提出合理理由的，证券公司应（　　）。

A. 继续为客户办理业务　　B. 采取限制为其办理新业务

C. 采取临时冻结账户　　D. 不予理睬

【答案】B

【解析】客户先前提交的身份证件或者身份证明文件已过有效期的，客户没有在合理期限内更新且没有提出合理理由的，证券公司应采取限制为其办理新业务、限制撤销指定交易、限制转托管及限制其资金转出等措施。

（二）客户身份资料与交易记录的保存

保存资料	具体内容	保存期限
客户身份资料	记载客户身份信息、资料以及反映证券公司开展客户身份识别工作情况的各种记录和资料。	自业务关系结束当年或者一次性交易记账当年计起至少保存 5 年
交易记录	关于每笔交易的数据信息、业务凭证、账簿以及有关规定要求的反映交易真实情况的合同、业务凭证、单据、业务函件和其他资料。	自交易记账当年计起至少保存 5 年

如客户身份资料和交易记录涉及正在被反洗钱调查的可疑交易活动，且反洗钱调查工作在前款规定的最低保存期届满时仍未结束的，证券公司应将其保存至反洗钱调查工作结束。

【例题 67】以下关于客户身份资料和交易记录保存的基本要求，说法错误的是（　　）。

A. 在业务关系存续期间，客户身份资料发生变更的，证券公司应当及时更新客户身份资料

B. 证券公司应当保存的交易记录包括每笔交易记录的数据信息、业务凭证、账簿及有关规定要求的反映真实情况的合同、业务凭证、单据、业务函件和其他资料

C. 客户身份资料，自业务关系结束当年或者一次性交易记账当年计起至少保存 10 年

D. 证券公司破产或者解散时，应当将客户身份资料和交易记录移交中国证监会指定的机构

【答案】C

【解析】客户身份资料，自业务关系结束当年或者一次性交易记账当年计起至少保存 5 年。

考点三：洗钱和恐怖融资风险评估及客户分类管理要求（☆☆☆）

（一）洗钱和恐怖融资风险评估【定期、不定期开展评估】

证券公司洗钱和恐怖融资风险自评估应当：

（1）与本机构经营规模和业务特征相适应；

（2）充分考虑客户、地域、业务、交易渠道等方面的风险要素类型及其变化情况；

（3）吸收运用国家洗钱和恐怖融资风险评估报告、监管部门及自律组织的指引等。

证券公司应当进行洗钱和恐怖融资风险评估的情形包括：【强制评估】

（1）采用新技术、开办新业务或者提供新产品、新服务前；

（2）面临的洗钱或者恐怖融资风险发生显著变化时。

（二）客户风险分类管理

对于新建立业务关系的客户，证券公司应在建立业务关系后的10个工作日内，按照收集信息、筛选分析信息、初评和复评的流程，划分其风险等级，同一客户在证券公司应有唯一的风险等级。

对于已确立过风险等级的客户，证券公司应根据其风险程度设置相应的重新审核期限，实现对风险的动态追踪。原则上，风险等级最高的客户的审核期限不得超过半年，低一等级客户的审核期限不得超出上一级客户审核期限时长的2倍。

对于首次建立业务关系的客户，无论其风险等级高低，证券公司在初次确定其风险等级后的3年内至少应进行一次复核。

证券公司应在客户风险等级划分的基础上，采取相应的客户尽职调查及其他风险管控措施，对高风险客户采取强化的客户尽职调查及其他风险控制措施。

考点四：可疑交易报告要求及可疑交易报告后续控制措施（☆☆☆）

证券公司发现或者有合理理由怀疑客户、客户的资金或者其他资产、客户的交易或者试图进行的交易与洗钱、恐怖融资等犯罪活动相关的，不论所涉资金金额或者资产价值大小，应当向中国反洗钱监测分析中心提交可疑交易报告。

当可疑交易符合下列情形之一的，证券公司应当在向中国反洗钱监测分析中心提交可疑交易报告的同时，以电子形式或书面形式向所在地中国人民银行或者其分支机构报告，并配合反洗钱调查：

（1）明显涉嫌洗钱、恐怖融资等犯罪活动的；

（2）严重危害国家安全或者影响社会稳定的；

（3）其他情节严重或者情况紧急的情形。

对于既属于大额交易又属于可疑交易的交易，证券公司应当分别提交大额交易报告和可疑交易报告。

证券公司在报送可疑交易报告后，应当根据中国人民银行的相关规定采取相应的后续风险控制措施，包括对可疑交易所涉客户及交易开展持续监控、提升客户风险等级、限制客户交易、拒绝提供服务、终止业务关系、向相关金融监管部门报告、向相关侦查机关报案等。

【例题68】证券公司发现或者有合理理由怀疑客户、客户的资金或者其他资产、客户的交易或者试图进行的交易与洗钱、恐怖融资等犯罪活动相关的，不论所涉资金金额或者资产价值大小，应当向（　　）提交可疑交易报告。

A. 中国反洗钱监测分析中心　　B. 中国证监会

C. 当地证监局　　D. 中国证券业协会

【答案】A

【解析】证券公司应当制定本公司的交易监测标准，并对其有效性负责。交易监测标准包括但不限于客户的身份、行为，交易的资金来源、金额、频率、流向、性质等存在异常的情形。证券公司发现或者有合理理由怀疑客户、客户的资金或者其他资产、客户的交易或者试图进行的交易与洗钱、恐怖融资等犯罪活动相关的，不论所涉资金金额或者资产价值大小，应当向中国反洗钱监测分析中心提交可疑交易报告。

【例题69】根据人民银行反洗钱相关规定，下列属于可疑交易后续控制措施的有（　　）。

Ⅰ. 终止业务关系

Ⅱ. 限制客户交易

Ⅲ. 拒绝提供服务

Ⅳ. 提升客户风险等级

A. Ⅱ、Ⅲ、Ⅳ　　B. Ⅰ、Ⅲ、Ⅳ

C. Ⅰ、Ⅱ、Ⅲ、Ⅳ　　D. Ⅰ、Ⅱ

【答案】C

【解析】证券公司在报送可疑交易报告后，应当根据中国人民银行的相关规定采取相应的后续风险控制措施，包括对可疑交易所涉客户及交易开展持续监控、提升客户风险等级、限制客户交易、拒绝提供服务、终止业务关系、向相关金融监管部门报告、向相关侦查机关报案等。

考点五：涉及恐怖活动资产冻结的流程及要求（☆☆）

证券公司发现恐怖活动组织及恐怖活动人员拥有或者控制的资产，应立即采取冻结措施。

证券公司采取冻结措施后，除中国人民银行及其分支机构、公安机关、国家安全机关另有要求外，应当及时告知客户，并说明采取冻结措施的依据和理由。

非依法律规定，证券公司不得擅自解除冻结措施。

境外有关部门以涉及恐怖活动为由，要求证券公司冻结相关资产、提供客户身份信息及交易信息的，证券公司应当告知对方通过外交途径或者司法协助途径提出请求；不得擅自采取冻结措施，不得擅自提供客户身份信息及交易信息。

考点六：证券公司反洗钱保密要求（☆☆☆）

证券公司及其工作人员应对依法履行反洗钱职责或者义务获得的客户身份资料和交易信息，对依法监测、分析、报告可疑交易的有关情况，对配合中国人民银行调查可疑交易活动等有关反洗钱工作信息，以及对采取冻结措施有关的工作信息予以保密。

非依法律法规规定，不得向任何单位和个人提供。

【例题 70】下列关于反洗钱工作保密，错误的是（　　）。

A. 应对采取冻结措施有关的信息保密

B. 对依法监测、分析、报告可疑的有关情况可向单位提供，但不得向个人提供

C. 应对配合中国人民银行反洗钱工作信息予以保密

D. 证券公司及其工作人员应对反洗钱职责或者义务获取的客户身份资料和交易信息保密

【答案】B

【解析】证券公司反洗钱保密信息，非依法律规定，不得向任何单位和个人提供。

考点七：证券公司对境内外分支机构和相关附属机构的管理要求（☆☆）

证券公司应当加强对境内外分支机构和相关附属机构的管理指导和监督。

对于在境外设有分支机构或相关附属机构的证券公司，如果《金融机构反洗钱和反恐怖融资监督管理办法》及《法人金融机构洗钱和恐怖融资风险管理指引（试行）》要求比所驻国家或地区的相关规定更为严格，但所驻国家或地区法律禁止或限制境外分支机构和相关附属机构实施的，证券公司应当采取适当的其他措施应对洗钱风险，并向中国人民银行报告。如果其他措施无法有效控制风险，证券公司应当考虑在适当情况下关闭境外分支机构或相关附属机构。

证券公司应当按年度向中国人民银行或者所在地中国人民银行分支机构报告境外分支机构或控股附属机构接受驻在国家（地区）反洗钱和反恐怖融资监管情况。

境外分支机构和控股附属机构受到当地监管当局或者司法部门开展的与反洗钱和反恐怖融资相关的执法检查、行政处罚、刑事调查或者发生其他重大风险事件的，证券公司应当按照规定及时向中国人民银行或者所在地中国人民银行分支机构报告。

【例题 71】证券公司应加强对境外分支机构的管理，如果《法人金融机构洗钱和恐怖融资风险管理规引（试行）》要求比所驻国家或地区的相关规定更为严格，但所驻国家或地区法律禁止或限制境外分支机构实施该法规的，则关于下列说法错误的是（　　）。

A. 证券公司应该向人民银行报告

B. 证券公司不再执行此指引的要求

C. 证券公司无法采取有效措施控制风险的，应当考虑在适当情况下关闭境外分支机构

D. 证券公司采取适当的其他措施应对洗钱风险

【答案】B

【解析】对于在境外设有分支机构或相关附属机构的证券公司，如果《金融机构反洗钱和反恐怖融资监督管理办法》及《法人金融机构洗钱和恐怖融资风险管理指引（试行）》要求比所驻国家或地区的相关规定更为严格，但所驻国家或地区法律禁止或限制境外分支机构和相关附属机构实施的，证券公司应当采取适当的其他措施应对洗钱风险，并向中国人民银行报告。如果其他措施无法有效控制风险，证券公司应当考虑在适当情况下关闭境外分支机构或相关附属机构。

【本节学习提示】考查重点：

（1）洗钱的非法收入来源包括：毒品犯罪、黑社会性质的组织犯罪、恐怖活动犯罪、走私犯罪、贪污贿赂犯罪、破坏金融管理秩序犯罪、金融诈骗犯罪等。

（2）重新识别客户的情形包括：客户变更关键信息；客户交易或行为异常；客户与嫌疑人重名；客户有洗钱、恐怖融资嫌疑；客户信息与既有信息不一致；客户信息存疑等。

（3）客户身份资料和交易记录保存5年。

（4）客户风险等级划分时限：新客户10日内首次划分，3年内复核一次；老客户动态追踪，风险最高半年审核一次，下一等级不得超出上一级时长2倍。

第五节　证券公司信息技术管理

考点一：证券公司借助信息技术手段从事证券基金业务活动的一般规定（☆）

证券公司是从事证券基金业务活动的责任主体，应当保障充足的信息技术投入，在依法合规、有效防范风险的前提下，充分利用现代信息技术手段完善客户服务体系、改进业务运营模式、提升内部管理水平、增强合规风控能力，持续强化现代信息技术对证券基金业务活动的支撑作用。

中国证监会及其派出机构——实施监督管理。

中国证券业协会及中国证券投资基金业协会——实施自律管理。

中证信息技术服务有限责任公司——在中国证监会指导下制定相关配套业务规则，协助开展信息技术相关备案、监测、检测和检查等工作。

考点二：证券公司信息技术治理中的权责分配机制（☆☆☆）

（一）董事会【确定全局目标】

证券公司董事会负责审议本公司的信息技术管理目标，对信息技术管理的有效性承担责任，履行下列职责：

（1）审议信息技术战略，确保与本公司的发展战略、风险管理策略、资本实力相一致；

（2）建立信息技术人力和资金保障方案；

（3）评估年度信息技术管理工作的总体效果和效率；

（4）公司章程规定的其他信息技术管理职责。

（二）经营管理层【落实全局管理目标】

证券公司经营管理层负责落实信息技术管理目标，对信息技术管理工作承担责任，履行下列职责：

（1）组织实施董事会相关决议；

（2）建立责任明确、程序清晰的信息技术管理组织架构，明确管理职责、工作程序和协调机制；

（3）完善绩效考核和责任追究机制；

（4）公司章程规定或董事会授权的其他信息技术管理职责。

（三）信息技术治理委员会【确定管理工作方案】

证券公司应当在公司管理层下设立信息技术治理委员会或指定专门委员会（以下统称“信息技术治理委员会”）负责制定信息技术战略并审议下列事项：

（1）信息技术规划，包括但不限于信息技术建设规划、信息安全规划、数据治理规划等；

（2）信息技术投入预算及分配方案；

（3）重要信息系统建设或重大改造立项、重大变更方案；

（4）信息技术应急预案；

（5）使用信息技术手段开展相关业务活动的审查报告以及年度评估报告；

（6）信息技术治理委员会委员提请审议的事项；

（7）其他对信息技术管理产生重大影响的事项。

信息技术治理委员会应当由高级管理人员以及合规管理部门、风险管理部门、稽核审计部门、主要业务部门、信息技术管理部门等部门负责人组成，可聘请外部专业人员担任信息技术治理委员会委员或顾问。

（四）首席信息官【领导信息技术管理部门】

证券公司应当指定一名熟悉证券、基金业务，具有信息技术相关专业背景、任职经历、履职能力的高级管理人员为首席信息官，由其负责信息技术管理工作，并具备下列任职条件：

（1）从事信息技术相关工作 10 年以上，或者在证券监管机构、证券基金业自律组织任职 8 年以上；**【10 年信息经验或 8 年监管经验】**

（2）最近 3 年未被金融监管机构实施行政处罚或采取重大行政监管措施；

（3）中国证监会规定的其他条件。

（五）信息技术管理部门**【具体工作的实施】**

证券公司应当设立信息技术管理部门或指定专门机构（以下统称“信息技术管理部门”）负责实施信息技术规划、信息系统建设、信息技术质量控制、信息安全保障、运维管理等工作。

【例题 72】 根据《证券基金经营机构信息技术管理办法》，下列说法正确的有（　　）。

Ⅰ. 证券公司董事会应当履行的职责包括审议信息技术战略，确保与本公司的发展战略、风险管理策略、资本实力相一致

Ⅱ. 证券公司应当指定一名熟悉证券、基金业务，具有信息技术相关专业背景、任职经历、履职能力的高级管理人员为首席风险官，由其负责信息技术管理工作

Ⅲ. 证券公司信息技术治理委员会应当由高级管理人员以及合规管理部门、风险管理部门、稽核审计部门、主要业务部门、信息技术管理部门等部门负责人组成

Ⅳ. 证券公司信息技术治理委员会可聘请外部专业人员担任信息技术治理委员会委员或顾问

A. Ⅰ、Ⅱ、Ⅲ、Ⅳ　　B. Ⅱ、Ⅲ、Ⅳ

C. Ⅰ、Ⅱ　　D. Ⅰ、Ⅲ、Ⅳ

【答案】 D

【解析】 证券公司董事会负责审议本公司的信息技术管理目标，对信息技术管理的有效性承担责任，职责包括：审议信息技术战略，确保与本公司的发展战略、风险管理策略、资本实力相一致。

证券公司应当指定一名熟悉证券、基金业务，具有信息技术相关专业背景、任职经历、履职能力的高级管理人员为首席信息官，由其负责信息技术管理工作。

信息技术治理委员会应当由高级管理人员以及合规管理部门、风险管理部门、稽核审计部门、主要业务部门、信息技术管理部门等部门负责人组成，可聘请外部专业人员担任信息技术治理委员会委员或顾问。

【例题 73】 下列不属于证券公司信息技术管理部门的职责有（　　）。

A. 信息技术规划　B. 信息系统建设　C. 信息安全保障　D. 信息风险监控

【答案】 D

【解析】证券公司信息技术管理部门的职责有信息技术规划、信息系统建设、信息安全保障、信息技术质量控制、运维管理等工作。

考点三：证券公司信息技术合规与风险管理（☆☆☆）

阶段	合规与风险管理机制
事前	开展内部审查，验证下列事项并建立存档记录： （1）业务系统的流程设计、功能设置、参数配置和技术实现应当遵循业务合规的原则，不得违反法律法规及中国证监会的规定； （2）风险管理系统功能完备、权限清晰，能够与业务系统同步上线运行； （3）具备完善的信息安全防护措施，能够保障经营数据和客户信息的安全、完整； （4）具备符合要求的信息系统备份及运维管理能力，能够保障相关系统安全、平稳运行。
事中	应当识别借助信息技术手段从事证券基金业务活动的各类风险，建立持续有效的风险监测机制。至少每年开展一次风险监测机制及执行情况的有效性评估。
事后	定期开展信息技术管理工作专项审计，频率不低于每年一次，确保3年内完成信息技术管理全部事项的审计工作，包括但不限于信息技术治理、信息技术合规与风险管理、信息技术安全管理、应急管理。**【内部审计，每年1次，3年全覆盖】** 证券公司应当委托外部专业机构开展信息技术管理工作的全面审计，频率不低于每3年一次；未能有效实施信息技术管理被采取行政处罚措施、监管措施或者自律管理措施的，应当在3个月内完成对有关事项的专项审计。**【外部审计，3年1次】**

【例题74】证券公司验证风险管理系统功能完备、权限清晰，能够与业务系统同步上线运行属于（　　）风险管理机制。

A. 事前审查　　B. 事中风险监测　　C. 事后评估审计　　D. 事后排查

【答案】A

【解析】证券公司借助信息技术手段从事证券基金业务活动前，应当开展内部审查，验证风险管理系统功能完备、权限清晰，能够与业务系统同步上线运行并建立存档记录。

考点四：证券公司信息系统运行各环节的安全管理要求（☆☆☆）

环节	安全管理要求
开发测试	证券公司应当建立独立于生产环境的专用开发测试环境，避免风险传导；**【独立性】** 开发测试环境使用未脱敏数据的，应当采取与生产环境同等的安全控制措施。 证券公司在生产环境开展重要信息系统技术或业务测试的，应对测试流程及结果进行审查。
上线变更	证券公司重要信息系统上线或发生重大变更的，应当制订专项实施方案，并对信息系统上线或变更操作行为进行审查、确认和跟踪。
停用	证券公司重要信息系统计划停止使用的，应当开展技术和业务影响评估，制订完整的系统停用和数据迁移保管方案，并组织必要的评审及停用后的安全检查。**【注意：系统停用的，仍然需要评审和检查】**

证券公司可以在安全、合规的前提下为子公司提供机房、通信网络及其他信息技术基础设施，并协助开展相关运维工作。**【证券公司为子公司提供支持】**

证券公司可以设立信息技术专业子公司，为母公司提供信息技术服务。信息技术专业子公司经中国证监会备案后可为其他金融机构提供信息技术服务。**【子公司为母公司（证券公司）提供服务】**

考点五：证券公司数据全生命周期管理机制（☆☆）

证券公司应当将经营及客户数据按照重要性和敏感性进行分类分级，并根据不同类别和级别作出差异化数据管理制度安排。

证券公司应当遵循最少功能以及最小权限等原则分配信息系统管理、操作和访问权限，并履行审批流程。

合规管理和风险管理部门应当对权限管理制度和操作流程进行合规审查及风险控制。

证券公司应当对重要信息系统的开发、测试、运维实施必要分离，保证信息技术管理部门内部岗位的相互制衡。

证券公司应当充分挖掘、梳理和分析数据内容，提高管理精细化程度，在业务经营、风险管理与内部控制中加强数据应用，实现同一客户、同类业务统一管理，充分发挥数据价值。

【例题 75】根据《证券基金经营机构信息技术管理办法》，下列关于证券公司数据全生命周期管理机制的说法，正确的是（　　）。

Ⅰ. 证券公司应当将经营及客户数据按照重要性和敏感性进行分类分级，并根据不同类别和级别作出同一数据管理制度安排

Ⅱ. 证券公司合规管理和风险管理部门应当对权限管理制度和操作流程进行合规审查

Ⅲ. 证券公司应当遵循最少功能以及最小权限等原则分配信息系统管理、操作和访问权限，并履行审批流程

Ⅳ. 证券公司应当完善网络隔离、用户认证、访问控制、数据加密、数据备份、数据销毁、日志记录等安全保障措施

A. Ⅰ、Ⅲ　　B. Ⅱ、Ⅲ、Ⅳ　　C. Ⅲ、Ⅳ　　D. Ⅰ、Ⅱ、Ⅳ

【答案】B

【解析】证券公司应当将经营及客户数据按照重要性和敏感性进行分类分级，并根据不同类别和级别作出差异化数据管理制度安排。

考点六：证券公司信息技术应急管理的组织架构、应急预案、应急演练、信息系统备份能力要求相关规定（☆☆）

（一）应急管理的组织架构职责

部门	职责
信息技术管理部门	信息技术应急管理的牵头组织部门，组织开展信息技术应急预案的制订、演练、评估与改进工作，并负责信息系统的应急响应与恢复。
各业务部门	评估本业务条线信息技术突发事件相关风险，开展业务影响分析，确定并实施重要业务恢复目标和恢复策略。
风险管理部门	评估信息系统与相关业务恢复目标和恢复策略制订的合理性，确保与公司整体风险管理策略保持一致。

（二）应急预案

证券公司应当制订并持续完善应急预案，包括应急管理建设目标、备份信息系统建设和恢复机制、备份数据恢复机制、业务恢复或替代措施、应急联系方式、与客户沟通方式、向监管部门及有关单位的报告路径、应急预案披露与更新机制等内容。

（三）应急演练

证券公司应当根据应急预案定期组织关键岗位人员开展应急演练，演练频率不低于每年一次，并确保应急演练在 2 年内覆盖全部重要信息系统。

应急演练应当形成报告，保存期限不得少于 5 年。

【易混知识点分析】

信息技术管理工作的专项审计：内部审计频率：每年 1 次，3 年实现全覆盖；外部审计频率：每 3 年 1 次全面审计。

信息技术管理工作的应急演练：应急演练频率：每年 1 次，2 年实现全覆盖。

（四）信息系统备份能力

证券公司应当确保备份系统与生产系统具备同等的处理能力，保持备份数据与原始数据的一致性。

内容	应达到的等级
实时信息系统、非实时信息系统的数据备份能力	第一级
非实时信息系统的故障应对能力	第二级
实时信息系统的故障应对能力	第四级
实时信息系统、非实时信息系统应当具备灾难及重大灾难应对能力	灾难——第五级 重大灾难——第六级

灾难应对能力可以通过重大灾难应对能力体现，但重大灾难应对能力相关技术指标应当达到灾难应对能力第五级。**（底线要求）**

考点七：委托信息技术服务机构提供信息技术服务的责任划分、管理要求、信息技术服务机构内部质量控制机制和禁止性要求、信息技术服务协议及保密协议签署要求（☆☆）

信息技术服务机构，是指为证券基金业务活动提供信息技术服务的机构。**【如：证券公司委托第三方提供交易终端系统服务】**

（一）责任划分

委托信息技术服务机构提供产品或服务，证券公司依法应当承担的责任不因委托而免除或减轻。

证券公司应确保重要信息系统运行始终处于自身控制范围。除法律法规及中国证监会另有规定外，不得将重要信息系统的运维、日常安全管理交由信息技术服务机构独立实施。

（二）管理要求

信息技术服务机构应当向中国证监会备案。

证券公司委托信息技术服务机构提供服务，应对信息技术服务机构及相关信息系统进行内部审查，并向中国证监会及其派出机构报送审查意见及相关资料。

信息技术服务机构出现异常情形的，证券公司应当按照应急预案开展内部评估与审查；信息技术服务机构保障能力不足，导致相关产品或服务的可用性、完整性或机密性丧失的，应当及时更换信息技术服务机构。

（三）内部质量控制

信息技术服务机构应当健全内部质量控制机制，定期监测相关产品或服务，在提供服务过程中出现明显质量问题的，应当立即核实有关情况，采取必要的处理措施，明确修复完成时限，及时完成修复工作。

（四）禁止性要求

（1）参与证券基金经营机构向客户提供业务服务的任何环节或向投资者、社会公众等发布可能引发其从事证券基金业务误解的信息；

（2）截取、存储、转发和使用证券基金业务活动相关经营数据和客户信息；

（3）在服务对象不知情的情况下，转委托第三方提供信息技术服务；

（4）提供的产品或服务相关功能、操作流程、系统权限及参数配置违反现行法律法规；

（5）无正当理由关闭系统接口或设置技术壁垒；

（6）向社会公开发布信息安全漏洞、信息系统压力测试结果等网络安全信息或泄露未公开信息；

（7）法律法规及中国证监会禁止的其他行为。

（五）服务协议和保密协议的签署

证券公司应当与信息技术服务机构签订服务协议和保密协议，明确各方权利、义务和责任，约定质量考核标准、持续监控机制、异常处理机制、服务变更或者终止的处置流程以及现场服务人员保密要求等内容，并持续监督信息技术服务机构及相关人员落实服务协议和保密协议的情况。

服务协议中应列明委托信息技术服务机构提供的服务范围、服务方式、涉及信息系统及相关证券基金业务活动类型。

考点八：证券公司信息技术管理的监管要求及监管措施（☆）

证券公司新建或更换重要信息系统所在机房、证券基金交易相关信息系统，应当在开展相关业务活动的 5 个工作日内向中国证监会报送有关资料，包括内部审查意见、机房基本信息、技术架构设计、操作流程、信息安全管理资料、业务制度、合规管理及风险管理制度等。

证券公司应当在报送年度报告的同时报送年度信息技术管理专项报告，说明报告期内信息技术治理、信息技术合规与风险管理、信息技术安全管理、信息技术审计等方面执行规定的情况。

证券公司违反《证券基金经营机构信息技术管理办法》规定的，中国证监会及其派出机构可以依法对其采取责令改正、暂停业务、出具警示函、责令定期报告、责令增加合规检查次数、公开谴责等行政监管措施；对直接负责的主管人员和其他责任人员采取责令改正、监管谈话、出具警示函、公开谴责等行政监管措施。

【例题 76】根据《证券基金经营机构信息技术管理办法》，证券公司报送的年度信息技术管理专项报告应当说明的内容不包括（　　）。

A. 信息技术安全管理及信息技术审计

B. 信息技术合规与风险管理

C. 报告期内信息技术治理

D. 选择信息技术服务机构开展合作情况

【答案】D

【解析】证券公司应当在报送年度报告的同时报送年度信息技术管理专项报告，说明报告期内信息技术治理、信息技术合规与风险管理、信息技术安全管理、信息技术审计等方面执行规定的情况。证券公司提交报告的内容应当真实、准确、完整。

【本节学习提示】考查重点：

（1）信息技术管理的职责：

董事会——审议管理目标，承担有效性责任；

经营管理层——落实管理目标，承担管理工作责任；

信息技术治理委员会——制定信息技术战略并审议管理方案；

首席信息官——负责信息技术管理工作；

信息技术管理部门——具体实施、运维工作。

（2）经营及客户数据分类依据：重要性和敏感性。

（3）信息系统权限管理原则：最少功能及最小权限。

（4）信息系统备份能力要求：

实时、非实时备份能力——1 级；

非实时故障应对能力——2 级；

实时故障应对能力——4 级；

灾难应对能力——5 级；

重大灾难应对能力——6 级。

同步真题练习

1. 按照《证券公司治理准则》的要求，关于证券公司和控股股东、实际控制人及其关联方之间开展业务竞争和关联交易的说法正确的是（　　）。

A. 证券公司的关联方可以与其所控制的证券公司开展同类业务

B. 证券公司控制其他证券公司的，可以开展与该证券公司相同的同类业务，以竞争的形式促进双方发展

C. 证券公司的股东、实际控制人与证券公司的关联交易可以在牺牲证券公司利益的基础上进行

D. 证券公司章程应当对重大关联交易及其披露和表决程序作出规定

2. 按照《证券监督管理条例》的要求，证券公司有（　　）情形时，独立董事人数不得少于董事人数的 1/4。

A. 内部董事人数占董事人数的 1/6

B. 证券公司有连任 6 年以上的独立董事

C. 总经理和财务总监由同一人担任

D. 董事长、经营管理的主要负责人由同一人担任

3. 独立董事最多可以在（　　）家证券公司担任独立董事。

A. 2　　B. 3　　C. 4　　D. 5

4. 按照《证券公司内部控制指引》的要求，证券公司内部控制的组织结构要求设立严密有效的三道业务防线，其中，第一道防线、第二道防线和第三道防线分别是(　　)。

Ⅰ. 建立相关部门、相关岗位之间相互制衡、监督的防线

Ⅱ. 建立重要一线岗位双人、双职、双责为基础的防线

Ⅲ. 建立独立的监督检查部门对各项业务、各部门、各分支机构、各岗位全面实施监控、检查和反馈的防线

A. Ⅰ、Ⅱ、Ⅲ B. Ⅱ、Ⅲ、Ⅰ C. Ⅱ、Ⅰ、Ⅲ D. Ⅲ、Ⅰ、Ⅱ

5. 以下关于自营业务内部控制的说法正确的是（ ）。

A. 自营业务由自营业务部门统一管理，建立自营账户审批和稽核程序

B. 自营部门应对证券持仓、盈亏状况、风险状况和交易活动进行有效监控

C. 确保自营部门和会计核算部门对自营浮动盈亏进行恰当的记录和报告

D. 自营资金来源不属于证券公司应该关注的内容

6. 按照《证券公司投资银行类业务内部控制指引》的要求，以下关于证券公司投资银行类业务内部控制的说法中错误的是（ ）。

A. 投资银行类业务专职内部控制人员数量不得低于投资银行类业务人员总数的 1/10

B. 内部控制人员不得参与存在利益冲突等可能影响其公正履行职责的项目审核、表决工作

C. 证券公司合规、风险管理等内部控制部门应当作为小组成员参加应急处理工作

D. 内部控制执行效果评估每年不得少于 2 次

7. 证券公司应当建立合理的内部控制监督、检查与评价机制，确保内部控制的有效性。其中，（ ）负责督促、检查和评价证券公司各项内部控制制度的建立与执行情况，对内部控制的有效性负最终责任；（ ）应对违反职责范围内的内部控制导致的风险和损失承担首要责任。

A. 股东会；高级管理人员

B. 董事会；业务部门和分支机构的负责人

C. 股东会；直接从事业务经营活动的业务部门和分支机构的相关人员

D. 董事会；直接从事业务经营活动的业务部门和分支机构的相关人员

8. 以下叙述中，属于证券公司合规管理基本制度的是（ ）。

Ⅰ. 明确合规管理目标、基本原则、机构设置及职责、合规考核及风险隐患报告、责任追究等问题

Ⅱ. 审慎评估公司合规经营管理行为对证券市场的影响

Ⅲ. 证券公司应结合本公司实际经营情况，制定指导经营活动依法合规开展的具体管理制度或操作流程，切实加强对各项经营活动的合规管理

Ⅳ. 证券公司应当制定工作人员执业行为准则，引导工作人员树立良好的合规意识和职业道德行为规范，确保工作人员执业行为依法合规

A. Ⅰ、Ⅱ、Ⅲ、Ⅳ B. Ⅰ、Ⅱ、Ⅳ

C. Ⅰ、Ⅲ、Ⅳ D. Ⅱ、Ⅲ、Ⅳ

9. 按照《证券公司合规管理实施指引》的要求，证券公司应当对证券公司内部规

章制度、重大决策、新产品和新业务方案等进行合规审查，也应当对下属各单位及其工作人员的经营管理和执业行为的合规性进行检查。以下关于合规审查和合规检查的说法正确的是（　　）。

A. 合规负责人对申请材料或报告中的基本事实和业务数据的真实性、准确性及完整性负责

B. 证券公司不采纳合规负责人的合规审查意见的，应当将有关事项提交股东（大）会决定

C. 证券公司应当建立新产品、新业务评估与决策机制、合规负责人和合规部门应当对新产品、新业务发表合规审查意见

D. 合规检查包括例行检查与突击检查

10. 按照《证券公司合规管理实施指引》的要求，证券公司应当为业务部门和分支机构配备合规管理人员。以下关于业务部门、分支机构合规管理人员配备的说法错误的是（　　）。

A. 证券公司业务部门、分支机构合规管理人员应当具备 3 年以上的证券、金融、法律、会计、信息技术等有关领域工作经历

B. 合规管理人员不得兼任其他任何职务

C. 证券公司从事自营、投资银行、债券等合规风险管控难度较大的部门、工作人员人数在 15 人以上的分支机构以及证券公司异地总部等，应当配备专职合规管理人员

D. 证券公司业务部门、分支结构应当配备具备与履行合规管理职责相适应的专业知识和技能的合规管理人员

11. 按照《证券公司信息隔离墙制度指引》的要求，在信息隔离墙制度建立和执行方面，各部门和各人员的具体职责分工错误的是（　　）。

A. 证券公司董事会和经营管理的主要负责人对公司信息隔离墙制度的总体有效性负最终责任

B. 各业务部门和各分支机构的负责人对本部门和本机构执行信息隔离墙制度的有效性承担管理责任

C. 证券公司工作人员对本人在执业活动中遵守信息隔离墙制度承担直接责任

D. 监事会负责协助董事会和高级管理人员建立和执行信息隔离墙相关制度，并负有审查、监督、检查、咨询和培训等职责

12. 证券公司应当建立观察名单和限制名单制度。以下关于观察名单和限制名单进出时点的说法错误的是（　　）。

A. 限制名单是高度保密名单，但观察名单不属于高度保密名单

B. 观察名单不影响证券公司正常开展业务

C. 证券公司在确认不再拥有与项目有关的内幕信息后，可以将该项目公司和其有重

大关联关系的公司或证券从限制名单中删除

D. 对因保密侧业务而列入限制名单的公司或证券，证券公司应当禁止与其有关的发布证券研究报告、证券自营买卖、另类投资等业务

13. 中国证监会根据证券公司评价计分的高低，将证券公司分为 A（AAA、AA、A）、B（BBB、BB、B）、C（CCC、CC、C）、D、E 五大类 11 个级别。下列关于证券公司基于分类监管要求划分的证券公司基本类别的说法中错误的是（　　）。

A. C 级是正常经营状态的最低等级

B. 评价分低于 60 分的证券公司，定为 D 类公司

C. A 类公司风险管理能力在行业内较高，在市场变化中能较好地控制业务扩张的风险

D. 被依法采取责令停业整顿、指定其他机构托管、接管、行政重组等风险处置措施的证券公司，评价计分为 0 分，定为 E 类公司

14. 证券公司经营经纪业务，同时经营证券承销与保荐、证券自营、证券资产管理、其他证券业务等业务之一的，其净资本不得低于人民币（　　）。

A. 1000 万元　　B. 2000 万元　　C. 5000 万元　　D. 1 亿元

15. 净资本指标与上月相比发生 20% 以上不利变化或不符合规定标准时，证券公司应当在（　　）个工作日内向公司全体董事报告，（　　）个工作日内向公司全体股东报告。

A. 5；15　　B. 10；15　　C. 5；10　　D. 10；20

16. 按照《证券公司全面风险管理规范》的要求，（　　）对全面风险管理承担主要责任。

A. 监事会　　B. 经理层

C. 董事会　　D. 各业务部门、分支机构和子公司

17. 证券公司应当将子公司的风险管理纳入统一体系，对其风险管理工作实行垂直管理，保障全面风险管理的一致性和有效性。子公司风险管理工作负责人的任命应由（　　）提名，（　　）聘任。

A. 证券公司首席风险官；证券公司董事会

B. 证券公司首席风险官；子公司董事会

C. 证券公司董事长；证券公司董事会

D. 证券公司总经理；子公司董事会

18. 根据《证券公司流动性风险管理指引》，下列关于流动性风险管理的说法，正确的有（　　）。

Ⅰ. 证券公司流动性风险管理目标是建立健全流动性风险管理体系，对流动性风险实施有效识别、计量、监测和控制，确保其流动性需求能够及时以合理成本得到满足

Ⅱ. 证券公司流动性风险管理应须知全面性、审慎性和准确性原则

Ⅲ. 证券公司应建立有效的流动性风险管理组织架构，建立健全有效的考核及问责

机制

Ⅳ. 中国证券业协会通过非现场检查、现场检查等方式对证券公司的流动性风险水平及其管理状况实施自律管理

A. Ⅰ、Ⅱ、Ⅲ、Ⅳ　　B. Ⅰ、Ⅲ、Ⅳ

C. Ⅱ、Ⅲ　　D. Ⅰ、Ⅱ、Ⅳ

19. 以下对风险管理机制要求的说法中，正确的是（　　）。

Ⅰ. 建立逐日盯市制度并进行报告

Ⅱ. 建立压力测试机制并实施

Ⅲ. 选择与公司风险偏好相适应的应对策略与机制

Ⅳ. 建立在各层级畅通的风险沟通机制

A. Ⅰ、Ⅱ、Ⅲ、Ⅳ　　B. Ⅰ、Ⅱ、Ⅲ

C. Ⅰ、Ⅲ、Ⅳ　　D. Ⅱ、Ⅲ、Ⅳ

20. 证券公司全面风险管理要求对各类风险进行管理，其中，（　　）是指证券公司无法以合理成本及时获得充足资金，以期偿付到期债务，履行其他支付义务和满足正常业务开展的资金需求的风险。

A. 流动性风险　B. 信用风险　C. 操作风险　D. 声誉风险

21. 证券公司（　　）应充分了解证券公司流动性风险水平及其管理状况，并及时向董事会及经理层报告，对公司流动性风险管理中存在的风险隐患进行质询和调查，并提出整改意见。

A. 董事会　　B. 监事会

C. 首席风险官　　D. 流动性风险管理部门

22. 证券经营机构及其工作人员在落实执行投资者适当性管理的过程中，应当遵循（　　）原则。

Ⅰ. 投资者利益优先

Ⅱ. 勤勉尽责

Ⅲ. 客观性

Ⅳ. 有效性

Ⅴ. 审慎性

Ⅵ. 差异性

A. Ⅰ、Ⅱ、Ⅲ、Ⅳ、Ⅴ　　B. Ⅱ、Ⅲ、Ⅳ、Ⅴ、Ⅵ

C. Ⅰ、Ⅲ、Ⅳ、Ⅴ、Ⅵ　　D. Ⅰ、Ⅱ、Ⅲ、Ⅳ、Ⅵ

23. 按照《证券期货投资者适当性管理办法》的要求，（　　）专业投资者指的是经有关金融监管部门批准设立的金融机构、金融机构发行的理财产品以及经监管部门批准设立的养老基金、社会公益基金、QFII、RQFII 等。

A. 第一类　　B. 第二类　　C. 第三类　　D. 第四类

24. 自然人赵某属于第二类专业投资者，则他一定具有（　　）年以上证券、基金、期货、黄金、外汇等投资经历，或者具有（　　）年以上金融产品设计、投资、风险管理及相关工作经历，或者属于第一类专业投资者中的金融机构的高级管理人员、获得职业资格认证的从事金融相关业务的注册会计师和律师。

A. 1；1　　B. 1；2　　C. 2；1　　D. 2；2

25. 经营机构向普通投资者销售产品或者提供服务前，应当告知的下列信息中错误的是（　　）。

A. 可能直接导致本金亏损的事项

B. 可能直接导致超过原始本金损失的事项

C. 因经营机构的业务或者财产状况变化，可能导致本金或者原始本金亏损的事项

D. 利益保证承诺

26. 下列关于客户身份识别基本要求的说法中，正确的是（　　）。

A. 如果个人仅需证券公司为其提供一次性金融服务，不需要提供真实有效的身份证件或者其他身份证明文件

B. 证券公司无须了解实际控制客户的自然人和交易的实际受益人

C. 证券公司需最终明确掌握控制权或者获取收益的自然人

D. 证券公司与客户建立业务关系时，应当了解所有客户的交易目的和交易性质

27. 对于首次建立业务关系的客户，无论其风险等级高低，证券公司在初次确认其风险等级后的（　　）年内至少应进行一次复核。

A. 1　　B. 2　　C. 3　　D. 4

28. 下列不属于证券公司首席信息官的任职条件的有（　　）。

A. 从事信息相关工作 8 年以上，熟悉证券业务

B. 从事信息相关工作 10 年以上，熟悉基金业务

C. 证券监管机构、证券基金业自律组织任职 8 年以上

D. 最近 3 年未被金融监管机构实施行政处罚或采取重大行政监管措施

29. 以下属于证券公司信息技术数据治理的有（　　）。

Ⅰ. 数据安全保障措施

Ⅱ. 数据分类分级

Ⅲ. 信息系统权限管理

Ⅳ. 经营数据和客户信息保护

A. Ⅰ、Ⅱ、Ⅳ　　B. Ⅰ、Ⅱ、Ⅲ

C. Ⅰ、Ⅱ、Ⅲ、Ⅳ　　D. Ⅰ、Ⅱ、Ⅳ

30. 证券公司应当落实（　　）应急管理职责。

Ⅰ. 信息技术管理部门为信息技术应急管理的牵头组织部门，组织开展信息技术应急预案的制定、演练、评估与改进工作，并负责信息系统的应急响应与恢复

Ⅱ. 各业务部门负责评估本业务条线信息技术突发事件相关风险，开展业务影响分析，确定并实施重要业务恢复目标与恢复策略

Ⅲ. 风险管理部门负责评估信息系统与相关业务恢复目标和恢复策略制定的合理性，确保与公司整体风险管理策略保持一致

Ⅳ. 应当将经营及客户数据按照重要性和敏感性进行分类分级

A. Ⅰ、Ⅱ、Ⅳ　　B. Ⅰ、Ⅱ、Ⅲ

C. Ⅰ、Ⅱ、Ⅲ、Ⅳ　　D. Ⅰ、Ⅱ、Ⅳ

答案与解析

1. **【答案】** D

【解析】 证券公司的控股股东、实际控制人及其关联方应当采取有效措施，防止与其所控制的证券公司发生业务竞争。证券公司控股其他证券公司的，不得损害所控股的证券公司的利益。证券公司的股东、实际控制人及其关联方与证券公司的关联交易不得损害证券公司及其客户的合法权益。证券公司章程应当对重大关联交易及其披露和表决程序作出规定。

2. **【答案】** D

【解析】 证券公司有下列情形之一的，独立董事人数不得少于董事人数的1/4：

（1）董事长、经营管理的主要负责人由同一人担任；

（2）内部董事人数占董事人数1/5以上；

（3）中国证监会认定的其他情形。

3. **【答案】** A

【解析】 独立董事与公司其他董事任期相同，连任时间不得超过6年。任何人员最多可以在2家证券公司担任独立董事。

4. **【答案】** C

【解析】 证券公司应建立清晰合理的组织结构，依据所处环境和自身经营特点设立严密有效的三道业务监控防线：

（1）建立重要一线岗位双人、双职、双责为基础的第一道防线，并加强对单人单岗业务的监控。与资金、有价证券、重要空白凭证、业务合同、印章等直接接触的岗位和涉及信息系统安全的岗位，应当实行双人负责制。

（2）建立相关部门、相关岗位之间相互制衡、监督的第二道防线。不同部门应有明确的职责分工，不相容职务应适当分离。

（3）建立独立的监督检查部门对各项业务、各部门、各分支机构、各岗位全面实施监控、检查和反馈的第三道防线。

5.【答案】C

【解析】A项，自营业务由独立于自营业务的部门统一管理，建立自营账户审批和稽核程序；B项，证券公司的监督检查部门或其他独立监控部门负责对证券持仓、盈亏状况、风险状况和交易活动进行有效监控；D项，确保自营资金来源的合法性。

6.【答案】D

【解析】D项，证券公司应当自行或委托外部专业机构对投资银行类业务内部控制的有效性进行全面评估。内部控制执行效果评估每年不得少于1次。

7.【答案】D

【解析】董事会负责督促、检查和评价证券公司各项内部控制制度的建立与执行情况，对内部控制的有效性负最终责任；每年至少进行一次全面的内部控制检查评价工作，并形成相应的专门报告。直接从事业务经营活动的业务部门和分支机构的相关人员有义务向证券公司报告内部控制的缺陷，并及时加以纠正。相关人员应对违反职责范围内的内部控制导致的风险和损失承担首要责任。

8.【答案】C

【解析】合规管理的基本制度应当明确合规管理的目标、基本原则、机构设置及其职责、履职保障、合规考核、违法违规行为及合规风险隐患的报告、处理和责任追究等内容。证券公司应当结合本公司经营实际情况，制定指导经营活动依法合规开展的具体管理制度或操作流程，切实加强对各项经营活动的合规管理。证券公司应当制定工作人员执业行为准则，引导工作人员树立良好的合规执业意识和道德行为规范，确保工作人员执业行为依法合规。

Ⅱ项，审慎评估公司经营管理行为对证券市场的影响是证券公司合规经营的基本原则与应遵守的基本要求。

9.【答案】C

【解析】其他相关高级管理人员等应当对申请材料或报告中基本事实和业务数据的真实性、准确性及完整性负责。证券公司不采纳合规负责人的合规审查意见的，应当将有关事项提交董事会决定。按照合规检查发生的情形分类，合规检查包括例行检查与专项检查。

10.【答案】B

【解析】证券公司业务部门、分支机构应当配备具备3年以上证券、金融、法律、会计、信息技术等有关领域工作经历，具备与履行合规管理职责相适应的专业知识和技能的合规管理人员。合规管理人员可以兼任与合规管理职责不相冲突的职务。证券公司从事自营、投资银行、债券等合规风险管控难度较大的部门、工作人员人数在15人以上的分支机构以及证券公司异地总部等，应当配备专职合规管理人员。

11.【答案】D

【解析】合规总监和合规部门负责协助董事会和高级管理人员建立和执行信息隔离墙制度，并负有审查、监督、检查、咨询和培训等职责。

12.【答案】A

【解析】观察名单属于高度保密的名单，仅限于履行相关管理和监控职责的工作人员知悉。观察名单并不影响证券公司正常开展业务，但证券公司应当对于列入观察名单的公司或证券有关的相关业务活动实施监控，发现异常情况，及时调查处理。

13.【答案】C

【解析】A 类公司风险管理能力在行业内最高，能较好地控制新业务、新产品方面的风险；B 类公司风险管理能力在行业内较高，在市场变化中能较好地控制业务扩张的风险。

14.【答案】D

【解析】证券公司经营证券承销与保荐、证券自营、证券资产管理、其他证券业务等业务之一的，其净资本不得低于人民币 5000 万元。

证券公司经营证券经纪业务，同时经营证券承销与保荐、证券自营、证券资产管理、其他证券业务等业务之一的，其净资本不得低于人民币 1 亿元。

15.【答案】C

【解析】净资本指标与上月相比发生 20% 以上不利变化或不符合规定标准时，证券公司应当在 5 个工作日内向公司全体董事报告，10 个工作日内向公司全体股东报告。

证券公司应当在每月结束之日起 7 个工作日内，向中国证监会及其派出机构报送月度风险控制指标监管报表。

16.【答案】B

【解析】证券公司董事会承担全面风险管理的最终责任。证券公司监事会承担全面风险管理的监督责任。证券公司经理层对全面风险管理承担主要责任。证券公司各业务部门、分支机构及子公司负责人应当全面了解并在决策中充分考虑与业务相关的各类风险，及时识别、评估、应对、报告相关风险，并承担风险管理的直接责任。

17.【答案】B

【解析】子公司风险管理工作负责人的任命应由证券公司首席风险官提名、子公司董事会聘任，其解聘应征得证券公司首席风险官同意。

18.【答案】B

【解析】Ⅱ项错误，证券公司流动性风险管理应遵循全面性、审慎性和预见性原则。

全面性原则，是指证券公司流动性风险管理应全面覆盖证券公司各部门、分支机构、子公司，包含所有表内外和境内外业务，贯穿决策、执行、监督、反馈等各个环节。

审慎性原则，是指证券公司应对流动性风险管理各个环节进行严谨、审慎判断，保障公司流动性的安全。

预见性原则，是指证券公司应加强资金来源、资金运用规模及期限结构变化方面的预测分析，合理预见各种可能出现的风险，协调公司表内外各项业务发展。

19. 【答案】A

【解析】风险管理机制的相关要求包括：（1）建立评估标准并进行风险控制。（2）建立逐日盯市等机制并进行报告。（3）建立压力测试机制并实施。（4）选择与公司风险偏好相适应的应对策略与机制。（5）建立在各层级畅通的风险沟通机制。

20. 【答案】A

【解析】流动性风险，是指证券公司无法以合理成本及时获得充足资金，以偿付到期债务、履行其他支付义务和满足正常业务开展的资金需求的风险。

21. 【答案】C

【解析】证券公司首席风险官应充分了解证券公司流动性风险水平及其管理状况，并及时向董事会及经理层报告；对公司流动性风险管理中存在的风险隐患进行质询和调查，并提出整改意见。

22. 【答案】D

【解析】经营机构及其工作人员在落实投资者适当性管理的过程中，应当遵循以下原则：投资者利益优先原则；勤勉尽责原则；客观性原则；有效性原则；差异性原则。

Ⅴ项，审慎性原则是流动性风险管理应遵循的原则。

23. 【答案】A

【解析】第一类专业投资者具体包括：

（1）经有关金融监管部门批准设立的金融机构，包括证券公司、期货公司、基金管理公司及其子公司、商业银行、保险公司、信托公司、财务公司等；经行业协会备案或者登记的证券公司子公司、期货公司子公司、私募基金管理人。

（2）上述机构面向投资者发行的理财产品，包括但不限于证券公司资产管理产品、基金管理公司及其子公司产品、期货公司资产管理产品、银行理财产品、保险产品、信托产品、经行业协会备案的私募基金。

（3）社会保障基金、企业年金等养老基金，慈善基金等社会公益基金，合格境外机构投资者（QFII），人民币合格境外机构投资者（RQFII）。

24. 【答案】D

【解析】符合下列条件之一的是第二类专业投资者。

同时符合下列条件的自然人：

（1）金融资产不低于500万元，或者最近3年个人年均收入不低于50万元；

（2）具有2年以上证券、基金、期货、黄金、外汇等投资经历，或者具有2年以上金融产品设计、投资、风险管理及相关工作经历，或者属于前述第一类专业投资者中的第1部分的金融机构的高级管理人员、获得职业资格认证的从事金融相关业务的注册会计师和律师。

25.【答案】D

【解析】经营机构向普通投资者销售产品或者提供服务前，应当告知下列信息：

（1）可能直接导致本金亏损的事项；

（2）可能直接导致超过原始本金损失的事项；

（3）因经营机构的业务或者财产状况变化，可能导致本金或者原始本金亏损的事项；

（4）因经营机构的业务或者财产状况变化，影响客户判断的重要事由；

（5）限制销售对象权利行使期限或者可解除合同期限等全部限制内容；

（6）投资者适当性匹配意见。

26.【答案】C

【解析】A 项，任何单位和个人在与证券公司建立业务关系或者证券公司为其提供一次性金融服务时都应当提供真实有效的身份证件或者其他身份证明文件。

B 项，证券公司在与客户建立业务关系时，应当识别客户身份，了解实际控制客户的自然人和交易的实际受益人，核对客户的有效身份证件或者其他身份证明文件，登记客户身份基本信息，并留存有效身份证件或者其他身份证明文件的复印件或者影印件。

D 项，根据“了解你的客户”的原则，针对具有不同洗钱或者恐怖融资风险特征的客户、业务关系或者交易，证券公司应采取相应的措施，了解客户及其交易目的和交易性质。

27.【答案】C

【解析】对于首次建立业务关系的客户，无论其风险等级高低，证券公司在初次确定其风险等级后的三年内至少应进行一次复核。

28.【答案】A

【解析】证券公司应当指定一名熟悉证券、基金业务，具有信息技术相关专业背景、任职经历、履职能力的高级管理人员为首席信息官，由其负责信息技术管理工作，并具备下列任职条件：

（1）从事信息技术相关工作 10 年以上，或者在证券监管机构、证券基金业自律组织任职 8 年以上；

（2）最近 3 年未被金融监管机构实施行政处罚或采取重大行政监管措施；

（3）中国证监会规定的其他条件。

29.【答案】C

【解析】数据治理包括以下几项：（1）数据分类分级；（2）数据安全保障措施；（3）信息系统权限管理；（4）经营数据和客户信息保护。

30.【答案】B

【解析】证券公司应当将经营及客户数据按照重要性和敏感性进行分类分级属于数据治理中数据分类分级管理的要求。

本章总结

- 本章要点
  - 公司治理、内部控制与合规管理
    - 1.证券公司股东、控股股东、实际控制人不得：滥用权力、超越职权、损害公司独立性、业务竞争、损害公司利益、虚假及抽逃出资、违规要求融资或担保
    - 2.董事长和经营管理主要负责人是同一人或者内部董事占董事1/5以上的，独立董事应≥董事1/4
    - 3.独立董事担任薪酬、审计委员会负责人，审计委员会独立董事≥1/2
    - 4.内控三道防线：一线岗位“双”；部门、岗位间制衡监督；监督检查部门监控
    - 5.投行业务三道防线：项目组、业务部门；质量控制；内核、合规、风管部门
    - 6.合规职责：董事会——有效性；监事会——监督；经营管理负责人——运营；其他高管——分管领域运营；下属单位负责人——本单位运营
    - 7.敏感信息管理原则：需知原则
    - 8.分类监管评价指标：风险管理能力、持续合规状况、业务发展状况
  - 风险管理
    - 9.风险控制指标：风险覆盖率≥100%，资本杠杆率≥8%，流动性覆盖率≥100%，净稳定资金率≥100%
    - 10.净资本要求：经纪业务2000万元，保、管、自、他任一5000万元，任二2亿元，任一+经纪1亿元
    - 11.全面风险管理职责：董事会——最终责任；监事会——监督；经理层——主要责任；风险管理部门——全面风险管理；业务部门、分支、子公司——直接管理责任；员工——防范、报告
    - 12.信用风险业务类型：融资类业务、场外衍生品业务、债券投资交易、非标化债权投资
  - 投资者适当性管理
    - 13.投资者信息包括：基本信息、财务状况、投资经验、投资目标、风险偏好、可承受的损失、诚信记录、控制人或受益人、准入要求信息
    - 14.普通投资者在信息告知、风险警示、适当性匹配方面享有特别保护
    - 15.专业投资者：
      第一类：金融机构及其产品、养老基金、公益基金、QFII、RQFII
      第二类：法人机构：净资产≥2000万元；金融资产≥1000万元；投资经历≥2年
      个人：金融资产≥500万元，或近3年个人年均收入≥50万元，投资、工作经历≥2年
      第三类：转化的投资者：
      法人机构：净资产≥1000万元，金融资产≥500万元，投资经历≥1年
      个人：金融资产≥300万元或3年个人年均收入≥30万元，投资、工作经历≥1年
    - 16.审慎评估风险的因素：本金损失、流动变现能力、可理解性、募集方式、跨境因素、自律组织认定为高风险
  - 证券公司反洗钱工作
    - 17.重新识别客户的情形：客户变更关键信息；客户交易或行为异常；客户与嫌疑人重名；客户有洗钱、恐怖融资嫌疑；客户信息与既有信息不一致；客户信息存疑
    - 18.客户风险等级划分时限：新客户10日内首次划分，3年内复核一次；老客户动态追踪，风险最高半年审核一次，下一等级不得超出上一级时长2倍
    - 19.可疑报告后续措施：持续监控、提升风险等级、限制交易、拒绝服务、终止业务、报告、报案
    - 20.反洗钱保密信息：客户身份资料和交易信息、可疑交易的监测分析报告、可疑交易工作信息、冻结措施工作信息
  - 证券公司信息技术管理
    - 21.信息技术管理职责：董事会——审议目标，有效性责任；经营管理层——落实目标；信息技术治理委员会——制订战略审议方案；首席信息官——信息技术管理；信息技术部门——工作实施
    - 22.合规审计：内部审计每年1次，3年全面覆盖；外部审计3年1次
    - 23.应急预案包括：建设目标、备份系统建设、数据恢复、业务恢复、联系方式、沟通方式、报告路径、披露与更新
    - 24.委托服务机构要求：重要系统证券公司控制；重要系统运营管理不全部交给服务机构；服务机构不可发布误解信息；不可截取、存储、转发、使用经营数据和客户信息；不可嵌套委托第三方；不可违反法律法规；不可随意关闭接口；发布未公开的系统信息

第三章　证券公司业务规范

考情早知道

本章内容主要围绕证券公司的各项业务规范及要求，包括经纪业务、证券投资咨询业务、财务顾问业务、承销与保荐业务、融资融券业务、证券自营业务、证券资产管理业务、全国股份转让系统业务、柜台业务、中间介绍业务、另类投资业务等。本章内容在每套试卷中的分值占比为25%左右。主要考点集中在第一节、第二节、第五节、第七节、第九节。

其中，经纪业务中营销管理的主要内容、证券经纪人制度的主要内容、账户管理、业务风险及规范要求；经纪业务的禁止行为；科创板、创业板定位、投资者适当性管理要求；证券投资咨询机构及人员从业管理要求；监管部门对发布证券研究报告业务和证券投资顾问业务的有关规定；证券投资咨询人员执业行为准则；违反证券发行与承销有关规定的法律责任；融资融券业务的账户体系；标的证券、保证金和担保物的管理规定；证券公司自营业务投资范围的规定；自营业务的禁止性行为；资产管理业务的产品种类、内控要求、金融机构基本职责、投资范围、禁止刚性兑付要求、通道及嵌套要求、监管原则；资产管理计划募集推广、委托资产的资产来源等要求；资产管理计划投资交易的要求；资产管理业务禁止行为的有关规定；监管部门对资产管理业务的监管措施；全国股转系统主要业务的有关规定；柜台市场账户、登记、托管、结算的有关要求；证券公司开展中间介绍业务的业务规则与禁止行为；证券公司另类投资业务的主要业务规则；证券公司开展股票期权业务的条件与主要业务规则等是考核重点。

本章知识概览

小节	考点	备考指数
第一节 证券经纪	证券公司经纪业务的主要法律法规	☆
	证券经纪业务的特点	☆☆

续表

小节	考点	备考指数
第一节 证券经纪	证券公司经纪业务中营销管理的主要内容、证券经纪人制度的主要内容、账户管理、客户适当性、客户交易结算资金三方存管、交易委托、异常交易行为管理、客户交易安全监控、佣金管理、指定交易及托管、转销户等环节的基本规则、业务风险及规范要求	☆☆
	经纪业务的禁止行为	☆☆☆
	经纪业务风险防范的主要内容	☆
	监管部门对经纪业务的监管措施和自律组织对经纪业务的自律管理措施	☆☆
	沪港通、深港通股票范围及主要交易规则	☆☆
	对证券基金经营机构开展港股通相关业务内部管理和业务流程的基本要求	☆
	科创板、创业板定位、投资者适当性管理要求	☆☆☆
	科创板、创业板特殊交易机制	☆
	存托凭证的定义、存托人与托管人职责、投资者保护机制	☆☆☆
	沪伦通的定义、投资者适当性管理要求	☆☆☆
	沪伦通与沪深港通业务模式的区别	☆
第二节 证券投资咨询	证券投资咨询、证券投资顾问、发布证券研究报告的概念和基本关系	☆☆☆
	证券投资咨询机构及人员从业管理要求	☆☆☆
	证券、期货投资咨询业务的管理规定	☆☆☆
	监管部门对发布证券研究报告业务的有关规定	☆☆☆
	监管部门对证券投资顾问业务的有关规定	☆☆☆
	证券公司、证券投资咨询机构及其执业人员向社会公众开展证券投资咨询业务活动的有关规定	☆☆☆
	利用“荐股软件”从事证券投资咨询业务的相关规定	☆☆☆
	证券基金经营机构使用香港机构证券投资咨询服务的有关规定	☆
	证券投资咨询人员执业行为准则	☆☆☆
	监管部门和自律组织对证券投资咨询业务的监管措施和自律管理措施	☆
第三节 与证券交易、证券投资活动有关的财务顾问	上市公司收购以及上市公司重大资产重组等主要法律法规	☆
	财务顾问业务的业务许可情况	☆☆☆
	从事上市公司并购重组财务顾问业务的业务规则	☆☆
	财务顾问的监管要求和法律责任	☆☆
第四节 证券承销与保荐	证券公司发行与承销业务的主要法律法规	☆
	证券发行上市保荐业务的一般规定	☆☆
	证券发行与承销信息披露的有关规定	☆
	监管部门对证券发行与承销的监管措施	☆☆
	违反证券发行与承销有关规定的法律责任	☆☆☆

续表

小节	考点	备考指数
第五节 证券公司融资 融券及其他信用业务	证券公司信用业务的主要法律法规	☆
	融资融券业务管理的基本原则	☆☆☆
	证券公司申请融资融券业务资格应具备的条件	☆
	融资融券业务的账户体系	☆☆☆
	融资融券业务客户的申请、客户征信调查、客户的选择标准	☆☆
	融资融券业务合同及风险揭示书的基本内容	☆☆☆
	融资融券业务所形成的债权担保的有关规定	☆☆
	标的证券、保证金和担保物的管理规定	☆☆☆
	融券业务所涉及证券的权益处理规定	☆
	监管部门对融资融券业务的监管措施	☆☆☆
	转融通业务的基本概念及主要规则	☆
	转融通业务中资金和证券的来源及权益处理	☆
	科创板及创业板转融通证券出借和转融券业务的基本概念及主要规则	☆
	股票质押式回购、约定式购回、质押式报价回购业务的主要规则	☆☆
	股票质押式回购、约定式购回、质押式报价回购业务的风险管理、违约处置及异常交易处理的一般规定	☆
第六节 证券自营	证券公司自营业务的主要法律法规	☆
	证券公司自营业务投资范围的规定	☆☆☆
	证券自营业务决策与授权的要求	☆
	证券自营业务相关风险控制指标	☆☆☆
	证券自营业务操作的基本要求	☆
	自营业务的禁止性行为	☆☆☆
	债券交易的相关监管要求	☆
	证券自营业务的监管措施和法律责任	☆☆
第七节 证券资产管理	证券公司开展资产管理业务的法律法规体系和基本要求	☆☆
	资产管理业务类型	☆☆☆
	金融机构开展资产管理业务遵循的基本原则、产品种类、适当性、内控要求、金融机构基本职责、代销要求、投资范围、资金池要求、估值要求、禁止刚性兑付要求、分级要求、通道及嵌套要求、人工智能、监管原则等	☆☆☆
	证券公司大集合资产管理业务的基本概念	☆
	证券公司大集合资产管理业务的规范要求	☆
	证券资产管理业务的一般性规定	☆☆☆
	资产管理业务人员基本要求、合同签署及内容约定要求	☆☆☆
	资产管理计划募集推广、委托资产的资产来源等要求	☆☆☆
	资产管理计划成立及转让的条件	☆☆☆

续表

小节	考点	备考指数
第七节 证券资产管理	资产管理业务投资者的权利与义务	☆☆☆
	资产管理计划投资交易的要求	☆☆☆
	证券公司以自有资金参与资产管理计划的相应要求	☆☆☆
	关联交易的要求	☆☆
	资产管理计划应当终止的情形	☆☆
	资产管理业务的托管要求	☆☆
	资产管理业务禁止行为的有关规定	☆☆☆
	证券公司开展资产证券化业务的主要规则	☆☆
	专项计划管理人主要职责	☆
	专项计划设立、运作的一般流程	☆
	资产支持证券挂牌、转让的相关规定	☆
	资产证券化业务的尽职调查规定	☆☆
	资产支持证券信息披露的相关要求	☆
	资产证券化业务基础资产负面清单	☆☆
	合格境外机构投资者境内证券投资、合格境内机构投资者境外证券投资的相关监管规定	☆
	监管部门对资产管理业务的监管措施	☆☆☆
	资产管理业务违反有关规定的法律责任	☆☆☆
第八节 证券公司全国股份转让系统业务及柜台市场业务	全国股转系统业务的主要法律法规	☆
	全国股转系统业务的一般规定	☆☆
	全国股转系统主要业务的有关规定	☆☆☆
	监管部门对全国股转系统业务的监管措施	☆☆
	违反全国股转系统业务有关规定的法律责任	☆☆☆
	证券公司柜台交易、柜台市场的概念、基本要求	☆
	证券公司可以在柜台市场发行、销售与转让的产品种类	☆☆
	柜台市场发行、销售与转让产品可采取的方式	☆
	柜台交易合同签订、财产担保的有关要求	☆☆
	柜台市场账户、登记、托管、结算的有关要求	☆☆
	柜台市场内控制度建设、投资者适当性管理、信息披露的有关要求	☆☆
	证券公司柜台市场业务的自律管理要求	☆
第九节 其他业务	代销金融产品的规范和禁止性行为	☆☆
	证券公司中间介绍业务的业务范围	☆☆
	证券公司开展中间介绍业务的业务规则与禁止行为	☆☆☆
	对中间介绍业务的监管措施	☆☆
	证券公司另类投资业务的概念及投资范围	☆

续表

小节	考点	备考指数
第九节 其他业务	证券公司另类投资业务的主要业务规则	☆☆
	证券公司设立子公司开展另类投资业务的相关规定	☆
	股票期权交易的主要制度安排	☆
	证券公司开展股票期权业务的条件与主要业务规则	☆☆
	证券公司金融衍生品的交易范围、种类及其备案管理	☆☆
	证券公司参与区域性股权交易市场的业务范围	☆
	证券公司在区域性股权交易市场提供业务服务的相关规定	☆☆
	证券公司参与区域性股权交易市场的自律管理要求	☆

注：本书中“☆”表示知识点的重要程度，其中☆代表了解；☆☆代表熟悉；☆☆☆代表掌握。

考点详解

第一节　证券经纪

考点一：证券公司经纪业务的主要法律法规（☆）

《证券法》《证券公司监督管理条例》；

《关于加强证券经纪业务管理的规定》《证券经纪人管理暂行规定》《中国证券业协会证券经纪人执业规范（试行）》；

《客户交易结算资金管理办法》《证券登记结算管理办法》；

《证券公司开立客户账户规范》《中国证券登记结算有限责任公司证券账户管理规则》《中国证券登记结算有限责任公司证券账户非现场开户实施细则》；

《内地与香港股票市场交易互联互通机制若干规定》。

【记忆技巧】

（1）《证券法》《证券公司监督管理条例》是总述规范，对于证券公司的建设要求、制度要求、各项业务均有约束作用；考试中遇到考查与证券公司有关的法规的题目，选项中有的话，都要选上。

（2）其他部门规章、规范性文件及行业自律规则，选择时要注意是否与该项业务相关。如证券经纪业务，是指在证券交易中，接受投资者委托，处理交易指令、办理清算交收的经营性活动。涉及客户的营销、账户的开立、交易的结算，所以核心词汇“经纪人”“账户”“结算”是经纪业务相关的法规。

（3）《内地与香港股票市场交易互联互通机制若干规定》规范了沪港通与深港通业务，是建立在经纪业务基础上的，也与经纪业务相关。

【例题1】以下不属于证券公司开展证券经纪业务适用的法律法规的有（　　）。

Ⅰ.《证券公司融资融券业务管理办法》

Ⅱ.《证券公司监督管理条例》

Ⅲ.《内地与香港股票市场交易互联互通机制若干规定》

Ⅳ.《证券投资顾问业务暂行规定》

A. Ⅰ、Ⅱ、Ⅳ　　B. Ⅰ、Ⅱ、Ⅲ、Ⅳ

C. Ⅰ、Ⅳ　　D. Ⅱ、Ⅲ

【答案】C

【解析】Ⅰ项,《证券公司融资融券业务管理办法》是证券公司融资融券业务适用的法律法规。Ⅳ项,《证券投资顾问业务暂行规定》是证券公司投资咨询业务适用的法律法规。

考点二：证券经纪业务的特点（☆☆）

1. 业务对象的广泛性**【注意：业务对象指的是可交易的产品，不是可开发的客户群体】**

所有上市交易的股票和债券都是业务对象。

2. 经纪商的中介性**【即证券公司：以代理人的身份从事证券交易，与客户是委托代理关系】**

不动用自己的资金、不承担风险、不分享收益。

3. 客户指令权威性

严格按照委托人（客户）指定的证券、数量、价格和时间买卖证券。

4. 客户资料的保密性

客户可以委托证券公司代理的事项主要如下：

（1）接受并执行客户依照《证券交易委托代理协议》约定的方式下达的合法有效的委托指令；

（2）代理客户进行资金、证券的清算、交收；

（3）代理保管客户买入或存入的有价证券；

（4）代理客户领取红利股息及其他利益分配；

（5）接受客户对其委托、成交及账户内的资产及变化情况的查询，并应客户的要求提供相应的清单；

（6）法律、法规、规章、自律规则规定的、证券公司可以代理客户进行的其他活动。

【例题2】下列关于证券经纪业务的说法错误的是（　　）。

A. 证券经纪业务，是指在证券交易中，接受投资者委托，处理交易指令、办理清算交收的经营性活动

B. 证券经纪商，是指接受客户委托、代客买卖证券并以此收取佣金的中间人

C. 证券经纪商接受客户委托，可以根据自己的判断来进行证券买卖

D. 证券经纪商以代理人的身份从事证券交易，与客户是委托代理关系

【答案】 C

【解析】 C项，委托人的指令具有权威性，证券经纪商必须严格地按照委托人指定的证券、数量、价格和有效时间买卖证券，不能自作主张，擅自改变委托人的意愿。

考点三：证券公司经纪业务中营销管理的主要内容、证券经纪人制度的主要内容、账户管理、客户适当性、客户交易结算资金三方存管、交易委托、异常交易行为管理、客户交易安全监控、佣金管理、指定交易及托管、转销户等环节的基本规则、业务风险及规范要求（☆☆）

（一）营销管理的主要内容

证券经纪业务营销活动主要包括客户招揽和客户服务两个方面。

在证券经纪业务营销中，客户服务主要包括交易通道服务、有形服务和信息咨询服务等附加服务，还包括对投资者进行风险教育，向投资者讲解证券市场基础知识，向投资者传达正确的投资理念和提高投资者自身的理财素质等。

我国证券公司的营销渠道包括通过证券公司内部营销人员进行直接营销和委托证券经纪人开展证券经纪业务营销活动。**【经纪人是证券公司的外部人员，不属于正式员工】**

（二）证券经纪人制度

证券经纪人是指接受证券公司的委托，代理其从事客户招揽和客户服务等活动的证券公司以外的自然人。**【经纪人只能是自然人，以机构的名义不可以】**

（1）证券公司对证券经纪人及其执业行为实施集中统一管理，保障证券经纪人具备基本的职业道德和业务素质。

（2）证券经纪人只能接受一家证券公司的委托。

（3）证券公司应当对证券经纪人进行不少于60个小时的执业前培训，其中法律法规和职业道德的培训时间不少于20个小时。**【还包括后续职业培训】**

（4）证券公司应当在与证券经纪人签订委托合同、对其进行执业前培训并经测试合格后，为其向中国证券业协会进行登记。

（5）证券公司应当建立健全信息查询制度，保证客户能够通过现场、电话或者互联网络的方式随时查询证券经纪人的姓名、代理权限、代理期间、服务的证券营业部、执业地域范围及登记编号等信息。

（6）证券公司应当建立健全客户回访制度，负责客户回访的人员不得从事客户招揽和客户服务活动。

（7）证券公司应当对证券经纪人所招揽和服务客户的账户进行有效监控，发现异常情况的，立即查明原因并按照规定处理。

（8）证券公司应当建立健全客户投诉和纠纷处理机制，明确处理流程，妥善处理客

户投诉和与客户之间的纠纷，持续做好客户投诉和纠纷处理工作。**【证券公司是处理纠纷的首要主体】**

（9）证券公司应当将证券经纪人的执业行为纳入合规管理范围，并建立科学合理的证券经纪人绩效考核制度，将证券经纪人执业行为的合规性纳入其绩效考核范围。

（10）证券公司应当建立健全证券经纪人档案，实现证券经纪人执业过程留痕。

【例题3】证券经纪人制度的主要内容不包括（　　）。

A. 证券公司应当建立健全证券经纪人管理制度，采取有效措施，对证券经纪人及其执业行为实施集中统一管理，保障证券经纪人具备基本的职业道德和业务素质，防止证券经纪人在执业过程中从事违法违规或者超越代理权限、损害客户合法权益的行为

B. 证券经纪人只能接受一家证券公司的委托，并应当专门代理证券公司从事客户招揽和客户服务等活动

C. 证券公司应当对证券经纪人进行不少于60个小时的执业前培训，其中法律法规和职业道德的培训时间不少于30个小时

D. 证券公司应当将证券经纪人的执业行为纳入合规管理范围，并建立科学合理的证券经纪人绩效考核制度，将证券经纪人执业行为的合规性纳入其绩效考核范围

【答案】C

【解析】C项，证券公司应当对证券经纪人进行不少于60个小时的执业前培训，其中法律法规和职业道德的培训时间不少于20个小时。此外，证券公司应当按照中国证券业协会的规定，组织对证券经纪人的后续职业培训。

（三）账户管理

1. 基本要求

证券经纪业务中客户账户主要包括：客户在证券公司开立的资金账户、代理中国结算开立的各市场证券账户、代理基金注册登记机构开立的开放式基金账户，以及经核准允许受理的其他金融产品账户等。

（1）证券公司在受理客户开户申请时，应当要求客户出具真实有效的身份证明文件。**【原则上本人亲自开户】**

机构客户委托他人代理开户——身份证明文件及授权的委托文件。

自然人客户委托他人代理开户——身份证明文件及经公证的授权委托文件。

（2）客户账户开立前，应向客户讲解相关业务规则和开户协议等内容，并将风险揭示书交由客户签字。

（3）证券公司应当校验同一客户不同账户的名称、证件类型、证件号码等关键信息，确保账户实名对应且信息一致。

（4）证券公司应当统一组织回访客户，对新开户客户应当在1个月内完成回访，对原有客户的回访比例应当不低于上年末客户总数（不含休眠账户及中止交易账户客户）

的10%。客户回访应当留痕，相关资料应当保存不少于3年。

（5）证券公司应当及时、准确、完整地为每个客户单独建立纸质或者电子档案，妥善保管客户档案和资料，为客户保密。

【例题4】投资者通过（　　）持有证券，记录持有证券余额及其变动情况。

A. 银行账户　　B. 证券账户　　C. 结算账户　　D. 资金账户

【答案】B

【解析】证券账户，是记录证券及证券衍生品种持有及其变动情况的载体。中国结算对证券账户实施统一管理，证券账户的管理主要包括：账户的开立、查询、信息变更、注销、休眠账户、不合格账户、解除挂失、关联关系维护、账户信息比对、证券账户业务资料保管等。

2. 账户的开立

中国结算对证券账户实施统一管理，具体账户业务可以委托开户代理机构（如证券公司）办理。

账户开立方式
- 现场**【适用机构与自然人】**
- 非现场
  - 见证开户**【机构与自然人】**
    - 当面见证**【2名或以上工作人员办理，至少1名为见证人员】**
    - 视频见证**【1名以上工作人员面见投资者，由见证人员实时视频见证】**
  - 网上开户（互联网、移动终端）**【仅适用于自然人客户，且本人亲自办理】**
  - 其他方式

3. 账户的数量（一名投资者可以开立的证券账户数量）

账户类型	数量
一码通账户	1个
A股账户**【如无特殊要求，默认为沪、深双边A股账户】**	3个
封闭式基金账户	3个
信用账户**【融资融券业务账户】**	1个
B股账户	1个

【例题5】证券账户，是记录证券及证券衍生品种持有及其变动情况的载体，下列关于证券账户的说法正确的是（　　）。

Ⅰ. 中国证券登记结算有限责任公司对证券账户实施统一管理

Ⅱ. 证券账户的开立方式包括现场方式和非现场方式

Ⅲ. 1个投资者最多可以申请开立2个A股账户

Ⅳ. 1个投资者只能申请开立1个信用账户

A. Ⅰ、Ⅱ、Ⅲ　　B. Ⅰ、Ⅲ、Ⅳ

C. Ⅰ、Ⅱ、Ⅳ　　D. Ⅰ、Ⅱ、Ⅲ、Ⅳ

【答案】 C

【解析】 1个投资者只能申请开立1个一码通账户，1个投资者在同一市场最多可以申请开立3个A股账户、3个封闭式基金账户，只能申请开立1个信用账户、1个B股账户。投资者申请开立A股账户时，除投资者确有需要开立单边A股账户之外，证券公司等开户代理机构应当为其同时开立沪市及深市双边A股账户。

4. 特殊法人与产品证券账户的开立

特殊机构及产品证券账户可由申请主体到中国结算北京、上海或深圳分公司任意一地临柜提交申请，也可以通过中国结算证券账户在线业务平台提交账户开立申请。为进一步提高开户效率，申请主体应当优先通过中国结算证券账户在线业务平台申请办理。

①特殊机构及产品证券账户持有人不得通过在证券账户下设立子账户、分账户、虚拟账户等方式违规进行证券交易；不得出借证券账户给他人使用。**【中国结算有权注销或限制违规账户】**

②产品的管理人应加强自律，不得为专门申购新股、炒作风险警示股票（ST股票）的产品申请开立证券账户；产品证券账户名称应当恰当反映产品属性。**【中国结算有权注销或限制违规账户】**

③为产品、员工持股计划申请开立证券账户时，相关当事人应当申报登记产品、员工持股计划存续期。**【无固定期限或长期的产品到期日自申请日起不超过3年】**

④依法设立的证券投资产品发生开户后6个月内没有进行交易、产品终止、合同失效或被撤销等情形时，相关当事人应于上述情形发生后15个交易日内办理证券账户注销手续；未注销的，中国结算有权注销该账户或限制该账户的使用。

5. 账户信息变更

信息类型	内容	变更方式
关键信息	投资者姓名或名称、有效身份证明文件类型及号码	临柜、见证
非关键信息	关键信息以外的信息	临柜、见证、网络、电话

【例题6】 客户变更证券账户信息的办理方式不包括（　　）。

A. 临柜　　B. 见证　　C. 微信　　D. 电话

【答案】 C

【解析】 对于关键信息的变更，投资者应通过临柜、见证等方式办理。其他非关键信息变更，开户代理机构可通过临柜、见证、网络、电话等方式受理投资者申请，核实投资者身份后予以办理。

6. 账户的注销

①申请账户注销的条件：证券账户持有余额为零且不存在与该证券账户相关的未了结业务。**【注销手续在接到申请后2个交易日办理完毕】**

②主动申请注销的情形：

死亡、依法被解散或破产清算、产品到期或其他终止情形。**【由账户持有人、继承人申请注销】**

特殊机构与产品开户后6个月内出现没有进行交易、产品终止、合同失效或被撤销等情形时，应当及时办理证券账户注销手续。

【例题7】下列说法错误的是（　　）。

A. 投资者姓名或名称、有效身份证明文件类型及号码三项为关键信息

B. 投资者申请注销证券账户应当同时满足以下条件：证券账户持有余额为零且不存在与该证券账户相关的未了结业务

C. 证券公司在接到投资者销户申请后，应当在与该证券账户相关的业务了结后2个交易日内办理完毕，不得无故拒绝或拖延

D. 特殊机构与产品开户后5个月内出现没有进行交易、产品终止、合同失效或被撤销等情形时，应当及时办理证券账户注销手续

【答案】D

【解析】特殊机构与产品开户后6个月内出现没有进行交易、产品终止、合同失效或被撤销等情形时，应当及时办理证券账户注销手续。

7. 不合格账户的管理

不合格账户	处置措施
违规以他人名义或虚假身份开户	要求投资者办理注销
代理关系不规范（缺少授权）	督促投资者补齐经公证的授权或代理证明
关键信息不全、不准确、凭证缺失	督促投资者变更关键信息或补齐资料

【例题8】对于违规以他人名义或利用虚假身份开立的账户，证券公司应当(　　)。

A. 督促投资者补齐经公证的授权委托书或能证明其委托代理关系的材料

B. 向相关部门汇报，并直接将投资者账户注销

C. 督促投资者变更证券账户关键信息或补齐账户资料

D. 要求投资者办理账户注销手续，有证券余额的，应当督促投资者清空证券后予以注销

【答案】D

【解析】违规以他人名义或利用虚假身份开立的账户、违规使用他人账户或使用以虚假身份开立的账户，证券公司应当要求投资者办理账户注销手续，有证券余额的，应

当督促投资者清空证券后予以注销。

（四）客户适当性管理

适当性管理主要分为以下三大安排：全面了解客户、对产品或服务分级、适当性匹配。

（五）客户交易结算资金三方存管

证券公司客户的交易结算资金应当存放在商业银行，以每个客户的名义单独立户管理。

客户资金三方存管制度的主要内容如下：

①明确“单独立户”要求，防止资金被混合使用。

商业银行为证券公司开立管理账户（客户资金汇总账户）——证券公司、商业银行为客户开立对应的二级账户（客户资金账户）。

②明确“封闭运行”要求，防止资金被违规动用。

③除向客户收取与证券交易有关的佣金、费用或者代扣税款等特定情形外，证券公司不得将客户资金转入自有资金账户。

（六）交易委托

- 委托方式
  - 柜台委托
  - 自助委托
    - 网上委托
    - 电话委托
    - 热键委托
  - 其他方式

（1）客户委托证券公司代理其进行证券交易而发出的委托及撤销委托等指令的内容和方式应符合证券市场的交易规则及协议的相关约定。

（2）客户通过证券公司委托系统进行证券交易时，如因客户操作失误或因客户指令违反证券市场交易规则或协议约定，或其他可归咎于客户的原因而造成损失的，由客户承担。

（3）对于客户可能影响正常交易秩序的异常交易行为，证券公司有权按照证券交易所的要求对客户的交易委托采取限制措施。

（4）由于市场价格随时波动及成交回报速度的原因，客户的撤销委托指令虽经证券公司发出，但客户委托可能已在市场成交，此时客户应承认并接受该成交结果。**【一旦成交，不能后悔】**

（5）客户委托指令成交与否以证券登记结算机构发送的清算数据为准，成交即时回报仅供参考。

（6）证券公司从事证券经纪、自营、融资融券等业务，应当分别通过专用的交易单元进行。

（7）交易所会员**【证券公司】**应当至少取得并持有一个席位。**【席位可以转让，不得共用、退回、出租、质押】**

【例题9】 下列关于委托指令的说法错误的是（　　）。

A. 客户委托指令成交与否以成交即时回报为准

B. 证券公司接受客户对其委托成交及账户资金和证券变化情况的查询，并应根据客户的要求提供相应的清单

C. 客户对有异议的查询结果可以书面方式向证券公司提出质询

D. 客户逾期未办理查询或未对有异议的查询结果以书面方式向证券公司提出质询的，视同客户对该委托结果无异议

【答案】 A

【解析】 客户委托指令成交与否以证券登记结算机构发送的清算数据为准，成交即时回报仅供参考。

（七）异常交易行为管理

1. 异常行为

（1）可能对证券交易价格产生重大影响的信息披露前，大量买入或者卖出相关证券；**【注意需达到“大量”的程度】**

（2）以同一身份证明文件、营业执照或其他有效证明文件开立的证券账户之间，大量或者频繁进行互为对手方的交易；**【注意需达到“大量”或“频繁”的程度，下同】**

（3）委托、授权给同一机构或者同一个人代为从事交易的证券账户之间，大量或者频繁进行互为对手方的交易；

（4）两个或两个以上固定的或涉嫌关联的证券账户之间，大量或者频繁进行互为对手方的交易；

（5）大笔申报、连续申报或者密集申报，以影响证券交易价格；

（6）频繁申报或频繁撤销申报，以影响证券交易价格或其他投资者的投资决定；

（7）巨额申报，且申报价格明显偏离申报时的证券市场成交价格；

（8）一段时期内进行大量且连续的交易；

（9）在同一价位或者相近价位大量或者频繁进行回转交易；

（10）大量或者频繁进行高买低卖交易；

（11）进行与自身公开发布的投资分析、预测或建议相背离的证券交易；

（12）在大宗交易中进行虚假或其他扰乱市场秩序的申报；

（13）证券交易所认为需要重点监控的其他异常交易。

【例题10】 证券交易所对证券交易实时监控事项不包括（　　）。

A. 一段时期内进行大量且连续的交易

B. 在同一价位或者相近价位大量或者频繁进行回转交易

C. 大量或者频繁进行高买低卖交易

D. 两个涉嫌关联的证券账户之间，存在少量互为对手方的交易

【答案】 D

【解析】 上交所和深交所对可能影响证券交易价格或者证券交易量的异常交易行为，予以重点监控，其中包括：两个或两个以上固定的或涉嫌关联的证券账户之间，大量或者频繁进行互为对手方的交易。

2. 针对情节严重的异常交易行为可采取的管理措施**【交易所】**

①口头或书面警示；

②约见谈话；

③要求相关投资者提交书面承诺；

④限制相关证券账户交易；

⑤报请中国证监会冻结相关证券账户或资金账户；**【注意不是交易所直接冻结账户】**

⑥上报中国证监会查处。

（八）客户交易安全监控

（1）证券公司应当要求客户在开立资金账户时自行设置密码，提醒客户适时修改密码和增强密码强度，并在证券营业部经营场所、公司网站、网上证券客户端及自助证券交易客户端提示客户加强对身份证件、账号、密码的保护。

（2）证券公司应当根据法律法规、中国证监会的规定及合同约定，以信函、电子邮件、手机短信、网上查询或者与客户约定的其他方式，保证客户至少在证券公司营业时间内能够查询其委托、交易记录、证券和资金余额等信息。

（3）证券公司发现盗买盗卖等异常交易行为疑点时，应当及时通知客户并核实确认、留存证据；基本确认盗买盗卖等异常交易行为的，应当立即采取措施控制资产，并协助客户向公安机关报案。

（九）佣金管理

A 股、B 股、证券投资基金的交易佣金实行最高上限向下浮动制度。**【上限为交易金额的 3‰】**

证券种类	单笔最低下限
A 股、证券投资基金	不足 5 元的，按 5 元收取
B 股	不足 1 美元或 5 港元的，按 1 美元或 5 港元收取
国债现券、企业债（含可转债）、国债回购	佣金标准由交易所制定，并报证监会和原国家计委备案，备案 15 天内无异议后实施

【例题 11】 下列关于证券公司的证券交易佣金收费标准的说法，错误的是（　　）。

A. 交易佣金实行最高上限向下浮动制度

B. 佣金的收费标准因交易品种、交易场所的不同而有所差异

C. 证券公司向客户收取的佣金不得高于证券交易金额的 3‰

D. 证券公司向客户收取的佣金无下限限制，可以实行零佣金

【答案】 D

【解析】 证券经纪商向客户收取的佣金不得高于证券交易金额的3‰，也不得低于代收的证券交易监管费和证券交易所手续费等。具体标准如下：

（1）A股、证券投资基金每笔交易佣金不足5元的，按5元收取。

（2）B股每笔交易佣金不足1美元或5港元的，按1美元或5港元收取。

（3）国债现券、企业债（含可转换债券）、国债回购以及以后出现的新的交易品种，其交易佣金标准由证券交易所制定并报中国证监会和原国家计委备案，备案15天内无异议后实施。

（十）指定交易及托管

上海证券交易所——全面指定交易**【境外投资者从事B股交易除外】**。

深圳证券交易所——证券托管制度。

1. 指定交易——上交所

指定交易，是指凡在上交所市场进行证券交易的投资者，必须事先指定上交所市场交易参与人，作为其证券交易的受托人，并由该交易参与人通过其特定的交易单元参与上交所市场证券交易的制度。

每一个证券账户只能指定一个交易参与人**【即证券公司】**。

指定交易协议一经签订，证券公司即可根据投资者的申请向上交所交易主机申报办理指定交易手续。

投资者变更指定交易的，应当向已指定的证券公司提出撤销申请，由该证券公司申报撤销指令。指定交易撤销后即可重新申办指定交易。

2. 证券托管——深交所

证券托管制度是指投资者可以以同一证券账户在单个或者多个证券公司的不同证券营业部买入证券。

投资者买入的证券可以通过原买入证券的交易单元委托卖出，也可以向原买入证券的交易单元发出转托管指令，转托管完成后，在转入的交易单元委托卖出。

【易混知识点分析】

1. 指定交易制度下，客户若想从A证券公司转户到B证券公司，必须到A证券公司撤销上交所指定交易，然后再到B证券公司重新确定指定交易关系，方可在B证券公司买卖上交所股票；

2. 证券托管制度下，客户若想从A证券公司转户到B证券公司，只需到A证券公司办理转托管手续即可在B证券公司买卖深交所证券，无须撤销再重新建立托管关系。

【例题 12】下列关于指定交易的说法正确的是（　　）。

Ⅰ. 在指定交易中，1 个证券账户可以指定多个交易参与人

Ⅱ. 投资者应当与指定交易的证券公司签订指定交易协议，明确双方的权利、义务和责任

Ⅲ. 投资者变更指定交易的，应当向已指定的证券公司提出撤销申请，由该证券公司申报撤销指令

Ⅳ. 指定交易撤销后，7 日后方可重新申办指定交易

A. Ⅰ、Ⅱ、Ⅳ　　B. Ⅱ、Ⅳ

C. Ⅱ、Ⅲ　　D. Ⅰ、Ⅱ、Ⅲ、Ⅳ

【答案】C

【解析】Ⅰ项，在指定交易中，每一个证券账户只能指定 1 个交易参与人。Ⅳ项，指定交易撤销后即可重新申办指定交易。

（十一）转销户

证券公司不得违反规定限制客户终止交易代理关系、转移资产。

客户申请转托管、撤销指定交易和销户的，应当在接受客户申请并完成其账户交易结算（包括但不限于交易、基金代销、新股申购等业务）后的 2 个交易日内办理完毕，法律法规、中国证监会及证券交易所、证券登记结算机构另有规定的从其规定。

考点四：经纪业务的禁止行为（☆☆☆）

【注：详见本书第五章“行业文化、职业道德与从业人员行为规范”第四节“从业人员行为规范”相关叙述。】

考点五：经纪业务风险防范的主要内容（☆）

按风险起因不同，经纪业务的风险主要包括合规风险、管理风险和技术风险等。

风险类型	防范措施
合规风险	（1）证券公司要加强合规文化建设，从高级管理人员到普通员工都要增强法治观念和合规意识。 （2）制定统一、完善、标准化的经纪业务操作规程，做到各项业务都有章可循，业务操作标准化、规范化。证券公司应设立合规总监（合规负责人）。 （3）对客户交易结算资金实行第三方存管，对经纪业务账户管理、交易、清算、核算、操作权限、风险控制等实行集中统一管理；对风险程度和重要性不同的业务，实行实时复核、分级审批。加强对经纪业务主要环节和风险点的控制。 （4）强化岗位制约和监督，对经纪业务主要部门和岗位实行相互分离的管理制度。经纪业务营销、账户管理、信息系统管理、会计核算等部门或岗位应严格分开，不得兼职或混合操作。

续表

风险类型	防范措施
管理风险	（1）加强经纪业务营销管理**【授权范围、业务职责、组织控制、绩效考核及禁止行为】**。 （2）严格执行经纪业务操作规程**【协议签署、开户、资料变更、资产转移实行经办、复核、审批并留痕】**。 （3）建立经纪业务营销和账户管理操作信息管理系统，防范从业人员执业行为引发的风险，保护客户合法权益。 （4）加强员工培训，提高员工素质**【执业前及后续培训，包括专业知识、业务技能、法律法规、职业道德等】**。 （5）建立客户投诉处理及责任追究机制。 （6）建立经纪业务检查稽核制度**【定期或不定期检查或稽核】**。
技术风险	（1）证券公司营业部的信息系统建设和管理，包括基础环境、网络通信、应用系统、管理制度、系统运行维护、安全保障等方面应符合中国证券业协会制定的《证券公司证券营业部信息技术指引》的有关要求。这是防范技术风险的重要基础和根本保障。 （2）证券公司应根据业务需求建立完善的信息技术系统及相应的容错备份系统和灾难备份系统：一是信息系统机房要符合规定的安全标准要求；二是配备先进、可靠、高效的软硬件设施。 （3）制定并严格执行信息系统运行管理制度和备份方案、系统故障及业务应急处理预案；做好信息系统的日常管理和维护保养，定期按应急处理预案进行演练。

【例题13】（　　）是防范经纪业务技术风险的重要基础和根本保障。

A. 根据业务需求建立完善的信息技术系统及相应的容错备份系统和灾难备份系统

B. 制定并严格执行信息系统运行管理制度和备份方案、系统故障及业务应急处理预案

C. 证券营业部的信息系统建设和管理

D. 做好信息系统的日常管理和维护保养，定期按应急处理预案进行演练

【答案】C

【解析】证券公司营业部的信息系统建设和管理，包括基础环境、网络通信、应用系统、管理制度、系统运行维护、安全保障等方面应符合中国证券业协会制定的《证券公司证券营业部信息技术指引》的有关要求。这是防范技术风险的重要基础和根本保障。

【例题14】下列属于证券经纪业务合规风险的是（　　）。

A. 向客户推荐的产品或者服务与所了解的客户情况不相适应

B. 误导客户，对客户买卖证券承诺收益或赔偿

C. 私下接受客户委托或接受客户的全权委托代理其买卖证券

D. 提供、传播虚假信息，利用或泄露内幕信息，从事内幕交易

【答案】A

【解析】BCD三项属于经纪业务管理风险的内容。

考点六：监管部门对经纪业务的监管措施和自律组织对经纪业务的自律管理措施（☆☆）

监管部门	违反经纪业务规范的监管措施
证监会	责令改正、监管谈话、出具警示函、暂不受理与行政许可有关的文件、责令处分有关人员、暂停核准新业务、限制业务活动等。
证券业协会	谈话提醒、警示、责令整改等自律管理措施并记入其诚信档案； 造成严重后果的，视情况对其采取行业内通报批评、公开谴责、暂停或者取消协会授予的业务资格、暂停部分会员权利、取消会员资格等纪律处分并记入其诚信档案。
中国结算	口头警示、书面警示、约见谈话、通报批评、公开谴责、暂停或终止开户代理机构或网点的开户代理业务资格；终止开户代理机构或网点的开户代理业务资格、提请国务院证券监督管理机构采取相关监管措施等以及记入诚信档案。
交易所	通报批评、公开谴责、收取惩罚性违约金、暂停或者限制交易权限、取消交易权限、取消会员资格的纪律处分。

【例题15】某证券营业部违反证监会《关于加强证券经纪业务管理的规定》，当地证监会派出机构可采取的监管措施不包括（　　）。

A. 监管谈话　　B. 责令改正　　C. 出具警示函　　D. 罚款

【答案】D

【解析】证券公司及证券营业部违反《关于加强证券经纪业务管理的规定》的，中国证监会及其派出机构将视情况依法采取责令改正、监管谈话、出具警示函、暂不受理与行政许可有关的文件、责令处分有关人员、暂停核准新业务、限制业务活动等监管措施。违反法律法规的，依法进行行政处罚。构成犯罪的，移送司法机关处理。

考点七：沪港通、深港通股票范围及主要交易规则（☆☆）

	沪港通		深港通	
全称	沪港股票市场交易互联互通机制		深港股票市场交易互联互通机制	
包含	沪股通	港股通	深股通	深港通下的港股通
	香港投资者通过香港经纪商买卖上交所股票	内地投资者委托内地证券公司买卖联交所股票	香港投资者通过香港经纪商买卖深交所股票	内地投资者委托内地证券公司买卖联交所股票
交易品种	①上证180指数成分股； ②上证380指数成分股； ③A＋H股上市公司的证券交易所上市A股。 **【ST、＊ST、B股除外】**	①恒生综合大型股指数的成分股； ②恒生综合中型股指数的成分股； ③A＋H股上市公司的H股。 **【A股被ST、＊ST，则对应的H股除外】**	①市值≥60亿元人民币的深证成分指数成分股； ②深证中小创新指数的成分股； ③深交所上市的A＋H股公司股票。	①恒生综合大型股指数的成分股； ②恒生综合中型股指数的成分股； ③市值≥50亿港元的恒生综合小型股指数的成分股；**【沪港通的港股通无此项】** ④联交所上市的A＋H股公司股票。
交易规则	沪港通和深港通下的港股通每日额度由沪、深证券交易所分别控制。 沪港通与深港通的基本交易规则还包括订单设计、订单修改、T＋2交收制度、额度控制、回转交易等内容。			

【例题 16】 沪港通中沪股通可交易的证券品种包括（　　）。

Ⅰ. 上证 180 指数成分股

Ⅱ. 上证 380 指数成分股

Ⅲ. A + H 股上市公司的证券交易所上市 A 股

Ⅳ. 上交所上市公司股票风险警示板交易的股票

A. Ⅰ、Ⅱ、Ⅲ　　B. Ⅰ、Ⅱ、Ⅲ、Ⅳ

C. Ⅰ、Ⅳ　　D. Ⅱ、Ⅲ、Ⅳ

【答案】 A

【解析】 沪股通股票包括以下范围内的股票：

①上证 180 指数成分股；

②上证 380 指数成分股；

③A + H 股上市公司的证券交易所上市 A 股。

在上交所上市公司股票风险警示板交易的股票（即 ST、＊ST 股票和退市整理股票）、以外币报价交易的股票（即 B 股）和具有上交所认定的其他特殊情形的股票，不纳入沪股通股票。

【例题 17】 香港投资者委托香港经纪商，经由联交所设立的证券交易服务公司、向上交所进行申报、买卖一定范围内的上交所上市的股票被称作（　　）。

A. 深港通　　B. 港股通　　C. 沪股通　　D. 深股通

【答案】 C

【解析】 沪股通，是指香港投资者委托香港经纪商，经由联交所设立的证券交易服务公司，向上交所进行申报，买卖规定范围内的上交所上市的股票。

【例题 18】 下列说法中，错误的是（　　）。

A. 沪港通，指两地投资者委托上海证券交易所会员或者香港联合交易所参与者，通过上海证券交易所或者香港联合交易所在对方所在地设立的证券交易服务公司，买卖规定范围内的对方交易所上市股票

B. 沪股通，是指香港投资者委托香港经纪商，经由香港联合交易所设立的证券交易服务公司，向上海证券交易所进行申报，买卖规定范围内的上海证券交易所上市的股票

C. 港股通，是指内地投资者委托内地证券公司，经由上海证券交易所设立的证券交易服务公司，向香港联合交易所进行申报，买卖规定范围内的香港联合交易所上市的股票

D. 沪港通包括深股通和港股通两个部分

【答案】 D

【解析】 沪港通包括沪股通和港股通两个部分。

考点八：对证券基金经营机构开展港股通相关业务内部管理和业务流程的基本要求（☆）

内地证券公司开展港股通业务，应当遵守法律、行政法规、本规定、中国证监会其他规定及相关业务规则的要求，加强内部控制，防范和控制风险，并根据中国证监会及上海证券交易所、深圳证券交易所投资者适当性管理有关规定，制定相应的实施方案，切实维护客户权益。

证券交易服务公司和证券公司或经纪商不得自行撮合投资者通过内地与香港股票市场交易互联互通机制买卖股票的订单成交，不得以其他任何形式在证券交易所以外的场所对通过内地与香港股票市场交易互联互通机制买卖的股票提供转让服务，中国证监会另有规定的除外。

投资者通过内地与香港股票市场交易互联互通机制买卖股票，应当以人民币与证券公司或经纪商进行交收。使用其他币种进行交收的，以中国人民银行规定为准。

考点九：科创板、创业板定位、投资者适当性管理要求（☆☆☆）

（一）定位

科创板	**【上交所】** 坚持面向世界科技前沿、面向经济主战场、面向国家重大需求，主要服务于符合国家战略、突破关键核心技术、市场认可度高的科技创新企业。重点支持新一代信息技术、高端装备、新材料、新能源、节能环保以及生物医药等高新技术产业和战略性新兴产业，推动物联网、大数据、云计算、人工智能和制造业深度融合。
创业板	**【深交所】** 深入贯彻创新驱动发展战略，适应发展更多依靠创新、创造、创意的大趋势，主要服务成长型创新创业企业，支持传统产业与新技术、新产业、新业态、新模式深度融合。

【记忆技巧】

科创板——科技创新型企业。核心是“科技”。与科技相关的，符合科创板定位。

创业板——创新创业型企业。与科创板都属于创新企业，但创业板不注重“科技”属性，没有自己的核心技术的创新企业，符合创业板定位。

（二）投资者适当性

科创板	个人投资者申请权限开通前20个交易日证券账户及资金账户内的资产日均≥人民币50万元，并且参与证券交易24个月以上。**【20日日均50万元+2年交易经验】** 符合法律法规及上交所规定的机构投资者，可直接申请开通科创板股票交易权限。
创业板	个人投资者申请权限开通前20个交易日证券账户及资金账户内的资产日均应≥人民币10万元，并参与证券交易24个月以上。**【20日日均10万元+2年交易经验】**

【提示：关于本科目所涉各类合格投资者要求对比汇总，详见本书最后《易混知识点汇总分析（三）》】

【例题 19】下列关于科创板的说法，正确的是（　　）。

Ⅰ. 科创板主要服务于符合国家战略、突破关键核心技术、市场认可度高的科技创新企业

Ⅱ. 科创板的具体行业范围由上海证券交易所发布并适时更新

Ⅲ. 个人投资者可直接申请开通科创板股票交易权限

Ⅳ. 投资者仅需向其委托的证券公司申请，在已有沪市 A 股证券账户上开通科创板股票交易权限即可，无须在中国结算开立新的证券账户

A. Ⅰ、Ⅱ、Ⅳ　　B. Ⅰ、Ⅱ、Ⅲ

C. Ⅰ、Ⅲ、Ⅳ　　D. Ⅰ、Ⅱ、Ⅲ、Ⅳ

【答案】A

【解析】投资者参与科创板股票交易的具体条件：个人投资者申请权限开通前 20 个交易日证券账户及资金账户内的资产日均不低于人民币 50 万元，并且参与证券交易 24 个月以上；符合法律法规及上交所规定的机构投资者，可直接申请开通科创板股票交易权限。

投资者仅需向其委托的证券公司申请，在已有沪市 A 股证券账户上开通科创板股票交易权限即可，无须在中国结算开立新的证券账户。

考点十：科创板、创业板特殊交易机制（☆）

1. 引入盘后固定价格交易**【投资者通过收盘定价委托，买卖股票的交易方式】**
2. 优化融券交易机制**【上市首个交易日起可作为融资融券标的】**
3. 新增两种市价申报方式**【本方最优价格申报和对手方最优价格申报】**
4. 放宽涨跌幅限制**【放宽至 20%，新股上市后的前 5 个交易日不设涨跌幅】**
5. 调整单笔申报数量**【科创板：市价订单［200 股，5 万股］，限价订单［200 股，10 万股］；创业板：市价订单：≤15 万股，限价订单：≤30 万股】**
6. 可以根据市场情况调整微观交易机制**【实施差异化的最小价格变动单位】**
7. 调整交易信息公开指标**【调整股票异常波动的个别参数】**
8. 交易行为监督方面**【明确投资者参与交易的审慎、分散化原则；强化证券公司对异常交易行为的管理责任】**

【例题 20】针对创业型企业特点，上交所推出不同于主板的交易机制改革措施，以下关于科创板交易创新机制表述错误的是（　　）。

A. 科创板股票的涨跌幅限制为 20%，新股上市后的前 3 个交易日不设涨跌幅限制

B. 科创板股票自上市 5 个交易日后，股票的涨跌幅放宽至 20%

C. 新增本方最优价格申报和对手方最优价格申报方式

D. 引入盘后固定价格交易

【答案】A

【解析】考虑到科创企业具有投入大、迭代快等特点，在总结现有股票交易涨跌幅制度实施中的利弊得失基础上，将科创板股票的涨跌幅限制放宽至20%。为尽快形成合理价格，新股上市后的前5个交易日不设涨跌幅限制。

考点十一：存托凭证的定义、存托人与托管人职责、投资者保护机制（☆☆☆）

（一）定义

中国存托凭证（CDR）指由存托人签发、以境外证券为基础在中国境内发行、代表境外基础证券权益的证券。

存托凭证的境外基础证券发行人应当参与存托凭证发行，依法履行发行人、上市公司的义务，承担相应的法律责任。

（二）存托人的职责**【由中国结算及其子公司、商业银行、证券公司担任】**

①与境外基础证券发行人签署存托协议，并根据存托协议约定协助完成存托凭证的发行上市。

②安排存放存托凭证基础财产，可以委托具有相应业务资质、能力和良好信誉的托管人管理存托凭证基础财产，并与其签订托管协议，督促其履行基础财产的托管职责。存托凭证基础财产因托管人过错受到损害的，存托人承担连带赔偿责任。

③建立并维护存托凭证持有人名册。

④办理存托凭证的签发与注销。

⑤按照中国证监会规定和存托协议约定，向存托凭证持有人发送通知等文件。

⑥按照存托协议约定，向存托凭证持有人派发红利、股息等权益，根据存托凭证持有人意愿行使表决权等权利。

⑦境外基础证券发行人股东大会审议有关存托凭证持有人权利义务的议案时，存托人应当参加股东大会并为存托凭证持有人权益行使表决权。

⑧中国证监会规定和存托协议约定的其他职责。

（三）托管人的职责**【境外金融机构，由存托人聘请】**

①托管基础财产；

②按照托管协议约定，协助办理分红派息、投票；**【存托人派发，托管人协助】**

③向存托人提供基础证券的市场信息；

④中国证监会规定和托管协议约定的其他职责。

（四）投资者保护

（1）境外基础证券发行人应当确保存托凭证持有人实际享有的资产收益、参与重大决策、剩余财产分配等权益与境外基础证券持有人权益相当。**【注意是境外基础证券发行人，不是存托人】**

（2）中证中小投资者服务中心建立投资者保护机制。**【购买最小交易份额；代持有人行使权利；支持持有人诉讼；调解持有人与其他主体纠纷】**

【例题 21】下列存托凭证存托人承担责任的说法，错误的是（　　）。

Ⅰ. 存托凭证基础财产因托管人过错受到损害的，存托人受到连带赔偿责任

Ⅱ. 存托凭证基础财产因托管人过错受到损害的，存托人承担补充赔偿责任

Ⅲ. 存托凭证基础财产因托管人过错受到损害的，存托人承担按份赔偿责任

Ⅳ. 存托凭证基础财产因托管人过错受到损害的，存托人不承担连带赔偿责任

A. Ⅰ、Ⅲ　　B. Ⅱ、Ⅳ　　C. Ⅰ、Ⅱ　　D. Ⅱ、Ⅲ、Ⅳ

【答案】D

【解析】存托凭证基础财产因托管人过错受到损害的，存托人承担连带赔偿责任。

【例题 22】下列说法正确的是（　　）。

Ⅰ. 存托凭证，是指有存托人签发、以境外证券为基础在中国境内发行、代表境外基础证券权益的证券

Ⅱ. 存托凭证的境外基础证券发行人应当参与存托证券发行，依法履行发行人、上市公司的义务，承担相应的法律责任

Ⅲ. 证券公司可以担任存托人

Ⅳ. 存托人不能委托境外金融机构担任托管人

A. Ⅰ、Ⅱ、Ⅲ　　B. Ⅰ、Ⅱ、Ⅳ

C. Ⅰ、Ⅲ、Ⅳ　　D. Ⅰ、Ⅱ、Ⅲ、Ⅳ

【答案】A

【解析】可以依法担任存托人的机构有：中国证券登记结算有限责任公司及其子公司；经国务院银行业监督管理机构批准的商业银行、证券公司。存托人可以委托境外金融机构担任托管人。

考点十二：沪伦通的定义、投资者适当性管理要求（☆☆☆）

（一）定义

沪伦通，即上交所与伦交所互联互通机制，是指符合条件的两地上市公司，依照对方市场的法律法规，发行存托凭证并在对方市场上市交易；同时，通过存托凭证与基础证券之间的跨境转换机制安排，实现两地市场的互联互通。

东向业务：

伦交所的上市公司——在上交所——挂牌中国存托凭证（CDR）。

西向业务：

上交所的上市公司——在伦交所——挂牌全球存托凭证（GDR）。

【记忆技巧】

沪伦通包括东、西两个业务方向，即东方大国（中国）与西方国家（英国）之间的业务。

东向业务即向东前进——在中国发行存托凭证。

西向业务即向西前进——在伦敦发行存托凭证。

【注意不是南、北两个业务方向】

【例题 23】下列关于“沪伦通”的说法，正确的是（　　）。

A. 两地主体依照本方市场的法律法规发行存托凭证

B. 沪伦通是指上海证券交易所与伦敦证券交易所互联互通的机制

C. 发行主体可以发行存托凭证并在本方市场上市交易

D. 主体是深圳证券交易所和伦敦证券交易所上市的两地公司

【答案】B

【解析】沪伦通，即上交所与伦交所互联互通机制，是指符合条件的两地上市公司，依照对方市场的法律法规，发行存托凭证并在对方市场上市交易；同时，通过存托凭证与基础证券之间的跨境转换机制安排，实现两地市场的互联互通。

（二）投资者适当性管理——参与中国存托凭证（CDR）投资

投资者类型	要求
个人投资者	①申请权限开通前 20 个交易日证券账户及资金账户内的资产日均≥人民币 300 万元（不包括该投资者通过融资融券交易融入的资金和证券）； ②不存在严重的不良诚信记录；**【普通不良记录不受影响】** ③不存在境内法律、上交所业务规则等规定的禁止或限制参与证券交易的情形。 **【注意没有 2 年投资经验要求】**
机构投资者	应符合境内法律及上交所业务规则的规定

【提示：关于本科目所涉各类合格投资者要求对比汇总，详见本书最后《易混知识点汇总分析（三）》】

考点十三：沪伦通与沪深港通业务模式的区别（☆）

沪深港通是由交易所设立的证券交易服务公司将境内投资者的交易申报订单路由至境外交易所执行，并由两地证券登记结算机构分别为本地投资者提供名义持有人服务、代为持有境外证券并参与清算交收的互联互通模式。即两地的投资者互相到对方市场直接买卖股票，“投资者”跨境，但产品仍在对方市场。

沪伦通是沪伦两地满足一定条件的上市公司到对方市场上市交易存托凭证的模式，投资者参与存托凭证交易结算的模式与股票类似。即将对方市场的股票转换成存托凭证到本地市场挂牌交易，“产品”跨境，但投资者仍在本地市场。

【本节学习提示】考查重点：

（1）经纪业务的特点：广泛性、中介性、权威性、保密性；

（2）证券经纪人属于从业人员，只能接受一家公司的委托，进行60个小时岗前培训（包括20个小时法规）；

（3）客户账户的开立方式包括：现场开户；非现场开户（见证开户〈当面见证、视频见证〉、网上开户、其他方式）；

（4）1个投资者可以开通：1个一码通账户、3个A股账户、3个封闭式基金账户、1个信用账户、1个B股账户；

（5）交易佣金实行“最高上限向下浮动制度”，上限3‰；下限：A股、基金5元，B股1美元或5港元；

（6）科创板定位——科技创新型企业，创业板定位——创新创业型企业；

（7）投资者适当性：科创板日均50万元+2年经验，创业板日均10万元+2年经验，沪伦通日均300万元；

（8）沪港通包括沪股通与港股通，深港通包括深股通与深港通下的港股通，沪伦通包括东向业务和西向业务。

第二节　证券投资咨询

考点一：证券投资咨询、证券投资顾问、发布证券研究报告的概念和基本关系（☆☆☆）

证券投资咨询业务包括证券投资顾问业务及发布证券研究报告。

1. 证券投资咨询

指从事证券投资咨询业务的机构及其投资咨询人员以下列形式为证券投资人或者客户提供证券投资分析、预测或者建议等直接或者间接有偿咨询服务的活动：

（1）接受投资人或者客户委托，提供证券投资咨询服务；

（2）举办有关证券投资咨询的讲座、报告会、分析会等；

（3）在报刊上发表证券投资咨询的文章、评论、报告，以及通过电台、电视等公众传播媒体提供证券投资咨询服务；

（4）通过电话、传真、电脑网络等电信设备系统，提供证券投资咨询服务；

（5）中国证监会认定的其他形式。

【例题24】证券投资咨询业务的界定包括（　　）。

Ⅰ. 举办有关证券投资咨询的讲座、报告会、分析会等

Ⅱ. 接受投资人或者客户委托，提供证券投资咨询服务

Ⅲ. 在报刊上发表证券投资咨询的文章、评论、报告，以及通过电台、电视台等公众传播媒体提供证券投资咨询服务

Ⅳ. 中国证券业协会认定的其他形式

A. Ⅰ、Ⅱ、Ⅳ　　B. Ⅰ、Ⅱ、Ⅲ

C. Ⅱ、Ⅲ、Ⅳ　　D. Ⅰ、Ⅱ、Ⅲ、Ⅳ

【答案】 B

【解析】 Ⅳ项应为：中国证监会认定的其他形式。

2. 证券投资顾问

证券公司、证券投资咨询机构接受客户委托，按照约定向客户提供涉及证券及证券相关产品的投资建议服务，辅助客户作出投资决策，并直接或者间接获取经济利益的经营活动。投资建议服务内容包括投资的品种选择、投资组合以及理财规划建议等。

3. 发布证券研究报告

证券公司、证券投资咨询机构对证券及证券相关产品的价值、市场走势或者相关影响因素进行分析，形成证券估值、投资评级等投资分析意见，制作证券研究报告，并向客户发布的行为。

证券研究报告主要包括涉及证券及证券相关产品的价值分析报告、行业研究报告、投资策略报告等。证券研究报告可以采用书面或者电子文件形式。

【例题 25】 证券研究报告主要包括（　　）。

Ⅰ. 上市公司价值分析报告

Ⅱ. 财务分析报告

Ⅲ. 行业研究报告

Ⅳ. 投资策略报告

A. Ⅰ、Ⅱ、Ⅲ　　B. Ⅰ、Ⅲ、Ⅳ　　C. Ⅱ、Ⅲ、Ⅳ　　D. Ⅱ、Ⅳ

【答案】 B

【解析】 证券研究报告主要包括涉及证券及证券相关产品的价值分析报告、行业研究报告、投资策略报告等。证券研究报告可以采用书面或者电子文件形式。

4. 证券投资顾问与发布证券研究报告的基本关系

区别	证券投资顾问	发布证券研究报告
立场	基于特定客户的立场	基于独立、客观的立场
服务方式和内容	依据合同约定，向特定客户提供适当的、有针对性的操作性投资建议，关注品种选择、组合管理建议以及买卖时机	向不特定的客户发布，提供证券估值等研究成果，关注证券定价，不关注买卖时机选择等具体的操作性投资建议
服务对象	服务于普通投资者 **【强调适当性服务】**	服务于基金、QFII 等 **【强调公平对待研究报告接收人】**
市场影响	通常不会显著影响证券定价	对证券价格可能产生较大影响

联系	证券投资顾问	发布证券研究报告
服务流程	证券研究报告一般是证券投资顾问服务的重要基础。	
制度规范要求	证券投资顾问向客户提供投资建议的依据包括证券研究报告或者基于证券研究报告、理论模型以及分析方法形成的投资分析意见等。	

考点二：证券投资咨询机构及人员从业管理要求（☆☆☆）

（一）证券投资咨询机构应当具备的条件【由证监会颁发业务许可】

（1）单独从事证券投资咨询业务的机构，有 5 名以上符合证券投资咨询从业条件的专职人员；同时从事证券和期货投资咨询业务的机构，有 10 名以上符合证券、期货投资咨询从业条件的专职人员；其高级管理人员中，至少有 1 名符合规定的证券投资咨询从业条件。

（2）有 100 万元人民币以上的注册资本。

（3）有固定的业务场所和与业务相适应的通讯及其他信息传递设施。

（4）有公司章程。

（5）有健全的内部管理制度。

（6）具备中国证监会要求的其他条件。

（二）证券投资咨询人员从业管理

证券投资咨询人员不得同时在 2 个或者 2 个以上的证券投资咨询机构执业。

同一人员不得同时注册为证券分析师和证券投资顾问。**【在证券业协会注册】**

【例题 26】下列关于申请证券投资咨询从业资格应当具备的条件的说法，正确的是（　　）。

A. 至少有 5 名高级管理人员取得咨询从业资格

B. 有 1 亿元人民币以上的注册资本

C. 有 20 名以上取得证券投资咨询的专职人员

D. 有固定的业务场所和与业务相适应的通讯及其他信息传递设施

【答案】D

【解析】申请证券投资咨询从业资格的机构，应当具备下列条件：

（1）单独从事证券投资咨询业务的机构，有 5 名以上符合证券投资咨询从业条件的专职人员；同时从事证券和期货投资咨询业务的机构，有 10 名以上符合证券、期货投资咨询从业条件的专职人员；其高级管理人员中，至少有 1 名符合规定的证券投资咨询从业条件。

（2）有 100 万元人民币以上的注册资本。

（3）有固定的业务场所和与业务相适应的通讯及其他信息传递设施。

（4）有公司章程。

（5）有健全的内部管理制度。

（6）具备中国证监会要求的其他条件。

【例题 27】 下列关于证券投资咨询业务人员必须符合相关的从业管理要求的说法，正确的是（　　）。

A. 证券投资咨询人员可以同时在不超过 2 个证券投资咨询机构执业

B. 从事证券业务人员，加入一家有从业资格的证券投资咨询机构后，即可从事证券投资咨询业务

C. 证券投资咨询人员不得同时注册为证券分析师和证券投资顾问

D. 个人符合证券投资从业条件，即可从事证券投资咨询业务

【答案】 C

【解析】 从事证券投资咨询业务的人员，必须符合证券投资咨询从业条件并加入一家有从业资格的证券投资咨询机构后，方可从事证券投资咨询业务。证券投资咨询人员不得同时在 2 个或者 2 个以上的证券投资咨询机构执业。

考点三：证券、期货投资咨询业务的管理规定（☆☆☆）

（一）发布研究报告业务

1. 发布证券研究报告实行集中统一管理**【应当设立专门研究部门或者子公司】**

2. 发布证券研究报告合规管理要求

3. 业务、合规培训和职业道德教育

4. 廉洁从业管理

5. 业务留痕管理和档案保存要求**【自发布之日起保存 5 年】**

（二）证券投资顾问业务

1. 证券投资顾问人员管理制度要求**【注册登记、岗位职责、执业行为管理】**

2. 证券投资顾问业务管理制度、合规管理和风险控制机制要求**【健全合规风控管理机制，覆盖业务推广、协议签订、服务提供、客户回访、投诉处理等业务环节】**

3. 保证与服务方式、业务规模相适应

4. 业务留痕管理和档案保存要求**【自协议终止之日起保存 5 年】**

5. 人员培训要求**【提升执业操守、合规意识、专业服务能力】**

考点四：监管部门对发布证券研究报告业务的有关规定（☆☆☆）

（一）基本原则

（1）独立原则——独立于销售服务业务；

（2）客观原则——避免夸大、低俗、诱导、煽动，不得对估值、评级作出保证；

（3）公平原则——公平对待证券研究报告的发布对象，不得优先提供给某特定主体；

（4）审慎原则——基于合理的数据基础和事实依据，审慎提出研究结论。

（二）研究报告

1. 研究报告载明事项

（1）“证券研究报告”字样；

（2）经营机构名称；

（3）具备证券投资咨询业务资格的说明；

（4）证券分析师姓名及其登记编码；**【需真名，不可笔名、假名、匿名】**

（5）发布证券研究报告的时间；

（6）证券研究报告采用的信息和资料来源；

（7）使用证券研究报告的风险提示。

【注意：没有分析师的电话、地址等与报告无关的信息】

【例题 28】 证券公司，证券投资咨询机构发布的证券研究报告，应当载明的事项有（　）。

Ⅰ. 发布证券研究报告的地点

Ⅱ. 署名人员的证券投资咨询执业资格证书编码

Ⅲ. 证券研究报告采用的信息和资料来源

Ⅳ. 使用证券研究报告的风险提示

A. Ⅱ、Ⅳ　　　B. Ⅱ、Ⅲ、Ⅳ

C. Ⅰ、Ⅱ、Ⅲ、Ⅳ　　　D. Ⅰ、Ⅲ

【答案】 B

【解析】 经营机构发布的证券研究报告，应当载明下列事项：

（1）“证券研究报告”字样；

（2）经营机构名称；

（3）具备证券投资咨询业务资格的说明；

（4）证券分析师姓名及其登记编码；

（5）发布证券研究报告的时间；

（6）证券研究报告采用的信息和资料来源；

（7）使用证券研究报告的风险提示。

2. 证券研究报告信息来源管理

①政府部门、行业协会、证券交易所等机构发布的政策、市场、行业以及企业相关信息。

②上市公司按照法定信息披露义务通过指定媒体公开披露的信息。

③上市公司及其子公司通过公司网站、新闻媒体等公开渠道发布的信息，以及上市公司通过股东大会、新闻发布会、产品推介会等非正式公告方式发布的信息。

④经营机构通过上市公司调研或者市场调查，从上市公司及其子公司、供应商、经销商等处获取的信息。**【内幕信息和未公开重大信息除外】**

⑤经营机构从信息服务机构等第三方合法取得的市场、行业及企业相关信息。

⑥经公众媒体报道的上市公司及其子公司的其他相关信息。

⑦其他合法合规信息来源。

【记忆技巧】

“合法”“公开”是研报信息来源的核心要求。若信息是通过合格的公开渠道获取（①②③⑥）或者通过正规合法手段获取的（④⑤⑦），即可使用。

小道消息、市场传闻、内幕信息、未公开重大信息、国家秘密等不可使用，待经证实或公开后方可应用。

发布证券研究报告相关人员进行上市公司调研活动，不得向证券研究报告相关销售服务人员、特定客户和其他无关人员泄露研究部门或研究子公司的调研底稿、调研后发布证券研究报告的计划、研究观点的调整信息，以及未来一段时间的非客户服务性质的独立调研计划；调研纪要仅供内部存档或撰写研究报告使用，不得对外发布或提供给客户。

3. 证券研究报告质量控制、合规审查

经营机构应提示投资者自主作出投资决策并自行承担投资风险，任何形式的分享证券投资收益或者分担证券投资损失的书面或口头承诺均为无效。

证券研究报告中对证券及证券相关产品提出投资评级的，应当披露所使用的投资评级分类及其含义。

证券分析师应当对其署名的证券研究报告的内容和观点负责，保证信息来源合法合规，研究方法专业审慎，分析结论具有合理依据。**【注意不是经营机构】**

参与制作证券研究报告，但尚未登记为证券分析师的研究部门或者研究子公司相关人员，如果已通过证券分析师胜任能力考试并已完成一般证券业务登记的，经署名证券分析师和研究部门或研究子公司同意，可以用“研究助理”或“联系人”的名义在证券研究报告中列示。

证券研究报告应当由登记为证券分析师的专职质量审核人员进行质量审核；证券分析师数量少于10人的可以由署名证券分析师之外的证券分析师进行质量审核。

证券研究报告应当由公司合规部门或者研究部门、研究子公司的专职人员进行合规审查。合规审查应当涵盖人员资质、信息来源、风险提示等内容，重点关注证券研究报告可能涉及的利益冲突事项。

【例题29】根据《发布证券研究报告执业规范》，已通过证券投资咨询从业资格考试，但尚未注册为证券分析师的从业人员，参与制作证券研究报告，经署名证券分析师和研究部门或研究子公司同意，可以用（　　）名义在研究证券研究报告中列示。

A. 证券投资顾问　　B. 保荐代表人　　C. 研究助理　　D. 分析师

【答案】C

【解析】参与制作证券研究报告，但尚未登记为证券分析师的研究部门或者研究子公司相关人员，如果已通过证券分析师胜任能力考试并已完成一般证券业务登记的，经署名证券分析师和研究部门或研究子公司同意，可以用“研究助理”或“联系人”的名义在证券研究报告中列示。

4. 证券研究报告发布管理

经营机构在证券研究报告发布前，可以就证券研究报告涉及上市公司相关信息的真实性向该上市公司进行确认，但不得透露该证券研究报告的发布时间、观点、盈利预测和结论。

经营机构的证券研究报告应当通过发布证券研究报告平台统一发送给公司约定的证券研究报告发布对象，以保障发布证券研究报告的公平性。发布证券研究报告的平台应由公司指定，且必须是以公司名义注册或拥有。

（三）利益冲突防范及信息隔离墙机制

1. 利益冲突

【人员要求】从事发布证券研究报告业务的相关人员，不得同时从事证券自营、证券资产管理等存在利益冲突的业务。公司高级管理人员同时负责管理发布证券研究报告业务和其他证券业务的，应当采取防范利益冲突的措施，并有充分证据证明已经有效防范利益冲突。**【高管人员不强制要求只能管理发布研究报告一项业务，但需做好防范措施】**

【机构要求】发布对具体股票作出明确估值和投资评级的证券研究报告时，公司持有该股票达到相关上市公司已发行股份1%以上的，应当在证券研究报告中向客户披露本公司持有该股票的情况，并且在证券研究报告发布日及第2个交易日，不得进行与证券研究报告观点相反的交易。**【与研报结果方向相同的交易不受限制】**

证券分析师提供研究支持服务，应确保所提供的分析意见与已经发布的最新证券研究报告观点一致或不存在冲突。

【例题30】下列关于证券研究报告的利益冲突防范机制的说法，错误的是（　　）。

A. 经营机构应建立健全与发布证券研究报告相关的利益冲突防范机制，明确管理流程、披露事项和操作要求，有效防范发布证券研究报告和其他证券业务之间的利益冲突

B. 经营机构应当采取有效的管理措施，防止制作发布证券研究报告的相关人员利用发布证券研究报告为自身以及其利益相关者谋取不当利益，或者在发布证券报告前泄露

证券研究报告的内容和观点

C. 发布证券研究报告业务的相关人员，可以同时从事证券自营、证券资产管理等业务

D. 发布对具体股票作出明确估值和投资评级的证券研究报告时，公司持有该股票达到相关上市公司已发行股份1%以上的，应当在证券研究报告中向客户披露本公司持有该股票的情况，并且在研究报告发布日及第二个交易日，不得进行与证券研究报告观点相反的交易

【答案】C

【解析】从事发布证券研究报告业务的相关人员，不得同时从事证券自营、证券资产管理等存在利益冲突的业务。公司高级管理人员同时负责管理发布证券研究报告业务和其他证券业务的，应当采取防范利益冲突的措施，并有充分证据证明已经有效防范利益冲突。

2. 信息隔离墙

经营机构发布证券研究报告，应建立健全信息隔离墙制度，并遵循下列静默期安排：

经营机构的业务角色	静默期	发布要求
担任发行人股票首次公开发行（IPO）的保荐机构、主承销商	自确定并公告发行价格之日起40日内	不得发布与该发行人有关的证券研究报告
担任上市公司股票增发、配股、发行可转换公司债券等再融资项目的保荐机构、主承销商或者财务顾问	自确定并公告公开发行价格之日起10日内	
担任上市公司并购重组财务顾问	在合规部门将该上市公司列入相关限制名单期间	限制发布与该上市公司有关的证券研究报告

证券分析师参与公司承销保荐、财务顾问等业务项目期间，不得发布与该业务项目相关的证券研究报告。跨越隔离墙期满，证券分析师不得利用公司承销保荐、财务顾问等业务项目的非公开信息，发布证券研究报告。**【若信息已公开，可以采用】**

【例题31】下列选项错误的是（　　）。

A. 担任发行人股票首次公开发行的保荐机构、主承销商，自确定并公告发行价格之日起40日内，不得发布与该发行人有关的证券研究报告

B. 担任上市公司股票增发、配股、发行可转换公司债券等再融资项目的保荐机构、主承销商或者财务顾问，自确定并公告公开发行价格之日起20日内，不得发布与该上市公司有关的证券研究报告

C. 担任上市公司并购重组财务顾问，在经营机构的合规部门将该上市公司列入相关限制名单期间，按照合规管理要求限制发布与该上市公司有关的证券研究报告

D. 经营机构的证券分析师因公司业务需要，阶段性参与公司承销保荐、财务顾问等业务项目，撰写投资价值研究报告或者提供行业研究支持的，应当履行公司内部跨越隔离墙审批程序

【答案】B

【解析】担任上市公司股票增发、配股、发行可转换公司债券等再融资项目的保荐机构、主承销商或者财务顾问，自确定并公告公开发行价格之日起10日内，不得发布与该上市公司有关的证券研究报告。

（四）绩效考核和激励机制

经营机构应当综合考虑合规情况、研究质量、客户评价、工作量等多种因素，设立发布证券研究报告相关人员的考核激励标准。**【外部评选结果仅作为参考，不得作为证券分析师薪酬激励的依据。】**

证券分析师跨越信息隔离墙参与公司承销保荐、财务顾问业务等项目的，其个人薪酬不得与相关项目的业务收入直接挂钩。研究销售人员不得参与对分析师等研究人员的考核。

（五）定制服务要求**【接受特定客户委托，根据客户要求，提供一对一的研究报告服务】**

经营机构的研究部门或者研究子公司接受特定客户委托，就尚未覆盖的具体股票提供含有证券估值或投资评级的研究成果或者投资分析意见的，自提供之日起6个月内不得就该股票发布证券研究报告。

（六）媒体刊载、转发要求**【签订协议，授权刊载】**

经营机构应当采取下列措施，防止公众媒体或者其他机构未经授权私自刊载或者转发公司的证券研究报告：

①加强证券研究报告发布环节管理，要求公司相关人员不得将证券研究报告私自提供给未经公司授权的公众媒体或者其他机构，提示客户不要将证券研究报告转发给他人；

②建立跟踪监测机制，发现公司证券研究报告被私自刊载或者转发的，及时采取维权措施；

③加强投资者教育和客户沟通，提示客户及公众投资者慎重使用公众媒体刊载的证券研究报告。

（七）证券分析师发表言论管理

以经营机构的名义发布研究观点、提供研究服务的人员必须是公司正式员工。

经营机构应当建立证券分析师向客户发布信息和言论的事前报备程序，拟发布的主要内容应当经所在部门负责人或公司分管高管人员签批同意，并报合规部门备案。

考点五：监管部门对证券投资顾问业务的有关规定（☆☆☆）

（一）基本原则

（1）守法合规；

（2）诚实信用；

（3）忠实客户利益。

【易混知识点分析】

发布研究报告业务的基本原则为：独立、客观、公平、审慎。

（二）告知客户的信息

证券公司、证券投资咨询机构向客户提供证券投资顾问服务，应当告知客户下列基本信息：**【通过营业场所、证券业协会和公司网站，公示第（1）、第（2）项信息】**

（1）公司名称、地址、联系方式、投诉电话、证券投资咨询业务资格等；

（2）证券投资顾问的姓名及其登记编码；

（3）证券投资顾问服务的内容和方式；

（4）投资决策由客户作出，投资风险由客户承担；**【风险提示】**

（5）证券投资顾问不得代客户作出投资决策。

【易混知识点分析】

发布研究报告应载明的事项与投资顾问服务应告知客户的信息易混淆，区别如下：

（1）公司名称、业务资格、分析师/投资顾问姓名及登记编码和风险提示都具备；

（2）发布研究报告独有的："证券研究报告"字样、发布时间和信息资料来源；

（3）投资顾问服务独有的：服务的内容和方式、不得代客户决策。

（三）提供投资建议的要求

1. 服务适当性要求

2. 具有合理依据**【研究报告；基于研究报告、理论模型及分析方法形成的投资分析意见】**

3. 研究支持**【必要情况下，可以向其他咨询机构购买研究报告】**

4. 告知客户有关信息**【所依据的研究报告的发布人和发布日期】**

5. 风险提示和底线要求**【底线：禁止以任何方式向客户承诺或者保证投资收益】**

6. 信息保密

(四) 收费要求

证券公司、证券投资咨询机构应当按照公平、合理、自愿的原则，与客户协商并书面约定收取证券投资顾问服务费用的安排，可以按照服务期限、客户资产规模收取服务费用，也可以采用差别佣金等其他方式收取服务费用。

证券投资顾问服务费用应当以公司账户收取。禁止证券公司、证券投资咨询机构及其人员以个人名义向客户收取证券投资顾问服务费用。

(五) 业务推广和客户招揽要求

证券公司、证券投资咨询机构应当规范证券投资顾问业务推广和客户招揽行为，禁止对服务能力和过往业绩进行虚假、不实、误导性的营销宣传，禁止以任何方式承诺或者保证投资收益。

证券公司、证券投资咨询机构通过广播、电视、网络、报刊等公众媒体对证券投资顾问业务进行广告宣传，广告宣传内容不得存在虚假、不实、误导性信息以及其他违法违规情形。

证券投资顾问不得通过广播、电视、网络、报刊等公众媒体，作出买入、卖出或者持有具体证券的投资建议。

【记忆技巧】

【公司】利用广播、电视、网络、报刊给业务打广告——OK!

【个人】利用广播、电视、网络、报刊开展业务活动——NO!

(六) 以软件工具、终端设备等为载体提供投资建议的规范要求

(1) 客观说明软件工具、终端设备的功能，不得对其功能进行虚假、不实、误导性宣传；

(2) 揭示软件工具、终端设备的固有缺陷和使用风险，不得隐瞒或者有重大遗漏；

(3) 说明软件工具、终端设备所使用的数据信息来源；

(4) 表示软件工具、终端设备具有选择证券投资品种或者提示买卖时机功能的，应当说明其方法和局限性。

【例题 32】下列说法错误的是（ ）。

A. 经营机构从事证券投资顾问业务，应当建立客户回访机制，明确客户回访的程序、内容和要求，并指定专门人员独立实施

B. 经营机构从事证券投资顾问业务，应当建立客户投诉处理机制，及时、妥善处理客户投诉事项

C. 经营机构从事证券投资顾问业务，可以按照服务期限、客户资产规模收取服务费用，也可以采用差别佣金等其他方式收取服务费用

D. 经营机构从事证券投资顾问业务，可以以公司账户向客户收取证券投资顾问服务费用，也可以以个人名义向客户收取服务费用

【答案】 D

【解析】 证券投资顾问服务费用应当以公司账户收取。禁止证券公司、证券投资咨询机构及其人员以个人名义向客户收取证券投资顾问服务费用。

考点六：证券公司、证券投资咨询机构及其执业人员向社会公众开展证券投资咨询业务活动的有关规定（☆☆☆）

（一）基本原则

证券投资咨询机构及其从业人员从事证券投资咨询活动必须遵循客观公正、诚实信用的基本原则：

第一，不得以虚假信息、内幕信息或者市场传言为依据向客户或投资者提供分析、预测或建议。

第二，预测证券市场、证券品种的走势或者就投资证券的可行性进行建议时需有充分的理由和依据，不得主观臆断。

第三，证券投资分析报告、投资分析文章等形式的咨询服务产品不得有建议投资者在具体证券品种上进行具体价位买卖等方面的内容。

第四，证券投资咨询机构及其从业人员不得参加媒体等机构举办的荐股“擂台赛”、模拟证券投资大赛或类似的栏目或节目。

第五，证券投资咨询机构及其从业人员有权拒绝媒体对其所提供的稿件进行断章取义、作有损原意的删节和修改，并自提供之日起将其稿件以书面形式保存 3 年。

第六，证券投资咨询从业人员向公众提供证券投资分析报告、投资分析文章等形式的咨询服务时，须先行取得所在机构的同意或认可。

【例题 33】 下列说法中正确的是（　　）。

A. 被动知悉内幕消息，可以向客户或投资者提供分析、预测或建议

B. 预测证券市场、证券品种的走势或者就投资证券的可行性进行建议时需有充分的理由和依据，不得主观臆断

C. 证券投资分析报告、投资分析文章等形式的咨询服务产品可以适当提及投资者在具体证券品种上进行具体价位买卖等方面的内容

D. 证券投资咨询机构及其执业人员有权拒绝媒体对其所提供的稿件进行断章取义、作有损原意的删节和修改，并自提供之日起将其稿件以书面形式保存 2 年

【答案】 B

【解析】 A 项，不得以虚假信息、内幕信息或者市场传言为依据向客户或投资者提供分析、预测或建议。

C 项，证券投资分析报告、投资分析文章等形式的咨询服务产品不得有建议投资者在具体证券品种上进行具体价位买卖等方面的内容。

D 项，证券投资咨询机构及其从业人员有权拒绝媒体对其所提供的稿件进行断章取义、作有损原意的删节和修改，并自提供之日起将其稿件以书面形式保存 3 年。

（二）执业回避

（1）经中国证监会核准的公开发行证券的企业的承销商或上市推荐人及其所属的证券投资咨询机构和证券投资咨询从业人员（包括自有关证券公开发行之日起 18 个月内调离的证券投资咨询从业人员），不得在公众传播媒体上刊登或发布其为客户撰写的投资价值分析报告，也不得以假借其他机构和个人名义等方式变相从事前述业务。**【即证券公司担任公司公开发行的保荐人或承销商，那么，咨询人员所撰写的在承销环节提供给网下投资者的“投资价值分析报告”受到保护，咨询人员和证券公司不可将此报告在公众媒体发布。发行后 18 个月内离职，也不可发布；发行 18 个月以后离职，不受限制。】**

（2）证券公司的自营、受托投资管理、财务顾问和投资银行等业务部门的专业人员在离开原岗位后的 6 个月内不得从事面向社会公众开展的证券投资咨询业务。

（3）证券投资咨询机构或其从业人员在知悉本机构、本人以及财产上的利害关系人与有关证券有利害关系时，不得就该证券的走势或投资的可行性提出评价或建议。

（4）中国证监会根据合理理由认定的其他可能存在利益冲突的情形。

【易混知识点分析】

咨询业务执业回避与发布研究报告业务的静默期容易混淆，区分如下：

（1）报告形式不同：执业回避是“投资价值分析报告”，静默期是“泛指的证券研究报告”；

（2）时间要求不同：执业回避是“在职期间＋发行后 18 个月内离职以及离岗 6 个月内”，静默期是“IPO 公告发行价 40 日内、再融资公告发行价 10 日内、财务顾问列入限制名单期间”；

（3）限制主体不同：执业回避限制“证券公司及咨询人员，自营、受托管理、财务顾问、投行业务人员”，静默期是“证券公司（保荐机构、主承销商、财务顾问）”；

（4）限制内容不同：执业回避不得在公众媒体发布投资价值分析报告、不得面向公众开展咨询业务，静默期是不得发布与该发行人有关的证券研究报告。

考点七：利用“荐股软件”从事证券投资咨询业务的相关规定（☆☆☆）

（一）“荐股软件”，是指具备下列一项或多项证券投资咨询服务功能的软件产品、软件工具或者终端设备：【需取得证券投资咨询业务资格】

（1）提供涉及具体证券投资品种的投资分析意见，或者预测具体证券投资品种的价格走势；

（2）提供具体证券投资品种选择建议；

（3）提供具体证券投资品种的买卖时机建议；

（4）提供其他证券投资分析、预测或者建议。

（二）监管要求

（1）在公司营业场所、公司网站、中国证券业协会网站公示信息；

（2）遵循客户适当性原则；

（3）加强投资者教育和客户权益保护；

（4）公平对待客户，不得通过诱导升级付费等方式将相同产品以不同价格销售给不同客户；

（5）健全内部管理，相关业务档案的保存期限自相关协议终止之日起不得少于5年；

（6）提供公司联系方式，并告知客户投诉权利；

（7）不得误导性宣传，不得承诺或保证收益；

（8）各个环节的业务需自行开展，不得委托未取得咨询业务资格的机构和个人代理。

【例题34】证券投资咨询机构利用“荐股软件”从事证券投资咨询业务，下列说法错误的是（　　）。

A. 自行开展服务，提供投诉处理等业务环节

B. 对“荐股软件”产品进行分类分级，销售给适当的客户

C. 委托无证券投资咨询业务资格的机构和个人代理客户回访

D. 自行开展产品销售、协议签订等业务环节

【答案】C

【解析】产品销售、协议签订、服务提供、客户回访、投诉处理等业务环节均应当自行开展，不得委托未取得证券投资咨询业务资格的机构和个人代理。

【例题35】证券投资咨询机构利用“荐股软件”从事证券投资咨询业务，必须遵守（　　）等法律法规和中国证监会的有关规定。

Ⅰ.《证券法》

Ⅱ.《证券、期货投资咨询管理暂行办法》

Ⅲ.《公司法》

Ⅳ.《证券交易管理条例》

A. Ⅱ、Ⅲ、Ⅳ　　B. Ⅰ、Ⅱ

C. Ⅰ、Ⅱ、Ⅲ、Ⅳ　　D. Ⅰ、Ⅲ、Ⅳ

【答案】B

【解析】"荐股软件"属于证券投资咨询业务范围，必须遵守《证券法》《证券、期货投资咨询管理暂行办法》《证券投资顾问业务暂行规定》等法律法规和中国证监会的有关规定。

考点八：证券基金经营机构使用香港机构证券投资咨询服务的有关规定（☆）

港股研究报告——允许证券公司或者其子公司经香港机构授权，将香港机构发布的就港股通股票提供投资分析意见的证券研究报告转发给客户。

港股投资顾问服务——允许证券基金经营机构委托香港机构，为证券基金经营机构管理的参与港股通的证券投资基金，提供关于港股通股票的投资建议服务。

考点九：证券投资咨询人员执业行为准则（☆☆☆）

（一）总体要求

1. 谨慎、诚实、勤勉尽责
2. 完整、客观、准确
3. 规范在传播媒体上发表投资咨询文章、报告、意见
4. 不得从事禁止性行为

【例题 36】证券、期货投资咨询机构及其投资咨询人员，应当以行业公认的(　　)态度，为投资人或者客户提供证券、期货投资咨询服务。

Ⅰ. 勤勉尽责

Ⅱ. 平等自愿

Ⅲ. 诚实

Ⅳ. 谨慎

A. Ⅰ、Ⅱ、Ⅲ　　B. Ⅱ、Ⅲ　　C. Ⅰ、Ⅲ、Ⅳ　　D. Ⅰ、Ⅲ

【答案】C

【解析】证券投资咨询人员应当以行业公认的谨慎、诚实和勤勉尽责的态度，为投资人或者客户提供证券投资咨询服务。

【例题 37】证券投资咨询人员执业行为的总体要求不包括（　　）。

A. 谨慎、诚实、勤勉尽责

B. 引用有关信息、资料时严格保密信息资料来源

C. 规范在传播媒体上发表投资咨询文章、报告、意见

D. 完整、客观、准确地运用有关信息、资料向投资人或者客户提供投资分析、预测和建议

【答案】B

【解析】证券投资咨询人员应当完整、客观、准确地运用有关信息、资料向投资人或者客户提供投资分析、预测和建议，不得断章取义地引用或者篡改有关信息、资料；不得以虚假信息、市场传言或者内幕信息为依据向投资人或者客户提供投资分析、预测或建议；引用有关信息、资料时，应当注明出处和著作权人。

（二）证券分析师执业行为准则

行为准则	具体要求
1. 保持独立性	发布研究报告业务的基本原则。
2. 保持客观性	
3. 公平对待发布对象	
4. 认真审慎、专业严谨	
5. 恪守诚信原则	不得在提供投资分析意见时违背自身真实意思误导投资者。
6. 信息保密	不得以任何形式使用或泄露国家保密信息、上市公司内幕信息以及未公开重大信息。
7. 充分尊重知识产权	不得抄袭他人著作、论文或其他证券分析师的研究成果，在证券研究报告中引用他人著作、论文或研究成果时，应当加以注明。
8. 报告违法违规事项	明知特定客户、公司内部其他部门的要求或拟委托的事项违反法律、法规规定，应当予以拒绝，并及时向公司报告。
9. 防范利益冲突	（1）存在冲突时，应当主动向公司报告； （2）证券分析师的配偶、子女、父母担任其所研究覆盖的上市公司的董事、监事、高级管理人员的，证券分析师应当按照公司的规定进行执业回避或者在证券研究报告中对上述事实进行披露； （3）不得在公司内部或外部兼任有损其独立性与客观性的其他职务，包括担任上市公司的独立董事。
10. 珍惜职业称号和职业声誉	以真实姓名执业。
11. 防范不正当竞争	不得以不正当手段争取较高的研究评价结果。
12. 规范参与公众交流活动	（1）由所在证券公司或者证券投资咨询机构统一安排； （2）说明所依据的证券研究报告的发布日期； （3）禁止明示或者暗示保证投资收益； （4）准确地表述自己的研究观点，不得与其所在公司已发布证券研究报告的最新意见和建议相矛盾，也不得就所在研究机构未覆盖的公司发表证券估值或投资评级意见。
13. 备案客户服务	备案其使用的与提供证券研究报告服务有关的聊天群、自媒体账号、云共享平台账号等。

续表

行为准则	具体要求
14. 维护所在机构利益	遵守所在公司的管理制度，履行岗位职责。离职后遵守约定。
15. 规范外请专家服务	对专家身份进行认真核实，将经核实的专家身份告知投资者。
16. 加强后续培训	不断提高专业能力、执业水平以及合规意识。
17. 引导市场预期、传递正能量	聚焦经济金融形势、资本市场和行业发展等研究，客观、专业、审慎发表研究观点，在引导市场预期、传递正能量方面发挥积极作用。

【例题 38】 以下属于证券分析师行为准则中“防范利益冲突”具体要求的是（　　）。

Ⅰ. 证券分析师在执业过程中遇到自身利益与公司利益、客户利益存在冲突时，应该主动向公司报告

Ⅱ. 证券分析师只能与一家经营机构签订劳动合同，不得以任何形式同时在两家或两家以上的机构执业

Ⅲ. 证券分析师应当遵守所在公司的管理制度，履行岗位执业，充分尊重和维护所在公司的合法权益

Ⅳ. 证券分析师离职后，应当履行与原所在公司所签署的劳务合同或协议的有关约定

A. Ⅰ、Ⅱ　　B. Ⅰ、Ⅱ、Ⅳ

C. Ⅰ、Ⅲ、Ⅳ　　D. Ⅰ、Ⅱ、Ⅲ、Ⅳ

【答案】 A

【解析】 Ⅲ、Ⅳ两项是分析师“维护所在机构利益”的具体要求。

（三）证券投资顾问执业行为准则

1. 忠实客户利益**【投资顾问业务基本原则：守法合规、诚实信用、忠实客户利益】**

2. 提供适当的投资建议服务

3. 提供投资建议应具有合理依据

4. 规范参与媒体证券节目

5. 禁止行为

（1）以任何方式向客户承诺或者保证投资收益；

（2）对服务能力和过往业绩进行虚假、不实、误导性的营销宣传；

（3）向他人泄露客户的投资决策计划信息；

（4）以个人名义向客户收取证券投资顾问服务费用；**【应当以公司名义】**

（5）通过广播、电视、网络、报刊等公众媒体作出买入、卖出或者持有具体证券的投资建议。**【可以通过公众媒体做投资顾问业务的广告宣传】**

考点十：监管部门和自律组织对证券投资咨询业务的监管措施和自律管理措施（☆）

违法行为	权力机关	处罚处分（公司）
擅自从事证券投资咨询业务	证监会派出机构	责令停止，没收违法所得和违法所得等值以下的罚款
证券投资咨询机构违反管理要求①	证监会派出机构	1万~5万元的罚款；情节严重的，暂停或者撤销其业务资格
证券投资咨询机构违反业务要求②	证监会派出机构	警告、没收违法所得、1万~10万元罚款；情节严重的，暂停或者撤销业务资格；构成犯罪的，依法追究刑事责任
咨询人员违反【注②】第（1）、（2）、（3）、（4）、（5）、（7）条要求	证监会派出机构	警告、没收违法所得、1万~3万元罚款；情节严重的，暂停或者撤销其业务资格；构成犯罪的，依法追究刑事责任
证券公司、咨询机构及其人员违反法律、行政法规和《发布证券研究报告暂行规定》	证监会及其派出机构	责令改正、监管谈话、出具警示函、责令增加内部合规检查次数并提交合规检查报告、责令暂停发布证券研究报告、责令处分有关人员等监管措施；情节严重的，中国证监会依照法律、行政法规和有关规定作出行政处罚；涉嫌犯罪的，依法移送司法机关
证券公司、咨询机构及其人员从事证券投资顾问业务，违反法律、行政法规和《证券投资顾问业务暂行规定》	证监会及其派出机构	责令改正、监管谈话、出具警示函、责令增加内部合规检查次数并提交合规检查报告、责令清理违规业务、责令暂停新增客户、责令处分有关人员等监管措施；情节严重的，中国证监会依照法律、行政法规和有关规定作出行政处罚；涉嫌犯罪的，依法移送司法机关
经营机构及其人员违反《发布证券研究报告执业规范》、证券分析师违反《证券分析师执业行为准则》	中国证券业协会	谈话提醒、要求提交书面承诺、要求参加强化培训、警示、责令改正等自律管理措施或行业内通报批评、公开谴责、暂停会员权利、暂停执业、停止执业等纪律处分，并按规定将相关自律措施记入协会诚信信息管理系统，相关纪律处分信息将记入证监会诚信档案数据库

注①：证券投资咨询机构违反管理要求的行为包括：

（1）向证券监管部门报送的文件、资料有虚假陈述或者重大遗漏的。

（2）未按照规定履行报告和年检义务的。

（3）未按照规定履行对本机构有关情况发生变化的变更手续的。

（4）本机构证券投资咨询人员违反规定，受到证券监管部门行政处罚的。

（5）干扰、阻碍证监会派出机构检查、调查，或者隐瞒、销毁证据的。

注②：证券投资咨询机构违反业务要求的行为包括：

（1）证券、期货投资咨询人员同时在两个或者两个以上的证券、期货投资咨询机构执业的。

（2）未以行业公认的谨慎、诚实和勤勉尽责的态度，为投资人或者客户提供证券投资咨询服务的。

（3）未完整、客观、准确地运用有关信息、资料向投资人或者客户提供投资分析、预测和建议；断章取义地引用或者篡改有关信息、资料；引用有关信息、资料时未注明出处和著作权人的。

（4）以虚假信息、市场传言或者内幕信息为依据向投资人或者客户提供投资分析、预测或建议的。

（5）在报刊、电台、电视台或者其他传播媒体上发表投资咨询文章、报告或者意见时未注明所在证券、期货投资咨询机构的名称和个人真实姓名；未对投资风险作充分说明；提供的证券投资咨询传真件未注明机构名称、地址、联系电话和联系人姓名的。

（6）与报刊、电台、电视台合办或者协办证券、期货投资咨询版面、节目或者与电信服务部门进行业务合作时未向证监会派出机构备案。

（7）代理投资人从事证券买卖；向投资人承诺证券投资收益；与投资人约定分享投资收益或者分担投资损失；为自己买卖股票及具有股票性质、功能的证券；利用咨询服务与他人合谋操纵市场或者进行内幕交易；从事法律、法规、规章所禁止的其他证券、期货欺诈行为的。

（8）就同一问题向不同客户提供的投资分析、预测或者建议不一致的；就同一问题向社会公众和其自营部门提供的咨询意见不一致，为自营业务获利的需要误导社会公众的。

（9）未将其向投资人或者社会公众提供的投资咨询资料自提供之日起保存2年。

【本节学习提示】考查重点：

（1）证券投资咨询业务包括发布研究报告业务与证券投资顾问业务；

（2）投资顾问业务包括：品种选择、投资组合以及理财规划建议等；

（3）发布研究报告包括：价值分析报告、行业研究报告、投资策略报告等；

（4）投资顾问业务与发布研究报告的区别是：立场不同、服务方式和内容不同、服务对象不同、市场影响不同；

（5）投资咨询机构的条件：5名或10名专职人员、高管至少1名具有咨询从业条件、注册资本100万元、场所、设施、章程、制度；

（6）发布研究报告业务的基本原则：独立、客观、公平、审慎；

（7）证券投资顾问业务的基本原则：守法合规、诚实信用、忠实客户利益；

（8）静默期：IPO公告发行价格40日内、再融资公告发行价格10日内、列入限制名单期间；

（9）荐股软件的条件：提供分析意见或预测价格走势、提供品种选择建议、提供买卖时机建议、提供其他分析预测或建议。

第三节　与证券交易、证券投资活动有关的财务顾问

考点一：上市公司收购以及上市公司重大资产重组等主要法律法规（☆）

《证券法》；

《上市公司并购重组财务顾问业务管理办法》《上市公司重大资产重组管理办法》《上市公司收购管理办法》《科创板上市公司重大资产重组特别规定》《证券服务机构从事证券服务业务备案管理规定》《监管规则适用指引——机构类第2号》。

考点二：财务顾问业务的业务许可情况（☆☆☆）

（1）上市公司并购重组财务顾问业务是指为上市公司收购、重大资产重组、合并、分立、分拆、股份回购、激励事项等对上市公司股权结构、资产和负债、收入和利润等具有重大影响的相关事项提供方案设计、出具专业意见等证券服务业务。

证券公司从事财务顾问业务，需经中国证监会核准，其他证券服务机构从事财务顾问业务，应当报中国证监会备案。**【如证券投资咨询机构从事财务顾问业务需证监会备案，不需要核准】**

上市公司并购重组活动涉及公开发行股票的，应当按照有关规定聘请具有保荐资格的证券公司从事相关业务。

（2）不得担任财务顾问的情形：

①最近24个月内存在违反诚信的不良记录；

②最近24个月内因执业行为违反行业规范而受到行业自律组织的纪律处分；

③最近36个月内因违法违规经营受到处罚或者因涉嫌违法违规经营正在被调查。

【记忆技巧】

情节轻微，限制时间短，反之时间长。

如诚信不良记录、纪律处分相比行政处罚和立案调查较轻，所以不良记录和纪律处分对应24个月，行政处罚和调查对应36个月。

（3）不得担任独立财务顾问的情形：**【由上市公司聘请的，均称之为独立财务顾问】**

①持有或者通过协议、其他安排与他人共同持有上市公司股份达到或者超过5%，或者选派代表担任上市公司董事；**【注意仅是董事】**

②上市公司持有或者通过协议、其他安排与他人共同持有财务顾问的股份达到或者超过5%，或者选派代表担任财务顾问的董事；

③最近2年财务顾问与上市公司存在资产委托管理关系、相互提供担保，或者最近1年财务顾问为上市公司提供融资服务；

④财务顾问的董事、监事、高级管理人员、财务顾问主办人或者其直系亲属有在上

市公司任职等影响公正履行职责的情形；**【财务顾问指证券公司；财务顾问主办人指的是财务顾问业务下某一具体项目的签字责任人】**

⑤在并购重组中为上市公司的交易对方提供财务顾问服务；

⑥上市公司董事会或者独立董事聘请的独立财务顾问，不得同时担任收购人的财务顾问或者与收购人的财务顾问存在关联关系；

⑦与上市公司存在利害关系、可能影响财务顾问及其财务顾问主办人独立性的其他情形。

【记忆技巧】

独立财务顾问由上市公司聘请，其核心是要保持“独立性”，所以存在违反独立原则的关联关系的，均排除，如：

互相持股达5%，委派到对方任董事；近期（1年或2年）提供过服务；任职；为交易对方服务；存在关联关系等。

【例题39】根据《上市公司并购重组财务顾问业务管理办法》，证券公司、证券投资咨询机构或者其他财务顾问机构受聘担任上市公司独立财务顾问的，应当保持独立性，不得与上市公司存在利害关系，存在下列（　　）情形之一的，不得担任独立财务顾问。

Ⅰ.持有或者通过协议，其他安排与他人共同持有上市公司股份达到或者超过3%

Ⅱ.最近2年财务顾问与上市公司存在资产委托管理关系、相互提供担保

Ⅲ.在并购重组中为上市公司的交易对方提供财务顾问服务

Ⅳ.上市公司选派代表担任财务顾问的董事

A. Ⅰ、Ⅳ　　B. Ⅱ、Ⅲ、Ⅳ

C. Ⅰ、Ⅱ、Ⅲ　　D. Ⅰ、Ⅱ、Ⅲ、Ⅳ

【答案】B

【解析】Ⅰ项应为：持有或者通过协议、其他安排与他人共同持有上市公司股份达到或者超过5%，或者选派代表担任上市公司董事。

考点三：从事上市公司并购重组财务顾问业务的业务规则（☆☆）

（一）接受或终止委托

财务顾问接受上市公司并购重组多方当事人委托的，不得存在利益冲突或者潜在的利益冲突。

接受委托的，财务顾问应当指定2名财务顾问主办人负责，同时，可以安排1名项目协办人参与。**【2主+1协】**

（二）尽职调查

财务顾问应当建立尽职调查制度和具体工作规程，对上市公司并购重组活动进行充分、广泛、合理的调查，核查委托人提供的为出具专业意见所需的资料，对委托人披露

的内容进行独立判断，有充分理由确信所作的判断与委托人披露的内容不存在实质性差异，并据此在专业意见中对重要事项进行分析和说明。

财务顾问对同一事项所作的判断与其他证券服务机构的专业意见存在重大差异的，应当进一步调查、复核，并可自行聘请相关专业机构提供专业服务。

（三）辅导与验收

财务顾问应当采取有效方式对新进入上市公司的董事、监事和高级管理人员、控股股东和实际控制人的主要负责人进行证券市场规范化运作的辅导，包括上述人员应履行的责任和义务、上市公司治理的基本原则、公司决策的法定程序和信息披露的基本要求，并对辅导结果进行验收，将验收结果存档。验收不合格的，财务顾问应当重新进行辅导和验收。

（四）发表专业意见

财务顾问的法定代表人或者其授权代表人、部门负责人、内部核查机构负责人、财务顾问主办人和项目协办人应当在财务顾问专业意见上签名，并加盖财务顾问单位公章。**【5人1章，注意没有“业务负责人”】**

（五）接受监管机构审核

财务顾问应指定财务顾问主办人与中国证监会进行专业沟通，并按照中国证监会提出的反馈意见作出回复。

自申报至并购重组事项完成前，对于上市公司和其他并购重组当事人发生较大变化对本次并购重组构成较大影响的情况予以高度关注，并及时向中国证监会报告。

财务顾问主办人应当就中国证监会在反馈意见中提出的问题按照内部程序向部门负责人、内部核查机构负责人等相关负责人报告，并对中国证监会提出的问题进行充分的研究、论证，审慎回复。回复意见应当由财务顾问的法定代表人或者其授权代表人、财务顾问主办人和项目协办人签名，并加盖财务顾问单位公章。**【3人1章，无部门负责人、内核负责人】**

（六）持续督导

根据中国证监会有关并购重组的规定，向上市公司收购、重大资产重组、发行股份购买资产、合并等事项完成后的规定期限内，财务顾问承担持续督导责任。

结合上市公司披露的定期报告出具持续督导意见，并在前述定期报告披露后的15日内向上市公司所在地的中国证监会派出机构报告。**【注意不是财务顾问所在地，也不是证监会】**

（七）工作底稿

财务顾问应当建立并购重组工作档案和工作底稿制度，为每一个项目建立独立的工作档案。财务顾问的工作档案和工作底稿应当真实、准确、完整，保存期不少于10年。

（八）保密责任

财务顾问应当按照中国证监会的要求，配合提供上市公司并购重组相关内幕信息知情人买卖、持有相关上市公司证券的文件，并向中国证监会报告内幕信息知情人的违法违规行为，配合中国证监会依法进行的调查。

【例题 40】 财务顾问的职责包括（　　）。

Ⅰ. 接受并购重组当事人的委托，对上市公司并购重组活动进行尽职调查，全面评估相关活动所涉及的风险

Ⅱ. 对委托人进行证券市场规范化运作的辅导，使其熟悉有关法律、行政法规和中国证监会的规定，充分了解其应承担的义务和责任，督促其依法履行报告和信息披露的义务

Ⅲ. 在对上市公司并购重组活动及申报文件的真实性、准确性、完整性进行充分核查和验证的基础上，依据中国证监会的规定和监管要求，客观、公正地发表专业意见

Ⅳ. 接受委托人的委托，向中国证监会报送有关上市公司并购重组的申报材料，并根据中国证监会的审核意见，组织和协调委托人及其他专业机构进行答复

A. Ⅰ、Ⅱ、Ⅲ、Ⅳ　　B. Ⅰ、Ⅱ、Ⅳ

C. Ⅰ、Ⅲ、Ⅳ　　D. Ⅰ、Ⅱ、Ⅲ

【答案】 A

【解析】 Ⅰ、Ⅱ、Ⅲ、Ⅳ项均属于财务顾问的职责，其中Ⅰ项为尽职调查环节的要求，Ⅱ项为辅导验收环节的要求，Ⅲ项为发表专业意见环节的要求，Ⅳ项为接受监管机构审核环节的要求。

【例题 41】 下列不属于财务顾问尽职调查职责的是（　　）。

A. 财务顾问在开展工作时可利用其他证券服务机构出具的专业意见

B. 财务顾问对同一事项所做的判断与其他证券服务机构的专业意见存在重大差异的，可自行聘请相关专业机构提供专业服务

C. 委托人应当配合财务顾问进行尽职调查，提供相应的文件资料

D. 指定财务顾问主办人与中国证监会进行专业沟通，并按照中国证监会提出的反馈意见作出回复

【答案】 D

【解析】 ABC 三项均属于财务顾问尽职调查的要求；D 选项属于财务顾问接受监管机构审核应当配合中国证监会工作的内容。

【例题 42】 财务顾问承担持续督导责任，结合上市公司定期报告的披露，财务顾问应做好（　　）工作。

Ⅰ. 督促并购重组当事人按照相关程序规范实施并购重组方案，及时办理产权过户手续，并依法履行报告和信息披露的义务

Ⅱ. 督促上市公司按照《上市公司治理准则》的要求规范运作

Ⅲ. 督促和检查申报人履行对市场公开作出相关承诺的情况

Ⅳ. 结合上市公司披露的定期报告出具持续督导意见，并在前述定期报告披露后的10日内向上市公司所在地中国证监会派出机构报告

A. Ⅰ、Ⅱ、Ⅲ、Ⅳ　　B. Ⅰ、Ⅱ、Ⅳ

C. Ⅰ、Ⅲ、Ⅳ　　D. Ⅰ、Ⅱ、Ⅲ

【答案】D

【解析】结合上市公司披露的定期报告出具持续督导意见，并在前述定期报告披露后的15日内向上市公司所在地的中国证监会派出机构报告。

考点四：财务顾问的监管要求和法律责任（☆☆）

（一）监管要求

中国证监会建立监管信息系统，对财务顾问及其财务顾问主办人进行持续动态监管，并将以下事项记入其诚信档案：

（1）财务顾问及其财务顾问主办人被中国证监会采取监管措施的；

（2）在持续督导期间，上市公司或者其他委托人违反公司治理有关规定、相关资产状况及上市公司经营成果等与财务顾问的专业意见出现较大差异的；

（3）中国证监会认定的其他事项。

（二）法律责任

不属于上市公司管理层事前无法获知且事后无法控制的原因，上市公司或者购买资产实现的利润未达到盈利预测报告或者资产评估报告预测金额：	
未达80%	证监会责令财务顾问及其财务顾问主办人在股东大会及中国证监会指定报刊上公开说明未实现盈利预测的原因并向股东和社会公众投资者道歉。
未达50%	证监会可以同时对财务顾问及其财务顾问主办人采取监管谈话、出具警示函、责令定期报告等监管措施。

违法行为	权力机关	处罚处分	罚款	
			公司	责任人
未按照规定保存有关文件和资料	证监会	责令改正，给予警告	10万~100万元	
泄露、隐匿、伪造、篡改或者毁损有关文件和资料	证监会	给予警告； 情节严重的，暂停、撤销相关业务许可或者禁止从事相关业务	20万~200万元 严重的50万~500万元	10万~100万元
财务顾问及其财务顾问主办人违反业务规则	证监会	监管谈话、出具警示函、责令改正 （改正期间或验收合格前不得接受新的上市公司并购重组财务顾问业务）		

注：责任人指“直接负责的主管人员和其他直接责任人员”。

违反业务规则的行为包括：

（1）内部控制机制和管理制度、尽职调查制度以及相关业务规则存在重大缺陷或者未得到有效执行的；

（2）未按照相关规定发表专业意见的；

（3）在受托报送申报材料过程中，未切实履行组织、协调义务、申报文件制作质量低下的；

（4）未依法履行持续督导义务的；

（5）未按照相关规定向中国证监会报告或者公告的；

（6）违反其就上市公司并购重组相关业务活动所作承诺的；

（7）违反保密制度或者未履行保密责任的；

（8）采取不正当竞争手段进行恶性竞争的；

（9）唆使、协助或者伙同委托人干扰中国证监会审核工作的；

（10）中国证监会认定的其他情形。

【例题 43】财务顾问及其财务顾问主办人出现下列（　　）情形之一的，中国证监会对其采取监管谈话等监管措施。

Ⅰ. 内部控制机制和管理制度、尽职调查制度以及相关业务规则存在重大缺陷或者未得到有效执行的

Ⅱ. 未按照《上市公司并购重组财务顾问业务管理办法》规定发表专业意见的

Ⅲ. 在受托报送申报材料过程中，未切实履行组织、协调义务、申报文件制作质量低下的

Ⅳ. 未依法履行持续督导义务

A. Ⅰ、Ⅱ、Ⅳ　　B. Ⅰ、Ⅱ、Ⅲ、Ⅳ

C. Ⅲ、Ⅳ　　D. Ⅰ、Ⅱ、Ⅲ

【答案】B

【解析】财务顾问及其财务顾问主办人出现下列情形之一的，中国证监会对其采取监管谈话、出具警示函、责令改正等监管措施：

（1）内部控制机制和管理制度、尽职调查制度以及相关业务规则存在重大缺陷或者未得到有效执行的；

（2）未按照相关规定发表专业意见的；

（3）在受托报送申报材料过程中，未切实履行组织、协调义务、申报文件制作质量低下的；

（4）未依法履行持续督导义务的；

（5）未按照相关规定向中国证监会报告或者公告的；

（6）违反其就上市公司并购重组相关业务活动所作承诺的；

（7）违反保密制度或者未履行保密责任的；

（8）采取不正当竞争手段进行恶性竞争的；

（9）唆使、协助或者伙同委托人干扰中国证监会审核工作的；

（10）中国证监会认定的其他情形。

【本节学习提示】考查重点：

（1）财务顾问业务包括：上市公司收购、重大资产重组、合并、分立、分拆、股份回购、激励；

（2）不得担任财务顾问的情形：24个月不良记录、24个月纪律处分、36个月行政处罚；

（3）不得担任独立财务顾问的情形：互相持股达5%，委派到对方任董事；近期（1年或2年）提供过服务；任职；为交易对方服务；存在关联关系；

（4）每项业务参与人：2名财务顾问主办人+1名项目协办人；

（5）辅导对象：新进入上市公司的董事、监事和高级管理人员、控股股东和实际控制人的主要负责人；

（6）财务顾问业务的签字主体包括：法定代表人或者其授权代表人、部门负责人、内部核查机构负责人、财务顾问主办人和项目协办人。

第四节　证券承销与保荐

考点一：证券公司发行与承销业务的主要法律法规（☆）

承销保荐业务	《证券发行上市保荐业务管理办法》《证券公司投资银行类业务内部控制指引》《保荐人尽职调查工作准则》《证券公司保荐业务规则》。
主板业务	《首次公开发行股票并上市管理办法》《上市公司证券发行管理办法》《证券发行与承销管理办法》《上市公司非公开发行股票实施细则》《上海证券交易所股票上市规则》《深圳证券交易所股票上市规则》。
科创板业务	《科创板首次公开发行股票注册管理办法（试行）》《科创属性评价指引（试行）》《上海证券交易所科创板企业发行上市申报及推荐暂行规定》《上海证券交易所科创板股票发行上市审核规则》《上海证券交易所科创板股票发行与承销实施办法》《上海证券交易所科创板股票上市规则》《科创板上市公司持续监管办法（试行）》。
创业板业务	《创业板首次公开发行股票注册管理办法（试行）》《深圳证券交易所创业板股票发行上市审核规则》《创业板首次公开发行证券发行与承销特别规定》《创业板上市公司证券发行注册管理办法（试行）》《深圳证券交易所创业板上市公司证券发行上市审核规则》《创业板上市公司持续监管办法（试行）》。

续表

公司债业务	《公司债券发行与交易管理办法》《非公开发行公司债券备案管理办法》《非公开发行公司债券项目承接负面清单指引》《公司债券承销业务规范》《公司债券承销业务尽职调查指引》《上市公司股东发行可交换公司债券试行规定》。
企业债业务	《国家发展改革委关于进一步改进和加强企业债券管理工作的通知》《关于试行全面加强企业债券风险防范的若干意见的函》《中央企业债券发行管理暂行办法》《国家发展改革委关于推进企业债券市场发展、简化发行核准程序有关事项的通知》《关于进一步推进企业债券市场化方向改革有关工作的意见》《国家发展改革委办公厅关于进一步改进企业债券发行审核工作的通知》《关于试行全面加强企业债券风险防范的若干意见的函》《国家发展改革委办公厅关于充分发挥企业债券融资功能支持重点项目建设促进经济平稳较快发展的通知》《国家发展改革委办公厅关于简化企业债券审报程序加强风险防范和改革监管方式的意见》。
金融债业务	《全国银行间债券市场金融债券发行管理办法》《全国银行间债券市场金融债券发行管理操作规程》《证券公司次级债管理规定》《证券公司短期融资券管理办法》《商业银行次级债券发行管理办法》《保险公司次级定期债务管理办法》。
非金融企业债务融资工具业务	《银行间债券市场非金融企业债务融资工具管理办法》《非金融企业债务融资工具主承销商尽职调查指引（2020年修订）》《非金融企业中期票据业务指引（2020版）》《非金融企业短期融资券业务指引（2020版）》《银行间债券市场中小非金融企业集合票据业务指引》《银行间债券市场非金融企业资产支持票据指引》《银行间债券市场非金融企业债务融资工具募集说明书指引》《银行间债券市场非金融企业债务融资工具信息披露规则》《非金融企业债务融资工具发行规范指引》《关于公布实施〈非金融企业债务融资工具公开发行注册工作规程（2020版）〉〈非金融企业债务融资工具公开发行注册文件表格体系（2020版）〉等有关事项的通知》《非金融企业债务融资工具注册发行业务问答》。

【记忆技巧】

科创板、创业板以及各类债券业务所对应的法律法规名称均具有明显的名称特点。如：

科创板——“科创板”；

创业板——“创业板”；

公司债——“公司债券”；

企业债——“企业债券”；

金融债——金融债是金融机构发行的债券，所以名称中包含“金融债券”或“证券公司”“商业银行”“保险公司”；

非金融企业债务融资工具——“非金融企业债务融资工具”；

除此之外，带有“发行”“上市”且无任何板块标识的，属于——主板；

其他的，再加上《证券发行上市保荐业务管理办法》属于对保荐业务整体规范的规则。

考点二：证券发行上市保荐业务的一般规定（☆☆）

- 承销保荐
  - 股票
    - 首次公开发行股票（IPO）
    - 上市公司发行新股、可转换公司债券（再融资）
    - 公开发行存托凭证
  - 债券
    - 公司债券
    - 企业债券
    - 金融债券
    - 非金融企业债务融资工具

（一）证券发行上市保荐业务

1. 保荐业务资格**【由证监会核准】**

（1）注册资本≥人民币1亿元，净资本≥人民币5000万元；

（2）具有完善的公司治理和内部控制制度，风险控制指标符合相关规定；

（3）保荐业务部门具有健全的业务规程、内部风险评估和控制系统，内部机构设置合理，具备相应的研究能力、销售能力等后台支持；

（4）具有良好的保荐业务团队且专业结构合理，从业人员≥35人，其中最近3年从事保荐相关业务的人员≥20人；

（5）保荐代表人≥4人；

（6）最近3年内未因重大违法违规行为受到行政处罚；

（7）中国证监会规定的其他条件。

2. 需聘请保荐机构的情形

发行人申请从事下列发行事项，依法采取承销方式的，应当聘请具有保荐业务资格的证券公司（即保荐机构）履行保荐职责：**【按阶段分为发行保荐和上市保荐】**

（1）首次公开发行股票；**【IPO】**

（2）上市公司发行新股、可转换公司债券；**【再融资】**

（3）公开发行存托凭证；**【CDR】**

（4）中国证监会认定的其他情形。

【记忆技巧】

涉及股票发行业务的，需要聘请保荐机构（也称之为保荐人），其某一项目的签字责任人称之为“保荐代表人”；

涉及债券发行业务的，证券公司的身份是“主承销商”，无须具备保荐业务资格。

3. 保荐机构的聘请与撤换

（1）保荐机构的聘请：**【签订协议后5个工作日内向承担辅导验收职责的中国证监会派出机构报告】**

①同次发行的证券，其发行保荐和上市保荐应当由同一保荐机构承担。

②证券发行规模达到一定数量的，可以采用联合保荐，但参与联合保荐的保荐机构不得超过2家。

③证券发行的主承销商可以由该保荐机构担任，也可以由其他具有保荐业务资格的证券公司与该保荐机构共同担任。**【发行销售阶段，证券公司的身份是主承销商】**

④保荐机构及其控股股东、实际控制人、重要关联方持有发行人股份的，或者发行人持有、控制保荐机构股份的，保荐机构在推荐发行人证券发行上市时，应当进行利益冲突审查，出具合规审核意见，并按规定充分披露。通过披露仍不能消除影响的，保荐机构应联合1家无关联保荐机构共同履行保荐职责，且该无关联保荐机构为第一保荐机构。

【例题44】证券发行规模达到一定数量的，可以采用联合保荐，但参与联合保荐的保荐机构不得超过（　　）。

A. 一家　　B. 四家　　C. 两家　　D. 三家

【答案】C

【解析】证券发行规模达到一定数量的，可以采用联合保荐，但参与联合保荐的保荐机构不得超过2家。

（2）保荐机构的撤换。

阶段	撤换要求
刊登证券发行募集文件前	终止保荐协议的，保荐机构和发行人应当自终止之日起5个工作日内分别向中国证监会报告，并说明原因。注册制同时向证券交易所报告。**【核准制：向证监会报告；注册制：证监会＋交易所】**
刊登证券发行募集文件后至持续督导工作结束	不得终止保荐协议，但存在合理理由的情形除外。 发行人因再次申请发行证券另行聘请保荐机构、保荐机构被中国证监会撤销保荐业务资格的，应当终止保荐协议。终止的，应当自终止之日起5个工作日内向中国证监会、证券交易所报告，说明原因。**【报告证监会＋交易所】**
持续督导期间	保荐机构被撤销保荐业务资格的，发行人应当在1个月内另行聘请保荐机构，未在规定期限内另行聘请的，中国证监会可以为其指定保荐机构。因原保荐机构被撤销保荐业务资格而另行聘请保荐机构的，另行聘请的保荐机构持续督导的时间不得少于1个完整的会计年度。

4. 保荐代表人

保荐机构履行保荐职责，应当指定2名品行良好、具备组织实施保荐项目专业能力的保荐代表人具体负责1家发行人的保荐工作。**【同时还可以指定1名项目协办人。2**

代+1 协】

协会组织保荐代表人专业能力水平评价测试，验证拟任保荐代表人是否熟练掌握保荐业务相关法律、会计、财务管理、税务、审计等专业知识，达到相应专业能力水平。

<table>
<tr><th colspan="3">保荐代表人的条件</th></tr>
<tr><td colspan="2">基本条件（必备）</td><td>保荐代表人应当熟练掌握保荐业务相关的法律、会计、财务管理、税务、审计等专业知识，最近5年内具备36个月以上保荐相关业务经历【非连续】、最近12个月持续从事保荐相关业务【连续12个月】，最近3年未受到证券交易所等自律组织的重大纪律处分或者中国证监会的行政处罚、重大行政监管措施。</td></tr>
<tr><td rowspan="2">参加保荐代表人专业能力水平评价测试</td><td>通过</td><td>参加证券业协会组织的“保荐代表人胜任能力考试”，60分通过。</td></tr>
<tr><td>未通过</td><td>所在保荐机构应当出具书面说明并提供验证其专业能力水平的充足材料，所提供材料包括下列中的任意4项可视为充足：【需至少同时满足4项】
①具备8年以上保荐相关业务经历；
②最近3年内在符合《保荐办法》第二条规定的2个证券发行项目中担任过项目组成员（发行人、保荐机构、保荐代表人因证券发行上市相关违规行为受到处罚处分措施的项目除外）；【3年2次项目组成员，不是协办人】
③具有金融、经济、会计、法律相关专业硕士研究生以上学历；
④取得国家法律职业资格；
⑤取得国家注册会计师资格。
除此之外，还需在最近6个月内完成保荐业务相关培训90个学时。</td></tr>
<tr><td colspan="2">免试通过（无须参加考试）</td><td>①具备10年以上保荐相关业务经历，且最近2年内在符合《保荐办法》第二条规定的证券发行项目中担任过项目协办人等主要成员（发行人、保荐机构、保荐代表人因证券发行上市相关违规行为受到处罚处分措施的项目除外）；【2年内担任过协办人】
②从事证券发行上市保荐相关监管工作10年以上。</td></tr>
</table>

【例题45】保荐机构应当指定（　　）名保荐代表人具体负责1家发行人的保荐工作。

A. 1　　B. 2　　C. 4　　D. 3

【答案】B

【解析】保荐机构履行保荐职责，应当指定2名品行良好、具备组织实施保荐项目专业能力的保荐代表人具体负责1家发行人的保荐工作。

5. 尽职推荐

在推荐发行人首次公开发行股票并上市前，对发行人进行辅导，并在辅导工作完成后向发行人所在地的中国证监会派出机构申请辅导验收。其中，辅导内容包括对发行人的董事、监事和高级管理人员、持有5%以上股份的股东和实际控制人（或者其法定代表人）进行系统的法规知识、证券市场知识培训，使其全面掌握发行上市、规范运作等方面的有关法律法规和规则，知悉信息披露和履行承诺等方面的责任和义务，树立进入证券市场的诚信意识、自律意识和法治意识，以及中国证监会规定的其他事项。

根据发行人的委托，组织编制申请文件并出具推荐文件，向中国证监会或证券交易所推荐其证券发行上市。其中，保荐机构出具的推荐文件主要包括发行保荐书、保荐代表人专项授权书、上市保荐书以及中国证监会、证券交易所要求的其他与保荐业务有关的文件。

【易混知识点分析】

保荐业务以及财务顾问业务均涉及辅导环节，区别如下：

（1）辅导对象：

保荐业务：发行人的董、监、高、5%股东、实际控制人。

财务顾问：新进入上市公司的董、监、高、控股股东和实际控制人的主要负责人。

（2）辅导内容：

保荐业务：法规知识、证券市场知识，使其掌握发行上市、规范运作有关的法律法规和规则，知悉信息披露和履行承诺等方面的责任和义务。

财务顾问：规范化运作的辅导，包括应履行的责任和义务、上市公司治理的基本原则、公司决策的法定程序和信息披露的基本要求。

6. 持续督导**【上市后督导】**

（1）督导职责。

①督导发行人有效执行并完善防止控股股东、实际控制人、其他关联方违规占用发行人资源的制度；

②督导发行人有效执行并完善防止其董事、监事、高级管理人员利用职务之便损害发行人利益的内控制度；

③督导发行人有效执行并完善保障关联交易公允性和合规性的制度，并对关联交易发表意见；

④持续关注发行人募集资金的专户存储、投资项目的实施等承诺事项；

⑤持续关注发行人为他人提供担保等事项，并发表意见；

⑥中国证监会、证券交易所规定及保荐协议约定的其他工作。

（2）督导期限。**【自证券上市之日起计算】**

板块	督导期限
主板 IPO	证券上市当年剩余时间及其后 2 个完整会计年度
主板再融资	证券上市当年剩余时间及其后 1 个完整会计年度
创业板、科创板 IPO	证券上市当年剩余时间及其后 3 个完整会计年度
创业板、科创板再融资	证券上市当年剩余时间及其后 2 个完整会计年度

注：再融资包括上市公司发行新股、可转换公司债券。

【例题46】保荐机构持续督导的内容有（　　）。

Ⅰ．防止实际控制人和其他关联方违规占用发行人资源

Ⅱ．防止公司高管人员利用职务之便损害发行人利益

Ⅲ．保障关联交易的公允性和合规性，并对关联交易发表意见

Ⅳ．关注发行人为他人提供担保事项，并发表意见

A. Ⅰ、Ⅱ、Ⅲ　　B. Ⅱ、Ⅳ

C. Ⅰ、Ⅲ、Ⅳ　　D. Ⅰ、Ⅱ、Ⅲ、Ⅳ

【答案】D

【解析】保荐机构应当针对发行人的具体情况，确定证券发行上市后持续督导的内容，在持续督导期内督导发行人履行有关上市公司规范运作、信守承诺和信息披露等义务，审阅信息披露文件及向中国证监会、证券交易所提交的其他文件，并承担下列工作：

①督导发行人有效执行并完善防止控股股东、实际控制人、其他关联方违规占用发行人资源的制度；

②督导发行人有效执行并完善防止其董事、监事、高级管理人员利用职务之便损害发行人利益的内控制度；

③督导发行人有效执行并完善保障关联交易公允性和合规性的制度，并对关联交易发表意见；

④持续关注发行人募集资金的专户存储、投资项目的实施等承诺事项；

⑤持续关注发行人为他人提供担保等事项，并发表意见；

⑥中国证监会、证券交易所规定及保荐协议约定的其他工作。

（二）债券发行业务

1. 公司债券

（1）公司债券，是指公司依照法定程序发行、约定在一定期限还本付息的有价证券。

（2）发行方式：

发行方式	交易场所
公开发行	证券交易所、全国中小企业股份转让系统（新三板）
非公开发行	证券交易所、全国中小企业股份转让系统、证券公司柜台转让（场外市场）

（3）公开发行条件：

①具备健全且运行良好的组织机构；

②最近3年平均可分配利润足以支付公司债券1年的利息；**【3年1息】**

③具有合理的资产负债结构和正常的现金流量；**【《证券法》中无此项】**

④国务院规定的其他条件。

公开发行公司债券，由证券交易所负责受理、审核，并报中国证监会注册。**【注册制】**

存在下列情形之一的，不得再次公开发行公司债券：

①对已公开发行的公司债券或者其他债务有违约或者延迟支付本息的事实，仍处于继续状态；**【注意：若出现违约，但已经偿还，不受影响】**

②违反《证券法》规定，改变公开发行公司债券所募资金用途。**【未经债券持有人会议决定】**

（4）资信状况符合以下标准的公开发行公司债券，专业投资者和普通投资者可以参与认购：**【即“大公募”公司债券，需满足全部条件】**

①发行人最近3年无债务违约或者延迟支付本息的事实；**【3年内存在即受限，偿还也不行】**

②发行人最近3年平均可分配利润不少于债券1年利息的1.5倍；**【3年1.5息】**

③发行人最近一期末净资产规模不少于250亿元；

④发行人最近36个月内累计公开发行债券不少于3期，发行规模不少于100亿元；

⑤中国证监会根据投资者保护的需要规定的其他条件。

未达到前款规定标准的公开发行公司债券，仅限于专业投资者参与认购。**【即“小公募”公司债券】**

（5）发行公司债券，可以附认股权、可转换成相关股票**【可转债】**等条款。上市公司、股票公开转让的非上市公众公司股东可以发行附可交换成上市公司或非上市公众公司股票条款的公司债券**【可交换债】**。商业银行等金融机构可以按照有关规定发行公司债券补充资本。

（6）投资者要求：

根据财产状况、金融资产状况、投资知识和经验、专业能力等因素，公司债券投资者可以分为普通投资者和专业投资者。专业投资者的标准按照中国证监会的相关规定执行。证券自律组织可以在中国证监会相关规定的基础上，设定更为严格的投资者适当性要求。

发行人的董事、监事、高级管理人员及持股比例超过5%的股东，可视同专业投资者参与发行人相关公司债券的认购或交易、转让。

（7）募集资金要求：

公开发行公司债券筹集的资金，不得用于弥补亏损和非生产性支出。

公开发行公司债券筹集的资金，必须按照公司债券募集说明书所列资金用途使用；改变资金用途，必须经债券持有人会议作出决议。

非公开发行公司债券，募集资金应当用于约定的用途；改变资金用途，应当履行募集说明书约定的程序。

【例题47】下列说法中错误的是（　　）。

A. 公司债券是指公司依照法定程序发行、约定在一定期限内还本付息的有价证券

B. 发行公司债券，不可以附认股权，但可以附可转换成相关股票等条款

C. 公司债券可以公开发行，也可以非公开发行

D. 非公开发行公司债券，募集资金应当用于约定的用途

【答案】B

【解析】发行公司债券，可以附认股权、可转换成相关股票等条款。

2. 企业债券

（1）企业债券，是指企业依照法定程序发行、约定在一定期限内还本付息的有价证券，适用于境内具有法人资格的企业在境内发行的债券，但是金融债券和外币债券除外。企业债券可以转让、抵押和继承。

企业进行有偿筹集资金活动，必须通过公开发行企业债券的形式进行，法律和国务院另有规定的除外。

（2）企业债券持有人有权按照约定期限取得利息、收回本金，但是无权参与企业的经营管理，对企业的经营状况不承担责任。**【股东可以通过行使表决权参与企业经营管理】**

（3）国家发展和改革委员会会同中国人民银行、财政部、中国证监会拟订全国企业债券发行的年度规模和规模内的各项指标，报国务院批准后，下达各省、自治区、直辖市、计划单列市人民政府和国务院有关部门执行。**【发展改革委拟定，国务院审批】**

【例题48】下列关于企业债券的说法错误的是（　　）。

A. 企业债券持有人对企业的经营状况不承担责任

B. 企业债券可以继承和转让，但是不得抵押

C. 未经国务院同意，任何地方、部门不得擅自突破企业债券发行的年度规模

D. 国家发展和改革委员会会同中国人民银行、财政部、中国证监会拟订全国企业债券发行的年度规模

【答案】B

【解析】企业债券发行的一般规定，企业债券可以转让、抵押和继承。

3. 金融债券

（1）金融债券，是指依法在中华人民共和国境内设立的金融机构法人在全国银行间债券市场发行的、按约定还本付息的有价证券。上述金融机构法人，包括政策性银行、商业银行、企业集团财务公司及其他金融机构。

（2）金融债券可在全国银行间债券市场公开发行或定向发行**【非公开】**。发行可以

采取一次足额发行或限额内分期发行的方式。发行人分期发行金融债券的，应在募集说明书中说明每期发行安排。

（3）中国人民银行依法对金融债券的发行进行监督管理。未经中国人民银行核准，任何金融机构不得擅自发行金融债券。

（4）金融债券的发行应由具有债券评级能力的信用评级机构进行信用评级。金融债券发行后信用评级机构应每年对该金融债券进行跟踪信用评级。金融债券定向发行的，经认购人同意，可免予信用评级。定向发行的金融债券只能在认购人之间进行转让。

【例题 49】（　　）依法对金融债券的发行进行监督管理。

A. 中国人民银行　　B. 财政部　　C. 中国证监会　　D. 国务院

【答案】 A

【解析】 中国人民银行依法对金融债券的发行进行监督管理。

4. 非金融企业债务融资工具

（1）非金融企业债务融资工具，是指具有法人资格的非金融企业在银行间债券市场发行的，约定在一定期限内还本付息的有价证券。

（2）企业发行债务融资工具应在中国银行间市场交易商协会注册。全国银行间同业拆借中心为债务融资工具在银行间债券市场的交易提供服务。

企业发行债务融资工具应在银行间债券市场披露信息，在中央国债登记结算有限责任公司（中央结算）登记、托管、结算。**【证券登记结算——中国结算（中证登）、债券登记结算——中央结算（中债登）】**

（3）企业发行债务融资工具应由金融机构承销。企业可自主选择主承销商。需要组织承销团的，由主承销商组织承销团。发行利率、发行价格和所涉费率以市场化方式确定。

（4）企业发行债务融资工具应由在中国境内注册且具备债券评级资质的评级机构进行信用评级。

【例题 50】 债务融资工具在（　　）登记、托管、结算。

A. 中国人民银行

B. 中国银行间市场交易商协会

C. 全国银行间同业拆借中心

D. 中央国债登记结算有限责任公司

【答案】 D

【解析】 企业发行债务融资工具应在银行间债券市场披露信息，在中央国债登记结算有限责任公司登记、托管、结算。

【易混知识点分析】

债券分为公司债券、企业债券、金融债券、非金融企业债务融资工具，这些债券产品在发行主体、发行场所、发行方式等方面容易混淆，区分如下：

债券类型	发行主体	发行方式	发行、交易场所	监管部门（注册部门）
公司债券	公司	公开、非公开	交易所、新三板、柜台市场（仅非公开）	交易所 证监会
企业债券	法人资格的企业	公开	交易所、银行间债券市场	发展改革委
金融债券	金融机构	公开、非公开	银行间债券市场	中国人民银行
非金融企业债务融资工具	非金融企业	公开、非公开	银行间债券市场	交易商协会

考点三：证券发行与承销信息披露的有关规定（☆）

（一）证券发行与承销信息披露

1. 总体要求

发行人和承销商在发行过程中披露的信息，应当真实、准确、完整、及时，不得有虚假记载、误导性陈述或者重大遗漏。

2. 时点要求

时点	披露要求
申请受理——刊登招股意向书	不得采取任何公开方式或变相公开方式进行与股票发行相关的推介活动，也不得通过其他利益关联方或委托他人等方式进行相关活动。
刊登招股意向书后	发行人和主承销商可以向网下投资者进行推介和询价，并通过互联网等方式向公众投资者进行推介。向公众投资者提供的发行人信息的内容及完整性应与向网下投资者提供的信息保持一致。

【招股意向书除不含发行价格、筹资金额以外，其内容与格式应当与招股说明书一致，并与招股说明书具有同等法律效力。】

3. 具体要求

（1）招股意向书刊登首日在发行公告中披露发行定价方式、定价程序、参与网下询价投资者条件、股票配售原则、配售方式、有效报价的确定方式、中止发行安排、发行时间安排和路演推介相关安排等信息。

（2）发行人尚未盈利的，可以不披露发行市盈率及与同行业市盈率比较的相关信息，应当披露市销率、市净率等反映发行人所在行业特点的估值指标。

（3）创业板与科创板发行人的高级管理人员与核心员工可以通过设立资产管理计划参与本次发行战略配售。发行人的高级管理人员与核心员工参与战略配售的，应当经发行人董事会审议通过，并在招股说明书中披露参与人员的姓名、担任职务、参与比例等事项。

（4）发行人应当与战略投资者事先签署配售协议。发行人和主承销商应当在发行公告中披露战略投资者的选择标准、向战略投资者配售的股票总量、占本次发行股票的比例以及持有期限等。

（二）债券发行与承销信息披露

1. 公司债券、企业债券

（1）企业及其董事、监事、高级管理人员应当忠实、勤勉地履行信息披露职责，保证信息披露内容真实、准确、完整，不存在虚假记载、误导性陈述或重大遗漏。

企业的董事、高级管理人员应当对债券发行文件和定期报告签署书面确认意见。**【没有监事】**

监事会应当对董事会编制的债券发行文件和定期报告进行审核并提出书面审核意见。监事应当签署书面确认意见。

（2）企业应当建立信息披露事务管理制度。信息披露事务管理制度应当经企业董事会或其他有权决策机构审议通过。

企业应当设置并披露信息披露事务负责人。信息披露事务负责人负责组织和协调债券信息披露相关工作，接受投资者问询，维护投资者关系。信息披露事务负责人应当由企业董事、高级管理人员或具有同等职责的人员担任。

（3）企业应当在最先发生以下任一情形的时点后，原则上不超过2个工作日（交易日）内，履行重大事项的信息披露义务：

①董事会、监事会或者其他有权决策机构就该重大事项形成决议时；

②有关各方就该重大事项签署意向书或者协议时；

③董事、监事、高级管理人员或者具有同等职责的人员知悉该重大事项发生时；

④收到相关主管部门关于重大事项的决定或通知时。

重大事项出现泄露或市场传闻的，企业也应当及时履行信息披露义务。

信息披露文件一经公布不得随意变更。

2. 金融债券

（1）发行人应在金融债券发行前和存续期间履行信息披露义务。信息披露应通过中国货币网、中国债券信息网进行。对影响发行人履行债务的重大事件，发行人应在第一时间向中国人民银行报告，并按照中国人民银行指定的方式披露。

（2）金融债券存续期间，发行人应于每年 4 月 30 日前向投资者披露年度报告，年度报告应包括发行人上一年度的经营情况说明、经注册会计师审计的财务报告以及涉及的重大诉讼事项等内容。于每年 7 月 31 日前披露债券跟踪信用评级报告。

发行人应于金融债券每次付息日前 2 个工作日公布付息公告，最后一次付息即兑付日前 5 个工作日公布兑付公告。

【例题 51】 下列说法正确的是（　　）。

Ⅰ. 金融债券的发行应遵循公平、公正、诚信、自律的原则，金融债券发行人及相关中介机构应充分披露有关信息，并提示投资风险

Ⅱ. 发行人应在金融债券发行前和存续期间履行信息披露义务。信息披露义务应通过中国货币网、中国债券信息网进行

Ⅲ. 发行人及相关知情人在信息披露前不得泄露其内容

Ⅳ. 对影响发行人履行债务的重大事件，发行人应在第一时间向中国证监会报告，并按照中国证监会指定的方式披露

A. Ⅰ、Ⅱ、Ⅳ　　B. Ⅰ、Ⅱ、Ⅲ、Ⅳ

C. Ⅰ、Ⅲ、Ⅳ　　D. Ⅰ、Ⅱ、Ⅲ

【答案】 D

【解析】 对影响发行人履行债务的重大事件，发行人应在第一时间向中国人民银行报告，并按照中国人民银行指定的方式披露。

考点四：监管部门对证券发行与承销的监管措施（☆☆）

主体	违规行为	监管措施
保荐机构	（1）向中国证监会、证券交易所提交的与保荐工作相关的文件存在虚假记载、误导性陈述或者重大遗漏； （2）重大事项未报告、未披露； （3）内部控制制度存在重大缺陷或者未有效执行； （4）尽职调查制度、内部核查制度、持续督导制度、保荐工作底稿制度等保荐业务制度存在重大缺陷或者未有效执行； （5）廉洁从业管理内控体系、反洗钱制度存在重大缺陷或者未有效执行； （6）保荐工作底稿存在虚假记载、误导性陈述或者重大遗漏； （7）唆使、协助或者参与发行人及证券服务机构提供存在虚假记载、误导性陈述或者重大遗漏的文件； （8）唆使、协助或者参与发行人干扰中国证监会及其发行审核委员会、证券交易所及其上市委员会的审核工作； （9）通过从事保荐业务谋取不正当利益； （10）伪造或者变造签字、盖章； （11）严重违反诚实守信、勤勉尽责义务的其他情形。	**【证监会】** 视情节轻重，暂停保荐业务资格 3 个月到 36 个月，并可以责令保荐机构更换董事、监事、高级管理人员或者限制其权利；情节特别严重的，撤销其保荐业务资格。

续表

主体	违规行为	监管措施
保荐机构、保代、其他保荐业务人员	（1）通过从事保荐业务谋取、输送任何不正当利益； （2）直接或者间接向他人提供内幕信息，泄露未公开信息、商业秘密和客户信息； （3）以不合理价格、不正当竞争方式招揽业务，违反公平竞争，破坏市场秩序； （4）未勤勉尽责履行保荐相关职责； （5）违反独立性原则违规开展保荐业务； （6）采取业务包干等承包方式或其他形式进行过度激励； （7）聘用不符合规定要求的人员从事保荐业务，执业登记存在弄虚作假等违规行为； （8）不配合、阻挠或以其他变相方式妨碍协会检查，影响自律管理人员作出自律管理决定； （9）无正当理由不按规定及时报送相关信息，经提醒后仍不按规定报送，报送的信息中存在虚假记载、误导性陈述或者重大遗漏； （10）未按照相关规定参加培训； （11）其他违反本规则规定的行为。	**【协会】**对保荐机构及相关责任人员采取谈话提醒、要求参加合规教育、警示、责令改正等自律管理措施；其中第（1）项至第（8）项违规情节严重的，可采取行业内通报批评、暂停或停止执业等纪律处分。

主体	违规行为	监管措施
保荐机构、保荐代表人、保荐业务负责人、内核负责人、保荐业务部门负责人及其他保荐业务相关人员	违反《证券发行上市保荐业务管理办法》，未诚实守信、勤勉尽责地履行相关义务	**【证监会】**责令改正，并对其采取监管谈话、重点关注、责令进行业务学习、出具警示函、责令公开说明、认定为不适当人选、责令增加内部合规检查的次数并提交合规检查报告、责令处分有关责任人员并报告结果、对保荐机构及其有关董事、监事、高级管理人员给予谴责等监管措施；依法应给予行政处罚的，依照有关规定进行处罚；情节严重涉嫌犯罪的，依法移送司法机关，追究其刑事责任。
发行人、证券公司、证券服务机构、投资者及其直接负责的主管人员和其他直接责任人员	有失诚信、违反法律、行政法规或者《证券发行与承销管理办法》规定	**【证监会】**视情节轻重采取责令改正、监管谈话、出具警示函、责令公开说明、认定为不适当人选等监管措施，或者采取市场禁入措施，并记入诚信档案；依法应予行政处罚的，依照有关规定进行处罚；涉嫌犯罪的，依法移送司法机关，追究其刑事责任。

【例题 52】证券公司违反法律、行政法规及中国证券业协会其他规定的，下列不属于中国证监会及其派出机构可以对其主管人员采取的行政监管措施的是（　　）。

A. 出具警示函　　B. 纪律处分

C. 认定为不适当人选　　D. 监管谈话

【答案】B

【解析】B 项纪律处分是中国证券业协会的监管措施。

考点五：违反证券发行与承销业务有关规定的法律责任（☆☆☆）

违反证券承销与保荐业务有关规定的法律责任：

违法行为	权力机关	处罚处分	罚款	
			公司	责任人
保荐人出具有虚假记载、误导性陈述或者重大遗漏的保荐书，或者不履行其他法定职责	证监会	责令改正，给予警告，没收业务收入 情节严重的，并处暂停或者撤销保荐业务许可	业务收入1～10倍； 无收入或不足100万元的，100万～1000万元	50万～500万元
证券公司承销或者销售擅自公开发行或者变相公开发行的证券	证监会	责令停止承销或者销售，没收违法所得情节严重的，并处暂停或者撤销保荐业务许可	违法所得1～10倍； 无所得或不足100万元的，100万～1000万元	50万～500万元

注：责任人指“直接负责的主管人员和其他直接责任人员”。

违反企业债券发行与承销有关规定的法律责任：

违规行为	处罚	罚款	监管主体
未经批准发行或者变相发行企业债券的，以及未通过证券经营机构发行企业债券	责令停止发行活动，退还非法所筹资金	【机构】违规金额5%以下的罚款； 【法定代表人及直接责任人】1万～10万元	中国人民银行及其分支机构
超过批准数额发行企业债券	责令退还超额发行部分或者核减相当于超额发行金额的贷款额度		
超过《企业债券管理条例》第十八条规定的最高利率发行企业债券	责令改正		
用财政预算拨款、银行贷款或者国家规定不得用于购买企业债券的其他资金购买企业债券，以及办理储蓄业务的机构用所吸收的储蓄存款购买企业债券	责令收回该资金		
未按批准用途使用发行企业债券所筹资金	责令改正，没收其违反批准用途使用资金所获收益		
非证券经营机构和个人经营企业债券的承销或者转让业务	责令停止非法经营，没收非法所得		

【例题53】超过《企业债券管理条例》第十八条规定的最高利率发行企业债券的，责令改正，处以相当于所筹资金金额（　　）以下的罚款。

A. 5%　　B. 10%　　C. 15%　　D. 20%

【答案】A

【解析】超过《企业债券管理条例》第十八条规定的最高利率发行企业债券的，责令改正，处以相当于所筹资金金额5%以下的罚款。

【本节学习提示】考查重点：

（1）申请保荐业务资格的条件：注册资本≥1亿元，净资本≥5000万元；从业人员≥35人，3年内从事保荐业务≥20人；保荐代表人≥4人；内控、风控制度、系统健全；3年内无重大违法违规。

（2）保荐代表人注册基本条件：掌握法律、会计、财管、税务、审计知识；5年内36个月保荐经历；近12个月持续保荐经历，3年内无重大纪律处分或行政处罚。

（3）保代注册附加条件：通过水平评价测试；若未通过考试，则需提供（任选4项）：8年以上保荐经历，3年2次任项目组成员，金融、经济、会计、法律硕士研究生学历，法律职业资格，注册会计师资格。

（4）保代注册免试条件（二选一）：10年以上保荐经历+2年内担任协办人；保荐监管10年经验。

（5）持续督导期限：主板IPO——2个会计年度；2创IPO——3个会计年度；主板再融资——1个会计年度；2创再融资——2个会计年度。

（6）"大公募"公司债券的发行条件：3年无违约、3年1.5息、净资产≥250亿元、近36个月公开发行≥3期，发行规模≥100亿元。

（7）公司债券——证监会；企业债券——发展改革委；金融债券——人民银行；非金融企业债务融资工具——交易商协会。

第五节 证券公司融资融券及其他信用业务

考点一：证券公司信用业务的主要法律法规（☆）

《证券法》《证券公司监督管理条例》；

《证券公司融资融券业务管理办法》《证券公司融资融券业务内部控制指引》《转融通业务监督管理试行办法》《上海证券交易所融资融券交易实施细则》《深圳证券交易所融资融券交易实施细则》《上海证券交易所转融通证券出借交易实施办法（试行）》《深圳证券交易所转融通证券出借交易实施办法（试行）》《中国证券登记结算有限责任公司证券出借及转融通登记结算业务规则（试行）》《上海证券交易所 中国证券金融股份有限公司 中国证券登记结算有限责任公司科创板转融通证券出借和转融券业务实施细则》《深圳证券交易所 中国证券金融股份有限公司 中国证券登记结算有限责任公司创业板转融通证券出借和转融券业务特别规定》《股票质押式回购交易及登记结算业务

办法》《约定购回式证券交易及登记结算业务办法》《质押式报价回购交易及登记结算业务办法》。

考点二：融资融券业务管理的基本原则（☆☆☆）

融资融券业务，是指在证券交易所或者国务院批准的其他证券交易场所进行的证券交易中，证券公司向客户出借资金供其买入证券或者出借证券供其卖出，并由客户交存相应担保物的经营活动。**【融资——借资金买入证券；融券——借证券卖出】**

融资融券业务的基本原则：

原则	具体要求
合法合规性	开展融资融券业务，必须经中国证监会核准。
集中管理	融资融券业务的决策和主要管理职责应当由证券公司总部承担。
业务隔离	分管融资融券业务的高级管理人员不得兼管风险监控部门和业务稽核部门。
了解客户	不得诱导不适当的客户开展融资融券业务。

【例题 54】 证券公司开展融资融券业务，必须经（　　）核准。

A. 证券行业协会　B. 证券交易所　C. 中国证监会　D. 证券信用公司

【答案】 C

【解析】 证券公司开展融资融券业务，必须经中国证监会核准。未经中国证监会核准，任何证券公司不得向客户融资、融券，也不得为客户与客户、客户与他人之间的融资融券活动提供任何便利和服务。

考点三：证券公司申请融资融券业务资格应具备的条件（☆）

（1）具有证券经纪业务资格；

（2）公司治理健全，内部控制有效，能有效识别、控制和防范业务经营风险和内部管理风险；

（3）公司最近 2 年内不存在因涉嫌违法违规正被中国证监会立案调查或者正处于整改期间的情形；**【注意不是 3 年】**

（4）财务状况良好，最近 2 年各项风险控制指标持续符合规定，注册资本和净资本符合增加融资融券业务后的规定；

（5）客户资产安全、完整，客户交易结算资金第三方存管有效实施，客户资料完整、真实；

（6）已建立完善的客户投诉处理机制，能够及时、妥善处理与客户之间的纠纷；

（7）已建立符合监管规定和自律要求的客户适当性制度，实现客户与产品的适当性匹配管理；

（8）信息系统安全稳定运行，最近1年未发生因公司管理问题导致的重大事件，融资融券业务技术系统已通过证券交易所、证券登记结算机构组织的测试；

（9）有拟负责融资融券业务的高级管理人员和适当数量的专业人员；

（10）中国证监会规定的其他条件。

【例题55】 证券公司申请取得开展融资融券业务资格时，应当具有（　　）资格。

A. 资产管理业务　　B. 自营投资业务　　C. 证券经纪业务　　D. 衍生产品业务

【答案】 C

【解析】 证券公司申请融资融券业务资格应具备的条件包括：具有证券经纪业务资格。

考点四：融资融券业务的账户体系（☆☆☆）

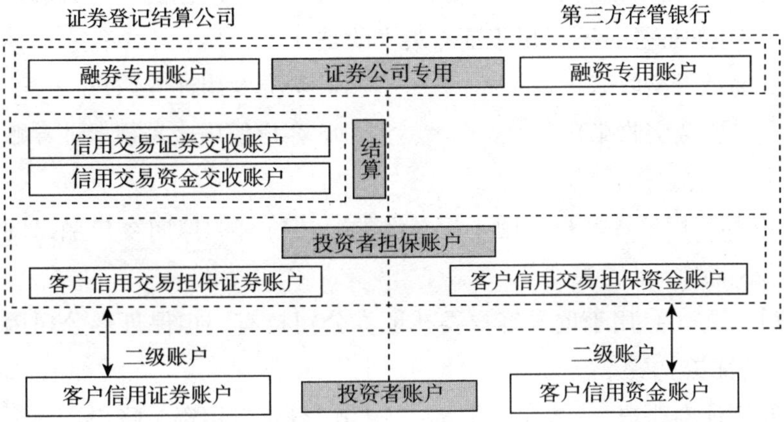

（一）证券公司信用业务账户体系

（1）融券专用证券账户用于记录证券公司持有的拟向客户融出的证券和客户归还的证券，不得用于证券买卖；

（2）融资专用资金账户用于存放证券公司拟向客户融出的资金及客户归还的资金；

（3）客户信用交易担保证券账户用于记录客户委托证券公司持有、担保证券公司因向客户融资融券所生债权的证券；

（4）客户信用交易担保资金账户用于存放客户交存的、担保证券公司因向客户融资融券所生债权的资金；

（5）信用交易证券交收账户用于客户融资融券交易的证券结算；

（6）信用交易资金交收账户用于客户融资融券交易的资金结算。

【记忆技巧】

证券公司融资融券业务所涉及的6个主要账户，名称中带“资”字的，是在第三方存管银行开立的账户；名称中带“券”以及“交收”的，是在证券登记结算公司开立的账户。

注意：【信用交易资金交收账户】虽然带“资”字，但是其属于交收账户，由负责交收职责的结算公司开立。

（二）客户信用账户

（1）客户信用资金台账是客户在证券公司开立的用于记载客户交存的担保资金及融资融券负债明细数据的账户。**【注意是在证券公司开立的账户】**

（2）客户信用证券账户是证券公司客户信用交易担保证券账户的二级账户，用于记录客户委托证券公司持有的担保证券的明细数据。

（3）客户信用资金账户是客户在指定的商业银行开立的用于记载客户交存的担保资金的明细数据的账户。该账户是证券公司客户信用交易担保资金账户的二级账户。**【注意是在商业银行开立的账户】**

【例题56】证券公司信用业务账户体系中，用于记录证券公司持有的拟向客户融出的证券和客户归还的证券，不得用于证券买卖的是（　　）。

A. 信用交易证券交收账户　　B. 融券专用证券账户

C. 信用交易资金交收账户　　D. 客户信用交易担保证券账户

【答案】B

【解析】融券专用证券账户：用于记录证券公司持有的拟向客户融出的证券和客户归还的证券，不得用于证券买卖。

【例题57】（　　）用于记录客户委托证券公司持有、担保证券公司因向客户融资融券所生债权的证券。

A. 融券专用证券账户　　B. 融资专用资金账户

C. 客户信用交易担保证券账户　　D. 客户信用交易担保资金账户

【答案】C

【解析】客户信用交易担保证券账户：用于记录客户委托证券公司持有、担保证券公司因向客户融资融券所生债权的证券。

【例题58】证券公司经营融资融券业务，应当以自己的名义，在证券登记结算机构分别开立（　　）。

Ⅰ. 融券专用证券账户

Ⅱ. 客户信用交易担保证券账户

Ⅲ. 信用交易证券交收账户

Ⅳ. 信用交易资金交收账户

A. Ⅰ、Ⅱ、Ⅲ　　B. Ⅰ、Ⅲ、Ⅳ

C. Ⅰ、Ⅱ、Ⅳ　　D. Ⅰ、Ⅱ、Ⅲ、Ⅳ

【答案】D

【解析】证券公司经营融资融券业务，应当以自己的名义，在证券登记结算机构分别开立融券专用证券账户、客户信用交易担保证券账户、信用交易证券交收账户和信用交易资金交收账户。

考点五：融资融券业务客户的申请、客户征信调查、客户的选择标准（☆☆）

（一）客户的申请

客户向证券公司申请开展融资融券业务，应当由客户本人向证券公司营业部提出申请，并应根据证券公司营业部的要求提供相应的书面申请材料，一般包括有效身份证明文件、融资融券业务申请表、客户已开设相关账户的基本信息、客户财务状况证明、担保品证明等相关材料。

机构客户除提交以上基本信息外，还需提交公司章程、法人代表授权文件、法人代表身份证明、法人代表身份证件及经办人身份证明等文件。

（二）客户征信调查

调查项目	具体内容
客户基本情况	客户的基本信息
财产与收入状况	个人：收入来源及数额、金融资产、非金融资产、债务情况及用作担保品的资金或证券资产情况等； 机构：资产及负债情况、偿债能力、盈利能力、成长性说明等。
证券投资经验及风险偏好	投资期限、投资规模、投资收益、投资风格及风险偏好等。
诚信合规记录	近几年证券投资交易清算履约情况、商业银行信用记录、其他信用记录等。
融资融券需求	融资融券授信方式、额度、期限、利率及费率等。

（三）客户的选择标准

选择标准	具体内容
从事证券交易的时间	已在该证券公司或有控制关系证券公司的营业部开立普通证券账户且从事证券交易的时间满半年以上。
账户状态	手续齐全、资料完备，资金账户与证券账户对应关系清晰，交易结算状态正常。
信誉情况	信誉良好，无重大违约记录。
资产状况	最近20个交易日日均证券类资产≥50万元，具有符合要求的担保品及较强的还款能力。
投资风格及业绩	具有较强的风险承受能力，符合适当性相关规定。
关联关系	不属于本公司的股东（持股5%以下除外）或关联人。

【专业机构投资者参与融资、融券，可不受前款从事证券交易时间及证券类资产条件限制。】

不符合上述客户选择标准或客户未按照要求提供有关情况的，证券公司不得为客户开立信用业务账户。

【例题59】 对于融资融券业务客户的征信调查包括（　　）。

Ⅰ. 客户基本情况

Ⅱ. 财产与收入状况

Ⅲ. 证券投资经验及风险偏好

Ⅳ. 诚信合规记录

A. Ⅰ、Ⅱ、Ⅲ　　B. Ⅰ、Ⅲ、Ⅳ

C. Ⅰ、Ⅱ、Ⅳ　　D. Ⅰ、Ⅱ、Ⅲ、Ⅳ

【答案】 D

【解析】 融资融券业务客户的征信调查包括：（1）客户基本情况；（2）财产与收入状况；（3）证券投资经验及风险偏好；（4）诚信合规记录；（5）融资融券需求。

【例题60】 证券公司不得为客户开立信用业务账户的情形有（　　）。

Ⅰ. 未按照要求提供有关情况

Ⅱ. 缺乏风险承担能力

Ⅲ. 从事证券交易时间不足1年

Ⅳ. 本公司的股东、关联人

A. Ⅰ、Ⅱ、Ⅲ　　B. Ⅰ、Ⅲ、Ⅳ

C. Ⅰ、Ⅱ、Ⅳ　　D. Ⅰ、Ⅱ、Ⅲ、Ⅳ

【答案】 C

【解析】 从事证券交易时间不足半年的，不得为客户开立信用业务账户。

考点六：融资融券业务合同及风险揭示书的基本内容（☆☆☆）

（一）融资融券业务合同**【由客户本人签署，机构客户由法定代表人或授权人签署】**

（1）当事人姓名、住所等相关信息。

（2）订立合同的目的和依据。

（3）对融资融券交易所涉及的信用账户、融资与融券交易、担保物、保证金比例、维持担保比例、强制平仓等专业术语进行解释或定义。

（4）合同应载明甲乙双方对主体资质、交易资产来源、身份证明材料的真实性等方面的声明与保证。

（5）合同应载明开立信用业务相关账户的有关内容。

（6）合同应约定融资融券特定的财产信托关系，即信托目的、信托财产范围、信托的成立和生效、信托财产的管理、信托财产的处分及信托的终止。

（7）合同应约定甲方**【客户】**从事融资融券交易的保证金比例及计算公式、保证金可用余额计算公式、可充抵保证金的证券范围和折算率、标的证券范围等。

（8）合同应约定甲方从事融资融券交易的信用额度、融资融券期限、融资利率和融券费用的确定方式及相应的计算公式等事项。

（9）合同应对融资融券交易的主要业务操作环节加以约定。

（10）合同应约定甲方从事融资融券交易的维持担保比例和计算公式、补仓时间、补仓期限、补仓后应达到的维持担保比例以及乙方要求甲方补仓的通知方式。

（11）合同应约定乙方**【证券公司】**强制平仓的各类情形、平仓开始与停止条件、平仓顺序等事项。

（12）合同应约定甲方清偿债务的范围、方式、期限以及债务清偿后信用账户的处理方式等有关事项。

（13）合同应约定在融资融券交易期间，当出现可充抵保证金证券范围和折算率调整；保证金比例与维持担保比例调整；标的证券范围调整；标的证券暂停交易或终止上市；乙方被取消或限制融资融券交易权限；司法机关对甲方信用证券账户记载的权益采取财产保全或强制执行措施；甲方信用证券账户记载的权益被继承、财产细分或无偿转让等特殊情况时，对尚未了结的融资融券交易的处理方式。

（14）约定融资融券交易所涉及的权益处理事项。

（15）合同应载明通知与送达的有关事项。

（16）合同应明确载入因火灾、地震等不可抗力；非因乙方自身原因导致的技术系统异常事故；政策法规修改；法律法规规定的其他情形等因素，导致合同任何一方不能及时或完全履行合同，免除其相应责任的条款。

（17）合同应约定导致合同终止的各种具体情形。

（18）合同应约定适用的法律和争议处理方式（仲裁或诉讼方式选择一种）。

（19）合同应明确约定合同成立与生效条件、合同期限、合同份数等事项。

（20）合同应明确载明“乙方确认已向甲方说明融资融券交易的风险，不保证甲方获得投资收益或承担甲方投资损失；甲方确认，已充分理解本合同内容，自行承担风险和损失”。

（二）风险揭示书

【注意，需要先签署风险揭示书后，方可签订融资融券合同】

（1）提示客户注意融资融券交易具有普通证券交易所具有的政策风险、市场风险、违约风险、系统风险等各种风险，以及其特有的投资风险放大等风险。

（2）提示客户在开户从事融资融券交易前，必须了解所在的证券公司是否具有开展融资融券业务的资格。

（3）提示客户在从事融资融券交易期间，如果不能按照约定的期限清偿债务，或上市证券价格波动导致担保物价值与其融资融券债务之间的比例低于维持担保比例，且不能按照约定的时间、数量追加担保物时，将面临担保物被证券公司强制平仓的风险。

（4）提示客户在从事融资融券交易期间，如果其信用资质状况降低，证券公司会相应降低对其的授信额度，或者证券公司提高相关警戒指标、平仓指标所产生的风险，可能会给客户造成经济损失。

（5）提示客户在从事融资融券交易期间，如果中国人民银行规定的同期金融机构贷款基准利率调高，证券公司将相应调高融资利率或融券费率，客户将面临融资融券成本增加的风险。

（6）提示客户在从事融资融券交易期间，如果因自身原因导致其资产被司法机关采取财产保全或强制执行措施，或者出现丧失民事行为能力、破产、解散等情况时，客户将面临被证券公司提前了结融资融券交易的风险，可能会给客户造成经济损失。

（7）提示客户在从事融资融券交易期间，如果发生融资融券标的证券范围调整、标的证券暂停交易或终止上市等情况，客户将可能面临被证券公司提前了结融资融券交易的风险，可能会给客户造成经济损失。

（8）提示客户在从事融资融券交易期间，证券公司将以《融资融券合同》约定的通知与送达方式及通讯地址，向客户发送通知。通知发出并经过约定的时间后，将视作证券公司已经履行对客户的通知义务。客户无论因何种原因没有及时收到有关通知，都会面临担保物被证券公司强制平仓的风险，可能会给客户造成经济损失。

（9）提示客户应妥善保管信用账户卡、身份证件和交易密码等资料，如客户将信用账户、身份证件、交易密码等出借给他人使用，由此造成的后果由客户承担。

（10）除上述九项风险提示外，各证券公司还可以根据具体情况在其制定的《融资融券交易风险揭示书》中对融资融券交易存在的风险进一步列举。

【例题 61】下列属于融资证券业务交易特有风险的有（　　）。

Ⅰ. 市场风险

Ⅱ. 投资风险放大

Ⅲ. 政策风险

Ⅳ. 交易密码泄露风险

A. Ⅲ、Ⅳ　　B. Ⅱ、Ⅲ、Ⅳ　　C. Ⅱ　　D. Ⅰ、Ⅱ、Ⅲ

【答案】C

【解析】提示客户注意融资融券交易具有普通证券交易所具有的政策风险、市场风险、违约风险、系统风险等各种风险，以及其特有的投资风险放大等风险。

【例题 62】根据中国证券业协会发布的《融资融券业务交易风险揭示书必备条款》，其基本内容应包含（　　）。

Ⅰ. 提示客户注意融资融券交易具有普通证券交易所具有的政策风险、市场风险、违约风险、系统风险等各种风险

Ⅱ. 提示客户在开户从事融资融券交易前，必须了解所在的证券公司是否具有开展融资融券业务的资格

Ⅲ. 提示客户在从事融资融券交易期间，如果其信用资质状况降低，证券公司会相应降低对其的授信额度

Ⅳ. 提示客户应妥善保管信用账户卡、身份证件和交易密码等资料

A. Ⅰ、Ⅱ、Ⅲ　　B. Ⅰ、Ⅲ、Ⅳ

C. Ⅰ、Ⅱ、Ⅳ　　D. Ⅰ、Ⅱ、Ⅲ、Ⅳ

【答案】 D

【解析】 Ⅰ、Ⅱ、Ⅲ、Ⅳ项均属于融资融券业务交易风险揭示书的基本内容。

考点七：融资融券业务所形成的债权担保的有关规定（☆☆）

证券公司向客户融资、融券，应当向客户收取一定比例的保证金。

保证金除现金形式外还可以证券充抵。

证券公司应当将收取的保证金以及客户融资买入的全部证券和融券卖出所得全部价款，分别存放在客户信用交易担保证券账户和客户信用交易担保资金账户，作为对该客户融资融券所生债权的担保物。

证券公司应当逐日计算客户交存的担保物价值与其所欠债务的比例。当该比例低于约定的维持担保比例时，应当通知客户在约定的期限内补交担保物，客户经证券公司认可后，可以提交除可充抵保证金证券以外的其他证券、不动产、股权等资产。**【证券公司未认可的，不可用来充抵保证金，只能用法定可冲抵保证金的证券冲抵保证金】**

考点八：标的证券、保证金和担保物的管理规定（☆☆☆）

（一）标的证券

标的证券	具体条件
股票	①在交易所上市交易超过3个月**【创业板、科创板上市首日即可】**； ②融资买入标的股票的流通股本≥1亿股或流通市值≥5亿元，融券卖出标的股票的流通股本≥2亿股或流通市值≥8亿元； ③股东人数≥4000人； ④在过去3个月内没有出现下列情形之一： 日均换手率低于基准指数日均换手率的15%，且日均成交金额小于5000万元； 日均涨跌幅平均值与基准指数涨跌幅平均值的偏离值超过4%； 波动幅度达到基准指数波动幅度的5倍以上。 ⑤股票发行公司已完成股权分置改革； ⑥股票交易未被交易所实行风险警示；**【风险警示当日调出标的证券范围】** ⑦交易所规定的其他条件。
交易型开放式指数基金（ETF）	①上市交易超过5个交易日； ②最近5个交易日内的日平均资产规模≥5亿元； ③基金持有户数≥2000户； ④交易所规定的其他条件。

续表

标的证券	具体条件
上市开放式基金（LOF）	①上市交易超过5个交易日； ②最近5个交易日内的日平均资产规模≥5亿元； ③基金持有户数≥2000户； ④基金份额不存在分拆、合并等分级转换情形；**【ETF无此项】** ⑤交易所规定的其他条件。
债券	①债券托管面值≥1亿元； ②债券剩余期限≥1年； ③债券信用评级达到AA级（含）以上； ④交易所规定的其他条件。

【例题63】融资融券的标的证券为债券的，应当符合下列条件（　　）。

Ⅰ. 债券托管面值在1亿元以上

Ⅱ. 债券信用评级在AA级（含）以上

Ⅲ. 债券剩余期限在2年以上

Ⅳ. 交易所规定的其他情形

A. Ⅰ、Ⅱ、Ⅲ　　B. Ⅰ、Ⅲ、Ⅳ

C. Ⅰ、Ⅱ、Ⅳ　　D. Ⅰ、Ⅱ、Ⅲ、Ⅳ

【答案】C

【解析】标的证券为债券的，应当符合下列条件：

①债券托管面值在1亿元以上；

②债券剩余期限在1年以上；

③债券信用评级达到AA级（含）以上；

④交易所规定的其他条件。

【例题64】融资融券的标的证券为交易型开放式基金（ETF）的，应当符合下列条件（　　）。

Ⅰ. 上市交易超过5个交易日

Ⅱ. 最近5个交易日内的日平均资产规模不低于3亿元

Ⅲ. 基金持有户数不少于2000户

Ⅳ. 交易所规定的其他条件

A. Ⅰ、Ⅱ、Ⅲ　　B. Ⅰ、Ⅲ、Ⅳ

C. Ⅱ、Ⅲ、Ⅳ　　D. Ⅰ、Ⅱ、Ⅲ、Ⅳ

【答案】B

【解析】标的证券为交易型开放式指数基金（ETF）的，应当符合下列条件：

①上市交易超过 5 个交易日；

②最近 5 个交易日内的日平均资产规模不低于 5 亿元；

③基金持有户数不少于 2000 户；

④交易所规定的其他条件。

（二）保证金管理

1. 可充抵保证金的证券的折算率【交易所可根据市场情况调整】

冲抵证券	折算率（不超过）
证券公司现金管理产品、货币市场基金、国债	95%
交易型开放式指数基金	90%
其他上市证券投资基金和债券	80%
上证 180 指数成分股股票及深证 100 指数成分股股票	70%
其他股票	65%
被实施风险警示、暂停上市、进入退市整理期的证券，静态市盈率≥300 倍或者为负数的 A 股股票，以及权证	0

【证券公司公布的可充抵保证金证券的名单和折算率，不得超出交易所规定的范围和标准。】

【记忆技巧】

充抵证券的安全性越高，流动性越强，冲抵比例越高。

2. 保证金比例及计算

投资者融资买入证券时，融资保证金比例不得低于 100%。

投资者融券卖出时，融券保证金比例不得低于 50%。

融资保证金比例 = 保证金/（融资买入证券数量 × 买入价格） × 100%

融券保证金比例 = 保证金/（融券卖出证券数量 × 卖出价格） × 100%

3. 保证金可用余额

保证金可用余额是指投资者用于充抵保证金的现金、证券市值及融资融券交易产生的浮盈经折算后形成的保证金总额，减去投资者未了结融资融券交易已占用保证金和相关利息、费用的余额。

【例题 65】可充抵保证金的证券折算率，在计算保证金金额时应当以证券市值或净值按规定折算率进行折算。上证 180 指数成分股股票的折算率最高不超过（　　），其他股票折算率最高不超过（　　）。

A. 80%；75%　　B. 75%；70%　　C. 70%；65%　　D. 65%；60%

【答案】C

【解析】可充抵保证金的证券折算率，在计算保证金金额时应当以证券市值或净值按规定折算率进行折算。上证 180 指数成分股股票及深证 100 指数成分股股票的折算率最高不超过 70%，其他股票折算率最高不超过 65%。

（三）担保物管理

维持担保比例是指客户担保物价值与其融资融券债务之间的比例。

证券公司应当根据市场情况、客户资信和公司风险管理能力等因素，审慎评估并与客户约定最低维持担保比例要求。

当客户维持担保比例低于最低维持担保比例时，证券公司应当通知客户在约定的期限内追加担保物，客户经证券公司认可后，可以提交除可充抵保证金证券外的其他证券、不动产、股权等依法可以担保的财产或财产权利作为其他担保物。

证券公司可以与客户自行约定追加担保物后的维持担保比例要求，仅计算现金及信用证券账户内证券市值总和的维持担保比例超过 300% 时，客户可以提取保证金可用余额中的现金、充抵保证金的证券，但提取后仅计算现金及信用证券账户内证券市值总和的维持担保比例不得低于 300%。

考点九：融券业务所涉及证券的权益处理规定（☆）

对客户信用交易担保证券账户记录的证券**【属于客户所有】**，由证券公司以自己的名义，为客户的利益，行使对证券发行人的权利。证券公司行使对证券发行人的权利，应当事先征求客户的意见，并按照其意见办理。客户未表达意见的，证券公司不得行使对发行人的权利。

证券登记结算机构受证券发行人委托以证券形式分派投资收益的，应当将分派的证券记录在证券公司客户信用交易担保证券账户内。**【证券——客户信用交易担保证券账户】**

证券登记结算机构受证券发行人委托以现金形式分派投资收益的，应当将分派的资金划入证券公司信用交易资金交收账户。**【现金——证券公司信用交易资金交收账户】**

客户融入证券后、归还证券前，证券发行人分配投资收益、向证券持有人配售或者无偿派发证券、发行证券持有人有优先认购权的证券的，客户应当按照融资融券合同的约定，在偿还债务时，向证券公司支付与所融入证券可得利益相等的证券或者资金。

考点十：监管部门对融资融券业务的监管措施（☆☆☆）

证券公司或其分支机构违反《证券公司融资融券业务管理办法》，中国证监会或者其派出机构可采取责令改正、监管谈话、出具警示函、责令公开说明、责令参加培训、责令定期报告、暂不受理与行政许可有关的文件、暂停部分或者全部业务、撤销业务许可等相关监管措施。

依法应予行政处罚的，依照《证券法》《行政处罚法》等法律法规和中国证监会的有关规定进行处罚；涉嫌犯罪的，依法移送司法机关，追究其刑事责任。

【例题 66】证券公司或其分支机构违反《证券公司融资融券业务管理办法》，下列属于中国证监会可以采取的措施是（ ）。

A. 罚款 B. 没收违法所得 C. 警告 D. 撤销业务许可

【答案】D

【解析】证券公司或其分支机构违反《证券公司融资融券业务管理办法》，中国证监会或者其派出机构可采取责令改正、监管谈话、出具警示函、责令公开说明、责令参加培训、责令定期报告、暂不受理与行政许可有关的文件、暂停部分或者全部业务、撤销业务许可等相关监管措施。

考点十一：转融通业务的基本概念及主要规则（☆）

（一）基本概念

转融通业务，是指证券金融公司将自有或者依法筹集的资金和证券出借给证券公司，以供其办理融资融券业务的经营活动。**【证金公司——融资融券给证券公司——融资融券给客户】**

（二）转融通业务规则

1. 转融通的账户

（1）证金公司的账户。**【以证金公司的名义开立】**

账户类型	包括
专用证券账户	转融通专用证券账户、转融通担保证券账户、转融通证券交收账户
专用资金账户	转融通专用资金账户，转融通担保资金账户、转融通资金交收账户

（2）证券公司的账户。**【以证券公司的名义开立】**

账户名称	具体内容
转融通担保证券明细账户	转融通担保证券账户的二级账户
转融通担保资金明细账户	转融通担保资金账户的二级账户

2. 转融通的期限

证券金融公司向证券公司转融通的期限不得超过 6 个月。**【自资金或者证券实际交付之日起计算】**

3. 转融通的保证金

证券金融公司开展转融通业务，应当向证券公司收取一定比例的保证金。保证金可以证券充抵，但货币资金占应收取保证金的比例不得低于 15%。可充抵保证金证券的种类和折算率由证券金融公司确定并公布。**【注意不是交易所】**

证券公司向证券金融公司交存保证金，采取设立信托的方式。

证券金融公司应当逐日计算证券公司交存的保证金价值与其所欠债务的比例。当该比例低于约定的维持保证金比例时，应当通知证券公司在一定的期限内补交差额，直至达到约定的初始保证金比例。

【例题67】（　　）是指证券金融公司将自有或者依法筹集的资金和证券出借给证券公司，以供其办理融资融券业务的经营活动。

A. 融资融券业务　　B. 转融通业务

C. 股票质押式回购业务　　D. 股票约定式回购业务

【答案】B

【解析】转融通业务，是指证券金融公司将自有或者依法筹集的资金和证券出借给证券公司，以供其办理融资融券业务的经营活动。

考点十二：转融通业务中资金和证券的来源及权益处理（☆）

（一）资金和证券的来源

1. 自有资金和证券
2. 通过证券交易所的业务平台融入的资金和证券
3. 通过证券金融公司的业务平台融入的资金**【注意没有证券】**
4. 依法筹集的其他资金和证券

（二）权益处理**【逻辑关系与证券公司融资融券业务相同】**

对转融通担保证券账户内记录的证券，由证券金融公司以自己的名义，行使对证券发行人的权利。证券金融公司行使对证券发行人的权利，应当事先征求委托其持有该证券的证券公司意见，并按照其意见办理。

证券金融公司融入证券后、归还证券前，或者证券公司向证券金融公司融入证券后、归还证券前，证券发行人分配投资收益、向证券持有人配售或者无偿派发证券、发行证券持有人有优先认购权的证券的，证券金融公司或者证券公司应当按照约定向融出方支付与所融入证券可得利益相等的证券或者资金。

【例题68】证券金融公司开展转融通业务，可以使用的资金和证券有（　　）。

Ⅰ. 自有资金和证券

Ⅱ. 通过证券交易所的业务平台融入的资金和证券

Ⅲ. 通过证券金融公司的业务平台融入的资金和证券

Ⅳ. 依法筹集的其他资金和证券

A. Ⅰ、Ⅲ、Ⅳ　　B. Ⅱ、Ⅲ

C. Ⅰ、Ⅱ、Ⅳ　　D. Ⅰ、Ⅱ、Ⅲ、Ⅳ

【答案】C

【解析】证券金融公司开展转融通业务，可以使用下列资金和证券：

第一，自有资金和证券；

第二，通过证券交易所的业务平台融入的资金和证券；

第三，通过证券金融公司的业务平台融入的资金；

第四，依法筹集的其他资金和证券。

考点十三：科创板及创业板转融通证券出借和转融券业务的基本概念及主要规则（☆）

（一）基本概念

科创板与创业板转融通证券出借，是指证券出借人以一定的费率向证券金融公司出借科创板或创业板证券，证券金融公司到期归还所借证券及相应权益补偿并支付费用的业务。

科创板与创业板转融券业务，是指证券金融公司将自有或者依法筹集的科创板或创业板证券出借给科创板或创业板转融券借入人，供其办理融券的业务。

（二）主要规则

1. 出借人

符合条件的公募基金、社保基金、保险资金等机构投资者以及参与科创板或创业板发行人首次公开发行的战略投资者，可以作为出借人，通过约定申报和非约定申报方式参与科创板或创业板证券出借。

2. 标的证券

科创板或创业板证券出借的标的证券范围，与相应板块可融券卖出的标的证券范围一致。

3. 期限、保证金

通过约定申报方式参与科创板或创业板转融券业务的，转融券期限可在 1 天至 182 天的区间内协商确定。

应收取的保证金比例可低于 20%，其中货币资金占应收取保证金的比例不得低于 15%。

考点十四：股票质押式回购、约定式购回、质押式报价回购业务的主要规则（☆☆）

（一）概念

业务	概念
股票质押式回购	符合条件的资金融入方以所持有的股票或其他证券质押，向符合条件的资金融出方融入资金，并约定在未来返还资金、解除质押的交易。 **【融出方一般为证券公司、证券公司管理的集合资产管理计划或定向资产管理客户、证券公司资产管理子公司管理的集合资产管理计划或定向资产管理客户（指的是私募）】。【注：证券公司及其资产管理子公司管理的公开募集集合资产管理计划不得作为融出方参与股票质押回购（公募类）】**

续表

业务	概念
约定式购回	符合条件的客户以约定价格向其指定交易的证券公司卖出标的证券，并约定在未来某一日期由客户按照另一约定价格从证券公司购回标的证券，证券公司根据与客户签署的协议将待购回期间标的证券产生的相关孳息返还给客户的交易。**【证券公司是融出方，客户是融入方】**
质押式报价回购	证券公司将符合沪、深证券交易所规定的自有资产作为质押券，以质押券折算后的标准券总额为融资额度，向其指定交易客户以证券公司报价、客户接受报价的方式融入资金，在约定的购回日客户收回融出资金并获得相应收益的交易。**【客户是融出方，证券公司是融入方】**

（二）业务规则

（1）证券公司根据融入方和融出方的委托向交易所的股票质押回购交易系统进行交易申报。交易系统对交易申报按相关规则予以确认，并将成交结果发送中国结算。中国结算依据交易所确认的成交结果为股票质押回购提供相应的证券质押登记和清算交收等业务处理服务。

（2）证券公司应当按照相关规定和与客户的协议约定基于客户的真实委托向交易所交易系统进行申报，由交易系统予以确认。中国结算依据交易所确认的成交结果为约定购回式证券交易提供证券登记和资金划付服务。

（3）证券公司与客户之间的纠纷，不影响中国结算依据交易所成交结果已经办理或正在办理的证券登记和资金划付等业务。

【例题69】符合条件的资金融入方以所持有的股票或其他证券质押，向符合条件的资金融出方融入资金，并约定在未来返还资金、解除质押的交易属于（　　）。

A. 股票抵押回购　　B. 股票质押回购　　C. 股票约定回购　　D. 股票报价回购

【答案】B

【解析】股票质押式回购业务是符合条件的资金融入方以所持有的股票或其他证券质押，向符合条件的资金融出方融入资金，并约定在未来返还资金、解除质押的交易。

【例题70】下列关于约定购回式证券交易的说法，正确的有（　　）。

Ⅰ. 证券公司根据与客户签署的协议，应当将待购回期间标的证券产生的相关孳息返还给客户

Ⅱ. 证券公司与客户之间的纠纷，将影响中国结算依据交易所成交结果已经办理或正在办理的证券登记和资金划付等业务

Ⅲ. 中国结算依据交易所确认的成交结果为约定购回式证券交易提供证券登记和资金划付服务

Ⅳ. 证券公司应当按照相关规定和与客户的协议约定基于客户的真实委托向交易所交易系统进行申报，由交易系统予以确认

A. Ⅱ、Ⅳ　　B. Ⅰ、Ⅲ、Ⅳ

C. Ⅰ、Ⅲ　　　　D. Ⅰ、Ⅱ、Ⅲ、Ⅳ

【答案】B

【解析】Ⅱ项，证券公司与客户之间的纠纷，不影响中国结算依据交易所成交结果已经办理或正在办理的证券登记和资金划付等业务。

考点十五：股票质押回购、约定式购回、质押式报价回购业务的风险管理、违约处置及异常交易处理的一般规定（☆）

（一）风险管理

股票质押回购业务中证券公司作为融出方的，单一证券公司接受单只A股股票质押的数量不得超过该股票A股股本的30%。

集合资产管理计划或定向资产管理客户作为融出方的，单一集合资产管理计划或定向资产管理客户接受单只A股股票质押的数量不得超过该股票A股股本的15%。**【因履约保障比例达到或低于约定数值，补充质押导致超过上述比例或超过上述比例后继续补充质押的情况除外。】**

融出方为集合资产管理计划的，可通过证券公司或其他第三方的信用增级措施保障融出方权益。

股票质押率上限不得超过60%。

（二）违约处置

业务	违约处置程序
股票质押回购	①证券公司应及时通知交易双方并报告证券交易所。 ②T日证券公司根据《业务协议》约定，向证券交易所交易系统提交违约处置申报。 ③T日违约处置申报处理成功后，T+1日起证券公司即可根据《业务协议》的约定处置标的证券，卖出成交后，证券公司应当在当日根据中国结算的要求提交申报数据，处置所得优先偿付融出方；证券公司应当根据《业务协议》的约定将偿付资金划付到融出方对应的账户。 ④违约处置后，证券公司应向交易所提交终止购回申报。质押标的证券及相应孳息如有剩余的，中国结算相应解除剩余标的证券及相应孳息的质押登记。 ⑤违约处置完成后，证券公司向交易所、中国结算和中国证券投资者保护基金有限责任公司提交违约处置结果报告。
约定式购回	①证券公司应当及时向交易所申请终止购回，并告知客户。 ②证券公司应当向交易所提交处置申请、承诺书和合规意见书等相关材料。 ③证券公司提交的违约处置申请及相关材料形式完备的，交易所向中国结算发出终止约定购回交易的书面通知。证券公司可在标的证券划转至自营账户的下一交易日起按照《客户协议》约定处置购回交易所涉全部标的证券，以抵偿客户应付金额，剩余金额按照多退少补的原则处理。 ④违约处置完成后，证券公司应当将违约处置结果向交易所备案。
质押式报价回购	因客户原因或证券公司原因导致初始交易、到期购回或提前购回的交易或资金划付无法完成的，违约方按《客户协议》承担违约责任，并由证券公司与客户按照约定自行办理资金结算。

（三）异常交易处理

业务	异常情况处理
股票质押回购	交易各方可以按《业务协议》中约定的提前购回、延期购回、终止购回及交易所认可的其他约定方式等处理。
约定式购回	交易各方可以按《业务协议》中约定的提前购回、延期购回、证券公司向交易所申报终止购回并与客户协商处理及交易所认可的其他约定方式等处理。 证券公司与客户应当在《客户协议》中约定，待购回期间标的证券涉及吸收合并、要约收购、权证发行、债转股、公司缩股或公司分立等事件，客户应当提前购回。
质押式报价回购	证券公司应及时通知客户。证券公司被暂停报价回购交易权限的，应在权限暂停之日开市前，通过其网络或系统公告。证券公司因违约导致异常情况发生的，应向受影响的客户承担违约责任。

【例题71】发生异常情况的，交易各方可以按《业务协议》中约定的（　　）等方式来处理。

Ⅰ．提前购回

Ⅱ．延期购回

Ⅲ．终止购回并与客户协商处理

Ⅳ．交易所认可的其他约定方式

A．Ⅰ、Ⅱ、Ⅳ　　B．Ⅰ、Ⅲ、Ⅳ

C．Ⅰ、Ⅱ、Ⅲ、Ⅳ　　D．Ⅰ、Ⅱ、Ⅲ

【答案】C

【解析】发生异常情况的，交易各方可以按《业务协议》中约定的提前购回、延期购回、证券公司向交易所申报终止购回并与客户协商处理及交易所认可的其他约定方式等处理。

【本节学习提示】考查重点：

（1）融资融券业务的基本原则：合法合规、集中管理、业务隔离、了解客户。

（2）融资融券业务的账户：融券专用账户、信用交易证券交收账户、信用交易资金交收账户、客户信用交易担保证券账户、融资专用账户、客户信用交易担保资金账户、客户信用证券账户、客户信用资金账户。

（3）融资融券客户选择标准：交易满半年以上、账户状态好、无重大违约、日均资产≥50万元、风险承受能力强、非5%以上股东或关联人。

（4）股票作为融资融券标的的条件：上市≥3个月（2创首日即可）；融资买入流通股本≥1亿股或流通市值≥5亿元，融券卖出流通股本≥2亿股或流通市值≥8亿元；股东人数≥4000人；3个月内无：日均换手率<15%且日均成交<5000万元，日均涨跌幅平均值偏离>4%，波动幅度5倍以上；完成股权分置改革；未被风险警示。

（5）充抵保证金折算率：现金管理产品、货币基金、国债95%；交易型开放式指数基金90%；其他基金和国债80%；上证180和深证100成分股70%；其他股票65%；风险警示、暂停、退市、市盈率300倍以上或为负、权证0。

第六节 证券自营

考点一：证券公司自营业务的主要法律法规（☆）

《证券法》《证券公司监督管理条例》；

《证券公司风险控制指标管理办法》《证券公司风险控制指标计算标准规定》《证券公司内部控制指引》《证券公司证券自营业务指引》《关于证券公司证券自营业务投资范围及有关事项的规定》《关于规范债券市场参与者债券交易业务的通知》《关于进一步加强证券基金经营机构债券交易监管的通知》。

【例题72】 下列属于证券公司开展自营业务应遵循的法律法规、自律规则的有(　　)。

Ⅰ.《证券公司监督管理条例》

Ⅱ.《公司债券承销业务规划》

Ⅲ.《证券公司证券自营业务指引》

Ⅳ.《上海证券交易所债券交易实施细则》

A. Ⅰ、Ⅲ　　B. Ⅱ、Ⅲ、Ⅳ　　C. Ⅰ、Ⅲ、Ⅳ　　D. Ⅲ、Ⅳ

【答案】 A

【解析】 Ⅱ项，《公司债券承销业务规划》属于承销保荐业务相应的法规。Ⅳ项，《上海证券交易所债券交易实施细则》属于交易所的交易规则。

考点二：证券公司自营业务投资范围的规定（☆☆☆）

证券自营业务，是指经中国证监会批准经营证券自营业务的证券公司用自有资金以自己名义开设的证券账户买卖依法公开发行的股票、债券、证券投资基金或者国务院证券监督管理机构认可的其他证券，以获取盈利的行为。

1. 证券公司从事证券自营业务，可以买卖《证券公司证券自营投资品种清单》所列证券，主要包括：

（1）已经和依法可以在境内证券交易所上市交易和转让的证券。**【股票、债券、证券投资基金等】**

（2）已经在全国中小企业股份转让系统挂牌转让的证券。

（3）已经和依法可以在符合规定的区域性股权交易市场挂牌转让的私募债券，已经在符合规定的区域性股权交易市场挂牌转让的股票。

（4）已经和依法可以在境内银行间市场交易的证券。**【政府债券、国际开发机构人民币债券、央行票据、金融债券、短期融资券、公司债券、中期票据、企业债券。】**

（5）经国家金融监管部门或者其授权机构依法批准或备案发行并在境内金融机构柜台交易的证券。

2. 投资范围的特别规定

（1）证券公司将自有资金投资于依法公开发行的国债、投资级公司债、货币市场基金、央行票据等中国证监会认可的风险较低、流动性较强的证券，或者委托其他证券公司或者基金管理公司进行证券投资管理，且投资规模合计不超过其净资本80%的，无须取得证券自营业务资格。

（2）具备证券自营业务资格的证券公司可以从事金融衍生产品交易，不具备证券自营业务资格的证券公司只能以对冲风险为目的，从事金融衍生产品交易。

（3）证券公司可以委托具备证券资产管理业务资格、特定客户资产管理业务资格或者合格境内机构投资者资格的其他证券公司或者基金管理公司进行证券投资管理。

（4）具备证券自营业务资质的证券公司可以设立子公司，从事《证券公司证券自营投资品种清单》所列品种以外的金融产品等投资。该证券公司不得为子公司提供融资或担保。**【即另类投资子公司】**

【例题73】证券自营业务主要的投资对象，包括（　　）。

Ⅰ. 股票

Ⅱ. 债券

Ⅲ. 证券投资基金

Ⅳ. 黄金

A. Ⅱ、Ⅲ、Ⅳ　　B. Ⅰ、Ⅲ、Ⅳ　　C. Ⅰ、Ⅱ、Ⅳ　　D. Ⅰ、Ⅱ、Ⅲ

【答案】D

【解析】证券公司从事证券自营业务，可以买卖《证券公司证券自营投资品种清单》所列证券，包括：已经和依法可以在境内证券交易所上市交易和转让的证券。这是证券自营业务主要的投资对象，主要包括股票、债券、证券投资基金等，但不包括黄金。

考点三：证券自营业务决策与授权的要求（☆）

自营业务决策机构原则上应当按照：

董事会—投资决策机构—自营业务部门的三级体制设立。

部门	职责
董事会	最高决策机构，在严格遵守监管法规中关于自营业务规模等风险控制指标规定基础上，根据公司资产、负债、损益和资本充足等情况确定自营业务规模、可承受的风险限额等，并以董事会决议的形式进行落实，自营业务具体投资运作管理由董事会授权公司投资决策机构决定。
投资决策机构	最高管理机构，负责确定具体的资产配置策略、投资事项和投资品种等。
自营业务部门	执行机构，应在投资决策机构作出的决策范围内，根据授权负责具体投资项目的决策和执行工作。

自营业务的管理和操作由证券公司自营业务部门专职负责，非自营业务部门和分支机构不得以任何形式开展自营业务。

自营业务中涉及自营规模、风险限额、资产配置、业务授权等方面的重大决策应当经过集体决策并采取书面形式，由相关人员签字确认后存档。

【例题 74】 证券公司的自营业务决策机构原则上应当按照（　　）设立。

A. “股东会—投资决策机构—自营业务部门”的三级体制

B. “董事会—投资决策机构—自营业务部门”的三级体制

C. “董事会—投资决策机构”的二级体制

D. “投资决策机构—自营业务部门”的二级体制

【答案】 B

【解析】 自营业务决策机构原则上应当按照董事会—投资决策机构—自营业务部门的三级体制设立。

考点四：证券自营业务相关风险控制指标（☆☆☆）

证券公司经营自营业务，其持仓规模必须符合下列规定：

投资对象	持仓规模要求
权益类证券及其衍生品的合计额	≤净资本的 100%
非权益类证券及其衍生品的合计额	≤净资本的 500%
持有一种权益类证券的成本	≤净资本的 30%
持有一种权益类证券的市值	≤其总市值的 5% **【因包销、做市、股票质押违约处理导致超过 5% 的除外】**
持有一种非权益类证券的规模 **【不含同业存单、国债、中央银行票据、国开债及基金名称显示投资方向为此类债券的指数基金（含ETF）】**	≤其总规模的 20% **【因包销、成立发起式基金、做市、买入信用衍生品、卖出信用衍生品履行保护义务导致超过 20% 的除外】**

【例题 75】 根据《证券公司风险控制指标计算标准规定》，下列证券公司自营业务持仓规模的情形，正确的是（　　）。

A. 持有一种权益类证券的市值不超过总资产的 30%

B. 持有一种权益类证券的市值不超过注册资本的 30%

C. 持有一种权益类证券的成本不超过净资产的 30%

D. 持有一种权益类证券的成本不超过净资本的 30%

【答案】 D

【解析】 根据《证券公司风险控制指标计算标准规定》，证券公司经营自营业务，其持仓规模必须符合下列规定：

第一，自营权益类证券及其衍生品的合计额不得超过净资本的100%；

第二，自营非权益类证券及其衍生品的合计额不得超过净资本的500%；

第三，持有一种权益类证券的成本不得超过净资本的30%；

第四，持有一种权益类证券的市值与其总市值的比例不得超过5%；

第五，持有一种非权益类证券的规模不得超过其总规模的20%。

考点五：证券自营业务操作的基本要求（☆）

1. 账户

证券自营业务必须以证券公司自身名义、通过专用自营席位进行，并由非自营业务部门负责自营账户的管理，包括开户、销户、使用登记等。

2. 投资管理

证券公司需建立严密的自营业务操作流程，投资品种的研究、投资组合的制订和决策以及交易指令的执行应当相互分离并由不同人员负责；交易指令执行前应当经过审核，并强制留痕。

3. 资金

证券自营业务需加强自营业务资金的调度管理和自营业务的会计核算，由非自营业务部门负责自营业务所需资金的调度。

自营业务资金的出入必须以公司名义进行，禁止以个人名义从自营账户中调入调出资金，禁止从自营账户中提取现金。

4. 清算

对自营资金执行独立清算制度，自营清算岗位应当与经纪业务、资产管理业务及其他业务的清算岗位分离。

【例题76】下列关于证券公司自营业务的说法正确的是（　　）。

A. 自营业务必须以证券公司自身名义、通过专用自营席位进行，并由自营业务部门负责自营账户的管理，包括开户、销户、使用登记等

B. 证券公司需建立健全自营账户的审核和稽核制度，严禁出借自营账户、使用非自营席位变相自营、账外自营

C. 自营业务资金的出入必须以公司名义进行，可以从自营账户中提取现金，禁止以个人名义从自营账户中调入调出资金

D. 对自营资金执行清算制度，自营清算岗位可以由经纪业务、资产管理业务及其他业务的清算岗位担任

【答案】B

【解析】A项，证券自营业务必须以证券公司自身名义、通过专用自营席位进行，并由非自营业务部门负责自营账户的管理，包括开户、销户、使用登记等。

C 项，自营业务资金的出入必须以公司名义进行，禁止以个人名义从自营账户中调入调出资金，禁止从自营账户中提取现金。

D 项，对自营资金执行独立清算制度，自营清算岗位应当与经纪业务、资产管理业务及其他业务的清算岗位分离。

考点六：自营业务的禁止性行为（☆☆☆）

1. 禁止内幕交易

2. 禁止操纵市场

3. 其他禁止的行为

①假借他人名义或者个人名义进行自营业务；

②违反规定委托他人代为买卖证券；

③违反规定购买本证券公司控股股东或者与本证券公司有其他重大利害关系的发行人发行的证券；

④将自营账户借给他人使用；

⑤将自营业务与经纪业务混合操作；

⑥法律、行政法规或中国证监会禁止的其他行为。

【例题 77】 证券公司自营业务禁止性行为不包括（　　）。

A. 假借个人名义进行自营业务

B. 由非自营业务部门负责自营业务所需资金的调度

C. 将自营业务与经纪业务混合操作

D. 将自营账户借给他人使用

【答案】 B

【解析】 B 项属于自营业务资金操作的基本要求。

考点七：债券交易的相关监管要求（☆）

（1）不得私下或在表外开展债券交易。

（2）按规定应当签订书面合同的，不得以邮件、即时通讯信息等替代书面合同。

（3）不得指定协议双方以外的第三方作为交易对手方开展债券回购交易。

（4）不得以人员挂靠、业务包干等承包方式开展业务，或以其他形式实施过度激励。

（5）不得通过任何交易形式利益输送，内幕交易、操纵市场、规避监管，或者为规避监管提供服务、便利。

（6）不得违反规定在债券交易场所和系统以外开展线下债券交易。

考点八：证券自营业务的监管措施和法律责任（☆☆）

（一）监管措施

（1）证券公司从事证券自营业务，应当以公司名义开立证券自营账户，报中国证监会备案，并自开户之日起3个交易日内报证券交易所备案。

（2）证券公司可聘请具有从事证券业务资格的会计师事务所、审计事务所等专业性中介机构，对证券公司从事证券自营业务情况进行稽核。

（3）证券自营业务原始凭证以及有关业务文件、资料、账册、报表和其他必要的材料应至少妥善保存20年。

（二）法律责任

证券自营业务过程中涉嫌内幕交易、操纵证券市场、证券公司违反规定假借他人名义或者以个人名义从事证券自营业务等违反自营业务要求的法律责任，参见本书第一章“证券市场基本法律法规”第四节“证券法”中相关叙述。

相关刑事责任参见本书第四章“证券市场典型违法违规行为及法律责任”第二节“证券二级市场”中相关叙述。

【例题78】证券公司的证券自营账户，应当自开户之日起3个交易日内，报(　　)备案。

A. 中国人民银行　　B. 证监会　　C. 证券交易所　　D. 财政部

【答案】C

【解析】证券公司从事证券自营业务，应当以公司名义开立证券自营账户，报中国证监会备案，并自开户之日起3个交易日内报证券交易所备案。

【本节学习提示】考查重点：

（1）自营业务投资范围包括：交易所上市交易和转让的证券；全国中小企业股份转让系统转让的证券；区域性股权交易市场转让的私募债和股票；银行间市场交易的证券；柜台市场证券。

（2）自营业务授权体系及职责：董事会——最高决策机构；投资决策机构——最高管理机构；自营业务部门——执行机构。

（3）自营业务的风险监控指标：权益类合计≤净资本100%；非权益类合计≤净资本500%；单一权益类成本≤净资本30%；单一权益类市值≤其总市值5%；单一非权益类规模≤总规模20%。

（4）自营业务禁止行为：内幕交易，操纵市场，假借他人或个人名义进行自营业务，委托他人买卖，购买控股股东或关系人证券，账户借给他人，与代理业务混同。

第七节 证券资产管理

考点一：证券公司开展资产管理业务的法律法规体系和基本要求（☆☆）

《证券投资基金法》《证券法》《证券公司监督管理条例》；

《关于规范金融机构资产管理业务的指导意见》《证券期货经营机构私募资产管理业务管理办法》《证券期货经营机构私募资产管理计划运作管理规定》《证券公司及基金管理公司子公司资产证券化业务管理规定》；

《合格境内机构投资者境外证券投资管理试行办法》《合格境外机构投资者和人民币合格境外机构投资者境内证券期货投资管理办法》《合格境内机构投资者境外证券投资外汇管理规定》《境外机构投资者境内证券期货投资资金管理规定》。

考点二：资产管理业务类型（☆☆☆）

资产管理业务是指银行、信托、证券、基金、期货、保险资产管理机构、金融资产投资公司等金融机构接受投资者委托，对受托的投资者财产进行投资和管理的金融服务。

分类依据	分类	具体内容
募集方式	公募产品	面向不特定社会公众公开发行
	私募产品	面向合格投资者通过非公开方式发行
投资性质	固定收益类产品	投资于存款、债券等债权类资产≥80%
	权益类产品	投资于股票、非上市企业股权等权益类资产≥80%
	商品及金融衍生品类产品	投资于商品及金融衍生品≥80%
	混合类产品	投资于债权类资产、权益类资产、商品及金融衍生品类资产且任一资产的投资比例未达到前三类产品标准。
投资者人数	单一资产管理产品	为单一投资者设立。
	集合资产管理产品	投资者人数不少于2人，不超过200人。

【例题79】证券公司的资产管理产品按照（　　）不同可以分为单一资产管理产品和集合资产管理产品。

A. 募集方式　　B. 投资性质　　C. 投资者人数　　D. 运作方式

【答案】C

【解析】私募资产管理产品按照投资者人数不同，可分为单一资产管理产品和集合资产管理产品。

考点三：金融机构开展资产管理业务遵循的基本原则、产品种类、适当性、内控要求、金融机构基本职责、代销要求、投资范围、资金池要求、估值要求、禁止刚性兑付要求、分级要求、通道及嵌套要求、人工智能、监管原则等（☆☆☆）

（一）基本原则

1. 坚持严控风险的底线思维

2. 坚持服务实体经济的根本目标

3. 坚持宏观审慎管理与微观审慎监管相结合、机构监管与功能监管相结合的监管理念

4. 坚持有的放矢的问题导向**【重点针对多层嵌套、杠杆不清、套利严重、投机频繁等问题】**

5. 坚持积极稳妥审慎推进

【例题 80】证券公司把防范和化解资产管理业务风险放到更加重要的位置，减少存量风险，严防增量风险是证券公司遵循（　　）的原则。

A. 坚持严控风险的底线思维　　B. 坚持服务实体经济的根本目标

C. 坚持有的放矢的问题导向　　D. 坚持积极稳妥审慎推进

【答案】A

【解析】金融机构资产管理业务主要遵循的原则包括：坚持严控风险的底线思维。把防范和化解资产管理业务风险放到更加重要的位置，减少存量风险，严防增量风险。

（二）产品种类

参见“考点二：资产管理业务类型”。

（三）适当性

参见第一章“证券市场基本法律法规”第五节“证券投资基金法”“考点八：非公开募集基金的合格投资者的要求”。

（四）内控要求

参见第二章“证券经营机构管理规范”第一节“公司治理、内部控制与合规管理”“考点六：证券公司各类业务内部控制的主要内容”“（四）受托投资管理业务”。

（五）金融机构基本职责

金融机构应当履行以下管理人职责：

（1）依法募集资金，办理产品份额的发售和登记事宜；

（2）办理产品登记备案或者注册手续；

（3）对所管理的不同产品受托财产分别管理、分别记账，进行投资；

（4）按照产品合同的约定确定收益分配方案，及时向投资者分配收益；

（5）进行产品会计核算并编制产品财务会计报告；

（6）依法计算并披露产品净值或者投资收益情况，确定申购、赎回价格；

（7）办理与受托财产管理业务活动有关的信息披露事项；

（8）保存受托财产管理业务活动的记录、账册、报表和其他相关资料；

（9）以管理人名义，代表投资者利益行使诉讼权利或者实施其他法律行为；

（10）在兑付受托资金及收益时，金融机构应当保证受托资金及收益返回委托人的原账户、同名账户或者合同约定的受益人账户；

（11）金融监督管理部门规定的其他职责。

【易混知识点分析】

《基金法》中证券投资基金管理人与私募资产管理业务中的管理人职责大同小异，对比如下：

（1）资产管理业务管理人职责中的第①～⑨项，与基金管理人职责相似；

（2）资产管理业务管理人职责相比基金管理人多出第⑩项："保证受托资金返回原账户、同名账户或者合同约定的受益人账户"；

（3）基金管理人职责比资产管理业务管理人多出："编制中期和年度基金报告""按照规定召集基金份额持有人大会"这 2 项。

（六）代销要求

未经金融监督管理部门许可，任何非金融机构和个人不得代理销售资产管理产品。

金融机构代理销售资产管理产品，应当建立相应的内部审批和风险控制程序，对发行或者管理机构的信用状况、经营管理能力、市场投资能力、风险处置能力等开展尽职调查，要求发行或者管理机构提供详细的产品介绍、相关市场分析和风险收益测算报告，进行充分的信息验证和风险审查，确保代理销售的产品符合意见规定并承担相应责任。

（七）投资范围

分类		具体包括
标准化资产	债权类资产	银行存款；同业存单；在证券交易所、银行间市场等国务院同意设立的交易场所交易的可以划分为均等份额、具有合理公允价值和完善流动性机制的债券、中央银行票据、资产支持证券、非金融企业债务融资工具等①
	股权类资产	上市公司股票、存托凭证
	商品及金融衍生品类资产	在证券期货交易所等国务院同意设立的交易场所集中交易清算的期货及期权合约
	公募产品	公开募集证券投资基金以及中国证监会认可的比照公募基金管理的资产管理产品

续表

分类		具体包括
非标准化资产	债权类资产	标准化债权类以外的资产
	股权类资产	标准化股权类以外的资产
	商品及金融衍生品类资产	标准化商品及金融衍生品类以外的资产
	私募产品	公募产品以外的资产管理产品

注①：标准化债权类资产应符合以下条件：

（1）等分化，可交易。

（2）信息披露充分。

（3）集中登记，独立托管。

（4）公允定价，流动性机制完善。

（5）在银行间市场、证券交易所市场等国务院同意设立的交易市场交易。

不符合以上条件的，为非标准化债权类资产。

【例题81】下列选项属于标准化债权类资产的是（　　）。

Ⅰ. 国债

Ⅱ. 中央银行票据

Ⅲ. 地方政府债券

Ⅳ. 公司债券

Ⅴ. 同业存单

A. Ⅰ、Ⅴ　　B. Ⅱ、Ⅲ、Ⅴ

C. Ⅰ、Ⅲ、Ⅳ　　D. Ⅰ、Ⅱ、Ⅲ、Ⅳ、Ⅴ

【答案】D

【解析】标准化债权类资产是指依法发行的债券、资产支持证券等固定收益证券，主要包括国债、中央银行票据、地方政府债券、政府支持机构债券、金融债券、非金融企业债务融资工具、公司债券、企业债券、国际机构债券、同业存单、信贷资产支持证券、资产支持票据、证券交易所挂牌交易的资产支持证券，以及固定收益类公开募集证券投资基金等。

（八）资金池要求

金融机构应当做到每只资产管理产品的资金单独管理、单独建账、单独核算，不得开展或者参与具有滚动发行、集合运作、分离定价特征的资金池业务。

为降低期限错配风险，金融机构应当强化资产管理产品久期管理，封闭式资产管理产品期限不得低于90天。

金融机构不得违反金融监督管理部门的规定，通过为单一融资项目设立多只资产管理产品的方式，变相突破投资人数限制或者其他监管要求。

同一金融机构发行多只资产管理产品投资同一资产的，为防止同一资产发生风险波及多只资产管理产品，多只资产管理产品投资该资产的资金总规模合计不得超过300亿元。

【例题82】 金融机构开展资产管理业务，下列规定中，不符合要求的是（　　）。

A. 对资产管理产品的资金综合管理、综合建账、综合核算

B. 不得开展或者参与具有滚动发行的资金池业务

C. 金融机构应当合理确定资产管理产品所投资资产的期限，加强对期限错配的流动性风险管理

D. 资产管理产品直接或间接投资于未上市企业股权及其收益权的，应当为封闭式资产管理产品

【答案】 A

【解析】 金融机构应当做到每只资产管理产品的资金单独管理、单独建账、单独核算，不得开展或者参与具有滚动发行、集合运作、分离定价特征的资金池业务。

（九）估值要求

金融机构对资产管理产品应当实行净值化管理。

金融资产坚持公允价值计量原则，鼓励使用市值计量。

符合以下条件之一的，可按照企业会计准则以摊余成本进行计量：

（1）资产管理产品为封闭式产品，且所投金融资产以收取合同现金流量为目的并持有到期；

（2）资产管理产品为封闭式产品，且所投金融资产暂不具备活跃交易市场，或者在活跃市场中没有报价，也不能采用估值技术可靠计量公允价值。

金融机构前期以摊余成本计量的金融资产的加权平均价格与资产管理产品实际兑付时金融资产的价值的偏离度不得达到5%或以上，如果偏离5%或以上的产品数超过所发行产品总数的5%，金融机构不得再发行以摊余成本计量金融资产的资产管理产品。

【例题83】 金融资产符合（　　）的，可按照企业会计准则以摊余成本进行计量。

Ⅰ. 资产管理产品为封闭式产品，且所投金融资产以收取合同现金流量为目的并持有到期

Ⅱ. 资产管理产品为封闭式产品，且所投金融资产暂不具备活跃交易市场，或者在活跃市场中没有报价，也不能采用估值技术可靠计量公允价值

Ⅲ. 资产管理产品为封闭式产品，所投资产具备活跃交易市场

Ⅳ. 资产管理产品为封闭式产品，所投资产在活跃市场中有报价

A. Ⅰ、Ⅱ、Ⅲ　　B. Ⅱ、Ⅲ、Ⅳ

C. Ⅰ、Ⅱ　　D. Ⅰ、Ⅱ、Ⅲ、Ⅳ

【答案】 C

【解析】符合以下条件之一的，可按照企业会计准则以摊余成本进行计量：

（1）资产管理产品为封闭式产品，且所投金融资产以收取合同现金流量为目的并持有到期；

（2）资产管理产品为封闭式产品，且所投金融资产暂不具备活跃交易市场，或者在活跃市场中没有报价，也不能采用估值技术可靠计量公允价值。

（十）禁止刚性兑付要求

存在以下行为的视为刚性兑付：**【就是保本、替投资者承担损失】**

（1）金融机构为资产管理产品投资的非标准化债权类资产或者股权类资产提供任何直接或间接、显性或隐性的担保、回购等代为承担风险的承诺。**【担保机构因自身业务原因提供担保服务的不属于刚性兑付】**

（2）资产管理产品的发行人或者管理人违反真实公允确定净值原则，对产品进行保本保收益；采取滚动发行等方式，使资产管理产品的本金、收益、风险在不同投资者之间发生转移，实现产品保本保收益；资产管理产品不能如期兑付或者兑付困难时，发行或者管理该产品的金融机构自行筹集资金偿付或者委托其他机构代为偿付；金融管理部门认定的其他情形。

经认定存在刚性兑付行为的，区分以下两类机构进行惩处：

存款类金融机构	认定为利用具有存款本质特征的资产管理产品进行监管套利，由国务院银行保险监督管理机构和中国人民银行按照存款业务予以规范，足额补缴存款准备金和存款保险保费，并予以行政处罚。
非存款类持牌金融机构	认定为违规经营，由金融监督管理部门和中国人民银行依法纠正并予以处罚。

【例题84】下列关于资产管理产品的说法错误的是（　　）。

A. 资产管理产品的发行人或者管理人违反真实公允确定净值原则，对产品进行保本保收益，视为刚性兑付

B. 资产管理产品的发行人或者管理人采取滚动发行等方式，实现产品保本保收益的，视为刚性兑付

C. 资产管理产品不能如期兑付或者兑付困难时，发行或者管理该产品的金融机构自行筹集资金偿付或者委托其他机构代为偿付，不应视为刚性兑付

D. 经认定存在刚性兑付行为的，应该区分存款类金融机构和非存款类持牌金融机构进行惩处

【答案】C

【解析】存在以下行为的视为刚性兑付：资产管理产品的发行人或者管理人违反真实公允确定净值原则，对产品进行保本保收益；采取滚动发行等方式，使资产管理产品的本金、收益、风险在不同投资者之间发生转移，实现产品保本保收益；资产管理产品

不能如期兑付或者兑付困难时，发行或者管理该产品的金融机构自行筹集资金偿付或者委托其他机构代为偿付；金融管理部门认定的其他情形。

（十一）分级要求【公募产品和开放式私募产品不得进行份额分级】

分级私募产品应当根据所投资资产的风险程度设定分级比例：**【中间级计入优先级】**

产品类型	分级比例（优先级份额/劣后级份额）
固定收益类产品	不得超过3:1
权益类产品	不得超过1:1
商品及金融衍生品类产品、混合类产品	不得超过2:1

分级资产管理产品不得直接或者间接对优先级份额认购者提供保本保收益安排。

【例题85】根据《关于规范金融机构资产管理业务的指导意见》，下列关于资产管理产品分级要求的说法，正确的是（　　）。

A. 固定收益类产品分级比例不超过3:1

B. 分级私募产品应根据所投资产的风险程度设定分级比例，中间级份额计入劣后级

C. 商品及金融衍生品类产品的分级比例不得超过1:1

D. 公募产品不得进行份额分级，私募产品可进行份额分级

【答案】A

【解析】B项，分级私募产品应当根据所投资资产的风险程度设定分级比例（优先级份额/劣后级份额，中间级份额计入优先级份额）。

C项，商品及金融衍生品类产品、混合类产品的分级比例不得超过2:1。

D项，公募产品和开放式私募产品不得进行份额分级。

（十二）通道及嵌套要求

金融机构不得为其他金融机构的资产管理产品提供规避投资范围、杠杆约束等监管要求的通道服务。

资产管理产品可以再投资一层资产管理产品，但所投资的资产管理产品不得再投资公募证券投资基金以外的资产管理产品。**【A资管产品投资B资管产品，B资管产品只能再投资公募基金及其他股、债、衍生品等，B不能再投资私募产品】**

金融机构可以聘请具有专业资质的受金融监督管理部门监管的机构作为投资顾问。投资顾问提供投资建议指导委托机构操作。

（十三）人工智能

运用人工智能技术开展投资顾问业务应当取得投资顾问资质，非金融机构不得借助智能投资顾问超范围经营或者变相开展资产管理业务。

金融机构应当向金融监督管理部门报备人工智能模型的主要参数以及资产配置的主要逻辑，为投资者单独设立智能管理账户，充分提示人工智能算法的固有缺陷和使用风

险，明晰交易流程，强化留痕管理，严格监控智能管理账户的交易头寸、风险限额、交易种类、价格权限等。

（十四）监管原则

（1）机构监管与功能监管相结合，按照产品类型而不是机构类型实施功能监管，同一类型的资产管理产品适用同一监管标准，减少监管真空和套利；

（2）实行穿透式监管，对于多层嵌套资产管理产品，向上识别产品的最终投资者，向下识别产品的底层资产（公募证券投资基金除外）；

（3）强化宏观审慎管理，建立资产管理业务的宏观审慎政策框架，完善政策工具，从宏观、逆周期、跨市场的角度加强监测、评估和调节；

（4）实现实时监管，对资产管理产品的发行销售、投资、兑付等各环节进行全面动态监管，建立综合统计制度。

考点四：证券公司大集合资产管理业务的基本概念（☆）

证券公司大集合资产管理计划，是指证券公司设立管理的投资者人数不受 200 人限制的集合资产管理计划。**【包括通过专项资产管理计划形式设立的大集合产品】**

考点五：证券公司大集合资产管理业务的规范要求（☆）

大集合产品新开展的投资应当遵守公募基金法定投资范围和投资限制，加强投资组合的流动性风险管理，并按照公募基金的有关规定计提风险准备金。

存量大集合产品应当在 2021 年 12 月 31 日前对标公募基金进行管理。

《操作指引》公布后，连续 60 个工作日投资者不足 200 人或资产净值低于 5000 万元的存量大集合产品，应当在过渡期内逐步转为符合法律法规规定的私募资产管理计划，并依法履行备案等程序，或者通过与其他产品合并、终止产品合同等方式予以规范。

考点六：证券资产管理业务的一般性规定（☆☆☆）

（1）业务资质——应当依法经中国证监会批准。

（2）审慎经营——制定科学合理的投资策略和风险管理制度，有效防范和控制风险，确保业务开展与资本实力、管理能力及风险控制水平相适应。

（3）客户利益至上、勤勉尽责。**【自愿、公平、诚实信用、客户利益至上】**

（4）业务隔离——私募资产管理业务与公司其他业务分开管理。资产管理计划财产独立于证券公司和托管人的固有财产，并独立于证券公司管理的和托管人托管的其他财产。**【财产独立】**

【例题 86】下列关于证券公司从事私募资产管理业务需要遵循的原则有（　　）。

Ⅰ. 自愿

Ⅱ. 公开

Ⅲ. 客户利益与公司利益双赢

Ⅳ. 公平

A. Ⅱ、Ⅲ　　B. Ⅰ、Ⅳ　　C. Ⅰ、Ⅱ、Ⅳ　　D. Ⅱ、Ⅲ、Ⅳ

【答案】 B

【解析】 证券公司从事私募资产管理业务，应当遵循自愿、公平、诚实信用和客户利益至上原则，恪尽职守，谨慎勤勉，维护投资者合法权益，服务实体经济，不得损害国家利益、社会共同利益和他人合法权益。

【例题 87】 下列关于证券资产管理业务基本要求的说法，错误的有（　　）。

Ⅰ. 证券公司从事私募资产管理业务，应当遵循自愿、公开、诚实信用、客户利益至上原则

Ⅱ. 证券公司从事私募资产管理业务，应当依法经中国基金业协会批准

Ⅲ. 中国证券业协会依据法律、行政法规等规定，对证券公司私募资产管理业务实施行政管理

Ⅳ. 证券公司从事私募资产管理业务，应当确保业务开展与资本实力、管理能力和风险控制水平相适应

A. Ⅰ、Ⅱ、Ⅲ　　B. Ⅱ、Ⅲ　　C. Ⅰ、Ⅲ、Ⅳ　　D. Ⅰ、Ⅱ、Ⅳ

【答案】 A

【解析】 Ⅰ项，证券公司从事私募资产管理业务，应当遵循自愿、公平、诚实信用和客户利益至上原则。

Ⅱ项，证券公司从事私募资产管理业务，应当依法经中国证监会批准。

Ⅲ项，中国证监会及其派出机构依据法律、行政法规等规定，对证券公司私募资产管理业务实施监督管理。

考点七：资产管理业务人员基本要求、合同签署及内容约定要求（☆☆☆）

（一）人员

证券公司开展私募资产管理业务，应具备符合条件的高级管理人员和 3 名以上投资经理，应具有投资研究部门，且专职从事投资研究的人员≥3 人。

（二）合同**【平等自愿、诚实信用、公平的原则】**

证券公司募集资产管理计划，应当与投资者、托管人签订资产管理合同。**【合同当事人：管理人、投资者、托管人，与基金要求一致】**

资产管理合同应当对巨额退出、延期支付、延期清算、管理人变更或者托管人变更等或有事项，作出明确约定。

考点八：资产管理计划募集推广、委托资产的资产来源等要求（☆☆☆）

（一）募集推广

资产管理计划的初始募集规模不得低于1000万元。【集合和单一资管计划均适用】

【集合资产管理计划】

集合资产管理计划的初始募集期自资产管理计划份额发售之日起不得超过60天，专门投资于未上市企业股权的集合资产管理计划的初始募集期自资产管理计划份额发售之日起不得超过12个月。【一般资管计划≤60天；投资未上市股权≤12个月】

【单一资产管理计划】

封闭式单一资产管理计划的投资者可以分期缴付委托资金，但应当在资产管理合同中事先明确约定分期缴付资金的数额、期限，且首期缴付资金不得少于1000万元，全部资金缴付期限自资产管理计划成立之日起不得超过3年。

（二）委托资产

投资者应当以真实身份和自有资金参与资产管理计划，并承诺委托资金的来源符合法律、行政法规的规定。

集合资产管理计划成立前，任何机构和个人不得动用投资者参与资金。

非因投资者本身的债务或者法律规定的其他情形，不得查封、冻结、扣划或者强制执行存入专门账户的投资者参与资金。

【例题88】（　　）的投资者可以分期缴付委托资金，但应当在资产管理合同中事先明确约定分期缴付资金的数额、期限。

A. 封闭式集合资产管理计划　　B. 封闭式单一资产管理计划

C. 集合资产管理计划　　D. 单一资产管理计划

【答案】B

【解析】封闭式单一资产管理计划的投资者可以分期缴付委托资金，但应当在资产管理合同中事先明确约定分期缴付资金的数额、期限，且首期缴付资金不得少于1000万元，全部资金缴付期限自资产管理计划成立之日起不得超过3年。

考点九：资产管理计划成立及转让的条件（☆☆☆）

（一）成立

1. 集合资产管理计划成立条件

（1）募集过程符合法律、行政法规和中国证监会的规定；

（2）募集金额达到资产管理合同约定的成立规模，且不违反中国证监会规定的最低成立规模；【最低1000万元】

（3）投资者人数≥2人；

（4）符合中国证监会规定以及资产管理合同约定的其他条件。

2. 成立要求

环节	具体要求
验资	集合资产管理计划的募集金额缴足之日起10个工作日内，证券公司应当委托具有证券相关业务资格的会计师事务所进行验资并出具验资报告。
成立	**【集合资产管理计划】**取得验资报告后，由证券公司公告成立； **【单一资产管理计划】**受托资产入账后，由证券公司书面通知投资者成立。
备案	成立之日起5个工作日内，证券公司将资产管理合同、投资者名单与认购金额、验资报告**【集合】**或者资产缴付证明**【单一】**等材料报证券投资基金业协会备案，并抄报中国证监会相关派出机构。**【注意是中基协备案】**
备案前投资要求	备案前可以以现金管理为目的，投资于银行活期存款、国债、中央银行票据、政策性金融债、地方政府债券、货币市场基金等中国证监会认可的投资品种。**【除此之外，资管计划备案前不得开展投资活动】**

【例题89】关于资产管理计划的成立，说法错误的是（　　）。

A. 单一资产管理计划在受托资产入账后，由证券公司书面通知投资者资产管理计划成立

B. 集合资产管理计划在取得验资报告后，由证券公司公告资产管理计划成立

C. 集合资产管理计划募集金额达到资产管理合同约定的成立规模800万元，由会计师事务所验资

D. 资产管理计划完成备案前不得开展投资活动，但以现金管理为目的的除外

【答案】C

【解析】C项，集合资产管理计划成立的条件包括：募集金额达到资产管理合同约定的成立规模，且不违反中国证监会规定的最低成立规模。资产管理计划的初始募集规模不得低于1000万元。

（二）转让

投资者可以通过证券交易所以及中国证监会认可的其他方式，向合格投资者转让其持有的集合资产管理计划份额，并按规定办理份额变更登记手续。受让方首次参与集合资产管理计划的，应当先与证券公司、托管人签订资产管理合同。

转让后，持有资产管理计划份额的合格投资者合计不得超过200人。**【不可通过转让变相突破200人限制，变相公开募集】**

考点十：资产管理业务投资者的权利与义务（☆☆☆）

（一）投资者的权利**【与基金基本相似】**

（1）分享资产管理计划财产收益。

（2）取得分配清算后的剩余资产管理计划财产。

（3）对于单一资产管理计划按照合同的约定追加、提取委托财产，对于集合资产管理计划按照合同约定参与、退出和转让资产管理计划份额。

（4）根据合同的规定，参加或申请召集资产管理计划份额持有人大会，行使相关职权。

（5）按照法律法规及合同约定的时间和方式获得资产管理计划的信息披露资料。

（6）监督管理人、托管人履行投资管理及托管义务的情况。**【基金为对损害其权益行为提起诉讼】**

（7）法律法规、中国证监会及中国证券投资基金业协会规定的和资产管理合同约定的其他权利。

（二）投资者的义务

（1）认真阅读并遵守资产管理合同，保证投资资金的来源及用途合法。

（2）接受合格投资者认定程序，如实填写风险识别能力和风险承担能力问卷，如实提供资金来源、金融资产、收入及负债情况，并对其真实性、准确性和完整性负责，签署合格投资者相关文件。

（3）除公募资产管理产品外，以合伙企业、契约等非法人形式直接或者间接投资于资产管理计划的，应向管理人充分披露实际投资者和最终资金来源。

（4）认真阅读并签署风险揭示书。

（5）按照资产管理合同约定支付资产管理计划份额的参与款项，承担资产管理合同约定的管理费、业绩报酬（如有）、托管费、审计费、税费等合理费用。**【基金没有业绩报酬】**

（6）在持有的资产管理计划份额范围内，承担资产管理计划亏损或者终止的有限责任。

（7）向管理人或资产管理计划销售机构提供法律法规规定的信息资料及身份证明文件，配合管理人或其销售机构完成投资者适当性管理、非居民金融账户涉税信息尽职调查、反洗钱等监管规定的工作。

（8）不得违反资产管理合同的约定干涉管理人的投资行为。

（9）不得从事任何有损资产管理计划及其投资者、管理人管理的其他资产及托管人托管的其他资产合法权益的活动。

（10）保守商业秘密，不得泄露资产管理计划的投资计划、投资意向等；不得利用资产管理计划相关信息进行内幕交易或者其他不当、违法的证券期货业务活动。

（11）法律法规、中国证监会及中国证券投资基金业协会规定和资产管理合同约定的其他义务。

考点十一：资产管理计划投资交易的要求（☆☆☆）

证券公司设立集合资产管理计划进行投资，应当采用资产组合的方式。**【证监会另有规定除外】**

资产管理计划改变投向和比例的，应当事先取得投资者同意，并按规定履行合同变更程序。

资产管理计划可以依法参与证券回购、融资融券、转融通以及中国证监会认可的其他业务。

证券公司可以依法设立资产管理计划在境内募集资金，投资于中国证监会认可的境外金融产品。

资产管理计划不得直接投资商业银行信贷资产；不得违规为地方政府及其部门提供融资，不得要求或者接受地方政府及其部门违规提供担保；不得直接或者间接投资法律、行政法规和国家政策禁止投资的行业或领域。

资产管理计划接受其他资产管理产品参与，证券期货经营机构应当切实履行主动管理职责，不得进行转委托，不得再投资除公募基金以外的其他资产管理产品。**【与嵌套要求一致】**

【例题 90】 证券公司设立集合资产管理计划进行投资，应当采用（　　）的方式。

A. 对冲　　B. 套期保值　　C. 集中竞价　　D. 资产组合

【答案】 D

【解析】 证券公司设立集合资产管理计划进行投资，除中国证监会另有规定外，应当采用资产组合的方式。

【例题 91】 资产管理计划在投资运作的过程中，做法正确的有（　　）。

Ⅰ. 投资于其他的资产管理产品

Ⅱ. 投资于商业银行信贷资产

Ⅲ. 参与证券回购交易

Ⅳ. 投资于中国证监会认可的境外金融产品

A. Ⅰ、Ⅱ、Ⅲ　　B. Ⅰ、Ⅲ、Ⅳ　　C. Ⅱ、Ⅲ、Ⅳ　　D. Ⅰ、Ⅱ、Ⅳ

【答案】 B

【解析】 资产管理计划不得直接投资商业银行信贷资产；不得违规为地方政府及其部门提供融资，不得要求或者接受地方政府及其部门违规提供担保；不得直接或者间接投资法律、行政法规和国家政策禁止投资的行业或领域。

考点十二：证券公司以自有资金参与资产管理计划的相应要求（☆☆☆）

证券公司自有资金参与集合资产管理计划的持有期限不得少于 6 个月。参与、退出时，应当提前 5 个工作日告知投资者和托管人。

证券公司以自有资金参与单个集合资产管理计划的份额不得超过该计划总份额的 20%。**【仅自己投资，≤20%】【为应对巨额赎回而参与资管计划的不受该比例限制】**

证券公司及其附属机构以自有资金参与单个集合资产管理计划的份额合计不得超过

该计划总份额的50%。**【组团投资，≤50%】【为应对巨额赎回而参与资管计划的不受该比例限制】**

【例题92】证券公司自有资金参与单个集合计划的份额，不得超过该计划总份额的（　　）。

A. 20%　　B. 10%　　C. 16%　　D. 5%

【答案】A

【解析】证券公司以自有资金参与单个集合资产管理计划的份额不得超过该计划总份额的20%。证券公司及其附属机构以自有资金参与单个集合资产管理计划的份额合计不得超过该计划总份额的50%。因集合资产管理计划规模变动等客观因素导致前述比例被动超标的，证券公司应当依照中国证监会规定及资产管理合同的约定及时调整达标。

考点十三：关联交易的要求（☆☆）

证券公司不得以资产管理产品的资金与关联方进行不正当交易、利益输送、内幕交易和操纵市场，包括但不限于投资于关联方虚假项目、与关联方共同收购上市公司、向本机构注资等。**【禁止非法关联交易，合法合规的关联交易在做好内控和信息披露的情况下允许从事】**

证券公司以资产管理计划资产从事重大关联交易的，应当遵守法律、行政法规、中国证监会的规定和合同约定，事先取得投资者的同意，事后及时告知投资者和托管人，并向中国证监会相关派出机构和证券投资基金业协会报告，投资于证券期货的关联交易还应当向证券期货交易所报告。

考点十四：资产管理计划应当终止的情形（☆☆）

1. 资产管理计划存续期届满且不展期

2. 证券公司被依法撤销资产管理业务资格或者依法解散、被撤销、被宣告破产，且在6个月内没有新的管理人承接

3. 托管人被依法撤销基金托管资格或者依法解散、被撤销、被宣告破产，且在6个月内没有新的托管人承接

4. 经全体投资者、证券公司和托管人协商一致决定终止的

5. 发生资产管理合同约定的应当终止的情形

6. 集合资产管理计划存续期间，持续5个工作日投资者少于2人

7. 法律、行政法规及中国证监会规定的其他情形

【例题93】下列关于资产管理计划应当终止的情形，正确的有（　　）。

Ⅰ. 发生资产管理合同约定的应当终止的情形

Ⅱ. 集合资产管理计划存续期间持续三个工作日投资者少于2人

Ⅲ. 证券公司被依法撤销资产管理业务资格且在6个月内没有新的管理人承接

Ⅳ. 资产管理计划存续期届满且不展期

A. Ⅰ、Ⅲ、Ⅳ　　　　B. Ⅱ、Ⅲ

C. Ⅰ、Ⅱ、Ⅲ、Ⅳ　　　　D. Ⅰ、Ⅱ、Ⅳ

【答案】 A

【解析】 Ⅱ项应为：集合资产管理计划存续期间，持续5个工作日投资者少于2人。

考点十五：资产管理业务的托管要求（☆☆）

托管人应当履行下列职责：

（1）安全保管资产管理计划财产。

（2）按照规定开设资产管理计划的托管账户，不同托管账户中的财产应当相互独立。

（3）按照资产管理合同约定，根据管理人的投资指令，及时办理清算、交割事宜。

（4）建立与管理人的对账机制，复核、审查管理人计算的资产管理计划资产净值和资产管理计划参与、退出价格。

（5）监督管理人的投资运作，发现管理人的投资或清算指令违反法律、行政法规、中国证监会的规定或者资产管理合同约定的，应当拒绝执行，并向中国证监会相关派出机构和证券投资基金业协会报告。

（6）办理与资产管理计划托管业务活动有关的信息披露事项。

（7）对资产管理计划财务会计报告、年度报告出具意见。**【基金托管人还包括中期报告】**

（8）保存资产管理计划托管业务活动的记录、账册、报表和其他相关资料。

（9）对资产管理计划投资信息和相关资料承担保密责任，除法律、行政法规、规章规定或者审计要求、合同约定外，不得向任何机构或者个人提供相关信息和资料。

（10）法律、行政法规和中国证监会规定的其他职责。

【易混知识点分析】

《基金法》中证券投资基金托管人与私募资产管理业务中的托管人职责大同小异，对比如下：

（1）资产管理业务托管人职责中的第①～⑧项，与基金托管人职责相似。

（2）资产管理业务托管人职责相比基金托管人多出第⑨项："对资产管理计划投资信息和相关资料承担保密责任，除法律、行政法规、规章规定或者审计要求、合同约定外，不得向任何机构或者个人提供相关信息和资料。"

（3）基金托管人职责比资产管理业务托管人多出1项："按照规定召集基金份额持有人大会。"

考点十六：资产管理业务禁止行为的有关规定（☆☆☆）

1. 利用资产管理计划从事内幕交易、操纵市场或者其他不当、违法的证券期货业务活动

2. 泄露因职务便利获取的未公开信息、利用该信息从事或者明示、暗示他人从事相关交易活动

3. 为违法或者规避监管的证券期货业务活动提供交易便利

4. 从事非公平交易、利益输送等损害投资者合法权益的行为

5. 利用资产管理计划进行商业贿赂

6. 侵占、挪用资产管理计划财产

7. 利用资产管理计划或者职务便利为投资者以外的第三方谋取不正当利益

8. 直接或者间接向投资者返还管理费

9. 以获取佣金或者其他不当利益为目的，使用资产管理计划财产进行不必要的交易

10. 法律、行政法规和中国证监会规定禁止的其他行为

【《基金法》私募基金禁止行为中，无第③⑤⑧⑨项】

考点十七：证券公司开展资产证券化业务的主要规则（☆☆）

资产证券化业务，是指以基础资产所产生的现金流为偿付支持，通过结构化等方式进行信用增级，在此基础上发行资产支持证券的业务活动。**【注：投资者的收益来源，即基础资产未来产生的现金流收益】**

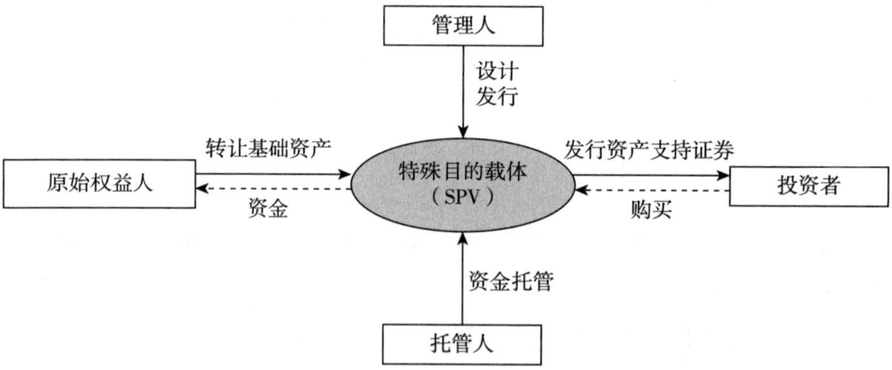

要素	要求
基础资产	符合法律法规规定，权属明确，可以产生独立、可预测的现金流且可特定化的财产权利或者财产。**【如：企业应收款、租赁债权、信贷资产、信托受益权等财产权利，基础设施、商业物业等不动产财产或不动产收益权。】**
原始权益人	按照业务管理规定及约定向专项计划转移其合法拥有的基础资产以获得资金的主体。**【融资方】**

续表

要素	要求
管理人	对专项计划进行管理及履行其他法定及约定职责的证券公司、基金管理公司子公司。
托管人	对专项计划相关资产进行保管，并监督专项计划运作的商业银行或其他机构。
特殊目的载体	证券公司、基金管理公司子公司为开展资产证券化业务专门设立的资产支持专项计划或者中国证监会认可的其他特殊目的载体。

【例题94】下列关于证券公司开展资产证券化业务的说法正确的是（　　）。

Ⅰ. 资产证券化业务，是指以基础资产所产生的现金流为偿付支持，通过结构化等方式进行信用增级，在此基础上发行资产支持证券的业务活动

Ⅱ. 基础资产，是指符合法律法规规定，权属明确，可以产生独立、可预测的现金流且可特定化的财产权利或者财产

Ⅲ. 原始权益人，是指按照本规定及约定向专项计划转移其合法拥有的基础资产以获得资金的主体

Ⅳ. 管理人是指为资产支持证券持有人之利益，对专项计划进行管理及履行其他法定及约定职责的证券公司、商业银行

A. Ⅰ、Ⅱ　　B. Ⅰ、Ⅱ、Ⅲ

C. Ⅰ、Ⅱ、Ⅲ、Ⅳ　　D. Ⅰ、Ⅲ、Ⅳ

【答案】B

【解析】管理人是指为资产支持证券持有人之利益，对专项计划进行管理及履行其他法定及约定职责的证券公司、基金管理公司子公司。

考点十八：专项计划管理人主要职责（☆）

（1）对相关交易主体和基础资产进行全面的尽职调查，可聘请会计师事务所、资产评估机构等相关中介机构出具专业意见；

（2）在专项计划存续期间，督促原始权益人以及为专项计划提供服务的有关机构，履行法律规定及合同约定的义务；

（3）办理资产支持证券发行事宜；

（4）按照约定及时将募集资金支付给原始权益人；

（5）为资产支持证券投资者的利益管理专项计划资产；

（6）建立相对封闭、独立的基础资产现金流归集机制，切实防范专项计划资产与其他资产混同以及被侵占、挪用等风险；

（7）监督、检查特定原始权益人持续经营情况和基础资产现金流状况，出现重大异常情况的，管理人应当采取必要措施，维护专项计划资产安全；

（8）按照约定向资产支持证券投资者分配收益；

（9）履行信息披露义务；

（10）负责专项计划的终止清算；

（11）法律、行政法规和中国证监会规定以及计划说明书约定的其他职责。

考点十九：专项计划设立、运作的一般流程（☆）

资产支持证券应当面向合格投资者发行，发行对象≤200 人，单笔认购≥100 万元人民币发行面值或等值份额。

资产支持证券按照计划说明书约定的条件发行完毕，专项计划设立完成。

管理人应当自专项计划成立日起 5 个工作日内将设立情况报中国证券投资基金业协会备案，同时抄送对管理人有辖区监管权的中国证监会派出机构。

考点二十：资产支持证券挂牌、转让的相关规定（☆）

场所	可在证券交易所、全国中小企业股份转让系统、机构间私募产品报价与服务系统、证券公司柜台市场以及中国证监会认可的其他证券交易场所进行挂牌、转让
转让对象	仅限合格投资者，转让后，不得超过 200 人
初始挂牌交易单位	100 万元人民币发行面值或等值份额
登记结算	中国证券登记结算有限责任公司或中国证监会认可的其他机构
交易	证券公司等机构可以为资产支持证券转让提供双边报价服务【**做市**】

【例题 95】下列关于资产支持证券挂牌、转让的说法，错误的是（　　）。

A. 证券公司可为资产支持证券转让提供双边报价服务

B. 证券交易所可以提供挂牌、转让服务

C. 资产支持证券的登记结算业务可由中国证券登记结算有限责任公司办理

D. 机构间私募产品报价与服务系统可为资产支持证券转让提供双边报价服务

【答案】D

【解析】机构间私募产品报价与服务系统可为资产支持证券提供挂牌、转让服务。

考点二十一：资产证券化业务的尽职调查规定（☆☆）

管理人应对相关交易主体和基础资产进行全面的尽职调查，可聘请会计师事务所、资产评估机构等相关中介机构出具专业意见。

考点二十二：资产支持证券信息披露的相关要求（☆）

管理人、托管人应当在每年 4 月 30 日之前向资产支持证券合格投资者披露上年度资产管理报告、年度托管报告。由管理人向中国基金业协会报告，同时抄送对管理人有辖区监管权的中国证监会派出机构。**【注意，管理报告和托管报告均由管理人报送】**

每次收益分配前，管理人应当及时向资产支持证券合格投资者披露专项计划收益分配报告。

【例题96】 下列关于资产支持证券信息披露的说法，正确的是（　　）。

A. 每次分配收益后，专项计划分配报告应当由管理人向相关监管机构报告

B. 每次分配收益后，托管人应当及时向合格投资者披露专项计划分配报告

C. 每次分配收益前，管理人应当及时向合格投资者披露专项计划分配报告

D. 每次分配收益前，管理人和托管人应当及时向合格投资者披露专项计划分配报告

【答案】 C

【解析】 每次收益分配前，管理人应当及时向资产支持证券合格投资者披露专项计划收益分配报告。

考点二十三：资产证券化业务基础资产负面清单（☆☆）

（1）以地方政府为直接或间接债务人的基础资产。**【政府与社会资本合作模式（PPP）下由地方政府支付或承担的财政补贴除外】**

（2）以地方融资平台公司为债务人的基础资产。**【即城投公司】**

（3）矿产资源开采收益权、土地出让收益权等产生现金流的能力具有较大不确定性的资产。

（4）有下列情形之一的与不动产相关的基础资产：

①因空置等原因不能产生稳定现金流的不动产租金债权；

②待开发或在建占比超过10%的基础设施、商业物业、居民住宅等不动产或相关不动产收益权。**【列入国家保障房计划并已开工建设的除外】**

（5）不能直接产生现金流、仅依托处置资产才能产生现金流的基础资产。**【如提单、仓单、产权证书等】**

（6）法律界定及业务形态属于不同类型且缺乏相关性的资产组合。**【如基础资产包含企业应收账款、高速公路收费权等不同类型资产】**

（7）违反相关法律法规或政策规定的资产。

（8）最终投资标的为上述资产的信托计划受益权等基础资产。

另外，基础资产不得附带抵押、质押等担保负担或者其他权利限制。**【原始权益人向专项计划转移基础资产时能够解除的除外】**

【例题97】（　　）包括在资产证券化基础资产负面清单中。

A. 在建占比超过5%的商业物业

B. 当地政府证明已列入国家保障房计划并已开工建设的项目

C. 可以直接产生现金流的基础资产

D. 因空置原因不能产生稳定现金流的不动产租金债权

【答案】 D

【解析】 A 项应为：待开发或在建占比超过 10% 的基础设施、商业物业、居民住宅等不动产或相关不动产收益权。

考点二十四：合格境外机构投资者境内证券投资、合格境内机构投资者境外证券投资的相关监管规定（☆）

	合格境外机构投资者（QFII）	合格境内机构投资者（QDII）
定义	经中国证监会批准投资于中国证券市场的境外基金管理公司、商业银行、保险公司、证券公司、期货公司、信托公司、政府投资机构、主权基金、养老基金、慈善基金、捐赠基金、国际组织等。	经中国证监会批准在中华人民共和国境内募集资金，运用所募集的部分或者全部资金以资产组合方式进行境外证券投资管理的境内基金管理公司和证券公司等证券经营机构。
托管	委托符合要求的境内机构作为托管人托管资产，依法委托境内证券公司、期货公司办理在境内的证券期货交易活动。	由境内商业银行负责资产托管业务，可以委托境外证券服务机构代理买卖证券。
投资限制	①单个合格境外投资者或其他境外投资者持有单个上市公司或者挂牌公司股票的持股比例不得超过该公司股份总数的 10%；**【战略投资除外】** ②全部合格境外投资者及其他境外投资者持有单个公司 A 股或者境内挂牌股份的总和，不得超过该公司股份总数的 30%。**【战略投资除外】**	国家外汇管理局对投资额度实行余额管理，合格境内投资者境外投资净汇出额（含外汇及人民币资金）不得超过经批准的投资额度。

考点二十五：监管部门对资产管理业务的监管措施（☆☆☆）

中国证监会及其派出机构对证券公司、托管人、销售机构和投资顾问等服务机构从事私募资产管理及相关业务的情况，进行定期或者不定期的现场和非现场检查，证券公司等机构应当予以配合。

中国证监会与中国人民银行、中国银行保险监督管理委员会建立监督管理信息共享机制，加强资产管理业务的统计信息共享。

考点二十六：资产管理业务违反有关规定的法律责任（☆☆☆）

证券公司、托管人、销售机构和投资顾问等服务机构违反法律、行政法规及中国证监会其他规定的，中国证监会及相关派出机构可以对其采取责令改正、监管谈话、出具警示函、责令定期报告、暂不受理与行政许可有关的文件等行政监管措施；对直接负责的主管人员和其他直接责任人员，采取监管谈话、出具警示函、责令参加培训、认定为不适当人选等行政监管措施。

证券公司、托管人、销售机构和投资顾问等服务机构的相关从业人员违反法律、行政法规和相关规定，情节严重的，中国证监会可以依法采取市场禁入措施。

【例题98】证券公司从事资产管理业务违反法律、行政法规及中国证监会其他规定的，下列属于中国证监会及相关派出机构可以对其采取的监管措施有（　　）。

Ⅰ. 责令改正

Ⅱ. 监管谈话

Ⅲ. 出具警示函

Ⅳ. 市场禁入措施

A. Ⅰ、Ⅲ　　B. Ⅱ、Ⅳ　　C. Ⅰ、Ⅱ、Ⅳ　　D. Ⅰ、Ⅱ、Ⅲ

【答案】D

【解析】证券公司、托管人、销售机构和投资顾问等服务机构违反法律、行政法规及中国证监会其他规定的，中国证监会及相关派出机构可以对其采取责令改正、监管谈话、出具警示函、责令定期报告、暂不受理与行政许可有关的文件等行政监管措施；对直接负责的主管人员和其他直接责任人员，采取监管谈话、出具警示函、责令参加培训、认定为不适当人选等行政监管措施。Ⅳ项是对从业人员的监管措施。

【本节学习提示】考查重点：

（1）资产管理产品的类型包括：按募集方式分为公募和私募；按投资性质分为固定收益类、权益类、商品及金融衍生品类、混合类；按投资者人数分为单一资管产品和集合资管产品。

（2）资管计划的募集期≤60天，投资于未上市股权的募集期≤12个月。

（3）资管计划的初始募集规模≥1000万元。

（4）资管计划备案前可投资于：活期存款、国债、中央银行票据、政策性金融债、地方政府债券、货币市场基金。

（5）资管计划的投资范围包括：标准化债权类资产、标准化股权类资产、标准化商品及金融衍生品类资产、公募产品、非标准化债权类资产、非标准化股权类资产、非标准化商品及金融衍生品类资产、私募产品。

（6）资管计划终止的情形：到期，管理人、托管人解散、撤销、破产且6个月内无人承接，投资者、管理人、托管人协商一致，合同约定，集合计划持续5个工作日少于2人。

（7）基础资产可以是：企业应收款、租赁债权、信贷资产、信托受益权、基础设施、商业物业等。

第八节　证券公司全国股份转让系统业务及柜台市场业务

考点一：全国股转系统业务的主要法律法规（☆）

《公司法》《证券法》《国务院关于全国中小企业股份转让系统有关问题的决定》《国务院关于开展优先股试点的指导意见》；

《非上市公众公司监督管理办法》《非上市公众公司信息披露管理办法》《证券发行上市保荐业务管理办法》《非上市公众公司收购管理办法》《非上市公众公司重大资产重组管理办法》《优先股试点管理办法》《公司债券发行与交易管理办法》《中国证监会关于全国中小企业股份转让系统挂牌公司转板上市的指导意见》《中国证监会关于改革完善并严格实施上市公司退市制度的若干意见》《关于完善全国中小企业股份转让系统终止挂牌制度的指导意见》。

考点二：全国股转系统业务的一般规定（☆☆）

（一）定位与功能

全国股转系统是经国务院批准，依据证券法设立的全国性证券交易场所，主要为创新型、创业型、成长型中小微企业发展服务。

境内符合条件的股份公司均可通过主办券商申请在全国股转系统挂牌，公开转让股份，进行股权融资、债权融资、资产重组等。**【证券公司的身份是主办券商】**

【例题 99】 境内符合条件的股份公司均可通过主办券商申请在全国股份转让系统挂牌，公开转让股份，进行（　　）等活动。

Ⅰ. 股权融资

Ⅱ. 债权融资

Ⅲ. 公开发行

Ⅳ. 资产重组

A. Ⅰ、Ⅱ、Ⅳ

B. Ⅰ、Ⅲ、Ⅳ

C. Ⅰ、Ⅱ、Ⅲ、Ⅳ

D. Ⅰ、Ⅱ、Ⅲ

【答案】 A

【解析】 境内符合条件的股份公司均可通过主办券商申请在全国股份转让系统挂牌，公开转让股份，进行股权融资、债权融资、资产重组等活动。Ⅲ项，在创新层连续挂牌满 12 个月的挂牌公司，方可公开发行。

（二）业务规则

（1）全国股转系统实行主办券商制度。主办券商应当对所推荐的挂牌公司履行持续督导义务。

（2）申请挂牌公司、挂牌公司及其他信息披露义务人、主办券商依法披露的信息，应当第一时间在全国股转系统指定信息披露平台公布。

（3）全国股转系统实行投资者适当性管理制度。投资者应当具备一定的证券投资经验和相应的风险识别和承担能力，知悉相关业务规则，自行承担投资风险。

（三）全国股转系统的分层管理

（1）全国股转系统设置基础层、创新层和精选层，符合不同条件的挂牌公司分别纳入不同市场层级管理。

（2）全国股转系统制定客观、差异化的各层级进入和调整条件，并据此调整挂牌公司所属市场层级。

（3）挂牌公司的层级进入和调整由全国股转公司挂牌委员会审议，并形成审议意见。全国股转公司结合挂牌委员会的审议意见，作出决定。

（4）符合中国证监会、证券交易所和全国股转公司有关规定的精选层挂牌公司，可以直接向证券交易所申请上市交易。**【转板上市】**

（四）主办券商管理

（1）证券公司在全国股转系统开展相关业务前，应当向全国股转公司申请备案，成为主办券商。未经备案的证券公司不得在全国股转系统开展相关业务。**【注意，不是向证监会备案】**

（2）主办券商可在全国股转系统从事以下部分或全部业务：推荐业务、经纪业务、做市业务，以及全国股转公司规定的其他业务。

（3）主办券商应按要求组织相关人员参加全国股转公司举办的业务和技术培训。未按规定参加培训的，全国股转公司可暂不受理主办券商及其相关人员出具的文件。

主办券商首次推荐公司挂牌前，应接受全国股转公司的业务培训。

【例题100】根据规定，证券公司在全国股份转让系统开展相关业务前，应当向（　　）申请备案，成为主办券商。

A. 中国证监会

B. 中国证券业协会

C. 全国股份转让系统有限责任公司

D. 国务院

【答案】C

【解析】证券公司在全国股转系统开展相关业务前，应当向全国股份转让系统有限责任公司申请备案，成为主办券商。未经备案的证券公司不得在全国股转系统开展相关业务。

考点三：全国股转系统主要业务的有关规定（☆☆☆）

（一）股票挂牌业务

（1）挂牌的条件。**【不受股东所有制性质的限制，不限于高新技术企业】**

1	依法设立且存续满2年**【在交易所发行上市是3年】**
2	业务明确，具有持续经营能力
3	公司治理机制健全，合法规范经营
4	股权明晰，股票发行和转让行为合法合规
5	主办券商推荐并持续督导
6	全国股转公司要求的其他条件

（2）股东人数超过200人的公司申请其股票挂牌公开转让，应当按照中国证监会有关规定制作公开转让的申请文件，申请文件应当包括但不限于：公开转让说明书、律师事务所出具的法律意见书、符合《证券法》规定的会计师事务所出具的审计报告、证券公司出具的推荐文件、全国股转系统的自律监管意见。公司持申请文件向中国证监会申请核准。

（3）申请挂牌公司在其股票挂牌前，应当与中国证券登记结算有限责任公司签订证券登记及服务协议，办理全部股票的集中登记。

（4）主办券商应设立内核机构，负责审核股份公司股票挂牌申请，并在审核基础上出具内核意见。

【例题101】以下（　　）不是在全国股份转让系统申请挂牌的公司需要满足的条件。

A. 业务明确　　B. 必须盈利　　C. 股权明晰　　D. 公司治理健全

【答案】B

【解析】盈利不是在全国股份转让系统申请挂牌的公司需要满足的条件，挂牌的条件要求是具有持续经营能力。

【例题102】关于股份有限公司申请股票在全国股份转让系统挂牌应当符合条件，下列说法错误的是（　　）。

A. 主办券商推荐并持续督导　　B. 应为高新技术企业

C. 依法设立且存续满两年　　D. 具有持续经营能力

【答案】B

【解析】股份有限公司申请股票在全国股份转让系统挂牌，不受股东所有制性质的限制，不限于高新技术企业。

（二）向不特定合格投资者公开发行业务

（1）股票公开转让的公众公司可以向全国股转系统不特定合格投资者公开发行股票。不特定合格投资者应当符合投资者适当性管理规定。发行人应当为在全国股转系统连续挂牌满12个月的创新层挂牌公司。

（2）发行人申请股票公开发行并在精选层挂牌应当符合《公众公司办法》规定的公开发行股票的相关要求和《分层管理办法》规定的精选层市值、财务条件等要求，且不存在《分层管理办法》规定的不得进入精选层的情形。

（3）发行人具有表决权差异安排的，该安排应当平稳运行至少一个完整会计年度，且相关信息披露和公司治理符合有关规定。

（4）发行人应当聘请其主办券商担任保荐机构。主办券商不具有保荐机构资格的，发行人应当聘请其具有保荐机构资格的子公司担任保荐机构。**【注意，公开发行时，证券公司的身份变为保荐人】**

（5）发行人应当聘请具有证券承销业务资格的主办券商或其子公司作为承销机构。主承销商可以由发行人保荐机构担任，也可以由发行人保荐机构与其他承销机构共同担任。

（6）发行人控股股东、实际控制人及其亲属以及本次发行前直接持有10%以上股份的股东或虽未直接持有但可实际支配10%以上股份表决权的相关主体持有或控制的股票，自在精选层挂牌之日起12个月内不得转让或委托他人代为管理。**【即自精选层挂牌起锁定1年，注意持股比例不是惯用的5%】**

发行人高级管理人员、核心员工参与战略配售取得的股票，自在精选层挂牌之日起12个月内不得转让或委托他人代为管理。其他投资者参与战略配售取得的股票，自在精选层挂牌之日起6个月内不得转让或委托他人代为管理。**【提示：关于本科目所涉各类主体转让限制的对比汇总，详见本书最后《易混知识点汇总分析（四）》】**

（7）股东大会就公开发行股票事项作出决议，必须经出席会议的股东所持表决权的2/3以上通过。公司股东人数超过200人的，应当对出席会议的持股比例在10%以下的股东表决情况单独计票并予以披露。**【2/3表决权通过与交易所发行上市相同，但单独统计的股东持股比例为5%】**

（8）保荐人持续督导期间为公开发行完成后当年剩余时间及其后2个完整会计年度。

（9）公司通过网下询价方式确定股票发行价格和发行对象的，询价对象应当是经中国证券业协会注册的网下投资者。

【例题103】公众公司股东大会就公开发行股票事项作出决议，必须经出席会议的股东所持表决权的（　　）以上通过。

A. 1/2　　B. 1/3　　C. 2/3　　D. 3/4

【答案】C

【解析】股东大会就公开发行股票事项作出决议，必须经出席会议的股东所持表决权的2/3以上通过。

【例题104】发行人申请股票公开发行并在精选层挂牌应当符合《公众公司办法》规定的公开发行股票的相关要求和《分层管理办法》规定的（　　）等要求。

Ⅰ. 合格投资者人数

Ⅱ. 精选层市值

Ⅲ. 财务条件

Ⅳ. 盈利要求

A. Ⅰ、Ⅲ　　B. Ⅰ、Ⅱ　　C. Ⅱ、Ⅲ　　D. Ⅲ、Ⅳ

【答案】C

【解析】发行人申请股票公开发行并在精选层挂牌应当符合《公众公司办法》规定的公开发行股票的相关要求和《分层管理办法》规定的精选层市值、财务条件等要求，且不存在《分层管理办法》规定的不得进入精选层的情形。

（三）股票定向发行业务【向特定对象发行股票】

1. 发行人定向发行后股东累计≤200人的，由全国股转公司自律审查【无须提交证监会】

发行人定向发行后股东累计＞200人的，应当在取得全国股转公司出具的自律监管意见后，报中国证监会核准。

2. 发行对象可以用现金或者非现金资产认购定向发行的股票

以非现金资产认购的，所涉及的资产应当权属清晰、定价公允，且本次交易应当有利于提升发行人资产质量和持续经营能力。

（四）重大资产重组业务

1. 公众公司及其控股或者控制的公司购买、出售资产，达到下列标准之一的，构成重大资产重组：

（1）购买、出售的资产总额占公众公司最近一个会计年度经审计的合并财务会计报表期末资产总额的比例达到50%以上；【资产总额占比≥50%】

（2）购买、出售的资产净额占公众公司最近一个会计年度经审计的合并财务会计报表期末净资产额的比例达到50%以上，且购买、出售的资产总额占公众公司最近一个会计年度经审计的合并财务会计报表期末资产总额的比例达到30%以上。【资产净额占比≥50%且资产总额占比≥30%】

2. 公众公司实施重大资产重组，应当符合下列要求：

（1）重大资产重组所涉及的资产定价公允，不存在损害公众公司和股东合法权益的情形；

（2）重大资产重组所涉及的资产权属清晰，资产过户或者转移不存在法律障碍，相关债权债务处理合法；

（3）所购买的资产，应当为权属清晰的经营性资产；

（4）实施重大资产重组后有利于提高公众公司资产质量和增强持续经营能力，不存在可能导致公众公司重组后主要资产为现金或者无具体经营业务的情形；

（5）实施重大资产重组后有利于公众公司形成或者保持健全有效的法人治理结构。

（五）公司收购业务

1. 收购人可以通过取得股份的方式成为公众公司的控股股东，可以通过投资关系、协议、其他安排的途径成为公众公司的实际控制人，也可以同时采取上述方式和途径取得公众公司控制权**【控股股东持股，实际控制人不直接持股】**

2. 收购人有下列情形之一的，不得收购公众公司：

（1）收购人负有数额较大债务，到期未清偿，且处于持续状态；

（2）收购人最近 2 年有重大违法行为或者涉嫌有重大违法行为；

（3）收购人最近 2 年有严重的证券市场失信行为；

（4）收购人为自然人的，存在《公司法》第一百四十六条规定的情形；

（5）法律、行政法规规定以及中国证监会认定的不得收购公众公司的其他情形。

（六）做市业务

1. 基础层、创新层股票可以采取做市交易方式或集合竞价交易方式进行交易**【注意不是集中竞价交易方式，精选层采用集中竞价交易】**

2. 采取做市交易方式的股票，应当有 2 家以上做市商为其提供做市报价服务

3. 申请挂牌公司股票拟采取做市交易方式的，其中一家做市商应为推荐其股票挂牌的主办券商或该主办券商的母（子）公司

4. 做市商应当对做市业务进行集中统一管理，建立做市业务相关决策、授权与执行体系；明确做市业务决策机构与决策机制，合理确定做市业务规模和可承受的风险限额

（七）挂牌公司转板上市

1. 符合条件的新三板挂牌公司可以申请转板至上交所科创板或深交所创业板上市

2. 申请转板上市的企业应当为新三板精选层挂牌公司，且在精选层连续挂牌 1 年以上；挂牌公司转板上市的，应当符合转入板块的上市条件

3. 转板上市属于股票交易场所的变更，不涉及股票公开发行，依法无须经中国证监会核准或注册，由上交所、深交所依据上市规则进行审核并作出决定

4. 提出转板上市申请的新三板挂牌公司，按照交易所有关规定聘请证券公司担任上市保荐人**【注意：不涉及股票发行，不是发行保荐人】**

【例题 105】下列关于全国股转系统业务要求的说法，错误的是（　　）。

A. 精选层转板到科创板上市，需经上交所审核，由证监会核准

B. 采取做市交易方式的股票，应当有 2 家以上做市商为其提供做市报价服务

C. 收购人可以通过取得股份的方式成为公众公司的控股股东

D. 转板上市需聘请证券公司担任上市保荐人

【答案】A

【解析】A 项，转板上市属于股票交易场所的变更，不涉及股票公开发行，依法无须经中国证监会核准或注册，由上交所、深交所依据上市规则进行审核并作出决定。

考点四：监管部门对全国股转系统业务的监管措施（☆☆）

全国股转公司可以采取下列自律监管措施：

（1）要求申请挂牌公司、挂牌公司及其他信息披露义务人或者其董事（会）、监事（会）和高级管理人员、主办券商、证券服务机构及其相关人员对有关问题作出解释、说明和披露；

（2）要求申请挂牌公司、挂牌公司聘请中介机构对公司存在的问题进行核查并发表意见；

（3）约见谈话；

（4）要求提交书面承诺；

（5）出具警示函；

（6）责令改正；

（7）暂不受理相关主办券商、证券服务机构或其相关人员出具的文件；

（8）暂停解除挂牌公司控股股东、实际控制人的股票限售；

（9）限制证券账户交易；

（10）向中国证监会报告有关违法违规行为；

（11）其他自律监管措施。

监管对象不服全国股转公司作出的纪律处分决定的，可自收到处分通知之日起 15 个工作日内向全国股转公司申请复核，复核期间该处分决定不停止执行。

【例题 106】全国股转公司可以要求申请挂牌公司、挂牌公司及其他信息披露义务人或者其（　　）及其相关人员对有关问题作出解释、说明和披露。

Ⅰ. 董事

Ⅱ. 高级管理人员

Ⅲ. 证券服务机构

Ⅳ. 持股 5% 以上的股东

A. Ⅰ、Ⅱ　　B. Ⅰ、Ⅱ、Ⅲ

C. Ⅱ、Ⅲ、Ⅳ　　D. Ⅰ、Ⅱ、Ⅲ、Ⅳ

【答案】B

【解析】全国股转公司的自律监管措施包括：可以要求申请挂牌公司、挂牌公司及其他信息披露义务人或者其董事（会）、监事（会）和高级管理人员、主办券商、证券服务机构及其相关人员对有关问题作出解释、说明和披露。

考点五：违反全国股转系统业务有关规定的法律责任（☆☆☆）

违规行为	证监会处罚措施
公开转让、股票发行文件中隐瞒重要事实或者编造重要虚假内容	终止审核并自确认之日起在36个月内不受理公司的股票转让和股票发行申请
擅自改动已提交的股票转让、股票发行申请文件，或发生重大事项未及时报告或者未及时披露	责令改正、监管谈话、出具警示函、终止审核并自确认之日起在12个月内不受理公司的股票转让和股票发行申请
向不符合《公众公司办法》规定条件的投资者发行股票	责令改正，并可以自确认之日起在36个月内不受理其申请
证券公司、证券服务机构出具的文件有虚假记载、误导性陈述或者重大遗漏	3～12个月内不接受该机构出具的相关专项文件，36个月内不接受相关签字人员出具的专项文件
证券公司及其直接负责的主管人员和其他责任人员在承销证券过程中，违反《公众公司办法》规定	责令改正、监管谈话、出具警示函、责令公开说明、认定为不适当人选，或者采取市场禁入措施，并记入诚信档案；情节严重的，3～12个月暂不受理其证券承销业务有关文件

考点六：证券公司柜台交易、柜台市场的概念、基本要求（☆）

（一）概念

证券公司柜台交易	证券公司与特定交易对手方在集中交易场所之外进行的交易或为投资者在集中交易场所之外进行交易提供服务的行为。**【场外市场交易】**
证券公司柜台市场	证券公司为与特定交易对手方在集中交易场所之外进行交易或为投资者在集中交易场所之外进行交易提供服务的场所或平台。

（二）基本要求

1. 具备从业资格**【投资者交易的——经纪业务资格；自己交易的——自营业务资格】**

2. 遵守法律法规，遵循诚实信用、公平自愿原则

考点七：证券公司可以在柜台市场发行、销售与转让的产品种类（☆☆）

1. 证券公司及其子公司以非公开募集方式设立或者承销的资产管理计划、公司债务融资工具等产品

2. 银行、保险公司、信托公司等其他机构设立并通过证券公司发行、销售与转让的产品

3. 金融衍生品及中国证监会、中国证券业协会认可的产品

【例题 107】下列不属于柜台市场发行、销售、转让的产品是（　　）。

A. 证券公司代销的集合信托计划

B. 证券公司代销的私募股权基金

C. 证券公司代销的公募基金

D. 证券公司代销的私募证券投资基金

【答案】C

【解析】C 项，在柜台市场发行、销售与转让的产品是私募产品，公募不可以。

考点八：柜台市场发行、销售与转让产品可采取的方式（☆）

证券公司可以采取协议、报价、做市、拍卖竞价、标购竞价等方式发行、销售与转让私募产品，不得采用集中竞价方式，法律法规有明确规定的除外。

【例题 108】证券公司柜台市场发行、销售与转让私募产品时，不得采用（　　）方式，法律法规有明确规定的除外。

A. 集中竞价　　B. 拍卖竞价　　C. 做市　　D. 标购竞价

【答案】A

【解析】证券公司可以采取协议、报价、做市、拍卖竞价、标购竞价等方式发行、销售与转让私募产品，不得采用集中竞价方式，法律法规有明确规定的除外。

考点九：柜台交易合同签订、财产担保的有关要求（☆☆）

（一）合同签订

证券公司进行柜台交易，应当与特定交易对手方或投资者以书面或电子方式签订柜台交易合同，约定双方的权利义务。

（二）财产担保

证券公司与投资者约定抵押、质押等财产担保的，应当依法办理担保设定手续；向投资者收取履约保证金的，应当在双方约定的金融机构开立专门账户存放，不得违约动用。

【例题 109】下列关于证券公司开展柜台交易的说法，错误的有（　　）。

Ⅰ. 证券公司与投资者约定抵押、质押等财产担保的，应当依法办理担保设定手续

Ⅱ. 证券公司向投资者收取履约保证金的，应当在证券公司开立的专门账户存放

Ⅲ. 证券公司进行柜台交易，应当和交易对手方或投资者签订柜台交易合同

Ⅳ. 证券公司与投资者约定质押担保的，可不必办理担保设定手续

A. Ⅲ、Ⅳ　　B. Ⅰ、Ⅱ、Ⅲ　　C. Ⅰ、Ⅲ　　D. Ⅱ、Ⅳ

【答案】D

【解析】Ⅱ、Ⅳ项，证券公司与投资者约定抵押、质押等财产担保的，应当依法办理担保设定手续；向投资者收取履约保证金的，应当在双方约定的金融机构开立专门账

户存放，不得违约动用。

【例题 110】证券公司进行柜台交易，向投资者收取履约保证金的，应当在双方约定的金融机构开立（　　）存放，不得违约动用。

A. 存款账户　　B. 信用账户　　C. 专门账户　　D. 产品账户

【答案】C

【解析】证券公司与投资者约定抵押、质押等财产担保的，应当依法办理担保设定手续；向投资者收取履约保证金的，应当在双方约定的金融机构开立专门账户存放，不得违约动用。

考点十：柜台市场账户、登记、托管、结算的有关要求（☆☆）

（一）账户

投资者在柜台市场交易私募产品，证券公司应当为其开立产品账户。

证券公司应当在产品登记机构开立柜台市场自有产品专用账户，并与其他自有产品账户相互隔离。

证券公司应当在商业银行开立柜台市场客户资金专用存款账户，用于存放柜台市场客户的非第三方存管资金、第三方存管客户与非第三方存管客户的待交收资金，并与其他账户相互隔离。

（二）登记、托管、结算

开展柜台市场业务的证券公司可以为在其柜台市场发行、销售与转让的私募产品提供登记、托管与结算服务。**【场内业务由中国结算提供登记结算服务】**

结算双方的关系	结算规则
收付双方的结算账户都是同一证券公司第三方存管账户	在收付双方资金账户之间进行资金划转
收付双方的结算账户均不是第三方存管账户	通过报价系统或者中国证监会认可的其他机构为收付双方办理资金结算业务
一方是证券公司第三方存管账户，另一方不是	证券公司应当将柜台市场客户资金专用存款账户作为过渡账户，进行客户交易结算资金专用存款账户与对方结算账户资金划付
证券公司与其第三方存管客户发生交易	通过参与柜台市场的自有资金专用存款账户与柜台市场客户资金专用存款账户进行资金结算

考点十一：柜台市场内控制度建设、投资者适当性管理、信息披露的有关要求（☆☆）

（一）内控制度建设

1. 建立健全柜台市场产品管理制度

2. 建立健全柜台交易管理制度

3. 健全柜台交易合规管理制度

4. 健全柜台交易风险管理制度

（二）投资者适当性管理

参与柜台交易的投资者应当是合格投资者。

证券公司应当采取有效措施确保在柜台市场交易的私募产品持有人数量符合相关规定，并要求私募产品发行人承诺私募产品的持有人数量符合相关规定。《证券投资基金法》规定，非公开募集基金应当向合格投资者募集，合格投资者累计不得超过 200 人。

【例题 111】证券公司在柜台市场开展业务，下列做法符合投资者适当性管理办法相关规定的是（　　）。

Ⅰ. 证券公司按照法律法规，行业自律规则等建立投资者适当性管理办法

Ⅱ. 证券公司在进行柜台交易前，了解投资者的身份、财产与收入状况、信用状况、投资经验、风险承受能力等情况

Ⅲ. 证券公司应当采取有效措施确保在柜台市场交易的私募产品持有人数最符合相关规定，并要求私募产品发行人承诺私募产品的持有人数量符合相关规定

Ⅳ. 证券公司进行金融衍生品柜台交易，向非金融机构投资者充分披露其与基础金融资产发行人等相关当事人之间存在的关联关系

A. Ⅰ、Ⅱ、Ⅲ、Ⅳ　　B. Ⅰ、Ⅱ、Ⅳ

C. Ⅲ、Ⅳ　　D. Ⅰ、Ⅱ、Ⅲ

【答案】A

【解析】证券公司进行基础金融产品柜台交易，应当遵守销售、交易基础金融产品的有关规定。证券公司进行金融衍生产品柜台交易，应当向非金融机构投资者客观、全面地介绍该项交易的性质、风险收益特征及相关基础金融资产的状况，充分披露其与基础金融资产发行人等相关当事人之间是否存在关联关系等可能影响投资者决策的信息。

（三）信息披露

证券公司应当通过本公司网站、机构间私募产品报价与服务系统或者中国证券业协会认可的其他信息披露平台，披露私募产品相关信息。

不得向公众披露的私募业务信息：

（1）涉及证券公司客户隐私的信息；

（2）涉及第三方商业秘密的信息；

（3）合同约定不得向公众公开的信息；

（4）法律法规和自律规则禁止向公众公开的信息。

【例题 112】不得向公众披露的私募业务信息有（　　）。

Ⅰ. 涉及证券公司客户隐私的信息

Ⅱ. 涉及第三方商业秘密的信息

Ⅲ. 合同约定不得向公众公开的信息

Ⅳ. 法律法规和自律规则禁止向公众公开的信息

A. Ⅱ、Ⅲ、Ⅳ　　　B. Ⅰ、Ⅱ、Ⅲ、Ⅳ

C. Ⅰ、Ⅱ、Ⅳ　　　D. Ⅰ、Ⅲ、Ⅳ

【答案】 B

【解析】 不得向公众披露的私募业务信息包括：（1）涉及证券公司客户隐私的信息；（2）涉及第三方商业秘密的信息；（3）合同约定不得向公众公开的信息；（4）法律法规和自律规则禁止向公众公开的信息。

考点十二：证券公司柜台市场业务的自律管理要求（☆）

证券公司进行柜台交易，应当报中国证券业协会备案，其柜台交易管理制度和实施方案应当通过中国证券业协会组织的专业评价。**【证券业协会负责柜台市场业务的管理】**

证券公司应于每月结束后5个工作日内按要求向中国证券业协会报送柜台交易月度报表；每年结束后规定时间报送柜台市场业务年度报告，内容包括但不限于：柜台市场业务总体情况、交易、登记结算、投资者适当性管理、风险及合规管理等。

【例题113】 根据《证券公司柜台的交易业务规范》《证券公司柜台市场管理办法（试行）》等规定，下列说法正确的有（　　）。

Ⅰ. 机构和私募产品报价与服务系统对证券公司柜台交易活动进行自律管理和日常监控

Ⅱ. 证券公司应于每月结束后7个工作日内，按照要求向中国证券业协会报送当期的柜台交易月度报表

Ⅲ. 证券公司应当通过与机构私募产品报价与服务系统联网的方式实现业务信息的互联互通，信息范围包括但不限于私募产品基本情况、交易信息和登记结算信息等

Ⅳ. 证券公司进行柜台交易，应当报中国证券业协会备案，其柜台交易管理制度和实施方案应当通过中国证券业协会组织的专业评价

A. Ⅱ、Ⅲ　　　B. Ⅱ、Ⅳ

C. Ⅲ、Ⅳ　　　D. Ⅰ、Ⅱ、Ⅲ、Ⅳ

【答案】 C

【解析】 Ⅰ项，根据《证券公司柜台交易业务规范》《证券公司柜台市场管理办法（试行）》，中国证券业协会对证券公司柜台交易活动进行自律管理和日常监控。同时，中国证券业协会委托中证机构间报价系统股份有限公司建立机构间私募产品报价与服务系统（本节简称“报价系统”），为柜台市场提供互联互通服务。

Ⅱ项，证券公司应于每月结束后5个工作日内按要求向中国证券业协会报送柜台交易月度报表。

【本节学习提示】考查重点：

（1）全国股转系统分为基础层、创新层、精选层三层。

（2）公众公司挂牌的条件：存续满 2 年，具有持续经营能力，治理健全、合法经营，发行转让合法，主办券商推荐。

（3）公开发行的发行人应为连续挂牌满 12 个月的创新层挂牌公司。

（4）公开发行由主办券商或具备相应资格的子公司担任保荐机构、承销机构。

（5）公开发行股票的限售期：控、实控、10%以上股东——12 个月；高管、核心员工参与战略配售——12 个月；其他战略投资者——6 个月。

（6）公开发行持续督导期：2 个完整会计年度。

（7）公众公司重大资产重组标准：①资产总额占比≥50%；②资产净额占比≥50%且资产总额占比≥30%。

（8）基础层和创新层可采取做市、集合竞价的交易方式。

（9）柜台市场产品包括：①证券公司及子公司非公开资管产品、公司债；②银行、保险、信托公司的产品；③金融衍生品。

第九节　其他业务

考点一：代销金融产品的规范和禁止性行为（☆☆）

（一）定义

代销金融产品，是指接受金融产品发行人的委托，为其销售金融产品或者介绍金融产品购买人的行为。

（二）业务规范

（1）基本原则：①避免利益冲突；② 集中统一管理。

（2）尽职调查。

①委托人资格审查。证券公司审查确认委托人依法设立并可以发行金融产品后方可接受其委托；委托人明确约定购买人范围的，证券公司不得超出委托人确定的购买人范围销售金融产品。

②产品尽职调查。证券公司应当审慎选择代销的金融产品，充分了解金融产品的发行依据、基本性质、投资安排、风险收益特征、管理费用等信息。

（3）客户购买金融产品的资金，既可以由客户直接向委托人支付，也可通过证券公司支付。在通过证券公司支付时，证券公司不得使用除证券公司客户交易结算资金专用存款账户外的其他账户，代委托人接收客户购买金融产品的资金。

（三）禁止性行为

	具体内容
一般禁止性规定	（1）采取夸大宣传、虚假宣传等方式误导客户购买金融产品； （2）采取抽奖、回扣、赠送实物等方式诱导客户购买金融产品； （3）与客户分享投资收益、分担投资损失； （4）使用除证券公司客户交易结算资金专用存款账户外的其他账户，代委托人接收客户购买金融产品的资金； （5）证券公司从事代销金融产品活动的人员不得接受委托人给予的财物或其他利益； （6）其他可能损害客户合法权益的行为。
公募基金的禁止性规定	（1）虚假记载、误导性陈述或者重大遗漏； （2）违规承诺收益、本金不受损失或者限定损失金额、比例； （3）预测基金投资业绩，或者宣传预期收益率； （4）误导投资人购买与其风险承担能力不相匹配的基金产品； （5）未向投资人有效揭示实际承担基金销售业务的主体、所销售的基金产品等重要信息，或者以过度包装服务平台、服务品牌等方式模糊上述重要信息； （6）采取抽奖、回扣或者送实物、保险、基金份额等方式销售基金； （7）在基金募集申请完成注册前，办理基金销售业务，向公众分发、公布基金宣传推介材料或者发售基金份额； （8）未按照法律法规、中国证监会规定、招募说明书和基金份额发售公告规定的时间销售基金，或者未按照规定公告即擅自变更基金份额的发售日期； （9）挪用基金销售结算资金或者基金份额；违规利用基金份额转让等形式规避基金销售结算资金闭环运作要求、损害投资人资金安全； （10）利用或者承诺利用基金资产和基金销售业务进行利益输送或者利益交换； （11）违规泄露投资人相关信息或者基金投资运作相关非公开信息； （12）以低于成本的费用销售基金； （13）实施歧视性、排他性、绑定性销售安排； （14）中国证监会规定禁止的其他情形。
私募类产品的禁止性规定	（1）资产管理合同及销售材料中存在包含保本保收益内涵的表述。**【如零风险、收益有保障、本金无忧等】** （2）资产管理计划名称中含有“保本”字样。 （3）与投资者私下签订回购协议或承诺函等文件，直接或间接承诺保本保收益。 （4）向投资者口头或者通过短信、微信等各种方式承诺保本保收益。 （5）向非合格投资者销售资产管理计划，明知投资者实质不符合合格投资者标准，仍予以销售确认，或者通过拆分转让资产管理计划份额或其收益权、为投资者直接或间接提供短期借贷等方式，变相突破合格投资者标准。 （6）单一资产管理计划的投资者人数超过200人，或者同一资产管理人为单一融资项目设立多个资产管理计划，变相突破投资者人数限制。 （7）通过报刊、电台、电视、互联网等公众传播媒体，讲座、报告会、分析会等方式，布告、传单、短信、微信、博客和电子邮件等载体，向不特定对象宣传具体产品。**【证券期货经营机构和销售机构通过设置特定对象确定程序的官网、客户端等互联网媒介向已注册特定对象进行宣传推介的除外】** （8）向投资者宣传资产管理计划预期收益率。 （9）夸大或者片面宣传产品，夸大或者片面宣传资产管理计划管理人及其管理的产品、投资经理等的过往业绩，未充分揭示产品风险，投资者认购资产管理计划时未签订风险揭示书和资产管理合同。

【例题114】下列关于证券公司代销金融产品的说法，错误的是（　　）。

A. 证券公司分支机构可以自行代销金融产品

B. 证券公司在代销金融产品中需避免利益冲突

C. 证券公司审查委托人依法设立并可以发行金融产品后方可接受其委托

D. 从事基金销售业务的人员应当取得基金从业资格

【答案】A

【解析】证券公司应当对代销金融产品活动实行集中统一管理，明确内设部门和分支机构在代销金融产品活动中的职责，防止分支机构擅自代销金融产品。证券公司应当集中进行委托人资格审查、金融产品审慎调查、风险评估，统一与委托人签署合同，统一制作产品宣传推介材料。

【例题115】证券公司代销公募基金时不得存在的情形有（　　）。

Ⅰ. 向非合格投资者销售资产管理计划

Ⅱ. 采取抽奖、回扣或者送实物、保险、基金份额等方式销售基金

Ⅲ. 以低于成本的销售费用销售基金

Ⅳ. 承诺利用基金资产进行利益输送

A. Ⅱ、Ⅲ、Ⅳ　　B. Ⅰ、Ⅲ、Ⅳ

C. Ⅰ、Ⅱ、Ⅲ、Ⅳ　　D. Ⅰ、Ⅳ

【答案】A

【解析】Ⅰ项属于证券经营机构销售私募类产品的禁止性规定。

考点二：证券公司中间介绍业务的业务范围（☆☆）

证券公司中间介绍业务，是指证券公司接受期货公司委托，为期货公司介绍客户参与期货交易并提供其他相关服务的业务活动。

证券公司受期货公司委托从事介绍业务，应当提供下列服务：

（1）协助办理开户手续；**【由期货公司开户】**

（2）提供期货行情信息、交易设施；

（3）中国证监会规定的其他服务。

证券公司不得代理客户进行期货交易、结算或者交割，不得代期货公司、客户收付期货保证金，不得利用证券资金账户为客户存取、划转期货保证金。**【以上禁止项属于期货公司业务范围】**

证券公司从事介绍业务，应当与期货公司签订书面委托协议。委托协议应当载明下列事项：

（1）介绍业务的范围；

（2）执行期货保证金安全存管制度的措施；

（3）介绍业务对接规则；

（4）客户投诉的接待处理方式；

（5）报酬支付及相关费用的分担方式；

（6）违约责任；

（7）中国证监会规定的其他事项。

【例题 116】 证券公司受期货公司委托从事介绍业务时，应当与期货公司签订书面委托协议，委托协议应当载明的事项不包括（　　）。

A. 介绍业务的范围　　B. 客户结算交割的方式

C. 执行期货保证金安全存管制度的措施　　D. 违约责任

【答案】 B

【解析】 客户结算交割属于期货交易范畴，不属于证券公司介绍、协助的内容。

考点三：证券公司开展中间介绍业务的业务规则与禁止行为（☆☆☆）

（一）业务规则

证券公司只能接受其全资拥有或者控股的，或者被同一机构控制的期货公司的委托从事介绍业务，不能接受其他期货公司的委托从事介绍业务。

期货公司与证券公司应当建立介绍业务的对接规则，明确办理开户、行情和交易系统的安装维护、客户投诉的接待处理等业务的协作程序和规则。

证券公司与期货公司应当独立经营，保持财务、人员、经营场所等分开隔离。

证券公司应当配备足够的具有期货从业人员资格的业务人员，不得任用不具有期货从业人员资格的业务人员从事介绍业务。

证券公司从事介绍业务的工作人员不得进行期货交易。

证券公司应当在其经营场所显著位置或者其网站，公开下列信息：

（1）受托从事的介绍业务范围；

（2）从事介绍业务的管理人员和业务人员的名单和照片；

（3）期货公司期货保证金账户信息、期货保证金安全存管方式；

（4）客户开户和交易流程、出入金流程；

（5）交易结算结果查询方式；

（6）中国证监会规定的其他信息。

（二）禁止行为

（1）不得作获利保证、共担风险等承诺；

（2）不得虚假宣传，误导客户；

（3）不得代客户下达交易指令；

（4）不得利用客户的交易编码、资金账号或者期货结算账户进行期货交易；

（5）不得代客户接收、保管或者修改交易密码；

（6）不得直接或者间接为客户从事期货交易提供融资或者担保。

【例题117】 根据《证券公司为期货公司提供投资者适当性服务管理办法》，证券公司应当在其经营场所显著位置或者其网站，公开下列信息（　　）。

Ⅰ．受托从事的介绍业务范围

Ⅱ．客户开户和交易流程、出入金流程

Ⅲ．从事介绍业务的管理人员和业务人员的名单和照片

Ⅳ．证券公司期货保证金账户信息、期货保证金安全存管方式

A．Ⅰ、Ⅱ、Ⅲ、Ⅳ　　B．Ⅲ、Ⅳ

C．Ⅰ、Ⅱ、Ⅳ　　D．Ⅰ、Ⅱ、Ⅲ

【答案】 D

【解析】 证券公司应当在其经营场所显著位置或者其网站，公开下列信息：

（1）受托从事的介绍业务范围；

（2）从事介绍业务的管理人员和业务人员的名单和照片；

（3）期货公司期货保证金账户信息、期货保证金安全存管方式；

（4）客户开户和交易流程、出入金流程；

（5）交易结算结果查询方式；

（6）中国证监会规定的其他信息。

【例题118】 证券公司中间介绍业务的禁止事项包括（　　）。

Ⅰ．证券公司不得代客户下达交易指令

Ⅱ．不得利用客户的交易编码、资金账号或者期货结算账户进行期货交易

Ⅲ．不得代客户接收、保管或者修改交易密码

Ⅳ．证券公司不得直接或者间接为客户从事期货交易提供融资或者担保

A．Ⅰ、Ⅱ、Ⅲ　　B．Ⅰ、Ⅱ、Ⅲ、Ⅳ

C．Ⅱ、Ⅲ、Ⅳ　　D．Ⅰ、Ⅲ、Ⅳ

【答案】 B

【解析】 证券公司不得代客户下达交易指令，不得利用客户的交易编码、资金账号或者期货结算账户进行期货交易，不得代客户接收、保管或者修改交易密码。证券公司不得直接或者间接为客户从事期货交易提供融资或者担保。

考点四：对中间介绍业务的监管措施（☆☆）

（1）证券公司取得介绍业务资格后不符合《证券公司为期货公司提供中间介绍业务试行办法》第五条、第六条规定条件的，中国证监会及其派出机构责令其限期整改；经限期整改仍不符合条件的，中国证监会依法撤销其介绍业务资格。

（2）证券公司因其他业务涉嫌违法违规或者出现重大风险被暂停、限制业务或者撤销业务资格的，中国证监会可以责令期货公司终止与该证券公司的介绍业务关系。

考点五：证券公司另类投资业务的概念及投资范围（☆）

另类投资业务，是指证券公司设立另类投资子公司，按照法律法规、监管要求和《管理规范》规定，从事《证券公司证券自营投资品种清单》所列品种以外的金融产品、股权等投资业务。

另类子公司不得从事投资业务之外的业务。

考点六：证券公司另类投资业务的主要业务规则（☆☆）

另类子公司不得融资，不得对外提供担保和贷款，不得成为对所投资企业的债务承担连带责任的出资人。**【有限责任可以】**

证券公司担任拟上市企业首次公开发行股票的辅导机构、财务顾问、保荐机构、主承销商或担任拟挂牌企业股票挂牌并公开转让的主办券商的，应当按照签订有关协议或者实质开展相关业务两个时点孰早的原则，在该时点后另类子公司不得对该企业进行投资。

另类子公司应当于每月结束后 10 个工作日内编制并向中国证券业协会报送另类投资业务月度报表；在每年结束之日起 4 个月内，编制并向中国证券业协会报送另类投资业务年度报告。**【柜台业务每月结束后 5 个工作日内报送月度报表】**

【例题 119】下列关于证券公司另类子公司说法错误的是（　　）。

A. 另类子公司可以融资

B. 另类子公司不得对外提供担保

C. 另类子公司不得再下设任何机构

D. 另类子公司不得从事投资以外的业务

【答案】A

【解析】另类子公司不得融资，不得对外提供担保和贷款，不得成为对所投资企业的债务承担连带责任的出资人。

考点七：证券公司设立子公司开展另类投资业务的相关规定（☆）

证券公司应当突出主业，充分考虑自身发展需要、财务实力和管理能力，审慎设立另类子公司。另类子公司不得再下设任何机构。

证券公司设立另类子公司，应当符合以下要求：

（1）具有健全的公司治理结构，完善有效的内部控制机制、风险管理制度和合规管理制度，防范与另类子公司之间出现风险传递和利益冲突；

（2）具备中国证监会核准的证券自营业务资格；

（3）最近6个月内各项风险控制指标符合中国证监会及中国证券业协会的相关要求，且设立另类子公司后，各项风险控制指标仍持续符合规定；

（4）最近1年未因重大违法违规行为受到刑事或行政处罚，且不存在因涉嫌重大违法违规正受到监管部门和有关机关调查的情形；**【注意不是惯用的3年】**

（5）公司章程有关条款中明确规定公司可以设立另类子公司，并经注册地中国证监会派出机构审批；**【不是所在地】**

（6）以自有资金全资设立另类子公司，不得采用股份代持等其他方式变相与其他投资者共同出资设立另类子公司；

（7）中国证监会及中国证券业协会规定的其他条件。

考点八：股票期权交易的主要制度安排（☆）

股票期权交易，是指采用公开的集中交易方式或者中国证监会批准的其他方式进行的以股票期权合约为交易标的的交易活动。**【首个股票期权品种：上证50ETF期权】**

证券公司可以从事股票期权经纪业务、自营业务、做市业务，期货公司可以从事股票期权经纪业务、与股票期权备兑开仓以及行权相关的证券现货经纪业务。

【例题120】 证券公司可以从事的业务包括（　　）。

Ⅰ. 股票期权经纪业务

Ⅱ. 自营业务

Ⅲ. 做市业务

Ⅳ. 与股票期权备兑开仓以及行权相关的证券现货经纪业务

A. Ⅰ、Ⅱ、Ⅲ、Ⅳ　　B. Ⅰ、Ⅱ、Ⅲ

C. Ⅰ、Ⅲ、Ⅳ　　D. Ⅰ、Ⅱ、Ⅳ

【答案】 B

【解析】 证券公司可以从事股票期权经纪业务、自营业务、做市业务，期货公司可以从事股票期权经纪业务、与股票期权备兑开仓以及行权相关的证券现货经纪业务。Ⅳ项为期货公司可以从事的业务。

考点九：证券公司开展股票期权业务的条件与主要业务规则（☆☆）

（一）基本条件

证券公司从事股票期权经纪业务试点，应当符合下列基本条件：

（1）具有证券经纪业务资格。**【融资融券业务资格也需要经纪业务资格】**

（2）股票期权经纪业务制度健全，拟负责股票期权经纪业务的高级管理人员具备股票期权业务知识和相应的专业能力，配备3名具备相应专业能力的业务人员。**【分支机构至少1名具备专业能力的业务人员】**

（3）具有满足从事股票期权经纪业务相关要求的营业场所、经营设备、技术系统等软硬件设施；业务设施和技术系统符合相关技术规范且运行状况良好，股票期权经纪业务技术系统已通过相关证券交易所、中国证券登记结算有限责任公司组织的测试。

（4）公司及其董事、监事、高级管理人员最近1年内未因重大违法违规行为受到行政处罚或刑事处罚。

（二）业务规则

证券公司以自有资金参与股票期权交易试点的，应当具备证券自营业务资格。不具备证券自营业务资格的证券公司，其自有资金只能以套期保值为目的，参与股票期权交易。除法律法规另有规定外，期货公司不得以自有资金参与股票期权交易试点。**【期货公司禁止自营】**

证券公司应当在存管银行开设投资者股票期权保证金账户，用于存放投资者股票期权交易的权利金、行权资金、以现金形式提交的保证金。

股票期权交易实行当日无负债结算制度。**【与期货相同】**

考点十：证券公司金融衍生品的交易范围、种类及其备案管理（☆☆）

具备证券自营业务资格的证券公司可以从事金融衍生产品交易。

不具备证券自营业务资格的证券公司只能以对冲风险为目的，从事金融衍生产品交易。

金融衍生品是指远期、互换、期权等价值取决于股权、债权、信用、基金、利率、汇率、指数、期货等标的物的金融协议，以及其中一种或多种产品的组合。

目前，证券公司场外衍生品交易主要有通过签订《中国证券市场金融衍生品交易主协议》及补充协议开展的互换及场外期权交易，通过签署《NAFMII主协议》及补充协议等开展的利率衍生品以及黄金衍生品等交易。

证券公司在开展金融衍生品业务前应向中国证券业协会进行业务方案备案。

中证机构间报价系统股份有限公司负责对证券公司金融衍生品备案和后续监测管理。

金融衍生品存续期间的重大事件	处置措施
（1）证券公司或交易对手方破产的； （2）证券公司被取消金融衍生品交易业务资格的； （3）一方拒不履行约定义务或丧失履行能力的； （4）履约保证金或履约保障品价值低于预警阈值且未能在2个工作日内补足的； （5）标的产品集中度、波动率达到预警阈值，或者标的产品因违反法律法规被相关监管机构采取暂停、终止上市等重大措施的； （6）金融衍生品交易系统出现重大技术故障，导致交易暂停超过1个工作日的； （7）其他影响金融衍生品交易的重大情况。	证券公司应立即采取有效措施，并于重大事件发生后2个工作日内向中证报价提交报告，说明重大事件的起因、处理措施和影响结果。**【注意不是向证券业协会报告】**

【例题121】根据《证券公司金融衍生品备案指引（试行）》，金融衍生品存续期间发生的重大事件包括（　　）。

Ⅰ. 证券公司或交易对手方破产的

Ⅱ. 一方拒不履行约定义务或丧失履行能力的

Ⅲ. 履约保证金或履约保障品价值低于预警阈值且未能在1个工作日内补足的

Ⅳ. 金融衍生品交易系统出现重大技术故障，导致交易暂停超过1个工作日的

A. Ⅰ、Ⅱ、Ⅲ　　B. Ⅲ、Ⅳ

C. Ⅰ、Ⅱ、Ⅳ　　D. Ⅰ、Ⅲ、Ⅳ

【答案】C

【解析】Ⅲ项应为"履约保证金或履约保障品价值低于预警阈值且未能在2个工作日内补足的"。

考点十一：证券公司参与区域性股权交易市场的业务范围（☆）

证券公司参与区域性股权市场的业务范围如下：

1. 证券公司可以参股、控股区域性股权市场运营机构

证券公司分支机构可以经证券公司批准并在授权范围内开展区域性股权市场相关业务。

2. 证券公司可以在区域性股权市场开展以下业务：

（1）推荐企业挂牌；

（2）承销可转换为股票的公司债券，推荐本公司承销的可转换为股票的公司债券在区域性股权市场挂牌转让；

（3）代理开立区域性股权市场证券账户；

（4）为在区域性股权市场开户的合格投资者买卖证券提供居间介绍服务；

（5）利用自有资金或依法管理的资产管理等产品投资区域性股权市场的证券；

（6）为证券的非公开发行组织合格投资者进行路演推介或其他促成投融资需求对接的活动；

（7）为合格投资者提供企业研究报告和尽职调查信息；

（8）与商业银行、小额贷款公司等开展业务合作，为企业提供融资服务；

（9）改制辅导、管理培训、管理咨询、财务顾问等相关服务；

（10）推荐企业展示；

（11）中国证监会或中国证券业协会规定的其他业务。

考点十二：证券公司在区域性股权交易市场提供业务服务的相关规定（☆☆）

（1）证券公司开展区域性股权市场业务，应当建立健全相关风险管理制度，加强业

务开展过程中的风险管理和防范。

（2）证券公司开展区域性股权市场业务，应当建立健全相关合规管理制度，明确内部职责分工，建立健全隔离制度，防范开展区域性股权市场业务过程中可能存在的内幕交易和利益冲突。

（3）证券公司及其从业人员应当勤勉尽责，严格遵守执业规范和职业道德，按规定和约定履行义务。

（4）证券公司应当于下列行为发生之日起1个月内将相关情况报送至中国证券业协会：

①入股区域性股权市场运营机构；

②取得区域性股权市场中介机构资格；

③持股情况、中介机构资格发生变化；

④中国证监会和中国证券业协会要求报送的其他信息。

（5）证券公司开展区域性股权市场业务，应当在每个月的前10个工作日内将上个月度业务开展情况报送至中国证券业协会。

考点十三：证券公司参与区域性股权交易市场的自律管理要求（☆）

区域性股权市场运营机构、证券公司及其从业人员违反《区域性股权市场自律管理与服务规范》，中国证券业协会将视情节轻重采取相关自律惩戒措施；存在违反法律、法规行为的，将移交中国证监会及其派出机构或其他有权机关依法查处。

【例题122】证券公司及其从业人员违反《区域性股权市场自律管理与服务规范》，中国证券业协会将视情节轻重采取的措施是（　　）。

A. 行政监管措施　　B. 自律惩戒措施　　C. 刑事处罚　　D. 行政处罚

【答案】B

【解析】区域性股权市场运营机构、证券公司及其从业人员违反《区域性股权市场自律管理与服务规范》，中国证券业协会将视情节轻重采取相关自律惩戒措施；存在违反法律、法规行为的，将移交中国证监会及其派出机构或其他有权机关依法查处。

【本节学习提示】考查重点：

（1）代销业务的原则：避免利益冲突；集中统一管理。

（2）中间介绍业务范围包括：协助开户；提供行情信息、交易设施。

（3）另类子公司禁止：融资、对外担保和贷款、连带责任出资人。

（4）具备自营业务资格的证券公司可以以自有资金参与股票期权交易、场外衍生品交易；不具备自营资格只能以套期保值、对冲风险为目的。

（5）场外衍生品业务、区域性股权市场由证券业协会管理。

同步真题练习

1. 以下各项属于证券经纪业务特点的是（　　）。

Ⅰ. 业务对象的广泛性

Ⅱ. 证券经纪商的中介性

Ⅲ. 客户指令的权威性

Ⅳ. 客户收益的保证性

A. Ⅰ、Ⅱ、Ⅲ　　B. Ⅰ、Ⅱ、Ⅳ

C. Ⅰ、Ⅲ、Ⅳ　　D. Ⅱ、Ⅲ、Ⅳ

2. 证券账户开立的总体要求包括（　　）。

Ⅰ. 证券公司为客户办理开户，应当遵循合法、自愿、审慎原则，审核客户身份的真实性，确保客户资料真实、准确和完整

Ⅱ. 证券公司应建立健全客户账户开户管理制度、操作流程和风险识别、评估与控制体系，确保风险可测、可控、可承受

Ⅲ. 证券公司可以在经营场所内为客户现场开立账户，也可以通过见证、网上及中国证监会认可的其他方式为客户开立账户

Ⅳ. 证券公司应当建立健全客户投诉和纠纷处理机制，明确处理流程，妥善处理客户投诉与客户之间的纠纷，持续做好客户投诉及纠纷处理工作

A. Ⅰ、Ⅱ、Ⅲ　　B. Ⅰ、Ⅲ、Ⅳ

C. Ⅰ、Ⅱ、Ⅳ　　D. Ⅰ、Ⅱ、Ⅲ、Ⅳ

3. 以下（　　）属于应重点监控的异常交易行为。

Ⅰ. 大笔申报、连续申报或者密集申报，以影响证券交易价格

Ⅱ. 频繁申报或频繁撤销申报，以影响证券交易价格或其他投资者的投资决定

Ⅲ. 巨额申报，且申报价格明显偏离申报时的证券市场成交价格

Ⅳ. 一段时期内进行大量且连续的交易

A. Ⅰ、Ⅱ、Ⅲ、Ⅳ　　B. Ⅰ、Ⅱ、Ⅲ

C. Ⅰ、Ⅱ、Ⅳ　　D. Ⅱ、Ⅲ、Ⅳ

4. 下列关于沪股通和港股通的说法，正确的有（　　）。

Ⅰ. 沪股通，是指香港投资者委托香港经纪商，经由联交所设立的证券交易服务公司，向上交所进行申报，买卖规定范围内的上交所上市的股票

Ⅱ. 港股通，是指内地投资者委托内地证券公司，经由上交所设立的证券交易服务公司，向联交所进行申报，买卖规定范围内的联交所上市的股票

Ⅲ. 港股通，是指内地投资者委托内地证券公司，经由联交所设立的证券交易服务

公司，向上交所进行申报，买卖规定范围内的上交所上市的股票。

Ⅳ. 沪股通，是指香港投资者委托香港经纪商，经由上交所设立的证券交易服务公司，向上交所进行申报，买卖规定范围内的上交所上市的股票。

A. Ⅰ、Ⅱ　　B. Ⅱ、Ⅳ

C. Ⅰ、Ⅲ　　D. Ⅱ、Ⅲ

5. 存托人应当承担的职责包括（　　）。

Ⅰ. 安排存放存托凭证基础财产

Ⅱ. 存托凭证基础财产因托管人过错而受到损害的，存托人承担连带赔偿责任

Ⅲ. 建立并维护基础证券持有人名册

Ⅳ. 办理存托凭证的签发与注销

A. Ⅰ、Ⅱ、Ⅲ　　B. Ⅰ、Ⅱ、Ⅳ

C. Ⅰ、Ⅲ、Ⅳ　　D. Ⅰ、Ⅱ、Ⅲ、Ⅳ

6. 下列说法正确的有（　　）。

Ⅰ. 证券投资顾问基于特定客户的立场，遵循忠实客户利益原则，向客户提供适当的证券投资建议；证券分析师基于独立、客观的立场，对证券及证券相关产品的价值进行研究分析，撰写发布研究报告

Ⅱ. 证券投资顾问服务于不特定的客户，证券研究报告向特定用户发布，提供证券估值等研究结果

Ⅲ. 证券投资顾问一般服务于普通投资者，证券研究报告一般服务于基金、QFII 等专业投资者

Ⅳ. 证券投资顾问服务与特定客户的证券投资及其利益密切相关，但通常不会显著影响证券定价；证券研究报告向多个机构客户同时发布，对证券价格可能产生较大影响

A. Ⅰ、Ⅱ、Ⅲ　　B. Ⅰ、Ⅱ、Ⅳ

C. Ⅰ、Ⅲ、Ⅳ　　D. Ⅱ、Ⅲ、Ⅳ

7. 下列说法错误的是（　　）。

A. 经营机构应当建立合理的发布证券研究报告的相关人员绩效考核和激励机制，以维护发布证券研究报告行为的合法性

B. 与发布证券研究报告业务存在利益冲突的部门或人员不得参与对发布证券研究报告相关人员的考核

C. 证券分析师跨越信息隔离墙参与公司承销保荐、财务顾问业务等项目的，其个人薪酬不得与相关项目的业务收入直接挂钩

D. 经营机构的研究部门或者研究子公司接受特定客户委托，就尚未覆盖的具体股票提供含有证券估值或投资评级的研究成果或者投资分析意见的，自提供之日起 6 个月

内不得就该股票发布证券研究报告

8. 下列行为符合《证券分析师职业行为准则》的有（　　）。

Ⅰ. 证券分析师最多同时在两家机构任职

Ⅱ. 证券分析师应当通过个人邮件向特定客户提供尚未发布的证券研究报告内容和观点

Ⅲ. 证券分析师不得担任上市公司董事

Ⅳ. 证券分析师制作发布证券研究报告内容、提供相关服务，应当向客户进行必要的风险提示

A. Ⅰ、Ⅱ、Ⅲ、Ⅳ　　B. Ⅲ、Ⅳ

C. Ⅰ、Ⅳ　　D. Ⅱ、Ⅲ

9. 申请证券、期货投资咨询从业资格的机构，应当具备的条件下列正确的有（　　）。

Ⅰ. 有100万元人民币以上的注册资本

Ⅱ. 有固定的业务场所和与业务相适应的通讯及其他信息传递设施

Ⅲ. 单独从事证券投资咨询业务的机构，有3名以上取得证券投资咨询从业资格的专职人员

Ⅳ. 高级管理人员均应取得证券投资咨询从业资格

A. Ⅰ、Ⅱ、Ⅳ　　B. Ⅲ、Ⅳ

C. Ⅰ、Ⅱ、Ⅲ、Ⅳ　　D. Ⅰ、Ⅱ

10. 上市公司并购重组活动涉及公开发行股票的，应当按照有关规定聘请具有（　　）资格的证券公司从事相关业务。

A. 证券自营　　B. 保荐　　C. 证券经纪　　D. 证券资产管理

11. 证券公司、证券投资咨询机构和其他财务顾问机构有下列哪些情形之一的，不得担任财务顾问（　　）。

Ⅰ. 最近36个月内存在违反诚信的不良记录

Ⅱ. 最近36个月内因违法违规经营受到处罚

Ⅲ. 最近36个月内因涉嫌违法违规经营正在被调查

Ⅳ. 最近24个月内因执业行为违反行业规范而受到行业自律组织的纪律处分

A. Ⅰ、Ⅱ、Ⅲ、Ⅳ　　B. Ⅲ、Ⅳ

C. Ⅰ、Ⅱ　　D. Ⅱ、Ⅲ、Ⅳ

12. 财务顾问及其财务顾问主办人出现下列（　　）情形的，中国证监会对其采取监管谈话、出具警示函、责令改正等监管措施。

Ⅰ. 内部控制机制和管理制度、尽职调查制度以及相关业务规则存在重大缺陷或者未得到有效执行

Ⅱ. 未按照《上市公司并购重组财务顾问业务管理办法》规定发表专业意见的

Ⅲ. 违反其就上市公司并购重组相关业务活动所作承诺

Ⅳ. 唆使、协助或者伙同委托人干扰中国证监会审核工作的

A. Ⅰ、Ⅱ、Ⅲ B. Ⅰ、Ⅱ

C. Ⅰ、Ⅱ、Ⅲ、Ⅳ D. Ⅱ、Ⅳ

13. 发行人申请（ ）发行时，需要聘请保荐机构为其提供保荐业务服务。

Ⅰ. 公开发行存托凭证

Ⅱ. 首次公开发行股票

Ⅲ. 资产支持证券

Ⅳ. 可转换公司债券

A. Ⅰ、Ⅱ、Ⅲ B. Ⅰ、Ⅱ、Ⅳ

C. Ⅱ、Ⅲ、Ⅳ D. Ⅰ、Ⅱ、Ⅲ、Ⅳ

14. 下列关于保荐机构撤换的相关规定，表述正确的是（ ）。

Ⅰ. 刊登证券发行募集文件前终止保荐协议的，保荐机构和发行人应当自终止之日起 5 个工作日内分别向中国证监会报告

Ⅱ. 刊登证券发行募集文件前不得终止保荐协议

Ⅲ. 刊登证券发行募集文件以后直至持续督导工作结束，不得终止保荐协议，但存在合理理由的情形除外

Ⅳ. 因保荐机构被中国证监会撤销保荐业务资格的，已签订的保荐协议应履行完毕

A. Ⅰ、Ⅲ B. Ⅰ、Ⅲ、Ⅳ

C. Ⅱ、Ⅲ D. Ⅱ、Ⅲ、Ⅳ

15. 保荐代表人应当熟练掌握保荐业务相关的（ ）等专业知识。

Ⅰ. 法律

Ⅱ. 会计

Ⅲ. 税务

Ⅳ. 审计

A. Ⅰ、Ⅱ B. Ⅰ、Ⅱ、Ⅲ

C. Ⅰ、Ⅱ、Ⅳ D. Ⅰ、Ⅱ、Ⅲ、Ⅳ

16. 一般情况下，证券金融公司向证券公司转融通的期限，不得超过（ ）个月。

A. 3 B. 9 C. 12 D. 6

17. （ ）是客户在指定商业银行开立的用于记载客户交存的担保资金的明细数据的账户。

A. 客户信用资金账户 B. 客户信用证券账户

C. 客户信用交易担保资金账户 D. 客户信用交易担保证券账户

18. 证券公司经营融资融券业务，应当以自己的名义，在（　　）分别开立账户。

Ⅰ. 证券交易所

Ⅱ. 中国证监会

Ⅲ. 商业银行

Ⅳ. 证券登记结算机构

A. Ⅰ、Ⅱ、Ⅳ　　B. Ⅰ、Ⅱ、Ⅲ、Ⅳ

C. Ⅲ、Ⅳ　　D. Ⅱ、Ⅲ、Ⅳ

19. 以下关于融资融券业务合同的说法，不正确的有（　　）。

Ⅰ. 合同应约定乙方清偿债务的范围、方式、期限

Ⅱ. 合同应约定甲方强制平仓的各类情形

Ⅲ. 合同应约定甲方从事融资融券交易的信用额度

Ⅳ. 合同应载明乙方对主体资格、交易资产来源的声明与保证

A. Ⅰ、Ⅱ、Ⅲ　　B. Ⅰ、Ⅲ、Ⅳ

C. Ⅰ、Ⅱ、Ⅳ　　D. Ⅰ、Ⅱ、Ⅲ、Ⅳ

20. 投资者融券卖出证券时，融券保证金比例不得低于（　　）。

A. 120%　　B. 100%　　C. 80%　　D. 50%

21. 证券登记结算机构受证券发行人委托以（　　）形式分派投资收益的，应当将分派的资金划入证券公司信用交易资金交收账户。

A. 证券　　B. 现金　　C. 红利　　D. 股票

22. 证券金融公司开展转融通业务，应向证券公司收取一定比例的保证金。保证金可以证券充抵，但货币资金占应收取保证金的比例不得低于（　　）。

A. 5%　　B. 10%　　C. 15%　　D. 20%

23. 关于股票质押式回购业务的风险管理，以下说法正确的是（　　）。

Ⅰ. 证券公司应当对股票质押式回购实行集中统一管理

Ⅱ. 证券公司应当建立健全业务隔离制度

Ⅲ. 证券公司应当建立标的证券的制度管理

Ⅳ. 股票质押率上限不得超过50%

A. Ⅰ、Ⅱ、Ⅲ　　B. Ⅰ、Ⅱ、Ⅳ

C. Ⅱ、Ⅲ、Ⅳ　　D. Ⅰ、Ⅱ、Ⅲ、Ⅳ

24. 按照《证券公司风险控制指标计算标准规定》，自营权益类证券及其衍生品的合计额不得超过（　　）的100%。

A. 营业利润　　B. 最近3年累计净利润

C. 净资本　　D. 总资产

25. 证券公司将自有资金投资于依法公开发行的（　　），且投资规模合计不超过其

净资本80%的，无须取得证券自营业务资格。

Ⅰ. 投资级公司债

Ⅱ. 货币市场基金

Ⅲ. 央行票据

Ⅳ. 证券投资基金

A. Ⅰ、Ⅱ、Ⅲ　　B. Ⅰ、Ⅱ、Ⅳ

C. Ⅱ、Ⅲ、Ⅳ　　D. Ⅰ、Ⅱ、Ⅲ、Ⅳ

26. 根据《证券期货经营机构私募资产管理业务管理办法》，下列关于证券期货经营机构从事私募资产管理业务的说法正确的有（　　）。

Ⅰ. 证券期货经营机构不得以任何方式向投资者承诺最低收益，仅可以承诺通过产品设计保障投资者本金不受损失

Ⅱ. 证券期货经营机构应采取有效措施，将私募资产管理业务与公司其他业务分开管理，控制敏感信息的不当流动和使用

Ⅲ. 资产管理计划财产的债务由资产管理计划财产本身承担，投资者以其出资为限对资产管理计划财产的债务承担责任

Ⅳ. 证券期货经营机构、托管人因资产管理计划财产的管理、运用或其他情形而取得的财产和收益，相应归入证券期货经营机构、托管人财产

A. Ⅰ、Ⅱ、Ⅲ　　B. Ⅱ、Ⅲ

C. Ⅱ、Ⅲ、Ⅳ　　D. Ⅰ、Ⅳ

27. 资产管理产品按照投资性质不同，分为固定收益类产品、权益类产品、商品及金融衍生品类产品和混合类产品，其中固定收益类产品投资于存款、债券等债权类资产的比例不低于（　　）。

A. 60%　　B. 70%　　C. 80%　　D. 90%

28. 证券公司自有资金参与、退出集合资产管理计划时，应当提前（　　）个工作日告知客户和资产托管机构。

A. 3　　B. 5　　C. 7　　D. 10

29. 下列说法错误的是（　　）。

A. 封闭式资产管理产品期限不得低于90天

B. 为降低期限错配风险，金融机构应当强化资产管理产品久期管理

C. 证券期货经营机构可以开展或参与具有“资金池”性质的私募资产管理业务

D. 金融机构不得通过为单一融资项目设立多只资产管理产品的方式，变相突破投资人数限制或者其他监管要求

30. 下列说法正确的是（　　）。

Ⅰ. 金融机构不得为其他金融机构的资产管理产品提供规避投资范围、杠杆约束等

监管要求的通道服务

Ⅱ. 资产管理产品可以再投资一层资产管理产品，但所投资的资产管理产品不得再投资公募证券投资基金以外的资产管理产品

Ⅲ. 金融机构将资产管理产品投资于其他机构发行的资产管理产品，从而将本机构的资产管理产品资金委托给其他机构进行投资的，该受托机构应当为具有专业投资能力和资质的受金融监督管理部门监管的机构

Ⅳ. 委托机构应当对受托机构开展尽职调查，实行名单制管理，明确规定受托机构的准入标准和程序、责任和义务、存续期管理、利益冲突防范机制、信息披露义务以及退出机制。委托机构不得因委托其他机构投资而免除自身应当承担的责任

A. Ⅰ、Ⅱ、Ⅲ　　B. Ⅱ、Ⅲ、Ⅳ

C. Ⅰ、Ⅱ　　D. Ⅰ、Ⅱ、Ⅲ、Ⅳ

31. 资产支持证券应当面向合格投资者发行，单笔认购不少于（　　）元人民币发行面值或等值份额。

A. 10万　　B. 50万　　C. 100万　　D. 1000万

32. 下列关于监管部门对全国股转系统业务监管措施的说法，错误的是（　　）。

A. 中国证监会可以要求全国股转系统对相关事项进行调查处理，或者直接责令公司、证券公司暂停或中止发行

B. 全国股转系统应当发挥自律管理作用，对股票公开转让的公众公司及相关信息披露义务人披露信息进行监督，督促其依法及时、准确地披露信息

C. 全国股转系统可以依据相关规则对股票公开转让的公众公司进行检查

D. 监管对象不服全国股转公司作出的纪律处分决定的，可自收到处分通知之日起15个工作日内向全国股转公司申请复核，复核期间该处分决定暂停执行

33. 下列产品中可以在证券公司柜台市场发行、销售与转让的有（　　）。

Ⅰ. 证券公司发行的收益凭证

Ⅱ. 代销银行的理财产品

Ⅲ. 代销信托公司的信托计划

Ⅳ. 证券公司发行的集合资产管理计划

A. Ⅰ、Ⅱ、Ⅲ、Ⅳ　　B. Ⅰ、Ⅱ、Ⅲ

C. Ⅰ、Ⅳ　　D. Ⅲ、Ⅳ

34. 柜台市场内控制度建设的内容包括（　　）。

Ⅰ. 建立健全柜台市场产品管理制度

Ⅱ. 建立健全柜台发行管理制度

Ⅲ. 健全柜台交易合规管理制度

Ⅳ. 健全柜台交易风险管理制度

A. Ⅰ、Ⅱ、Ⅳ　　B. Ⅰ、Ⅲ、Ⅳ

C. Ⅰ、Ⅱ、Ⅲ、Ⅳ　　D. Ⅰ、Ⅱ、Ⅲ

35. 在从事代销金融产品活动时，不得有下列情形中的（　　）。

Ⅰ. 采取夸大宣传、虚假宣传等方式误导客户购买金融产品

Ⅱ. 采取抽奖、回扣、赠送实物等方式诱导客户购买金融产品

Ⅲ. 与客户分享投资收益、分担投资损失

Ⅳ. 使用除证券公司客户交易结算资金专用存款账户外的其他账户，代委托人接收客户购买金融产品的资金

A. Ⅰ、Ⅱ、Ⅳ　　B. Ⅰ、Ⅱ、Ⅲ

C. Ⅰ、Ⅱ、Ⅲ、Ⅳ　　D. Ⅰ、Ⅲ、Ⅳ

36. 下面关于证券公司代销金融产品的基本原则说法正确的是（　　）。

Ⅰ. 避免利益冲突

Ⅱ. 分散管理

Ⅲ. 集中统一管理

Ⅳ. 利益最大化

A. Ⅰ、Ⅲ　　B. Ⅰ、Ⅱ

C. Ⅱ、Ⅲ、Ⅳ　　D. Ⅰ、Ⅲ、Ⅳ

37. 为保护投资者权益，证券公司应在代销金融产品前进行必要的（　　）。

A. 投资者资格审查　　B. 产品收益调查

C. 市场调查　　D. 委托人资格审查和产品尽职调查

38. 证券公司受期货公司委托从事中间介绍业务，不应当提供的服务有（　　）。

Ⅰ. 协助客户办理开户手续

Ⅱ. 代理客户进行期货交易

Ⅲ. 提供期货行情信息、交易设施

Ⅳ. 代期货公司、客户收付期货保证金

A. Ⅱ、Ⅳ　　B. Ⅰ、Ⅱ、Ⅲ、Ⅳ

C. Ⅰ、Ⅱ、Ⅲ　　D. Ⅰ、Ⅲ

39. 另类子公司应当于每月结束后（　　）个工作日内编制并向中国证券业协会报送另类投资业务月度报表。

A. 5　　B. 10　　C. 15　　D. 20

40. 证券公司以自有资金参与股票期权交易试点的，应当具备（　　）业务资格。

A. 证券经纪　　B. 证券自营

C. 融资融券　　D. 证券承销

答案与解析

1. 【答案】A

【解析】证券经纪业务的特点包括业务对象的广泛性、证券经纪商的中介性、客户指令的权威性、客户资料的保密性。

2. 【答案】A

【解析】Ⅰ、Ⅱ、Ⅲ项符合客户账户开立的总体要求。Ⅳ项属于证券公司委托证券经纪人开展证券经纪业务营销应当符合的要求。

3. 【答案】A

【解析】上交所和深交所对下列可能影响证券交易价格或者证券交易量的异常交易行为，予以重点监控：

（1）可能对证券交易价格产生重大影响的信息披露前，大量买入或者卖出相关证券；

（2）以同一身份证明文件、营业执照或其他有效证明文件开立的证券账户之间，大量或者频繁进行互为对手方的交易；

（3）委托、授权给同一机构或者同一个人代为从事交易的证券账户之间，大量或者频繁进行互为对手方的交易；

（4）两个或两个以上固定的或涉嫌关联的证券账户之间，大量或者频繁进行互为对手方的交易；

（5）大笔申报、连续申报或者密集申报，以影响证券交易价格；

（6）频繁申报或频繁撤销申报，以影响证券交易价格或其他投资者的投资决定；

（7）巨额申报，且申报价格明显偏离申报时的证券市场成交价格；

（8）一段时期内进行大量且连续的交易；

（9）在同一价位或者相近价位大量或者频繁进行回转交易；

（10）大量或者频繁进行高买低卖交易；

（11）进行与自身公开发布的投资分析、预测或建议相背离的证券交易；

（12）在大宗交易中进行虚假或其他扰乱市场秩序的申报；

（13）证券交易所认为需要重点监控的其他异常交易。

4. 【答案】A

【解析】沪港通，即“沪港股票市场交易互联互通机制”，指内地和香港投资者委托上交所会员或者联交所参与者，通过上交所或者联交所在对方所在地设立的证券交易服务公司，买卖规定范围内的对方交易所上市股票。沪港通包括沪股通和港股通两部分。

沪股通，是指香港投资者委托香港经纪商，经由联交所设立的证券交易服务公司，向上交所进行申报，买卖规定范围内的上交所上市的股票。

港股通，是指内地投资者委托内地证券公司，经由上交所设立的证券交易服务公司，向联交所进行申报，买卖规定范围内的联交所上市的股票。

5. **【答案】** B

【解析】 存托人应当承担以下职责：

①与境外基础证券发行人签署存托协议，并根据存托协议约定协助完成存托凭证的发行上市。

②安排存放存托凭证基础财产，可以委托具有相应业务资质、能力和良好信誉的托管人管理存托凭证基础财产，并与其签订托管协议，督促其履行基础财产的托管职责。存托凭证基础财产因托管人过错受到损害的，存托人承担连带赔偿责任。

③建立并维护存托凭证持有人名册。

④办理存托凭证的签发与注销。

⑤按照中国证监会规定和存托协议约定，向存托凭证持有人发送通知等文件。

⑥按照存托协议约定，向存托凭证持有人派发红利、股息等权益，根据存托凭证持有人意愿行使表决权等权利。

⑦境外基础证券发行人股东大会审议有关存托凭证持有人权利义务的议案时，存托人应当参加股东大会并为存托凭证持有人权益行使表决权。

⑧中国证监会规定和存托协议约定的其他职责。

6. **【答案】** C

【解析】 证券投资顾问业务和发布证券研究报告的区别：

（1）立场不同。证券投资顾问基于特定客户的立场，遵循忠实客户利益原则，向客户提供适当的证券投资建议；证券分析师基于独立、客观的立场，对证券及证券相关产品的价值进行研究分析，撰写发布研究报告。

（2）服务方式和内容不同。证券投资顾问在了解客户的基础上，依据合同约定，向特定客户提供适当的、有针对性的操作性投资建议，关注品种选择、组合管理建议以及买卖时机等。证券研究报告向不特定的客户发布，提供证券估值等研究成果，关注证券定价，不关注买卖时机选择等具体的操作性投资建议。

（3）服务对象有所不同。证券投资顾问一般服务于普通投资者，强调针对客户类型、风险偏好等提供适当的服务；证券研究报告一般服务于基金、QFII 等能够理解研究报告和有效处理有关信息的专业投资者，强调公平对待证券研究报告接收人。

（4）市场影响有所不同。证券投资顾问服务与特定客户的证券投资及其利益密切相关，但通常不会显著影响证券定价；证券研究报告向多个机构客户同时发布，对证券价格可能产生较大影响。

7. 【答案】A

【解析】经营机构应当建立合理的发布证券研究报告相关人员绩效考核和激励机制，以维护发布证券研究报告行为的独立性。

8. 【答案】B

【解析】Ⅰ项，证券分析师只能与一家经营机构签订劳动合同，不得以任何形式同时在两家或两家以上的机构执业。

Ⅱ项，证券分析师应当通过公司规定的系统平台发布证券研究报告，不得通过短信、个人邮件等方式向特定客户、公司内部部门提供或泄露尚未发布的证券研究报告内容和观点，不得通过包括论坛、博客、微信、微博等互联网平台对外提供或泄露尚未发布的证券研究报告内容和观点。

Ⅲ项，证券分析师不得在公司内部或外部兼任有损其独立性与客观性的其他职务，包括担任上市公司的独立董事。

Ⅳ项，证券分析师制作发布证券研究报告、提供相关服务，应当向客户进行必要的风险提示。

9. 【答案】D

【解析】证券投资咨询机构应当具备下列条件：

（1）单独从事证券投资咨询业务的机构，有5名以上符合证券投资咨询从业条件的专职人员；同时从事证券和期货投资咨询业务的机构，有10名以上符合证券、期货投资咨询从业条件的专职人员；其高级管理人员中，至少有1名符合规定的证券投资咨询从业条件；

（2）有100万元人民币以上的注册资本；

（3）有固定的业务场所和与业务相适应的通讯及其他信息传递设施；

（4）有公司章程；

（5）有健全的内部管理制度；

（6）具备中国证监会要求的其他条件。

符合设立条件的证券投资咨询机构，由中国证监会颁发业务许可证。证券公司也可申请业务许可证，从事证券投资咨询业务。

10. 【答案】B

【解析】依据《证券法》的规定，证券公司从事财务顾问业务，需经中国证监会核准，其他证券服务机构从事财务顾问业务，应当报中国证监会备案。上市公司并购重组活动涉及公开发行股票的，应当按照有关规定聘请具有保荐资格的证券公司从事相关业务。

11. 【答案】D

【解析】证券公司、证券投资咨询机构和其他财务顾问机构有下列情形之一的，不得担任财务顾问：

（1）最近24个月内存在违反诚信的不良记录；

（2）最近24个月内因执业行为违反行业规范而受到行业自律组织的纪律处分；

（3）最近36个月内因违法违规经营受到处罚或者因涉嫌违法违规经营正在被调查。

12. **【答案】** C

【解析】《上市公司并购重组财务顾问业务管理办法》规定，财务顾问及其财务顾问主办人出现下列情形之一的，中国证监会对其采取监管谈话、出具警示函、责令改正等监管措施：

（1）内部控制机制和管理制度、尽职调查制度以及相关业务规则存在重大缺陷或者未得到有效执行的；

（2）未按照相关规定发表专业意见的；

（3）在受托报送申报材料过程中，未切实履行组织、协调义务、申报文件制作质量低下的；

（4）未依法履行持续督导义务的；

（5）未按照相关规定向中国证监会报告或者公告的；

（6）违反其就上市公司并购重组相关业务活动所作承诺的；

（7）违反保密制度或者未履行保密责任的；

（8）采取不正当竞争手段进行恶性竞争的；

（9）唆使、协助或者伙同委托人干扰中国证监会审核工作的；

（10）中国证监会认定的其他情形。

13. **【答案】** B

【解析】 发行人申请从事下列发行事项，依法采取承销方式的，应当聘请具有保荐业务资格的证券公司（即保荐机构）履行保荐职责：

（1）首次公开发行股票；

（2）上市公司发行新股、可转换公司债券；

（3）公开发行存托凭证；

（4）中国证监会认定的其他情形。

14. **【答案】** A

【解析】 刊登证券发行募集文件前终止保荐协议的，保荐机构和发行人应当自终止之日起5个工作日内分别向中国证监会报告，并说明原因。在实施证券发行注册制的板块出现上述情形的，保荐机构应同时向证券交易所报告。

刊登证券发行募集文件以后直至持续督导工作结束，保荐机构和发行人不得终止保荐协议，但存在合理理由的情形除外。发行人因再次申请发行证券另行聘请保荐机构、保荐机构被中国证监会撤销保荐业务资格的，应当终止保荐协议。终止保荐协议的，保荐机构和发行人应当自终止之日起 5 个工作日内向中国证监会、证券交易所报告，说明原因。

15. 【答案】D

【解析】保荐代表人应当熟练掌握保荐业务相关的法律、会计、财务管理、税务、审计等专业知识，最近 5 年内具备 36 个月以上保荐相关业务经历、最近 12 个月持续从事保荐相关业务，最近 3 年未受到证券交易所等自律组织的重大纪律处分或者中国证监会的行政处罚、重大行政监管措施。

16. 【答案】D

【解析】证券金融公司向证券公司转融通的期限不得超过 6 个月。转融通的期限，自资金或者证券实际交付之日起计算。

17. 【答案】A

【解析】客户信用资金账户是客户在指定的商业银行开立的用于记载客户交存的担保资金的明细数据的账户。该账户是证券公司客户信用交易担保资金账户的二级账户。

18. 【答案】C

【解析】证券公司经营融资融券业务，应当以自己的名义，在证券登记结算机构分别开立融券专用证券账户、客户信用交易担保证券账户、信用交易证券交收账户和信用交易资金交收账户。在商业银行分别开立融资专用资金账户和客户信用交易担保资金账户。

19. 【答案】C

【解析】本题考查融资融券业务合同的基本内容。

Ⅰ项，合同应约定甲方清偿债务的范围、方式、期限以及债务清偿后信用账户的处理方式等有关事项。

Ⅱ项，合同应约定乙方强制平仓的各类情形、平仓开始与停止条件、平仓顺序等事项。合同还可以约定，如甲方逾期偿还债务的，乙方将收取违约金，并明确违约金的计算方式。

Ⅲ项，合同应约定甲方从事融资融券交易的信用额度、融资融券期限、融资利率和融券费用的确定方式及相应的计算公式等事项。

Ⅳ项，合同应载明甲乙双方对主体资格、交易资产来源、身份证明材料的真实性等方面的声明与保证。

20. 【答案】D

【解析】投资者融资买入证券时，融资保证金比例不得低于 100%。投资者融券卖出时，融券保证金比例不得低于 50%。

21. 【答案】B

【解析】证券登记结算机构受证券发行人委托以证券形式分派投资收益的，应当将分派的证券记录在证券公司客户信用交易担保证券账户内，并相应变更客户信用证券账户的明细数据。

证券登记结算机构受证券发行人委托以现金形式分派投资收益的，应当将分派的资金划入证券公司信用交易资金交收账户。证券公司应当在资金到账后，通知商业银行对客户信用资金账户的明细数据进行变更。

22.【答案】C

【解析】证券金融公司开展转融通业务，应当向证券公司收取一定比例的保证金。保证金可以证券充抵，但货币资金占应收取保证金的比例不得低于15%。可充抵保证金证券的种类和折算率由证券金融公司确定并公布。

23.【答案】A

【解析】本题考查股票质押式回购业务的风险管理的规定。股票质押率上限不得超过60%。

24.【答案】C

【解析】证券公司经营自营业务，其持仓规模必须符合下列规定：

第一，自营权益类证券及其衍生品的合计额不得超过净资本的100%；

第二，自营非权益类证券及其衍生品的合计额不得超过净资本的500%；

第三，持有一种权益类证券的成本不得超过净资本的30%；

第四，持有一种权益类证券的市值与其总市值的比例不得超过5%；

第五，持有一种非权益类证券的规模不得超过其总规模的20%。

25.【答案】A

【解析】证券公司将自有资金投资于依法公开发行的国债、投资级公司债、货币市场基金、央行票据等中国证监会认可的风险较低、流动性较强的证券，或者委托其他证券公司或者基金管理公司进行证券投资管理，且投资规模合计不超过其净资本80%的，无须取得证券自营业务资格。

26.【答案】B

【解析】证券公司从事私募资产管理业务，应当实行集中运营管理，建立健全内部控制和合规管理制度，采取有效措施，将私募资产管理业务与公司其他业务分开管理，控制敏感信息的不当流动和使用，防范内幕交易、利用未公开信息交易、利益冲突和利益输送。

资产管理计划财产独立于证券公司和托管人的固有财产，并独立于证券公司管理的和托管人托管的其他财产。

27.【答案】C

【解析】资产管理产品按照投资性质不同，分为固定收益类产品、权益类产品、商品及金融衍生品类产品和混合类产品，其中固定收益类产品投资于存款、债券等债权类资产的比例不低于80%。

28.【答案】B

【解析】证券公司自有资金参与集合资产管理计划的持有期限不得少于6个月。参与、退出时，应当提前5个工作日告知投资者和托管人。

29.【答案】C

【解析】金融机构应当做到每只资产管理产品的资金单独管理、单独建账、单独核算，不得开展或者参与具有滚动发行、集合运作、分离定价特征的资金池业务。

30.【答案】D

【解析】本题考查金融机构资产管理业务的相关规范，Ⅰ、Ⅱ、Ⅲ、Ⅳ项说法均正确。

31.【答案】C

【解析】资产支持证券应当面向合格投资者发行，发行对象不得超过200人，单笔认购不少于100万元人民币发行面值或等值份额。

32.【答案】D

【解析】全国股转系统应当发挥自律管理作用，对股票公开转让的公众公司及相关信息披露义务人披露信息进行监督，督促其依法及时、准确地披露信息。发现股票公开转让的公众公司及相关信息披露义务人有违反法律、行政法规和中国证监会相关规定的行为，应当向中国证监会报告，并采取自律管理措施。全国股转系统对股票发行承销过程实施自律管理。发现异常情形或者涉嫌违法违规的，中国证监会可以要求全国股转系统对相关事项进行调查处理，或者直接责令公司、证券公司暂停或中止发行。全国股转系统可以依据相关规则对股票公开转让的公众公司进行检查。

监管对象不服全国股转公司作出的纪律处分决定的，可自收到处分通知之日起15个工作日内向全国股转公司申请复核，复核期间该处分决定不停止执行。

33.【答案】A

【解析】在柜台市场发行、销售与转让的产品包括但不限于以下私募产品：

（1）证券公司及其子公司以非公开募集方式设立或者承销的资产管理计划、公司债务融资工具等产品；

（2）银行、保险公司、信托公司等其他机构设立并通过证券公司发行、销售与转让的产品；

（3）金融衍生品及中国证监会、中国证券业协会认可的产品。

34.【答案】B

【解析】证券公司在柜台市场开展业务，应当建立健全柜台市场产品管理、业务管理、合规管理和风险管理等制度，保障柜台市场安全、有序运行。

35. 【答案】C

【解析】根据《证券公司代销金融产品管理规定》，证券公司及其从事金融产品代销业务的人员在代销金融产品过程中不得有下列行为：

（1）采取夸大宣传、虚假宣传等方式误导客户购买金融产品；

（2）采取抽奖、回扣、赠送实物等方式诱导客户购买金融产品；

（3）与客户分享投资收益、分担投资损失；

（4）使用除证券公司客户交易结算资金专用存款账户外的其他账户，代委托人接收客户购买金融产品的资金；

（5）证券公司从事代销金融产品活动的人员不得接受委托人给予的财物或其他利益；

（6）其他可能损害客户合法权益的行为。

36. 【答案】A

【解析】证券公司代销金融产品的基本原则包括：①避免利益冲突。②集中统一管理。

37. 【答案】D

【解析】为保护投资者权益，证券公司应在代销金融产品前进行必要的委托人资格审查和产品尽职调查。

38. 【答案】A

【解析】根据《证券公司为期货公司提供中间介绍业务试行办法》第九条的规定，证券公司受期货公司委托从事介绍业务，应当提供下列服务：

（1）协助办理开户手续；

（2）提供期货行情信息、交易设施；

（3）中国证监会规定的其他服务。

证券公司不得代理客户进行期货交易、结算或者交割，不得代期货公司、客户收付期货保证金，不得利用证券资金账户为客户存取、划转期货保证金。

39. 【答案】B

【解析】另类子公司应当于每月结束后 10 个工作日内编制并向中国证券业协会报送另类投资业务月度报表；在每年结束之日起 4 个月内，编制并向中国证券业协会报送另类投资业务年度报告。

40. 【答案】B

【解析】证券公司以自有资金参与股票期权交易试点的，应当具备证券自营业务资格。不具备证券自营业务资格的证券公司，其自有资金只能以套期保值为目的，参与股票期权交易。除法律法规另有规定外，期货公司不得以自有资金参与股票期权交易试点。

本章总结

- 本章要点
  - 证券经纪
    - 1.经纪业务的特点：业务对象的广泛性，经纪商的中介性，客户指令的权威性，客户资料的保密性
    - 2.经纪人制度的要求：集中统一管理、只能接受1家委托、岗前60个小时培训、由中国证券业协会登记
    - 3.经纪业务账户包括：客户在证券公司开立的资金账户、代理中国结算开立的各市场证券账户、代理基金注册登记机构开立的开放式基金账户、其他金融产品账户
    - 4.投资者可以开通：1个一码通账户、3个A股账户、3个封闭式基金账户、1个信用账户、1个B股账户
    - 5.不合格账户的处理：违规以他人名义或虚假身份开户——注销；代理关系不规范——督促投资者补齐经公证的授权或代理证明；关键信息不全、不准确、凭证缺失——督促投资者变更关键信息或补齐资料
    - 6.沪港通与深港通的基本交易规则：订单设计、订单修改、T+2交收制度、额度控制、回转交易
    - 7.科创板定位——科技创新型企业，创业板定位——创新创业型企业
    - 8.投资者适当性：科创板日均50万元+2年经验，创业板日均10万元+2年经验，沪伦通日均300万元
  - 证券投资咨询
    - 9.证券投资咨询业务包括发布研究报告业务与证券投资顾问业务
    - 10.投资顾问业务包括：品种选择、投资组合以及理财规划建议等
    - 11.发布研究报告包括：价值分析报告、行业研究报告、投资策略报告
    - 12.投资咨询机构的条件：5名或10名专职人员、高管至少1名具有咨询从业条件、注册资本100万元、场所、设施、章程、制度
    - 13.向公众开展咨询活动原则：不以虚假、内幕、传言为依据；有充分的理由依据，不臆断；不做具体品种买卖建议；不参加投资比赛；拒绝媒体恶意修改；开展活动前需由机构许可
    - 14.静默期：IPO公告发行价格40日内、再融资公告发行价格10日内、列入限制名单期间
  - 与证券交易、证券投资活动有关的财务顾问
    - 15.不得担任财务顾问的情形：24个月不良记录、24个月纪律处分、36个月行政处罚
    - 16.不得担任独立财务顾问的情形：互相持股达5%，委派到对方任董事；近期（1年或2年）提供过服务；任职；为交易对方服务；存在关联关系
    - 17.财务顾问业务的签字主体包括：法定代表人或者其授权代表人、部门负责人、内部核查机构负责人、财务顾问主办人和项目协办人
    - 18.为每个项目建立工作档案，工作底稿和工作档案保存10年
  - 证券承销与保荐
    - 19.需要保荐的情形：IPO、上市公司发行新股、可转债、发行存托凭证
    - 20.申请保荐业务资格的条件：注册资本≥1亿元，净资本≥5000万元；从业人员≥35人，3年内从事保荐业务≥20人；保荐代表人≥4人；内控、风控制度、系统健全；3年内无重大违法违规
    - 21.保荐代表人注册基本条件：掌握法律、会计、财管、税务、审计知识；5年内36个月保荐经历；近12个月持续保荐经历，3年内无重大纪律处分或行政处罚
    - 22.保代未通过考试，需提供(任选4项)：8年以上保荐经历，3年2次任项目组成员，金融、经济、会计、法律硕士研究生学历，法律职业资格，注册会计师资格
    - 23.持续督导期限：主板IPO——2个会计年度；2创IPO——3个会计年度；主板再融资——1个会计年度；2创再融资——2个会计年度
    - 24."大公募"公司债券的发行条件：3年无违约、3年1.5息、净资产≥250亿元、近36个月公开发行≥3期，发行规模≥100亿元
    - 25.金融债券的发行人包括：政策性银行、商业银行、企业集团财务公司及其他金融机构
    - 26.招股意向书的内容包括：发行定价方式、定价程序、参与网下询价投资者条件、股票配售原则、配售方式、有效报价的确定方式、中止发行安排、发行时间安排和路演推介（不含价格和融资额）

- 证券公司融资融券及其他信用业务
  - 27.融资融券业务的账户：融券专用账户、信用交易证券交收账户、信用交易资金交收账户、客户信用交易担保证券账户、融资专用账户、客户信用交易担保资金账户、客户信用证券账户、客户信用资金账户
  - 28.融资融券客户选择标准：交易满半年以上、账户状态好、无重大违约、日均资产≥50万元、风险承受能力强、非5%以上股东或关联人
  - 29.股票作为融资融券标的的条件：上市≥3个月（2创首日即可）；融资买入流通股本≥1亿股或流通市值≥5亿元，融券卖出流通股本≥2亿股或流通市值≥8亿元；股东人数≥4000人；3个月内无：日均换手率<15%且日均成交<5000万元，日均涨跌幅平均值偏离>4%，波动幅度5倍以上；完成股权分置改革；未被风险警示
  - 30.充抵保证金折算率：现金管理产品、货币基金、国债95%；交易型开放式指数基金90%；其他基金和国债80%；上证180和深证100成分股70%；其他股票65%；风险警示、暂停、退市、市盈率300倍以上或为负、权证零
  - 31.融资买入保证金比例≥100%；融券卖出保证金比例≥50%
  - 32.证金公司转融通业务资金和证券来源：自有、通过交易所平台融入、通过证金公司平台融入、其他渠道
- 证券自营
  - 33.自营业务投资范围包括：交易所上市交易和转让的证券；全国中小企业股份转让系统转让的证券；区域性股权交易市场转让的私募债和股票；银行间市场交易的证券；柜台市场证券
  - 34.自营业务的风险监控指标：权益类合计≤净资本100%；非权益类合计≤净资本500%；单一权益类成本≤净资本30%；单一权益类市值≤其总市值5%；单一非权益类规模≤总规模20%
  - 35.自营业务禁止行为：内幕交易，操纵市场，假借他人或个人名义进行自营业务，委托他人买卖，购买控股股东或关系人证券，账户借给他人，与代理业务混同
- 证券资产管理
  - 36.资产管理产品的类型包括：按募集方式分为公募和私募；按投资性质分为固定收益类、权益类、商品及金融衍生品类、混合类；按投资者人数分为单一资管产品和集合资管产品
  - 37.资管计划的初始募集规模≥1000万元
  - 38.资管计划的募集期≤60天，投资于未上市股权的募集期≤12个月
  - 39.资管计划的投资范围包括：标准化债权类资产、标准化股权类资产、标准化商品及金融衍生品类资产、公募产品、非标准化债权类资产、非标准化股权类资产、非标准化商品及金融衍生品类资产、私募产品
  - 40.资管计划可参与：证券回购、融资融券、转融通、投资境外金融产品
  - 41.资管计划不可：投资银行信贷资产、违规为政府融资、要求政府提供担保、投资禁止领域
  - 42.刚性兑付：金融机构为资管产品担保、回购；违反公允净值原则保本；滚动发行保本；自筹资金或由他人代为偿付
  - 43.基础资产的要求：权属明确，可以产生独立、可预测的现金流且可特定化
- 证券公司全国股份转让系统业务及柜台市场业务
  - 44.股份公司可在股转系统：挂牌，公开转让股份，进行股权融资、债权融资、资产重组
  - 45.公众公司挂牌的条件：存续满2年，持续经营能力，治理健全、合法经营，发行转让合法，主办券商推荐
  - 46.公开发行的发行人应为连续挂牌满12个月的创新层挂牌公司
  - 47.公众公司重大资产重组标准：①资产总额占比≥50%；②资产净额占比≥50%且资产总额占比≥30%
  - 48.柜台市场产品包括：①证券公司及子公司非公开资管产品、公司债；②银行、保险、信托公司的产品；③金融衍生品
- 其他业务
  - 49.中间介绍业务范围包括：协助开户；提供行情信息、交易设施
  - 50.中间介绍业务禁止：保证获利共担风险、虚假宣传误导客户、代客户下达交易指令、利用客户账户交易、代客户接收修改密码、为客户融资担保
  - 51.另类子公司禁止：融资、对外担保和贷款、连带责任出资人
  - 52.目前证券公司可从事的金融衍生品交易包括：互换、场外期权、利率衍生品、黄金衍生品

第四章　证券市场典型违法违规行为及法律责任

考情早知道

本章内容主要围绕证券市场中常见的违法违规行为及相应的法律责任，包括证券一级市场（发行市场）及证券二级市场（流通市场）。本章内容在每套试卷中的分值占比为5%左右。主要考点在第一节、第二节中均有分布。

其中，欺诈发行的立案追诉标准；非法集资类犯罪的犯罪构成、立案追诉标准及刑事责任；违规披露、不披露重要信息的行政责任；内幕交易、泄露内幕信息的立案追诉标准和刑事责任；操纵证券期货市场的立案追诉标准等是考核重点。

本章知识概览

小节	考点	备考指数
第一节 证券一级市场	擅自公开或变相公开发行证券的特征及其法律责任	☆☆
	欺诈发行证券的犯罪构成、刑事立案追诉标准及其法律责任	☆☆
	非法集资类犯罪的犯罪构成、立案追诉标准并熟悉其法律责任	☆☆☆
	违规披露、不披露重要信息的行政责任、刑事责任的认定	☆☆☆
	擅自改变公开发行证券募集资金用途的法律责任	☆
	中介机构其他典型违法违规行为及法律责任	☆☆☆
第二节 证券二级市场	诱骗投资者买卖证券、期货合约的刑事责任的认定	☆☆☆
	利用未公开信息交易的刑事责任、民事责任及行政责任的认定	☆☆☆
	内幕交易、泄露内幕信息的刑事责任、民事责任及行政责任的认定	☆☆☆
	操纵证券期货市场的刑事责任、民事责任及行政责任的认定	☆☆☆
	在证券交易活动中作出虚假陈述或者信息误导的刑事责任、民事责任及行政责任的认定	☆☆☆
	背信运用受托财产的犯罪构成、刑事追诉标准及其法律责任	☆☆

注：本书中“☆”表示知识点的重要程度，其中☆代表了解；☆☆代表熟悉；☆☆☆代表掌握。

考点详解

第一节　证券一级市场

考点一：擅自公开或变相公开发行证券的特征及其法律责任（☆☆）

（一）擅自公开或变相公开发行证券的特征

1. 擅自公开发行证券

未经国家有关主管部门注册，向不特定对象发行证券或者向特定对象发行证券累计超过 200 人的为擅自公开发行证券。**【注意，是向不特定对象或特定对象超 200 人发行】**

2. 变相公开发行证券

（1）非公开发行股票及其股权转让，采用广告、公告、广播、电话、传真、信函、推介会、说明会、网络、短信、公开劝诱等公开方式或变相公开方式向社会公众发行；

（2）公司股东自行或委托他人以公开方式向社会公众转让股票；

（3）向特定对象转让股票，未经中国证监会注册，转让后公司股东累计超过 200 人。**【向特定对象转让超过 200 人的，经证监会注册，成为全国股转系统的非上市公众公司】**

3. 擅自发行股票、公司、企业债券罪的犯罪构成（**刑事犯罪四要件**）

构成要件	具体内容
主体	本罪的主体是一般主体，既可以是自然人，也可以是单位
主观方面	本罪的主观方面是故意**【过失不构成】**
客体	本罪的客体是国家对发行股票或者公司、企业债券的管理秩序
客观方面	（1）未经国家有关部门批准，擅自发行股票或者公司、企业债券。包括未经批准不具有发行资格而擅自发行股票或者公司、企业债券，和具有合法发行资格但违反《证券法》等法律法规的规定发行股票或公司、企业债券。 （2）数额巨大，后果严重或者有其他严重情节。

（二）擅自公开或变相公开发行证券的法律责任

法律责任	具体内容
刑事责任	1. 5 年以下有期徒刑或拘役； 2. 并处或者单处非法募集资金金额 1% ~5% 的罚金； 3. 单位犯该罪的，对单位判处罚金，并对其直接负责的主管人员和其他直接责任人员，处 5 年以下有期徒刑或者拘役。

续表

法律责任	具体内容
行政责任	1. 责令停止发行； 2. 退还募集资金并加算银行同期存款利息；**【注意不是贷款利息】** 3. 处以非法所募资金金额5%～50%的罚款； 4. 对擅自或变相公开发行证券设立的公司，由依法履行监督管理职责的机构或者部门会同县级以上地方人民政府予以取缔； 5. 对直接负责的主管人员和其他直接责任人员给予警告并处50万～500万元罚款。
中介责任（证券公司承销）	1. 责令停止承销或者销售，没收违法所得，并处以违法所得1～10倍的罚款；没有违法所得或者违法所得不足100万元的，处以100万～1000万元的罚款； 2. 情节严重的，并处暂停或者撤销相关业务许可； 3. 给投资者造成损失的，应当与发行人承担连带赔偿责任； 4. 对直接负责的主管人员和其他直接责任人员给予警告，并处以50万～500万元的罚款。

【例题1】下列关于擅自发行股票、公司、企业债券罪的犯罪构成的说法，错误的是（　　）。

A. 本罪的主体是一般主体，既可以是自然人，也可以是单位

B. 客观方面，未经国家有关部门批准，擅自发行股票或者公司、企业债券，且数额巨大、后果严重或者有其他严重情节

C. 本罪的客体是国家对发行股票或者公司、企业债券的管理秩序

D. 本罪的主观方面是故意或过失

【答案】D

【解析】本罪的主观方面是故意（过失不构成本罪）。

【例题2】根据《刑法》第一百七十九条规定，未经国家有关主管部门批准，擅自公开或变相公开发行证券，数额巨大、后果严重的，可予以的处罚有（　　）。

Ⅰ. 处5年以下有期徒刑或者拘役，并处或者单处非法募集资金金额1%以上5%以下罚金

Ⅱ. 退还所募资金并加算银行同期存款利息，处以非法所募资金金额1%以上5%以下罚款

Ⅲ. 单位犯该罪的，对单位处以罚金，并对其直接负责的主管人员和其他直接责任人员，处5年以下有期徒刑或者拘役

Ⅳ. 对直接负责的主管人员和其他责任人员给予警告，并处以3万元以上30万元以下的罚款

A. Ⅱ、Ⅳ　　B. Ⅱ、Ⅲ　　C. Ⅰ、Ⅲ　　D. Ⅰ、Ⅱ

【答案】C

【解析】根据《刑法》第一百七十九条的规定，未经国家有关主管部门批准，擅自发行股票或者公司、企业债券，数额巨大、后果严重或者有其他严重情节的，处5年以

下有期徒刑或者拘役，并处或者单处非法募集资金金额1%以上5%以下罚金。

单位犯该罪的，对单位判处罚金，并对其直接负责的主管人员和其他直接责任人员，处5年以下有期徒刑或者拘役。

考点二：欺诈发行证券的犯罪构成、刑事立案追诉标准及其法律责任（☆☆）

欺诈发行证券，是指发行人不符合发行条件，以欺骗手段骗取发行注册的行为。

（一）欺诈发行证券罪的犯罪构成

构成要件	具体内容
主体	主要是单位，自然人在一定条件下也能成为犯罪主体
主观方面	故意**【明知发行文件不符合真、准、完要求，仍积极为之。过失不构成本罪】**
客体	本罪客体是复杂客体**【国家对证券市场的管理制度+投资者合法权益】**
客观方面	（1）在招股说明书、认股书、公司、企业债券募集办法中隐瞒重要事实或编造重大虚假内容； （2）必须实施了发行证券的行为；**【仅制作虚假发行文件，但未实施，不构成本罪】** （3）必须达到一定的严重程度。**【数额巨大，后果严重或者其他严重情节】**

（二）欺诈发行证券刑事立案追诉标准

涉嫌下列情形之一的，应予立案追诉：

（1）发行数额在500万元以上的；**【≥500万元】**

（2）伪造、变造国家机关公文、有效证明文件或者相关凭证、单据的；

（3）利用募集的资金进行违法活动的；

（4）转移或者隐瞒所募集资金的；

（5）其他后果严重或者有其他严重情节的情形。

（三）欺诈发行证券的法律责任

法律责任	具体内容
刑事责任	1.【发行人】数额巨大、后果严重的，处5年以下有期徒刑或者拘役，并处或者单处罚金；数额特别巨大、后果特别严重的，处5年以上有期徒刑，并处罚金； 2.【控股股东、实际控制人】处5年以下有期徒刑或者拘役，并处或者单处非法募集资金金额20%～1倍的罚金；数额特别巨大、后果特别严重的，处5年以上有期徒刑，并处非法募集资金金额20%～1倍的罚金； 3.【单位犯罪】对单位判处非法募集资金金额20%～1倍罚金，对其直接负责的主管人员和其他直接责任人员依照第1项处理。
行政责任	【发行人】 1. 尚未发行证券的，处以200万～2000万元的罚款； 2. 已经发行证券的，处以非法所募资金金额10%～1倍的罚款； 3. 对直接负责的主管人员和其他直接责任人员，处以100万～1000万元的罚款； 【发行人的控股股东、实际控制人】 1. 没收违法所得，并处以违法所得10%～1倍的罚款； 2. 没有违法所得或者违法所得不足2000万元的，处以200万～2000万元的罚款。 3. 对直接负责的主管人员和其他直接责任人员，处以100万～1000万元的罚款。

【例题3】下列符合欺诈发行股票、债券，符合立案追诉标准，应予立案追诉的有（　　）。

Ⅰ. 发行数额在300万元以上的

Ⅱ. 伪造、变造国家机关公文、有效证明文件或者相关凭证、单据的

Ⅲ. 利用募集的资金进行违法活动

Ⅳ. 转移或者隐瞒所募集资金的

A. Ⅱ、Ⅲ、Ⅳ　　B. Ⅰ、Ⅱ、Ⅲ、Ⅳ

C. Ⅰ、Ⅱ、Ⅲ　　D. Ⅰ、Ⅳ

【答案】A

【解析】根据《最高人民检察院、公安部关于公安机关管辖的刑事案件立案追诉标准的规定（二）》第五条规定，在招股说明书、认股书、公司、企业债券募集办法中隐瞒重要事实或者编造重大虚假内容，发行股票或者公司、企业债券，涉嫌下列情形之一的，应予立案追诉：

（1）发行数额在500万元以上的；

（2）伪造、变造国家机关公文、有效证明文件或者相关凭证、单据的；

（3）利用募集的资金进行违法活动的；

（4）转移或者隐瞒所募集资金的；

（5）其他后果严重或者有其他严重情节的情形。

【例题4】一家公司发行股票、债券进行筹资，下列（　　）行为构成欺诈发行股票、债券罪。

A. 行为人在招股说明书、认股书、公司、企业债券募集办法中隐瞒重要事实或编造重大虚假内容，但尚未发行股票和公司、企业债券

B. 行为人因过失制作了虚假招股说明书、认股书、公司、企业债券募集办法，且已经发行股票和公司、企业债券

C. 行为人制作了虚假的招股说明书、认股书、公司、企业债券募集办法发行股票或者公司、企业债券，并达到数额巨大、后果严重或者有其他严重情节

D. 行为人制作并向社会发行了虚假招股说明书、认股书、公司、企业债券募集办法

【答案】C

【解析】欺诈发行股票、债券罪的主观方面表现为故意，过失不构成本罪。

客观方面表现为：

（1）行为人必须实施在招股说明书、认股书、公司、企业债券募集办法等发行文件中隐瞒重要事实或者编造重大虚假内容的行为。

（2）行为人必须实施了发行证券的行为。如果行为人仅是制作了虚假的招股说明书、认股书、公司、企业债券募集办法等发行文件，而未实施发行证券的行为，不构成

本罪。必须是既制作了虚假的上述文件，且已经发行证券的才构成本罪。

（3）行为人制作虚假的招股说明书、认股书、公司、企业债券募集办法等发行文件发行证券的行为，必须达到一定的严重程度，即达到“数额巨大、后果严重或者有其他严重情节的”，才构成犯罪。

考点三：非法集资类犯罪的犯罪构成、立案追诉标准并熟悉其法律责任（☆☆☆）

非法集资，是指未经国务院金融管理部门依法许可或者违反国家金融管理规定，以许诺还本付息或者给予其他投资回报等方式，向不特定对象吸收资金的行为。

非法集资的三要件为：①非法性**【未经批准】**；②利诱性**【许以回报】**；③社会性**【向不特定对象】**。

非法集资类犯罪	非法吸收公众存款罪	指非法吸收公众存款或者变相吸收公众存款，扰乱金融秩序的行为。
	集资诈骗罪	指以非法占有为目的，使用诈骗方法非法集资的行为。

（一）非法集资类犯罪的犯罪构成

构成要件	具体内容	
	非法吸收公众存款	集资诈骗
主体	一般主体，包括单位和个人	
主观方面	故意	故意，以非法占有为目的
客体	国家金融管理秩序	国家金融管理秩序＋公私财产所有权
客观方面	非法吸收或者变相吸收公众存款的行为	使用诈骗手段实施非法集资，且数额较大的行为

（二）非法集资类犯罪的刑事立案追诉标准

立案追诉	具体内容
非法吸收公众存款	1. 个人非吸数额≥20万元，单位非吸数额≥100万元； 2. 个人非吸数量≥30户，单位非吸数量≥150户； 3. 个人非吸造成存款人直接经济损失数额≥10万元，单位非吸造成存款人直接经济损失数额≥50万元； 4. 造成恶劣社会影响； 5. 其他扰乱金融秩序情节严重的。
集资诈骗	1. 个人集资诈骗：数额≥10万元； 2. 单位集资诈骗：数额≥50万元。

（三）非法集资类犯罪的法律责任

法律责任	具体内容
非法吸收公众存款	1. 处3年以下有期徒刑或者拘役，并处或者单处罚金； 2. 数额巨大或者有其他严重情节的，处3～10年有期徒刑，并处罚金； 3. 数额特别巨大或特别严重情节的，处10年以上有期徒刑，并处罚金； 4. 单位犯该罪的，对单位判处罚金，并对其直接负责的主管人员和其他直接责任人员，依照上述规定处罚。

续表

法律责任	具体内容
集资诈骗	1. 数额较大的，处3～7年有期徒刑，并处罚金； 2. 数额巨大或情节严重的，处7年以上有期徒刑或者无期徒刑，并处罚金或者没收财产； 3. 单位犯该罪的，对单位判处罚金，并对其直接负责的主管人员和其他直接责任人员，依照上述规定处罚。

【例题5】下列不属于非法集资特征要求的是（　　）。

A. 未经国务院金融管理部门依法许可　　B. 违反国家金融管理规定

C. 仅承诺支付高利　　D. 向不特定对象吸收资金

【答案】C

【解析】非法集资，是指未经国务院金融管理部门依法许可或者违反国家金融管理规定，以许诺还本付息或者给予其他投资回报等方式，向不特定对象吸收资金的行为。非法集资的三要件为：一是“未经国务院金融管理部门依法许可或者违反国家金融管理规定”，即非法性；二是“许诺还本付息或者给予其他投资回报”，即利诱性；三是“向不特定对象吸收资金”，即社会性。（三要件缺一不可）

【例题6】下列关于非法吸收公众存款罪构成的说法中，正确的是（　　）。

Ⅰ. 犯罪主体包括自然人和单位

Ⅱ. 犯罪主体是特殊主体

Ⅲ. 犯罪主观方面是故意

Ⅳ. 犯罪客体是国家金融管理秩序

A. Ⅰ、Ⅱ、Ⅲ　　B. Ⅰ、Ⅱ、Ⅳ

C. Ⅰ、Ⅲ、Ⅳ　　D. Ⅰ、Ⅱ、Ⅲ、Ⅳ

【答案】C

【解析】非法吸收公众存款罪的犯罪构成包括：①主体：本罪的犯罪主体为一般主体，包括自然人和单位；②主观方面：本罪犯罪主观方面为故意；③客体：本罪侵犯的客体是国家金融管理秩序；④客观方面：本罪的客观方面表现为非法吸收或者变相吸收公众存款的行为。

【例题7】根据《中华人民共和国刑法》的规定，犯集资诈骗罪的处罚措施有（　　）。

Ⅰ. 数额较大的，处3年以上7年以下有期徒刑，并处罚金

Ⅱ. 数额巨大或者有其他严重情节的，处7年以上有期徒刑或者无期徒刑，并处罚金或者没收财产

Ⅲ. 数额巨大或者有其他严重情节的，处3年以上10年以下有期徒刑，并处罚金

Ⅳ. 数额特别巨大或者有其他特别严重情节的，处10年以上有期徒刑，并处罚金

A. Ⅰ、Ⅱ、Ⅲ　B. Ⅱ、Ⅲ　C. Ⅰ、Ⅱ　D. Ⅰ、Ⅲ

【答案】 C

【解析】 根据《刑法》第一百九十二条的规定，以非法占有为目的，使用诈骗方法非法集资，数额较大的，处3年以上7年以下有期徒刑，并处罚金；数额巨大或者有其他严重情节的，处7年以上有期徒刑或者无期徒刑，并处罚金或者没收财产。

单位犯该罪的，对单位判处罚金，并对其直接负责的主管人员和其他直接责任人员，依照前述规定处罚。

Ⅲ、Ⅳ项属于非法吸收公众存款罪的刑事处罚措施。

考点四：违规披露、不披露重要信息的行政责任、刑事责任的认定（☆☆☆）

违规披露、不披露重要信息罪，是指依法负有信息披露义务的公司、企业向股东和社会公众提供虚假的或者隐瞒重要事实的财务会计报告，或者对依法应当披露的其他重要信息不按照规定披露，严重损害股东或者其他人利益，或有其他严重情节的行为。

（一）违规披露、不披露重要信息罪的犯罪构成

构成要件	具体内容
主体	特殊主体，即依法负有信息披露义务的公司、企业及相关责任人员
主观方面	故意**【过失不构成本罪】**
客体	国家有关公司、企业的财会报告及其他重要信息的管理秩序＋股东、社会公众和其他利害关系人的合法权益**【复杂客体】**
客观方面	公司向股东和社会公众提供虚假的或者隐瞒重要事实的财务会计报告等，严重损害股东或者其他人利益的行为

（二）违规披露、不披露重要信息罪的刑事立案追诉标准

涉嫌下列情形之一的，应予立案追诉：

（1）造成股东、债权人或者其他人直接经济损失数额累计≥50万元；**【直接损失50万元】**

（2）虚增或者虚减资产达到当期披露的资产总额30%以上的；**【资产总额30%】**

（3）虚增或者虚减利润达到当期披露的利润总额30%以上的；**【利润总额30%】**

（4）未按照规定披露的重大诉讼、仲裁、担保、关联交易或者其他重大事项所涉及的数额或者连续12个月的累计数额占净资产50%以上的；**【净资产50%】**

（5）致使公司发行的股票、公司债券或者国务院依法认定的其他证券被终止上市交易或者多次被暂停上市交易的；**【终止或暂停上市】**

（6）致使不符合发行条件的公司、企业骗取发行核准并且上市交易的；**【骗取核准】**

（7）在公司财务会计报告中将亏损披露为盈利，或者将盈利披露为亏损的；**【颠倒乾坤】**

（8）多次提供虚假的或者隐瞒重要事实的财务会计报告，或者多次对依法应当披露的其他重要信息不按照规定披露的；**【累犯】**

（9）其他严重损害股东、债权人或者其他人利益，或者有其他严重情节的情形。

（三）违规披露、不披露重要信息罪的法律责任

法律责任	具体内容
刑事责任	对其直接负责的主管人员和其他直接责任人员、控股股东、实际控制人，处5年以下有期徒刑或者拘役，并处或者单处罚金；情节特别严重的，处5～10年有期徒刑，并处罚金。
行政责任	1. 收购人未履行公告及发出要约义务，信披义务人未履行信披义务的，责令改正，给予警告，并处以50万～500万元的罚款；对直接负责的主管人员和其他直接责任人员给予警告，并处以20万～200万元的罚款。**【控、实控同等处罚】** 2. 信披报告有虚假记载、误导性陈述或者重大遗漏的，责令改正，给予警告，并处以100万～1000万元的罚款；对直接负责的主管人员和其他直接责任人员给予警告，并处以50万～500万元的罚款。**【控、实控同等处罚】**

（四）行政责任的认定

控股股东、实际控制人直接授意、指挥从事信息披露违法行为，或者隐瞒应当披露信息、不告知应当披露信息的，应当认定控股股东、实际控制人指使从事信息披露违法行为。

董事、监事、高级管理人员之外的其他人员，确有证据证明其行为与信息披露违法行为具有直接因果关系，包括实际承担或者履行董事、监事或者高级管理人员的职责，组织、参与、实施了公司信息披露违法行为或者直接导致信息披露违法的，应当视情形认定其为直接负责的主管人员或者其他直接责任人员。

发行人的控股股东、实际控制人、董事、监事、高级管理人员和其他直接责任人员以及保荐人、承销的证券公司及其直接责任人员，应当与发行人承担连带赔偿责任，但是能够证明自己没有过错的除外。**【可通过提交公司章程，载明职责分工和职责履行情况的材料，相关会议纪要或者会议记录来证明】**

责任认定	内容
认定时应考虑的因素	（1）在信息披露违法行为发生过程中所起的作用； （2）知情程度和态度； （3）职务、具体职责及履行职责情况； （4）专业背景。
从轻或减轻处罚的情形	（1）未直接参与信息披露违法行为； （2）在信息披露违法行为被发现前，及时主动要求公司采取纠正措施或者向证券监管机构报告； （3）在获悉公司信息披露违法后，向公司有关主管人员或者公司上级主管提出质疑并采取了适当措施； （4）配合证券监管机构调查且有立功表现； （5）受他人胁迫参与信息披露违法行为；**【未失去人身自由】** （6）其他需要考虑的情形。

续表

责任认定	内容
不予行政处罚的情形【不处罚】	（1）当事人对认定的信息披露违法事项提出具体异议记载于董事会、监事会、公司办公会会议记录等，并在上述会议中投反对票的； （2）当事人在信息披露违法事实所涉及期间，由于不可抗力、失去人身自由等无法正常履行职责的； （3）对公司信息披露违法行为不负有主要责任的人员在公司信息披露违法行为发生后及时向公司和证券交易所、证券监管机构报告的； （4）其他需要考虑的情形。
不予豁免处罚的情形【不免责】	（1）不直接从事经营管理； （2）能力不足、无相关职业背景； （3）任职时间短、不了解情况； （4）相信专业机构或者专业人员出具的意见和报告； （5）受到股东、实际控制人控制或者其他外部干预。
从重处罚的情形	（1）不配合证券监管机构监管，或者拒绝、阻碍证券监管机构及其工作人员执法，甚至以暴力、威胁及其他手段干扰执法； （2）在信息披露违法案件中变造、隐瞒、毁灭证据，或者提供伪证，妨碍调查； （3）两次以上违反信息披露规定并受到行政处罚或者证券交易所纪律处分； （4）在信息披露上有不良诚信记录并记入证券期货诚信档案； （5）中国证监会认定的其他情形。

【例题8】根据《刑法》，（　　）是指依法负有信息披露义务的公司、企业向股东和社会公众提供虚假的或者隐瞒重要事实的财务会计报告，或者对依法应当披露的其他重要信息不按照规定披露，严重损害股东或者其他人利益，或有其他严重情节的行为。

A. 违规披露、不披露重要信息　　B. 诱骗他人买卖证券罪

C. 欺诈发行股票、债券罪　　D. 非法发行股票和公司、企业债券罪

【答案】A

【解析】违规披露、不披露重要信息罪，是指依法负有信息披露义务的公司、企业向股东和社会公众提供虚假的或者隐瞒重要事实的财务会计报告，或者对依法应当披露的其他重要信息不按照规定披露，严重损害股东或者其他人利益，或有其他严重情节的行为。

【例题9】依法负有信息披露义务的公司、企业向股东和社会公众提供虚假的或者隐瞒重要事实的财务会计报告，或者对依法应当披露的其他重要信息不按照规定披露，涉嫌下列（　　）情形的，应予立案追诉。

Ⅰ. 虚增或者虚减利润达到当期披露利润总额百分之二十以上的

Ⅱ. 致使公司发行的股票、公司债券被终止上市交易或者多次被暂停上市交易的

Ⅲ. 在公司财务会计报告中将亏损披露为盈利，或者将盈利披露为亏损的

Ⅳ. 多次提供虚假的或者隐瞒重要事实的财务会计报告的

A. Ⅱ、Ⅲ　　B. Ⅰ、Ⅲ、Ⅳ　　C. Ⅰ、Ⅱ、Ⅳ　　D. Ⅱ、Ⅲ、Ⅳ

【答案】D

【解析】依法负有信息披露义务的公司、企业向股东和社会公众提供虚假的或者隐瞒重要事实的财务会计报告，或者对依法应当披露的其他重要信息不按照规定披露，涉嫌下列情形之一的，应予立案追诉：

（1）造成股东、债权人或者其他人直接经济损失数额累计在50万元以上的；

（2）虚增或者虚减资产达到当期披露的资产总额30%以上的；

（3）虚增或者虚减利润达到当期披露的利润总额30%以上的；

（4）未按照规定披露的重大诉讼、仲裁、担保、关联交易或者其他重大事项所涉及的数额或者连续12个月的累计数额占净资产50%以上的；

（5）致使公司发行的股票、公司债券或者国务院依法认定的其他证券被终止上市交易或者多次被暂停上市交易的；

（6）致使不符合发行条件的公司、企业骗取发行核准并且上市交易的；

（7）在公司财务会计报告中将亏损披露为盈利，或者将盈利披露为亏损的；

（8）多次提供虚假的或者隐瞒重要事实的财务会计报告，或者多次对依法应当披露的其他重要信息不按照规定披露的；

（9）其他严重损害股东、债权人或者其他人利益，或者有其他严重情节的情形。

考点五：擅自改变公开发行证券募集资金用途的法律责任（☆）

（一）擅自改变公开发行证券募集资金用途的认定

事项	情形
公开发行股票	未经股东大会认可而改变资金用途。
公开发行公司债	未经债券持有人会议作出决议而改变资金用途。

（二）擅自改变公开发行证券募集资金用途的法律责任

发行人擅自改变公开发行证券所募集资金的用途的，责令改正，处以50万～500万元的罚款；对直接负责的主管人员和其他直接责任人员给予警告，并处以10万～100万元的罚款。**【控、实控给予警告并同等处罚】**

考点六：中介机构其他典型违法违规行为及法律责任（☆☆☆）

（一）违反证券承销业务规定

行为要求	证券公司承销证券，不得有下列行为： 1. 进行虚假的或者误导投资者的广告宣传或者其他宣传推介活动； 2. 以不正当竞争手段招揽承销业务； 3. 其他违反证券承销业务规定的行为。

续表

法律责任	【行政责任】 1. 责令改正，给予警告，没收违法所得，可以并处 50 万～500 万元的罚款；情节严重的，暂停或者撤销相关业务许可； 2. 对直接负责的主管人员和其他直接责任人员给予警告，可以并处 20 万～200 万元的罚款；情节严重的，并处 50 万～500 万元的罚款。 【民事责任】 给其他证券承销机构或者投资者造成损失的，应当依法承担赔偿责任。

（二）提供虚假证明文件、出具证明文件重大失实

行为主体	法律责任
保荐人	【行政责任】 1. 责令改正，给予警告，没收业务收入，并处以业务收入 1～10 倍的罚款；没有业务收入或者业务收入不足 100 万元的，处以 100 万～1000 万元的罚款； 2. 情节严重的，并处暂停或者撤销保荐业务许可； 3. 对直接负责的主管人员和其他直接责任人员给予警告，并处 50 万～500 万元的罚款。 【刑事责任】 情节严重的，处 5 年以下有期徒刑或者拘役，并处罚金；情节特别严重的，处 5～10 年有期徒刑，并处罚金。

【例题 10】根据《证券法》第一百八十二条的规定，保荐人出具有虚假记载、误导性陈述或者重大遗漏的保荐书，或者不履行其他法定职责的，责令改正，给予警告，没收业务收入，并处以业务收入（　　）的罚款。

A. 一倍以上三倍以下　　B. 一倍以上五倍以下

C. 一倍以上七倍以下　　D. 一倍以上十倍以下

【答案】D

【解析】根据《证券法》第一百八十二条的规定，保荐人出具有虚假记载、误导性陈述或者重大遗漏的保荐书，或者不履行其他法定职责的，责令改正，给予警告，没收业务收入，并处以业务收入 1 倍以上 10 倍以下的罚款；没有业务收入或者业务收入不足 100 万元的，处以 100 万元以上 1000 万元以下的罚款；情节严重的，并处暂停或者撤销保荐业务许可。对直接负责的主管人员和其他直接责任人员给予警告，并处以 50 万元以上 500 万元以下的罚款。

【本节学习提示】考查重点：

（1）非法集资的三要件：非法性、利诱性、社会性。

（2）集资诈骗的主观要件为：故意，以非法占有为目的。

(3) 非法集资的立案追诉标准：非吸：个人数额≥20 万元、数量≥30 户，损失≥10 万元；单位数额≥100 万元、数量≥150 户，损失≥50 万元；恶劣影响。集资诈骗：个人数额≥10 万元；单位数额≥50 万元。

(4) 违规披露、不披露重要信息行政责任认定应考虑的因素：所起的作用；知情程度和态度；职务及履职情况；专业背景。

(5) 违规披露、不披露重要信息不予豁免处罚的情形：不直接管理；无相关职业背景；不了解情况；轻信他人结论；受到外部干扰。

第二节　证券二级市场

考点一：诱骗投资者买卖证券、期货合约的刑事责任的认定（☆☆☆）

诱骗投资者买卖证券、期货合约，是指证券交易所、期货交易所、证券公司、期货经纪公司的从业人员，证券业协会、期货业协会或者证券期货监督管理部门的工作人员，故意提供虚假信息或者伪造、变造、销毁交易记录，诱骗投资者买卖证券、期货合约，造成严重后果的行为。

（一）诱骗投资者买卖证券、期货合约罪的犯罪构成

构成要件	具体内容
主体	本罪主体为特殊主体，主要包括： （1）证券交易所、期货交易所、证券公司、期货经纪公司的从业人员 （2）证券业协会、期货业协会或者证券期货监督管理部门的工作人员
主观方面	故意**【过失不构成本罪】**
客体	证券、期货市场正常的管理秩序 + 证券、期货投资人的合法利益**【复杂客体】**
客观方面	行为人故意提供虚假信息或者伪造、变造、销毁交易记录，诱骗投资者买卖证券、期货合约，造成严重后果的行为

（二）诱骗投资者买卖证券、期货合约的刑事立案追诉标准

涉嫌下列情形之一的，应予立案追诉：

（1）获利或者避免损失数额累计≥5 万元；

（2）造成投资者直接经济损失数额≥5 万元；

（3）致使交易价格和交易量异常波动的；

（4）其他造成严重后果的情形。

（三）诱骗投资者买卖证券、期货合约的法律责任

法律责任	具体内容
刑事责任	1. 造成严重后果的，处5年以下有期徒刑或者拘役，并处或者单处1万~10万元的罚金； 2. 情节特别恶劣的，处5~10年有期徒刑，并处2万~20万元的罚金； 3. 单位犯罪的，对单位判处罚金，并对其直接负责的主管人员和其他直接责任人员，处5年以下有期徒刑或者拘役。
行政责任	1. 给予警告，没收违法所得，并处以违法所得1~10倍的罚款；没有违法所得或者违法所得不足10万元的，处以10万~100万元的罚款； 2. 情节严重的，暂停或者撤销相关业务许可。
民事责任	给客户造成损失的，应当依法承担赔偿责任。违法行为人的财产不足以支付罚款、罚金的，优先用于承担民事赔偿责任。

【例题11】 按照《最高人民检察院、公安部关于公安机关管辖的刑事案件立案追诉标准的规定（二）》第三十八条的规定，诱骗投资者买卖证券、期货合约，可以予立案追诉的情形不包括（　　）。

A. 获利或者避免损失数额累计在5万元以上的

B. 造成投资者直接经济损失数额在10万元以上的

C. 诱骗投资者买卖证券、期货合约数额在10万元以上的

D. 致使交易价格和交易量异常波动的

【答案】 C

【解析】 根据《最高人民检察院、公安部关于公安机关管辖的刑事案件立案追诉标准的规定（二）》第三十八条的规定，诱骗投资者买卖证券、期货合约案，涉嫌下列情形之一的，应予立案追诉：

（1）获利或者避免损失数额累计在5万元以上的；

（2）造成投资者直接经济损失数额在5万元以上的；**【10万元也符合】**

（3）致使交易价格和交易量异常波动的；

（4）其他造成严重后果的情形。

【例题12】 诱骗投资者买卖证券、期货合约罪的犯罪主体中，不属于犯罪主体的有（　　）。

A. 证券交易所的从业人员　　B. 期货经纪公司的从业人员

C. 期货业协会的工作人员　　D. 基金管理公司的从业人员

【答案】 D

【解析】 诱骗投资者买卖证券、期货合约，是指证券交易所、期货交易所、证券公司、期货经纪公司的从业人员，证券业协会、期货业协会或者证券期货监督管理部门的工作人员，故意提供虚假信息或者伪造、变造、销毁交易记录，诱骗投资者买卖证券、

期货合约，造成严重后果的行为。

考点二：利用未公开信息交易的刑事责任、民事责任及行政责任的认定（☆☆☆）

利用未公开信息交易，是指证券交易所、期货交易所、证券公司、期货经纪公司、基金管理公司、商业银行、保险公司等金融机构的从业人员以及有关监管部门或者行业协会的工作人员，利用因职务便利获取的内幕信息以外的其他未公开的信息，违反规定，从事与该信息相关的证券、期货交易活动，或者明示、暗示他人从事相关交易活动，情节严重的行为。**【比诱骗投资者买卖多出基金管理公司、商业银行、保险公司】**

（一）利用未公开信息交易罪的犯罪构成

构成要件	具体内容
主体	本罪主体为特殊主体，主要包括： （1）证券交易所、期货交易所、证券公司、期货经纪公司、基金管理公司、商业银行、保险公司等金融机构的从业人员；**【注意有基金公司、保险公司】** （2）有关监管部门或者行业协会的工作人员。
主观方面	故意**【过失不构成本罪】**
客体	证券、期货交易市场的正常管理秩序 + 证券、期货投资人的合法利益**【与诱骗投资者买卖相同】**
客观方面	利用因职务便利获取的内幕信息以外的其他未公开信息，违反规定，从事与该信息相关的证券、期货交易活动，或者明示、暗示他人从事相关交易活动，情节严重的行为。

（二）利用未公开信息交易的刑事立案追诉标准

涉嫌下列情形之一的，应予立案追诉：

（1）证券交易成交额累计≥50 万元；

（2）期货交易占用保证金数额累计≥30 万元；

（3）获利或者避免损失数额累计≥15 万元；

（4）多次利用内幕信息以外的其他未公开信息进行交易活动的；

（5）其他情节严重的情形。

（三）利用未公开信息交易的法律责任

法律责任	具体内容
刑事责任	1. 情节严重的，处 5 年以下有期徒刑或者拘役，并处或者单处违法所得 1 ~ 5 倍的罚金； 2. 情节特别严重的，处 5 ~ 10 年有期徒刑，并处违法所得 1 ~ 5 倍的罚金； 3. 单位犯罪的，对单位判处罚金，并对其直接负责的主管人员和其他直接责任人员，处 5 年以下有期徒刑或者拘役。
行政责任	1. 责令依法处理非法持有的证券，没收违法所得，并处以违法所得 1 ~ 10 倍的罚款；没有违法所得或者违法所得不足 50 万元的，处以 50 万 ~ 500 万元的罚款； 2. 单位犯罪的，对直接负责的主管人员和其他直接责任人员给予警告，并处以 20 万 ~ 200 万元的罚款。国务院证券监督管理机构工作人员从事内幕交易的，从重处罚。
民事责任	给投资者造成损失的，应当依法承担赔偿责任。

【例题 13】 2019 年 2 月至 2021 年 10 月间，李某担任甲基金管理有限责任公司基金经理，利用其决策、交易等方面的职务便利获取尚未公开的信息，使用其实际控制的“左某”证券账户，先后买入金额共计人民币 8067 万余元，卖出金额共计 3814 万余元，李某的行为（　　）。

A. 不构成犯罪

B. 构成泄露内幕信息罪

C. 构成利用未公开信息交易罪

D. 构成内幕交易罪

【答案】 C

【解析】 利用未公开信息交易，是指证券交易所、期货交易所、证券公司、期货经纪公司、基金管理公司、商业银行、保险公司等金融机构的从业人员以及有关监管部门或者行业协会的工作人员，利用因职务便利获取的内幕信息以外的其他未公开的信息，违反规定，从事与该信息相关的证券、期货交易活动，或者明示、暗示他人从事相关交易活动，情节严重的行为。

【例题 14】 下列属于利用未公开信息交易罪犯罪主体的是（　　）。

Ⅰ. 证券公司的从业人员

Ⅱ. 保险公司的从业人员

Ⅲ. 期货经纪公司的从业人员

Ⅳ. 基金管理公司的从业人员

A. Ⅰ、Ⅱ、Ⅳ　　B. Ⅰ、Ⅱ、Ⅲ、Ⅳ

C. Ⅰ、Ⅱ、Ⅲ　　D. Ⅲ、Ⅳ

【答案】 B

【解析】 该罪的主体是特殊主体，主要包括两个方面：

（1）证券交易所、期货交易所、证券公司、期货经纪公司、基金管理公司、商业银行、保险公司等金融机构的从业人员；

（2）有关监管部门或者行业协会的工作人员。

考点三：内幕交易、泄露内幕信息的刑事责任、民事责任及行政责任的认定（☆☆☆）

内幕交易、泄露内幕信息，是指证券、期货交易内幕信息的知情人员或者非法获取证券、期货交易内幕信息的人员，在涉及证券的发行，证券、期货交易或者其他对证券、期货交易价格有重大影响的信息尚未公开前，买入或者卖出该证券，或者从事与该内幕信息有关的期货交易，或者泄露该信息，或者明示、暗示他人从事上述交易活动，情节严重的行为。**【“内幕信息”参见本书第一章“证券市场基本法律法规”第四节**

“证券法”“考点十二：内幕交易行为”。】

（一）内幕交易、泄露内幕信息罪的犯罪构成

构成要件	具体内容
主体	特殊主体： （1）《证券法》中，证券、期货交易内幕信息的知情人员。 （2）非法获取证券、期货交易内幕信息的人员。
主观方面	故意**【过失不构成本罪】**
客体	证券、期货交易市场的正常管理秩序+证券、期货投资人的合法利益。**【复杂客体】**
客观方面	行为人违反有关法规，在涉及证券发行，证券、期货交易或者其他对证券、期货交易价格有重大影响的信息尚未公开前，买卖该证券、期货，或者明示、暗示其他人买卖该证券、期货，或者泄露内幕信息，情节严重的行为。

证券、期货交易内幕信息的知情人员包括：

（1）发行人及其董事、监事、高级管理人员；

（2）持有公司5%以上股份的股东及其董事、监事、高级管理人员，公司的实际控制人及其董事、监事、高级管理人员；

（3）发行人控股或者实际控制的公司及其董事、监事、高级管理人员；

（4）由于所任公司职务或者因与公司业务往来可以获取公司有关内幕信息的人员；

（5）上市公司收购人或者重大资产交易方及其控股股东、实际控制人、董事、监事和高级管理人员；

（6）因职务、工作可以获取内幕信息的证券交易场所、证券公司、证券登记结算机构、证券服务机构的有关人员；

（7）因职责、工作可以获取内幕信息的证券监督管理机构工作人员；

（8）因法定职责对证券的发行、交易或者对上市公司及其收购、重大资产交易进行管理可以获取内幕信息的有关主管部门、监管机构的工作人员；

（9）国务院证券监督管理机构规定的可以获取内幕信息的其他人员。

（二）内幕交易、泄露内幕信息罪的立案追诉标准

涉嫌下列情形之一的，应予立案追诉：**【（1）～（3）与利用未公开信息交易相同】**

（1）证券交易成交额累计≥50万元；

（2）期货交易占用保证金数额累计≥30万元；

（3）获利或者避免损失数额累计≥15万元；

（4）多次进行内幕交易、泄露内幕信息的；

（5）其他情节严重的情形。

（三）内幕交易、泄露内幕信息罪的法律责任【与利用未公开信息交易完全相同】

法律责任	具体内容
刑事责任	1. 情节严重的，处5年以下有期徒刑或者拘役，并处或者单处违法所得1～5倍的罚金； 2. 情节特别严重的，处5～10年有期徒刑，并处违法所得1～5倍的罚金； 3. 单位犯罪的，对单位判处罚金，并对其直接负责的主管人员和其他直接责任人员，处5年以下有期徒刑或者拘役。
行政责任	1. 责令依法处理非法持有的证券，没收违法所得，并处以违法所得1～10倍的罚款；没有违法所得或者违法所得不足50万元的，处以50万～500万元的罚款； 2. 单位犯罪的，对直接负责的主管人员和其他直接责任人员给予警告，并处以20万～200万元的罚款。国务院证券监督管理机构工作人员从事内幕交易的，从重处罚。
民事责任	给投资者造成损失的，应当依法承担赔偿责任。

【例题15】按照《最高人民检察院、公安部关于公安机关管辖的刑事案件立案追诉标准的规定（二）》第二十五条的规定，内幕交易、泄露内幕信息案，当证券交易成交额累计在（　　）万元以上的，获利或者避免损失金额累计在（　　）万元以上的，应予立案追诉。

A. 100；50　　B. 50；20　　C. 30；15　　D. 50；15

【答案】D

【解析】根据《最高人民检察院、公安部关于公安机关管辖的刑事案件立案追诉标准的规定（二）》第二十五条的规定，内幕交易、泄露内幕信息行为，涉嫌下列情形之一的，应予立案追诉：

（1）证券交易成交额累计在50万元以上的；

（2）期货交易占用保证金数额累计在30万元以上的；

（3）获利或者避免损失数额累计在15万元以上的；

（4）多次进行内幕交易、泄露内幕信息的；

（5）其他情节严重的情形。

【例题16】按照《刑法》第一百八十条规定，对犯内幕交易、泄露内幕信息罪的人员，情节严重的，处5年以下有期徒刑或者拘役，并处或者单处违法所得1倍以上（　　）倍以下罚金；情节特别严重的，处（　　）年以上10年以下有期徒刑。

A. 3；1　　B. 5；3　　C. 3；2　　D. 5；5

【答案】D

【解析】根据《刑法》第一百八十条的规定，证券、期货交易内幕信息的知情人员或者非法获取证券、期货交易内幕信息的人员，在涉及证券的发行，证券、期货交易或者其他对证券、期货交易价格有重大影响的信息尚未公开前，买入或者卖出该证券，或者从事与该内幕信息有关的期货交易，或者泄露该信息，或者明示、暗示他人从事上述交易活动，情节严重的，处5年以下有期徒刑或者拘役，并处或者单处违法所得1倍以上5倍以下罚金；情节特别严重的，处5年以上10年以下有期徒刑，并处违法所得1倍以上5倍以下罚金。单位犯该罪的，对单位判处罚金，并对其直接负责的主管人员和其他直接责任人员，处5年以下有期徒刑或者拘役。

考点四：操纵证券期货市场的刑事责任、民事责任及行政责任的认定（☆☆☆）

操纵证券、期货市场罪，是指有下列情形之一，操纵证券、期货市场，影响证券、期货交易价格或者证券、期货交易量：

（1）单独或者合谋，集中资金优势、持股或者持仓优势或者利用信息优势联合或者连续买卖；

（2）与他人串通，以事先约定的时间、价格和方式相互进行证券、期货交易；

（3）在自己实际控制的账户之间进行证券交易，或者以自己为交易对象，自买自卖期货合约的；

（4）不以成交为目的，频繁或者大量申报买入、卖出证券、期货合约并撤销申报；

（5）利用虚假或者不确定的重大信息，诱导投资者进行证券、期货交易；

（6）对证券、证券发行人、期货交易标的公开作出评价、预测或者投资建议，同时进行反向证券交易或者相关期货交易；

（7）以其他方法操纵证券、期货市场的。

【注：与《证券法》中操纵证券市场行为相比，多出“____”标示的期货交易的部分。且缺少“利用在其他相关市场的活动操纵证券市场”这一条。】

（一）操纵证券、期货市场罪的犯罪构成

构成要件	具体内容
主体	一般主体**【自然人和单位均可构成本罪】**
主观方面	故意
客体	国家证券、期货管理制度＋投资者合法权益**【复杂客体】**
客观方面	利用其资金、信息等优势或者滥用职权操纵市场、制造市场假象，影响证券、期货市场

（二）操纵证券、期货市场罪的刑事立案追诉标准

涉嫌下列情形之一的，应予立案追诉：

（1）单独或者合谋，持有或者实际控制证券的流通股份数达到该证券的实际流通股份总量30%以上，且在该证券连续20个交易日内联合或者连续买卖股份数累计达到该证券同期总成交量30%以上的；**【控制证券≥流通总量30%＋买卖累计≥总成交量30%】**

（2）单独或者合谋，持有或者实际控制期货合约的数量超过期货交易所业务规则限定的持仓量50%以上，且在该期货合约连续20个交易日内联合或者连续买卖期货合约

数累计达到该期货合约同期总成交量30%以上的；**【控制期货合约≥限定持仓50% + 买卖累计≥总成交量30%】**

（3）与他人串通，以事先约定的时间、价格和方式相互进行证券或者期货合约交易，且在该证券或者期货合约连续20个交易日内成交量累计达到该证券或者期货合约同期总成交量20%以上的；**【串通买卖证券、期货成交量≥总成交量20%】**

（4）在自己实际控制的账户之间进行证券交易，或者以自己为交易对象，自买自卖期货合约，且在该证券或者期货合约连续20个交易日内成交量累计达到该证券或者期货合约同期总成交量20%以上的；**【自买自卖证券、期货成交量≥总成交量20%】**

（5）单独或者合谋，当日连续申报买入或者卖出同一证券、期货合约并在成交前撤回申报，撤回申报量占当日该种证券总申报量或者该种期货合约总申报量50%以上的；**【大量撤回证券、期货≥总申报量50%】**

（6）上市公司及其董事、监事、高级管理人员、实际控制人、控股股东或者其他关联人单独或者合谋，利用信息优势，操纵该公司证券交易价格或者证券交易量的；**【特殊主体操纵：上市公司及董、监、高、控、实控】**

（7）证券公司、证券投资咨询机构、专业中介机构或者从业人员，违背有关从业禁止的规定，买卖或者持有相关证券，通过对证券或者其发行人、上市公司公开作出评价、预测或者投资建议，在该证券的交易中谋取利益，情节严重的；**【特殊主体谋利：金融机构及从业人员】**

（8）其他情节严重的情形。

（三）操纵证券、期货市场罪的法律责任

法律责任	具体内容
刑事责任	1. 情节严重的，处5年以下有期徒刑或者拘役，并处或者单处罚金； 2. 情节特别严重的，处5～10年有期徒刑，并处罚金； 3. 单位犯罪的，对单位判处罚金，并对其直接负责的主管人员和其他直接责任人员，依照上述规定处罚。
行政责任	1. 责令依法处理非法持有的证券，没收违法所得，并处以违法所得1～10倍的罚款；没有违法所得或者违法所得不足100万元的，处以100万～1000万元的罚款； 2. 单位犯罪的，对直接负责的主管人员和其他直接责任人员给予警告，并处以50万～500万元的罚款。
民事责任	给投资者造成损失的，应当依法承担赔偿责任。

【例题17】甲与乙串通，以事先约定的时间、价格和方式相互进行证券交易，影响证券交易价格，获得巨大非法收益，则甲与乙的行为构成（　　）罪。

A. 操纵证券市场　　B. 利用未公开信息交易

C. 背信运用受托财产　　D. 内幕交易

【答案】A

【解析】操纵证券、期货市场罪，是指有下列情形之一，操纵证券、期货市场，影响证券、期货交易价格或者证券、期货交易量：

（1）单独或者合谋，集中资金优势、持股或者持仓优势或者利用信息优势联合或者连续买卖；

（2）与他人串通，以事先约定的时间、价格和方式相互进行证券、期货交易；

（3）在自己实际控制的账户之间进行证券交易，或者以自己为交易对象，自买自卖期货合约的；

（4）不以成交为目的，频繁或者大量申报买入、卖出证券、期货合约并撤销申报；

（5）利用虚假或者不确定的重大信息，诱导投资者进行证券、期货交易；

（6）对证券、证券发行人、期货交易标的公开作出评价、预测或者投资建议，同时进行反向证券交易或者相关期货交易；

（7）以其他方法操纵证券、期货市场的。

【例题 18】按照《最高人民检察院、公安部关于公安机关管辖的刑事案件立案追诉标准的规定（二）》第三十九条的规定，当合谋持有证券的流通股份数达到该证券的实际流通股份总量（　　）% 以上，且在该证券连续（　　）个交易日内联合或者连续买卖股份数累计达到该证券同期总成交量（　　）% 以上的，应予立案追诉。

A. 20、20、30　　B. 30、30、30　　C. 20、20、30　　D. 30、20、30

【答案】D

【解析】根据《最高人民检察院、公安部关于公安机关管辖的刑事案件立案追诉标准的规定（二）》第三十九条的规定，涉嫌单独或者合谋，持有或者实际控制证券的流通股份数达到该证券的实际流通股份总量 30% 以上，且在该证券连续 20 个交易日内联合或者连续买卖股份数累计达到该证券同期总成交量 30% 以上的，应予立案追诉。

【例题 19】按照《刑法》第一百八十二条规定，操纵证券、期货市场，情节严重的，处（　　）年以下有期徒刑或者拘役，并处或者单处罚金；情节特别严重的，处（　　）年以上 10 年以下有期徒刑，并处罚金。

A. 3；5　　B. 1；3　　C. 5；8　　D. 5；5

【答案】D

【解析】根据《刑法》第一百八十二条的规定，操纵证券、期货市场，影响证券、期货交易价格或者证券、期货交易量，情节严重的，处 5 年以下有期徒刑或者拘役，并处或者单处罚金；情节特别严重的，处 5 年以上 10 年以下有期徒刑，并处罚金。

考点五：在证券交易活动中作出虚假陈述或者信息误导的刑事责任、民事责任及行政责任的认定（☆☆☆）

《证券法》规定，禁止证券交易所、证券公司、证券登记结算机构、证券服务机构及其从业人员，证券业协会、证券监督管理机构及其工作人员，在证券交易活动中作出虚假陈述或者信息误导。

法律责任	具体内容
刑事责任	编造并且传播影响证券、期货交易的虚假信息，扰乱证券、期货交易市场，造成严重后果的，处5年以下有期徒刑或者拘役，并处或者单处1万~10万元的罚金。
行政责任	1. 编造、传播虚假信息或者误导性信息，扰乱证券市场的，没收违法所得，并处以违法所得1~10倍的罚款；没有违法所得或者违法所得不足20万元的，处以20万~200万元的罚款； 2. 在证券交易活动中作出虚假陈述或者信息误导的，责令改正，处以20万~200万元的罚款； 3. 证券服务机构未勤勉尽责，所制作、出具的文件有虚假记载、误导性陈述或者重大遗漏的，责令改正，没收业务收入，并处以业务收入1~10倍的罚款，没有业务收入或者业务收入不足50万元的，处以50万~500万元的罚款；情节严重的，并处暂停或者禁止从事证券服务业务。对直接负责的主管人员和其他直接责任人员给予警告，并处以20万~200万元的罚款。
民事责任	给投资者造成损失的，应当依法承担赔偿责任。

考点六：背信运用受托财产的犯罪构成、刑事追诉标准及其法律责任（☆☆）

背信运用受托财产，是指商业银行、证券交易所、期货交易所、证券公司、期货经纪公司、保险公司或者其他金融机构，违背受托义务，擅自运用客户资金或者其他委托、信托的财产，情节严重的行为。

（一）背信运用受托财产罪的犯罪构成

构成要件	具体内容
主体	特殊主体**【商业银行、证券交易所、期货交易所、证券公司、期货经纪公司、保险公司或者其他金融机构】**
主观方面	故意**【过失不构成本罪】**
客体	金融管理秩序+客户的合法权益**【复杂客体】**
客观方面	金融机构违背受托义务，擅自运用客户资金或者其他委托、信托的财产，情节严重的行为

（二）背信运用受托财产罪的刑事立案追诉标准

涉嫌下列情形之一的，应予立案追诉：

（1）擅自运用客户资金或者其他委托、信托的财产数额≥30万元；

（2）虽未达到上述数额标准，但多次擅自运用客户资金或者其他委托、信托的财产，或者擅自运用多个客户资金或者其他委托、信托的财产的；

（3）其他情节严重的情形。

（三）背信运用受托财产罪的法律责任

擅自运用客户资金或者其他委托、信托的财产，情节严重的，对单位判处罚金，并对其直接负责的主管人员和其他直接责任人员，处3年以下有期徒刑或者拘役，并处3万~30万元的罚金；情节特别严重的，处3~10年有期徒刑，并处5万~50万元的罚金。

【例题 20】 下列关于背信运用受托财产的说法，正确的有（　　）。

Ⅰ. 证券交易所可能成为背信运用受托财产罪的犯罪主体

Ⅱ. 商业银行不可能成为背信运用受托财产罪的犯罪主体

Ⅲ. 背信运用受托财产罪的主观方面只能是故意，过失不构成本罪

Ⅳ. 背信运用受托财产罪侵犯的客体是金融管理秩序和客户的合法权利

A. Ⅰ、Ⅱ、Ⅲ、Ⅳ　　B. Ⅰ、Ⅱ、Ⅳ

C. Ⅰ、Ⅲ、Ⅳ　　D. Ⅱ、Ⅲ

【答案】 C

【解析】 背信运用受托财产罪犯罪构成包括：①主体：该罪的主体是特殊主体，为商业银行、证券交易所、期货交易所、证券公司、期货经纪公司、保险公司或者其他金融机构；②主观方面：该罪的主观方面只能是故意，过失不构成本罪；③客体：该罪侵犯的客体是金融管理秩序和客户的合法权益；④客观方面：该罪的客观方面表现为金融机构违背受托义务，擅自运用客户资金或者其他委托、信托的财产，情节严重的行为。

【例题 21】 按照《最高人民检察院、公安部关于公安机关管辖的刑事案件立案追诉标准的规定（二）》第四十条的规定，当擅自运用客户资金或者其他委托、信托的财产数额在（　　）万元以上的，应予立案追诉。

A. 30　　B. 50　　C. 60　　D. 100

【答案】 A

【解析】 根据《最高人民检察院、公安部关于公安机关管辖的刑事案件立案追诉标准的规定（二）》第四十条的规定，涉嫌下列情形之一的，应予立案追诉：

（1）擅自运用客户资金或者其他委托、信托的财产数额在 30 万元以上的；

（2）虽未达到上述数额标准，但多次擅自运用客户资金或者其他委托、信托的财产，或者擅自运用多个客户资金或者其他委托、信托的财产的；

（3）其他情节严重的情形。

【本节学习提示】 考查重点：

（1）诱骗投资者买卖的犯罪主体包括：①证券交易所、期货交易所、证券公司、期货经纪公司的从业人员；②证券业协会、期货业协会或者证券期货监督管理部门的工作人员。

（2）利用未公开信息交易罪及内幕交易罪的立案追诉标准：证券成交额≥50 万元；期货保证金额≥30 万元；获利或避免损失≥15 万元；多次交易。

(3) 利用未公开信息交易罪及内幕交易罪的刑事责任：5年以下徒刑，1~5倍罚金；特别严重5~10年，1~5倍罚金；单位判处罚金，责任人5年以下徒刑。

(4) 操纵证券期货市场立案追诉标准：控制证券≥流通总量30%＋买卖累计≥总成交量30%；控制期货合约≥限定持仓50%＋买卖累计≥总成交量30%；串通买卖证券、期货成交量≥总成交量20%；自买自卖证券、期货成交量≥总成交量20%；大量撤回证券、期货≥总申报量50%；特殊主体操纵：上市公司及董、监、高、控、实控；特殊主体谋利：金融机构及从业人员。

(5) 虚假陈述或者信息误导的犯罪主体包括：证券交易所、证券公司、证券登记结算机构、证券服务机构及其从业人员，证券业协会、证券监督管理机构及其工作人员。

【易混知识点分析（一）】

本章一级市场和二级市场的违法违规行为认定容易混淆，汇总区分如下：

罪名	主体	主观	客体	客观
擅自变相公开发行	一般主体	故意	管理秩序	未经批准、后果严重
欺诈发行	一般主体		管理秩序＋权益	隐瞒编造、实施且后果严重
非法吸收公众存款	一般主体		管理秩序	非法或变相吸收公众存款
集资诈骗	一般主体		管理秩序＋所有权	诈骗手段且数额较大
违规披露、不披露	特殊主体		管理秩序＋权益	虚假或隐瞒重要事实的报告
诱骗投资者买卖	特殊主体		管理秩序＋权益	故意诱骗投资者买卖、后果严重
利用未公开信息	特殊主体		管理秩序＋权益	利用未公开信息交易，情节严重
内幕交易	特殊主体		管理秩序＋权益	利用内幕信息交易，情节严重
操纵市场	一般主体		管理秩序＋权益	利用资金、信息、持仓优势操纵
背信运用受托财产	特殊主体		管理秩序＋权益	擅自动用客户资金财产，情节严重

【易混知识点分析（二）】

本章一级市场和二级市场违法违规行为的处罚金额容易混淆，汇总区分如下：

1. 行政责任“罚款”

本章违法违规行为的行政处罚，涉及罚款的，均为1~10倍的关系。

2. 刑事责任“罚金”

(1) 诱骗投资者买卖证券、期货合约；

(2) 在证券交易活动中作出虚假陈述或者信息误导；

(3) 背信运用受托财产。

以上3种违法违规行为的刑事罚金，均为1~10倍的关系。

除以上3种情形以外，本章其他违法违规行为的刑事处罚，涉及罚金的，均为1~5倍的关系。

同步真题练习

1. 变相公开发行证券的行为特征不包括（　　）。

A. 非公开发行股票及其股权转让，采用广告、公告、广播、电话等公开方式向社会公众发行

B. 未经国家有关主管部门注册，向不特定对象发行证券

C. 公司股东自行或委托他人以公开方式向社会公众转让股票

D. 向特定对象转让股票，未经中国证监会注册，转让后公司股东累计超过 200 人

2. 下列关于欺诈发行股票、债券罪的犯罪与擅自发行股票、公司、企业债券罪的犯罪，理解正确的是（　　）。

A. 因为个人缺乏公信力，所以自然人不会成为欺诈发行股票、债券罪与擅自发行股票、公司、企业债券罪的主体

B. 因公司发布了虚假招股说明书、认股书、公司、企业债券募集办法，造成市场异常波动，构成欺诈发行股票、债券罪

C. 对擅自公开或者变相公开发行证券设立的公司，由依法履行监督管理职责的机构或者部门会同县级以上地方人民政府予以取缔

D. 未经国家有关部门批准，向社会发行、以转让股权等方式变相发行股票或者公司、企业债券的，构成擅自发行股票、公司、企业债券罪

3. 按照《最高人民检察院、公安部关于公安机关管辖的刑事案件立案追诉标准的规定（二）》第二十八条规定，非法吸收公众存款或者变相吸收公众存款，扰乱金融秩序，涉嫌下列哪一情形的，应予立案追诉（　　）。

A. 单位非法吸收公众存款或者变相吸收公众存款数额达到 20 万元的

B. 个人非法吸收公众存款或者变相吸收公众存款达到 20 户的

C. 单位非法吸收公众存款或者变相吸收公众存款给存款人造成直接经济损失数额达到 100 万元

D. 个人非法吸收公众存款或者变相吸收公众存款给存款人造成直接经济损失数额达到 5 万元

4. 按照《刑法》第一百七十六条规定，非法吸收公众存款或者变相吸收公众存款的，处以（　　）年以下有期徒刑或者拘役，并处或者单处罚金。

A. 3　　B. 5　　C. 7　　D. 10

5. 关于对集资诈骗罪和非法吸收公众存款罪刑事立案追诉标准理解错误的是（　　）。

A. 个人集资诈骗，数额在 10 万元以上的

B. 单位集资诈骗，数额在 50 万元以上的

C. 个人非法吸收公众存款或者变相吸收公众存款数额 10 万元的

D. 单位非法吸收公众存款或者变相吸收公众存款给存款人造成直接经济损失数额达到 50 万元以上

6. 按照中国证监会《信息披露违法行为行政责任认定规则》的规定，下列选项中符合从轻或者减轻处罚考虑的情形有（　　）。

A. 在获悉公司信息披露违法后，向公司有关主管人员或者公司上级主管提出质疑并采取了适当措施的

B. 在信息披露违法行为被发现后，及时主动要求公司采取纠正措施或者向证券监管机构报告的

C. 当事人在信息披露违法事实所涉及期间，由于不可抗力、失去人身自由等无法正常履行职责的

D. 在信息披露违法案件中变造、隐瞒、毁灭证据，或者提供伪证，妨碍调查的

7. 按照《证券法》的规定，关于违规披露、不披露重要信息行政责任的具体承担方式理解错误的是（　　）。

A. 信息披露义务人报送的报告或者披露的信息有虚假记载、误导性陈述或者重大遗漏的，对直接负责的主管人员和其他直接责任人员给予警告，并处以 50 万元以上 500 万元以下的罚款

B. 信息披露义务人未按照本法规定报送有关报告或者履行信息披露义务的，责令改正，给予警告，并处以 50 万元以上 500 万元以下的罚款

C. 收购人未按照本法规定履行上市公司收购的公告、发出收购要约义务的，责令改正，给予警告，并处以 20 万元以上 200 万元以下的罚款

D. 收购人未按照本法规定履行上市公司收购的公告、发出收购要约义务的，对直接负责的主管人员和其他直接责任人员给予警告，并处以 20 万元以上 200 万元以下的罚款

8. （　　）直接授意、指挥从事信息披露违法行为，或者隐瞒应当披露信息、不告知应当披露信息的，应当认定其指使从事信息披露违法行为。

A. 控股股东　　B. 实际控制人

C. 控股股东、实际控制人　　D. 以上都不是

9. 以下行为中，认定为不予行政处罚考虑的情形有（　　）。

Ⅰ. 当事人对认定的信息披露违法事项提出具体异议记载于董事会、监事会、公司办公会会议记录等，并在上述会议中投反对票的

Ⅱ. 当事人在信息披露违法事实所涉及期间，由于不可抗力、失去人身自由等无法正常履行职责的

Ⅲ. 对公司信息披露违法行为不负有主要责任的人员在公司信息披露违法行为发生

后及时向公司和证券交易所、证券监管机构报告的

Ⅳ. 受到股东、实际控制人控制或者其他外部干预

A. Ⅰ、Ⅱ、Ⅲ、Ⅳ B. Ⅱ、Ⅲ、Ⅳ

C. Ⅰ、Ⅱ、Ⅳ D. Ⅰ、Ⅱ、Ⅲ

10. 如果在发行证券过程中，发行人在其公告的证券发行文件中隐瞒重要事实或者编造重大虚假内容，其应付的法律责任包括（ ）。

Ⅰ. 尚未发行证券的，处以200万元以上2000万元以下的罚款

Ⅱ. 已经发行证券的，处以非法所募资金金额10%以上1倍以下的罚款

Ⅲ. 对直接负责的主管人员和其他直接责任人员，处以100万元以上500万元以下罚款

Ⅳ. 发行人的控股股东、实际控制人组织、指示从事相关违法行为的，没收违法所得，并处以违法所得10%以上1倍以下罚款

A. Ⅰ、Ⅱ、Ⅲ B. Ⅱ、Ⅲ、Ⅳ C. Ⅰ、Ⅲ、Ⅳ D. Ⅰ、Ⅱ、Ⅳ

11. 关于擅自改变公开发行证券募集资金用途的认定，下列选项正确的有（ ）。

A. 公司对于公开发行债券所募集的资金，必须按照招股说明书所列资金用途使用

B. 公司改变招股说明书所列资金用途的，必须经过股东大会作出决议

C. 公司发行债券募集的资金，可以用于弥补亏损和非生产性支出

D. 发行公司债券筹集的资金，用于非核准用途的，不得再次发行公司债券

12. 按照《刑法》第一百八十一条规定，故意提供虚假信息或者伪造、变造、销毁交易记录，诱骗投资者买卖证券、期货合约，造成严重后果的，处（ ）年以下有期徒刑或者拘役，并处或者单处（ ）万元以上10万元以下罚金。

A. 3；1 B. 5；5 C. 5；1 D. 3；5

13. 按照《最高人民检察院、公安部关于公安机关管辖的刑事案件立案追诉标准的规定（二）》第三十六条的规定，利用未公开信息交易案，涉嫌下列情形之一的，应予立案追诉（ ）。

Ⅰ. 证券交易成交额累计达到30万元的

Ⅱ. 期货交易占用保证金数额累计达到20万元的

Ⅲ. 获利或者避免损失数额累计达到20万元的

Ⅳ. 多次利用内幕信息以外的其他未公开信息进行交易活动的

A. Ⅰ、Ⅱ B. Ⅰ、Ⅲ C. Ⅱ、Ⅲ D. Ⅲ、Ⅳ

14. 按照《刑法》第一百八十条规定，对犯利用未公开信息交易罪的金融机构从业人员以及有关监管部门或者行业协会的工作人员处5年以下有期徒刑或者拘役，并处或者单处违法所得1倍以上（ ）倍以下罚金。单位犯前款罪的，对单位判处罚金，并对其直接负责的主管人员或者其他直接责任人员，处（ ）年以下有期徒刑或者拘役。

A. 3；10　　B. 5；5　　C. 5；10　　D. 3；5

15. 持有公司（　　）以上股份的股东及其董事、监事、高级管理人员，公司的实际控制人及其董事、监事、高级管理人员，构成内幕交易、泄露内幕信息罪的犯罪主体。

A. 1%　　B. 5%　　C. 10%　　D. 50%

16. 操纵证券、期货市场表现为利用资金、信息等优势或者滥用职权操纵市场、制造市场假象，影响证券、期货市场。下列选项中属于操纵证券、期货市场的手段有（　　）。

A. 发行人的董事在涉及证券发行的信息尚未公开前，从事与该信息相关的证券交易活动

B. 某基金管理人与他人串通以事先约定好的时间进行交易

C. 某一散户在某一时点进行大额证券买卖

D. 某行业协会工作人员将对证券交易价格有重大影响的信息暗示给他人从而将该证券卖出

17. 按照《最高人民检察院、公安部关于公安机关管辖的刑事案件立案追诉标准的规定（二）》第三十九条的规定，涉嫌下列（　　）情形时，应予操纵证券、期货市场罪立案追诉。

Ⅰ. 与他人串通，以事先约定的时间、价格和方式相互进行证券或者期货合约交易，且在该证券或者期货合约连续20个交易日内成交量累计达到该证券或者期货合约同期总成交量20%以上的

Ⅱ. 单独或者合谋，持有或者实际控制期货合约的数量超过期货交易所业务规则限定的持仓量50%以上，且在该期货合约连续20个交易日内联合或者连续买卖期货合约数累计达到该期货合约同期总成交量30%以上的

Ⅲ. 在自己实际控制的账户之间进行证券交易，或者以自己为交易对象，自买自卖期货合约，且在该证券或者期货合约连续20个交易日内成交量累计达到该证券或者期货合约同期总成交量10%以上的

Ⅳ. 单独或者合谋，当日连续申报买入或者卖出同一证券、期货合约并在成交前撤回申报，撤回申报量占当日该种证券总申报量或者该种期货合约总申报量30%以上的

A. Ⅰ、Ⅱ　　B. Ⅰ、Ⅲ　　C. Ⅱ、Ⅳ　　D. Ⅲ、Ⅳ

18. 操纵证券、期货市场交易应承担的行政责任包括（　　）。

Ⅰ. 责令依法处理非法持有的证券、没收违法所得、并处所得1倍以上10倍以下罚款

Ⅱ. 没收违法所得或者违法所得不足100万元的，处以100万元以上1000万元以下的罚款

Ⅲ. 单位操纵证券市场的，对直接负责的主管人员和其他直接责任人给予警告，并处50万元以上500万元以下的罚款

Ⅳ. 单位操纵证券市场的，对直接负责的主管人员和其他直接责任人给予警告，并处10万元以上100万元以下的罚款

A. Ⅰ、Ⅱ、Ⅲ　　B. Ⅰ、Ⅱ、Ⅳ　　C. Ⅰ、Ⅲ　　D. Ⅰ、Ⅱ

19. 下列能成为背信运用受托财产罪主体的有（　　）。

Ⅰ. 商业银行

Ⅱ. 证券交易所

Ⅲ. 证券公司

Ⅳ. 保险公司

A. Ⅰ、Ⅱ　　B. Ⅰ、Ⅱ、Ⅲ、Ⅳ

C. Ⅲ、Ⅳ　　D. Ⅰ、Ⅲ、Ⅳ

20. 按照《最高人民检察院、公安部关于公安机关管辖的刑事案件立案追诉标准的规定(二)》第四十条的规定，关于背信运用受托财产应予立案追诉的理解正确的是（　　）。

A. 擅自运用客户资金或者其他委托、信托的财产数额达到10万元的，应予立案追诉

B. 擅自运用客户信托的财产数额未达到50万元的，不予立案追诉

C. 擅自运用客户资金数额未达到30万元，但擅自运用多个客户资金的，应予立案追诉

D. 擅自运用客户资金或者其他委托、信托的财产数额达到20万元的，应予立案追诉

答案与解析

1. **【答案】** B

【解析】 变相公开发行包括但不限于以下几种情形：

（1）非公开发行股票及其股权转让，采用广告、公告、广播、电话、传真、信函、推介会、说明会、网络、短信、公开劝诱等公开方式或变相公开方式向社会公众发行；

（2）公司股东自行或委托他人以公开方式向社会公众转让股票；

（3）向特定对象转让股票，未经中国证监会注册，转让后公司股东累计超过200人。

B项，未经国家有关主管部门注册，向不特定对象发行证券是擅自公开发行证券的行为。

2. **【答案】** C

【解析】 A项，欺诈发行证券罪的犯罪主体主要是单位。自然人在一定条件下也能成为犯罪主体。

B项，行为人制作虚假的招股说明书、认股书、公司、企业债券募集办法等发行文件发行证券的行为，必须达到一定的严重程度，即达到“数额巨大、后果严重或者有其他严重情节的”，才构成犯罪。

D项，未经国家有关主管部门批准，向社会不特定对象发行、以转让股权等方式变相发行股票或者公司、企业债券，或者向特定对象发行、变相发行股票或者公司、企业债券累计超过200人的，应当认定为《刑法》第一百七十九条规定的“擅自发行股票、公司、企业债券”。

3. **【答案】** C

【解析】 根据《最高人民检察院、公安部关于公安机关管辖的刑事案件立案追诉标准的规定（二）》第二十八条的规定，非法吸收公众存款或者变相吸收公众存款，扰乱金融秩序，涉嫌下列情形之一的，应予立案追诉：

①个人非法吸收或者变相吸收公众存款数额在20万元以上的，单位非法吸收或者变相吸收公众存款数额在100万元以上的；

②个人非法吸收或者变相吸收公众存款30户以上的，单位非法吸收或者变相吸收公众存款150户以上的；

③个人非法吸收或者变相吸收公众存款给存款人造成直接经济损失数额在10万元以上的，单位非法吸收或者变相吸收公众存款给存款人造成直接经济损失数额在50万元以上的；【100万元>50万元，达到标准】

④造成恶劣社会影响的；

⑤其他扰乱金融秩序情节严重的情形。

4. **【答案】** A

【解析】 根据《刑法》第一百七十六条的规定，非法吸收公众存款或者变相吸收公众存款，扰乱金融秩序的，处3年以下有期徒刑或者拘役，并处或者单处罚金；数额巨大或者有其他严重情节的，处3年以上10年以下有期徒刑，并处罚金；数额特别巨大或者有其他特别严重情节的，处10年以上有期徒刑，并处罚金。

5. **【答案】** C

【解析】 以非法占有为目的，使用诈骗方法非法集资，涉嫌下列情形之一的，应予立案追诉：

①个人集资诈骗，数额在10万元以上的；

②单位集资诈骗，数额在50万元以上的。

非法吸收公众存款或者变相吸收公众存款，扰乱金融秩序，涉嫌下列情形之一的，应予立案追诉：

①个人非法吸收或者变相吸收公众存款数额在20万元以上的，单位非法吸收或者变相吸收公众存款数额在100万元以上的；

②个人非法吸收或者变相吸收公众存款30户以上的，单位非法吸收或者变相吸收公众存款150户以上的；

③个人非法吸收或者变相吸收公众存款给存款人造成直接经济损失数额在10万元

以上的，单位非法吸收或者变相吸收公众存款给存款人造成直接经济损失数额在50万元以上的；

④造成恶劣社会影响的；

⑤其他扰乱金融秩序情节严重的情形。

6.【答案】A

【解析】认定从轻或者减轻处罚考虑的情形如下：

①未直接参与信息披露违法行为；

②在信息披露违法行为被发现前，及时主动要求公司采取纠正措施或者向证券监管机构报告；

③在获悉公司信息披露违法后，向公司有关主管人员或者公司上级主管提出质疑并采取了适当措施；

④配合证券监管机构调查且有立功表现；

⑤受他人胁迫参与信息披露违法行为；

⑥其他需要考虑的情形。

C项属于不予行政处罚的情形。

D项属于从重处罚的情形。

7.【答案】C

【解析】收购人未按照本法规定履行上市公司收购的公告、发出收购要约义务的，责令改正，给予警告，并处以50万元以上500万元以下的罚款。对直接负责的主管人员和其他直接责任人员给予警告，并处以20万元以上200万元以下的罚款。

8.【答案】C

【解析】控股股东、实际控制人直接授意、指挥从事信息披露违法行为，或者隐瞒应当披露信息、不告知应当披露信息的，应当认定控股股东、实际控制人指使从事信息披露违法行为。

9.【答案】D

【解析】认定为不予行政处罚考虑的情形：

①当事人对认定的信息披露违法事项提出具体异议记载于董事会、监事会、公司办公会会议记录等，并在上述会议中投反对票的；

②当事人在信息披露违法事实所涉及期间，由于不可抗力、失去人身自由等无法正常履行职责的；

③对公司信息披露违法行为不负有主要责任的人员在公司信息披露违法行为发生后及时向公司和证券交易所、证券监管机构报告的；

④其他需要考虑的情形。

Ⅳ项属于不予豁免处罚的情形。

10. 【答案】D

【解析】根据《证券法》第一百八十一条的规定，发行人在其公告的证券发行文件中隐瞒重要事实或者编造重大虚假内容，尚未发行证券的，处以200万元以上2000万元以下的罚款；已经发行证券的，处以非法所募资金金额10%以上1倍以下的罚款。对直接负责的主管人员和其他直接责任人员，处以100万元以上1000万元以下的罚款。

发行人的控股股东、实际控制人组织、指使从事前款违法行为的，没收违法所得，并处以违法所得10%以上1倍以下的罚款；没有违法所得或者违法所得不足2000万元的，处以200万元以上2000万元以下的罚款。对直接负责的主管人员和其他直接责任人员，处以100万元以上1000万元以下的罚款。

11. 【答案】B

【解析】公司对公开发行股票所募集资金，必须按照招股说明书或者其他公开发行募集文件所列资金用途使用；改变资金用途，必须经股东大会作出决议。擅自改变用途未作纠正的，或者未经股东大会认可的，不得公开发行新股。

公开发行公司债券筹集的资金，必须按照公司债券募集办法所列资金用途使用；改变资金用途，必须经债券持有人会议作出决议。公开发行公司债券筹集的资金，不得用于弥补亏损和非生产性支出。

D项，债券募集资金用于非核准用途，若已经过债券持有人会议决议，不影响再次发行。

12. 【答案】C

【解析】根据《刑法》第一百八十一条的规定，证券交易所、期货交易所、证券公司、期货经纪公司的从业人员，证券业协会、期货业协会或者证券期货监督管理部门的工作人员，故意提供虚假信息或者伪造、变造、销毁交易记录，诱骗投资者买卖证券、期货合约，造成严重后果的，处5年以下有期徒刑或者拘役，并处或者单处1万元以上10万元以下罚金；情节特别恶劣的，处5年以上10年以下有期徒刑，并处2万元以上20万元以下罚金。

13. 【答案】D

【解析】根据《最高人民检察院、公安部关于公安机关管辖的刑事案件立案追诉标准的规定（二）》第三十六条的规定，利用未公开信息交易行为，涉嫌下列情形之一的，应予立案追诉：

（1）证券交易成交额累计在50万元以上的；

（2）期货交易占用保证金数额累计在30万元以上的；

（3）获利或者避免损失数额累计在15万元以上的；**【20万元 >15万元，达到标准】**

（4）多次利用内幕信息以外的其他未公开信息进行交易活动的；

（5）其他情节严重的情形。

14. 【答案】B

【解析】根据《刑法》第一百八十条的规定，证券交易所、期货交易所、证券公司、期货经纪公司、基金管理公司、商业银行、保险公司等金融机构的从业人员以及有关监管部门或者行业协会的工作人员，利用因职务便利获取的内幕信息以外的其他未公开的信息，违反规定，从事与该信息相关的证券、期货交易活动，或者明示、暗示他人从事相关交易活动，情节严重的，处5年以下有期徒刑或者拘役，并处或者单处违法所得1倍以上5倍以下罚金；情节特别严重的，处5年以上10年以下有期徒刑，并处违法所得1倍以上5倍以下罚金。单位犯前款罪的，对单位判处罚金，并对其直接负责的主管人员和其他直接责任人员，处5年以下有期徒刑或者拘役。

15. 【答案】B

【解析】证券、期货交易内幕信息的知情人员包括：

（1）发行人及其董事、监事、高级管理人员；

（2）持有公司5%以上股份的股东及其董事、监事、高级管理人员，公司的实际控制人及其董事、监事、高级管理人员；

（3）发行人控股或者实际控制的公司及其董事、监事、高级管理人员；

（4）由于所任公司职务或者因与公司业务往来可以获取公司有关内幕信息的人员；

（5）上市公司收购人或者重大资产交易方及其控股股东、实际控制人、董事、监事和高级管理人员；

（6）因职务、工作可以获取内幕信息的证券交易场所、证券公司、证券登记结算机构、证券服务机构的有关人员；

（7）因职责、工作可以获取内幕信息的证券监督管理机构工作人员；

（8）因法定职责对证券的发行、交易或者对上市公司及其收购、重大资产交易进行管理可以获取内幕信息的有关主管部门、监管机构的工作人员；

（9）国务院证券监督管理机构规定的可以获取内幕信息的其他人员。

16. 【答案】B

【解析】操纵证券、期货市场罪，是指有下列情形之一，操纵证券、期货市场，影响证券、期货交易价格或者证券、期货交易量：

（1）单独或者合谋，集中资金优势、持股或者持仓优势或者利用信息优势联合或者连续买卖；

（2）与他人串通，以事先约定的时间、价格和方式相互进行证券、期货交易；

（3）在自己实际控制的账户之间进行证券交易，或者以自己为交易对象，自买自卖期货合约的；

（4）不以成交为目的，频繁或者大量申报买入、卖出证券、期货合约并撤销申报；

（5）利用虚假或者不确定的重大信息，诱导投资者进行证券、期货交易；

（6）对证券、证券发行人、期货交易标的公开作出评价、预测或者投资建议，同时进行反向证券交易或者相关期货交易；

（7）以其他方法操纵证券、期货市场的。

A、D 两项属于内幕交易罪。

17. **【答案】** A

【解析】 根据《最高人民检察院、公安部关于公安机关管辖的刑事案件立案追诉标准的规定（二）》第三十九条的规定，涉嫌下列情形之一的，应予立案追诉：

（1）单独或者合谋，持有或者实际控制证券的流通股份数达到该证券的实际流通股份总量 30% 以上，且在该证券连续 20 个交易日内联合或者连续买卖股份数累计达到该证券同期总成交量 30% 以上的；

（2）单独或者合谋，持有或者实际控制期货合约的数量超过期货交易所业务规则限定的持仓量 50% 以上，且在该期货合约连续 20 个交易日内联合或者连续买卖期货合约数累计达到该期货合约同期总成交量 30% 以上的；

（3）与他人串通，以事先约定的时间、价格和方式相互进行证券或者期货合约交易，且在该证券或者期货合约连续 20 个交易日内成交量累计达到该证券或者期货合约同期总成交量 20% 以上的；

（4）在自己实际控制的账户之间进行证券交易，或者以自己为交易对象，自买自卖期货合约，且在该证券或者期货合约连续 20 个交易日内成交量累计达到该证券或者期货合约同期总成交量 20% 以上的；

（5）单独或者合谋，当日连续申报买入或者卖出同一证券、期货合约并在成交前撤回申报，撤回申报量占当日该种证券总申报量或者该种期货合约总申报量 50% 以上的；

（6）上市公司及其董事、监事、高级管理人员、实际控制人、控股股东或者其他关联人单独或者合谋，利用信息优势，操纵该公司证券交易价格或者证券交易量的；

（7）证券公司、证券投资咨询机构、专业中介机构或者从业人员，违背有关从业禁止的规定，买卖或者持有相关证券，通过对证券或者其发行人、上市公司公开作出评价、预测或者投资建议，在该证券的交易中谋取利益，情节严重的；

（8）其他情节严重的情形。

18. **【答案】** A

【解析】 根据《证券法》第一百九十二条的规定，违反法律规定，操纵证券市场的，责令依法处理其非法持有的证券，没收违法所得，并处以违法所得 1 倍以上 10 倍以下的罚款；没有违法所得或者违法所得不足 100 万元的，处以 100 万元以上 1000 万元以下的罚款。单位操纵证券市场的，还应当对直接负责的主管人员和其他直接责任人员给予警告，并处以 50 万元以上 500 万元以下的罚款。

19. **【答案】** B

【解析】该罪的主体是特殊主体，为商业银行、证券交易所、期货交易所、证券公司、期货经纪公司、保险公司或者其他金融机构。

20. 【答案】C

【解析】根据《最高人民检察院、公安部关于公安机关管辖的刑事案件立案追诉标准的规定（二）》第四十条的规定，涉嫌下列情形之一的，应予立案追诉：

（1）擅自运用客户资金或者其他委托、信托的财产数额在 30 万元以上的；

（2）虽未达到上述数额标准，但多次擅自运用客户资金或者其他委托、信托的财产，或者擅自运用多个客户资金或者其他委托、信托的财产的；

（3）其他情节严重的情形。

本章总结

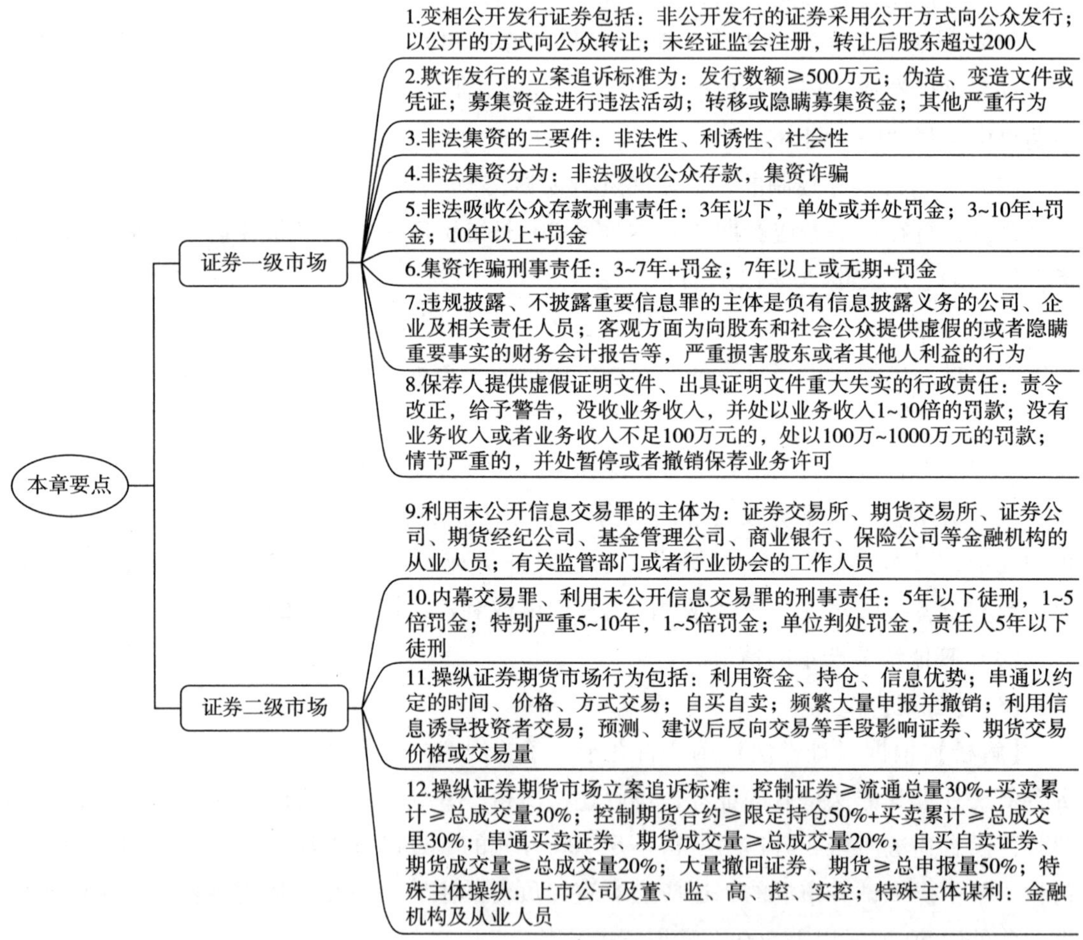

第五章　行业文化、职业道德与从业人员行为规范

考情早知道

本章内容主要围绕证券从业人员在执业过程中的行为规范以及职业道德规范。本章内容在每套试卷中的分值占比为5%左右。主要考点集中在第四节。

其中，行业文化建设的基本要求；廉洁从业的禁止性要求；证券市场禁入措施；证券从业人员职业道德准则；证券业从业人员的违规处理规定及惩戒机制；证券经纪业务营销人员执业行为禁止性规定；保荐代表人违反有关规定的法律责任或被采取的监管措施等是考核重点。

本章知识概览

小节	考点	备考指数
第一节 证券行业文化建设	行业文化建设的重要意义	☆☆☆
	行业的文化理念	☆☆☆
	行业文化建设的基本要求	☆☆☆
	行业文化建设十要素	☆☆
第二节 证券公司及其工作人员廉洁从业规定	廉洁从业的定义	☆
	证券经营机构及工作人员的范围	☆
	廉洁从业的内控机制要求	☆
	廉洁从业的禁止性要求	☆☆☆
	廉洁从业的行政监管措施、自律惩戒措施及相关法律责任	☆☆
第三节 证券市场诚信管理	中国证监会及中国证券业协会诚信管理的有关规定	☆☆
	证券市场禁入措施的实施对象、内容、期限及程序	☆☆☆
第四节 从业人员行为规范	从事证券业务的专业人员范围	☆☆☆
	证券业从业人员应当符合的要求	☆☆
	证券业从业人员登记的类别	☆

续表

小节	考点	备考指数
第四节 从业人员行为规范	证券业从业人员的登记程序	☆
	证券业从业人员执业规范及行为准则	☆☆
	证券从业人员职业道德准则	☆☆☆
	证券业从业人员的违规处理规定及惩戒机制	☆☆☆
	证券公司从事经纪业务相关人员的要求	☆☆☆
	从事证券经纪业务相关人员不得存在的行为	☆☆
	证券公司承担技术、合规管理和风险控制职责的人员不得从事的工作	☆
	违反经纪业务相关规定的人员承担的法律责任	☆
	证券经纪人与证券公司之间的委托关系	☆
	证券经纪业务营销人员执业行为的范围、禁止性规定	☆☆☆
	证券投资基金销售人员的有关规定	☆
	从事代销金融产品人员的有关规定	☆
	证券投资咨询人员分类	☆☆☆
	证券投资咨询人员从业登记管理有关规定	☆
	证券投资顾问与证券分析师的注册登记要求	☆☆☆
	证券投资咨询人员禁止性行为规定和法律责任	☆☆
	保荐代表人应具备的条件	☆☆
	保荐代表人执业行为规范	☆☆☆
	保荐代表人的权利及发行人的义务	☆☆
	保荐代表人违反有关规定的法律责任或被采取的监管措施	☆☆☆
	财务顾问主办人应该具备的条件	☆☆
	财务顾问主办人执业行为规范	☆☆
	客户资产管理业务投资经理应该具备的条件	☆☆☆
	资产管理投资经理执业行为管理的有关要求	☆☆
	证券资信评级业务人员有关规定	☆

注：本书中“☆”表示知识点的重要程度，其中☆代表了解；☆☆代表熟悉；☆☆☆代表掌握。

考点详解

第一节　证券行业文化建设

考点一：行业文化建设的重要意义（☆☆☆）

（1）健康良好的行业文化是行稳致远的立身之本；

（2）健康良好的行业文化是服务实体经济的内在要求；

（3）健康良好的行业文化是全面深化资本市场改革的重要保障；

（4）健康良好的行业文化是防范金融风险的有力抓手。

考点二：行业的文化理念（☆☆☆）

（1）合规是底线；

（2）诚信是义务；

（3）专业是特色；

（4）稳健是保证。

【例题1】“合规、诚信、专业、稳健”是证券行业文化理念的体现，是资本市场长期稳定健康发展的价值取向，下列选项中正确的是（　　）。

Ⅰ. 合规是底线

Ⅱ. 诚信是义务

Ⅲ. 专业是保证

Ⅳ. 稳健是特色

A. Ⅰ、Ⅲ　　B. Ⅱ、Ⅳ

C. Ⅰ、Ⅳ　　D. Ⅰ、Ⅱ

【答案】 D

【解析】 证券行业的文化理念包括：合规是底线；诚信是义务；专业是特色；稳健是保证。

考点三：行业文化建设的基本要求（☆☆☆）

（1）坚持依法合规，筑牢发展基础；

（2）坚持诚实守信，恪守职业操守；

（3）坚持专业精神，提升服务能力；

（4）坚持稳健经营，促进健康发展；

（5）坚持廉洁自律，弘扬清风正气；

（6）牢记社会责任，展现良好形象。

考点四：行业文化建设十要素（☆☆）

证券行业文化建设包括三个层次十个方面的关键要素：

（一）行为层

要素	内涵
1. 平衡各方利益	**【平衡利益是证券公司实现稳健经营的基础】** （1）完善公司治理和内部控制机制，确保党委、股东会、董事会、监事会和管理层各司其职、协调运作，充分发挥纪检监察、内审稽核、合规风控等部门的监督制衡作用，保障各利益相关方的合法权益。 （2）健全合规管理与全面风险管理，形成较强的合规风控意识，完善合规风控制度机制，推动合规风控体系全覆盖，有效管理利益冲突，避免利益相关方的合法权益受到侵害。 （3）坚持诚实守信，尊崇法律制度，恪守职业操守，公平公正对待客户、合作伙伴、竞争对手及社会公众等利益相关方，切实保护投资者合法权益。
2. 建立长效激励	**【长效激励是落实文化建设的重要途径】** （1）采用适度拉长考核周期、薪酬递延发放、建立单项业务风险准备金、依法实施员工持股计划或股权激励等方式，建立长周期的考核评价体系和收入分配机制，减少激励的短期化、短视化，杜绝过度短期激励和“业绩为王”导向，避免滋生急功近利习气。 （2）将廉洁从业、合规执业、诚信执业和践行企业文化等情况纳入绩效考核与人员管理体系，加强正向引导激励和反向惩戒约束作用。
3. 加强声誉约束	**【声誉约束是文化建设的有力保障】** （1）增强工作人员声誉风险意识，确保工作人员充分知晓并理解需遵循的行为规范，保持职业审慎，重视职业声誉，避免损害公司和行业声誉的行为。 （2）建立工作人员声誉约束及评价机制，通过明确制度规范、责任分工、将声誉情况纳入公司人事管理体系、建立声誉管理信息登记报送机制和监督检查等机制，防范和管理工作人员声誉风险。 （3）加强公司声誉风险管理，将声誉风险管理贯穿于经营管理的所有领域，主动识别并防范声誉风险，强化对声誉风险及事件的审慎评估和管理，及时报告、应对和控制声誉事件，防止个体声誉事件演变为重大声誉事件。
4. 落实责任担当	**【落实责任担当是文化建设的重要抓手】** （1）主动服务国家战略，助力金融强国，维护金融安全，做有担当、有格局、令人尊敬的企业。 （2）积极履行社会责任，在发展普惠金融、绿色金融、金融扶贫、公益事业等方面加大资源投入和工作力度，塑造公司和行业健康良好社会形象。 （3）加强投资者保护，严格履行投资者适当性管理义务，不断优化客户服务，积极回应投资者关切，做好投资者教育工作。 （4）明确责任主体，探索形成党委全面领导、董事会战略决策、监事会独立监督、管理层负责落实的治理结构，统筹做好组织推动和落实工作。

（二）组织层

要素	内涵
5. 融合发展战略	（1）将文化建设的总体要求纳入公司章程或制定专门制度文件，持续推进文化建设工作。 （2）研究制定明确的与其文化理念和核心价值观相契合的发展战略，实现发展战略与文化理念和核心价值观的有机统一。 （3）公司的具体经营决策应与发展战略、文化理念相统一，实现行动与目标的协调一致。 （4）公司内部的具体经营决策之间应当协调配合，共同服务于实现公司发展战略目标和践行公司文化理念。

续表

要素	内涵
6. 强化文化认同	(1) 在行业文化核心价值观的基础上，结合自身特点和公司发展战略，进一步提炼形成公司文化理念，在公司内部凝聚文化共识。 (2) 建立健全与文化建设、道德风险防范有关的制度和机制安排，将文化理念融入到各项管理制度和业务流程，确保文化建设有效落地。 (3) 建立常态化文化教育培训机制，采取有效措施鼓励工作人员参加文化和职业道德等方面培训，认同并主动践行公司文化。 (4) 通过多种途径宣传文化理念，打造公司文化品牌，并将文化品牌影响力转换为公司的竞争优势，形成理念认同、价值认同和文化认同。
7. 激发组织活力	(1) 建立和深化将客户及公司利益置于个人或部门利益之上的共同认知，通过各种方式增强团队之间的协同性和公司整体的凝聚力。 (2) 尊重工作人员的多元化背景与见解，鼓励工作人员对现状提出建设性意见和多元化观点，激励员工发挥主动性和创造力为公司发展建言献策，增强长期健康发展的韧劲和动力。

（三）观念层

要素	内涵
8. 秉承守正创新	(1) 专注主业，更好地服务于创新驱动战略和供给侧结构性改革，增强发展的适应性，以创新促发展。 (2) 围绕服务实体经济和满足广大投资者多元化的金融需求，开展产品、业务、管理、组织等方面创新，提升金融资源配置的效率，拓展市场的广度和深度。 (3) 坚持合规风控与创新发展并重，把合规管理和风险控制贯穿于创新发展全过程。强化员工审慎执业与风险防范意识。
9. 崇尚专业精神	(1) 精业敬业，树立持续学习理念，不断更新专业知识和专业技能，持续提升研究、定价、销售、交易、资产配置、金融科技等现代投资银行的核心专业能力，适应国际化发展趋势，打造差异化发展的“硬实力”。 (2) 坚持以客户为中心，开发个性化、差异化、定制化的金融产品和服务，积极运用数字化手段重构商业模式、提升客户服务质量和水平，用专业赢得口碑、信赖与尊重。 (3) 秉持良好的职业道德操守，打造过硬的专业声誉，维护行业良性发展生态，增强专业化发展“软实力”。
10. 坚持可持续发展	(1) 切实把创新成为第一动力、协调成为内生特点、绿色成为普遍形态、开放成为必由之路、共享成为根本目的，作为推动证券行业和公司高质量发展的靶向目标，全面贯彻新发展理念。 (2) 重视人才、业务、公司、行业的长期健康发展，鼓励构建 ESG（环境、社会、治理）治理架构和治理机制，推动经济、社会、环境的协调发展。 (3) 坚守底线思维，筑牢风险意识，坚持稳中求进，提高风险识别、应对和化解能力，以稳健作为经营底色和鲜明特质。

【例题 2】 以下各项中，不属于证券行业文化建设中“落实责任担当”内涵的是（　　）。

A. 积极履行社会责任，在发展普惠金融、绿色金融、金融扶贫、公益事业等方面加大资源投入和工作力度，塑造公司和行业健康良好社会形象

B. 明确责任主体，探索形成党委全面领导、董事会战略决策、监事会独立监督、管理层负责落实的治理结构，统筹做好组织推动和落实工作

C. 加强投资者保护，严格履行投资者适当性管理义务，不断优化客户服务，积极回应投资者关切，做好投资者教育工作

D. 在行业文化核心价值观的基础上，结合自身特点和公司发展战略，进一步提炼形成公司文化理念，在公司内部凝聚文化共识

【答案】 D

【解析】 落实责任担当是文化建设的重要抓手，具体包含四重内涵：一是主动服务国家战略，助力金融强国，维护金融安全，做有担当、有格局、令人尊敬的企业。二是积极履行社会责任，在发展普惠金融、绿色金融、金融扶贫、公益事业等方面加大资源投入和工作力度，塑造公司和行业健康良好社会形象。三是加强投资者保护，严格履行投资者适当性管理义务，不断优化客户服务，积极回应投资者关切，做好投资者教育工作。四是明确责任主体，探索形成党委全面领导、董事会战略决策、监事会独立监督、管理层负责落实的治理结构，统筹做好组织推动和落实工作。

D 项属于“强化文化认同”的内涵。

【例题 3】 证券行业文化建设三个层次中的行为层包括（　　）。

A. 平衡各方利益　　B. 融合发展战略

C. 强化文化认同　　D. 崇尚专业精神

【答案】 A

【解析】 证券行业文化建设包括三个层次十个方面的关键要素：一是行为层，包括平衡各方利益、建立长效激励、加强声誉约束、落实责任担当四个要素。二是组织层，包括融合发展战略、强化文化认同、激发组织活力三个要素。三是观念层，包括秉承守正创新、崇尚专业精神、坚持可持续发展三个要素。

【本节学习提示】 考查重点：

（1）行业文化建设的意义是：立身之本、内在要求、重要保障、有力抓手。

（2）行业文化的理念是：合规、诚信、专业、稳健。

（3）行业文化建设的十要素包括：行为层（平衡各方利益、建立长效激励、加强声誉约束、落实责任担当）；组织层（融合发展战略、强化文化认同、激发组织活力）；观念层（秉承守正创新、崇尚专业精神、坚持可持续发展）。

第二节　证券公司及其工作人员廉洁从业规定

考点一：廉洁从业的定义（☆）

廉洁从业，是指证券期货经营机构及其工作人员在开展证券期货业务及相关活动中，严格遵守法律法规、中国证监会的规定和行业自律规则，遵守社会公德、商业道德、职业道德和行为规范，公平竞争，合规经营，忠实勤勉，诚实守信，不直接或者间接向他人输送不正当利益或者谋取不正当利益。

【例题4】下列关于证券期货经营机构及其工作人员廉洁从业内涵的说法，错误的是（　　）。

A. 向他人输送或谋求不正当利益

B. 严格遵守法律法规、中国证监会的规定和行业的自律规则

C. 公平竞争、合规经营、忠实勤勉、诚实守信

D. 遵守社会公德、商业道德、职业道德和行为规范

【答案】A

【解析】廉洁从业，是指证券期货经营机构及其工作人员在开展证券期货业务及相关活动中，严格遵守法律法规、中国证监会的规定和行业自律规则，遵守社会公德、商业道德、职业道德和行为规范，公平竞争，合规经营，忠实勤勉，诚实守信，不直接或者间接向他人输送不正当利益或者谋取不正当利益。

考点二：证券经营机构及工作人员的范围（☆）

适用范围	具体内容
证券经营机构	证券公司及其境内子公司会员
工作人员	以公司名义开展业务的人员**【包括与公司建立劳动关系的正式员工、与公司签署委托协议的经纪人、劳务派遣至公司的其他人员等】**

【证券投资咨询公司、证券资信评级公司及其他在证券业协会注册的机构和个人同样适用】

考点三：廉洁从业的内控机制要求（☆）

内控机制	具体要求
制度建设	证券期货经营机构承担廉洁文化建设、廉洁从业风险防控主体责任，应当在重要制度中以专门章节明确廉洁从业要求，建立涵盖所有业务及各个环节的廉洁从业内部控制制度，将其纳入整个内部控制体系之中。

续表

内控机制	具体要求
人员管理	(1) 董事会决定廉洁从业管理目标，对廉洁从业管理的有效性承担责任。 (2) 证券期货经营机构主要负责人是落实廉洁从业管理职责的第一责任人。 (3) 各级负责人应加强对所属部门、分支机构或子公司工作人员的廉洁从业管理，在职责范围内承担相应管理责任。 (4) 证券经营机构的高级管理人员负责落实廉洁从业管理目标，对廉洁运营承担责任。 (5) 监事会或者监事对董事、高级管理人员履行廉洁从业管理职责的情况进行监督。
财经纪律	(1) 证券经营机构应当强化财经纪律，杜绝账外账等不规范行为。 (2) 证券经营机构应当根据有关规定制定合理完善的公司营销制度，明确可列入营销费用的具体事项、内容、标准、额度等，并对公司营销制度和标准定期予以评估，对营销费用支出严格审查。 (3) 证券经营机构应当加强对第三方机构或者个人有偿支付的管理。
信息保密及利益冲突	证券经营机构应当加强保密信息的管理，采取保密措施，防范工作人员利用内幕信息、未公开信息、客户信息、商业秘密等信息输送或者谋取不正当利益。

考点四：廉洁从业的禁止性要求（☆☆☆）

（一）禁止输送不正当利益

证券期货经营机构及其工作人员在开展证券期货业务及相关活动中，不得以下列方式向公职人员、客户、正在洽谈的潜在客户或者其他利益关系人输送不正当利益：**【按照经营机构依法制定的内部规定及限定标准，依法合理营销的除外】**

（1）提供礼金、礼品、房产、汽车、有价证券、股权、佣金返还等财物，或者为上述行为提供代持等便利；

（2）提供旅游、宴请、娱乐健身、工作安排等利益；

（3）安排显著偏离公允价格的结构化、高收益、保本理财产品等交易；

（4）直接或者间接向他人提供内幕信息、未公开信息、商业秘密和客户信息，明示或者暗示他人从事相关交易活动；

（5）其他输送不正当利益的情形。

（二）谋取不正当利益

证券期货经营机构工作人员不得以下列方式谋取不正当利益：**【注意：行为主体仅为工作人员】**

（1）直接或者间接以《证券期货经营监督管理机构及其工作人员廉洁从业规定》第九条规定的方式收受、索取他人的财物或者利益；

（2）直接或者间接利用他人提供或主动获取的内幕信息、未公开信息、商业秘密和客户信息谋取利益；

（3）以诱导客户从事不必要交易、使用客户受托资产进行不必要交易等方式谋取利益；

（4）违规从事营利性经营活动，违规兼任可能影响其独立性的职务或者从事与所在机构或者投资者合法利益相冲突的活动；

（5）违规利用职权为近亲属或者其他利益关系人从事营利性经营活动提供便利条件；

（6）其他谋取不正当利益的情形。

【例题 5】根据《证券期货经营监督管理机构及其工作人员廉洁从业规定》，下列关于证券期货经营机构工作人员在证券期货业务中可以（　　）。

A. 为他人提供证券投资咨询服务

B. 直接或间接利用他人提供或主动获取的内幕信息、未公开信息、商业秘密和客户信息谋取利益

C. 违规从事营利性经营活动

D. 以诱导客户进行不必要交易、使用客户受托资产进行不必要交易等方式谋取利益

【答案】A

【解析】证券期货经营机构工作人员不得以下列方式谋取不正当利益：

（1）直接或者间接以《证券期货经营监督管理机构及其工作人员廉洁从业规定》第九条规定的方式收受、索取他人的财物或者利益；

（2）直接或者间接利用他人提供或主动获取的内幕信息、未公开信息、商业秘密和客户信息谋取利益；

（3）以诱导客户从事不必要交易、使用客户受托资产进行不必要交易等方式谋取利益；

（4）违规从事营利性经营活动，违规兼任可能影响其独立性的职务或者从事与所在机构或者投资者合法利益相冲突的活动；

（5）违规利用职权为近亲属或者其他利益关系人从事营利性经营活动提供便利条件；

（6）其他谋取不正当利益的情形。

A 项属于正常的业务活动。

（三）干扰证券期货监督管理或者自律管理工作

证券期货经营机构及其工作人员不得以下列方式干扰或者唆使、协助他人干扰证券期货监督管理或者自律管理工作：

（1）以不正当方式影响监督管理或者自律管理决定；

（2）以不正当方式影响监督管理或者自律管理人员工作安排；

（3）以不正当方式获取监督管理或者自律管理内部信息；

（4）协助利益关系人，拒绝、干扰、阻碍或者不配合监管人员行使监督、检查、调查职权；

（5）其他干扰证券期货监督管理或者自律管理工作的情形。

（四）投资银行类业务禁止性行为

证券期货经营机构及其工作人员在开展投资银行类业务过程中，不得以下列方式输送或者谋取不正当利益：

（1）以非公允价格或者不正当方式为自身或者利益关系人获取拟上市公司股权；

（2）以非公允价格或者不正当方式为自身或者利益关系人获取拟并购重组上市公司股权或者标的资产股权；

（3）以非公允价格为利益关系人配售债券或者约定回购债券；

（4）泄露证券发行询价和定价信息，操纵证券发行价格；

（5）直接或者间接通过聘请第三方机构或者个人的方式输送利益；

（6）以与监管人员或者其他相关人员熟悉，或者以承诺价格、利率、获得批复及获得批复时间等为手段招揽项目、商定服务费；

（7）在证券发行与承销过程中暗箱操作，以代持、信托等方式输送或者谋取不正当利益；

（8）其他输送或者谋取不正当利益的行为。

【记忆技巧】

把握住三点记忆核心：

（1）该行为与投行业务（承销保荐、财务顾问、主办券商）是否相关；

（2）该行为是否不合法、不合规、不合理、不正确、不符合三观认知、职业道德；

（3）该行为是否可获取利益。

以上3个核心均符合，则为正确选项。

（五）融资类业务禁止性行为

证券经营机构及其工作人员在融资融券、股票质押式回购交易等融资类业务开展过程中，不得通过以下方式输送或者谋取不正当利益：

（1）违规为客户提升授信额度，或者在融资资金、融券券源有限的情况下，违反公司相关制度私自决定钱券分配；

（2）向特定客户以明显低于公司资金成本或者同期市场资金价格的利率提供融资，或者违反公司规定设置较宽松的违约处置条件；

（3）为客户违规使用融出资金、规避信息披露义务、违规减持等违规行为提供便利；

（4）为客户与客户之间的融资、融券违规提供中介服务；

（5）其他输送或者谋取不正当利益的行为。

【记忆技巧】与“（四）投资银行类业务禁止性行为”方法相同。

（六）自营业务、资产管理业务、另类投资业务或者服务中禁止性行为

证券经营机构及其工作人员在开展自营业务、资产管理业务、另类投资业务或者提

供有关服务的过程中，不得通过以下方式输送或者谋取不正当利益：

（1）利用他人提供或者主动获取的内幕信息、未公开信息等从事或者明示、暗示他人从事相关交易活动；

（2）侵占或者挪用受托资产；

（3）不公平对待不同投资组合，在不同账户之间输送利益；

（4）以明显偏离市场公允估值的价格进行交易；

（5）编造、传播虚假不实信息，或者利用信息优势、资金优势、持股持券优势，单独或者通过合谋，影响证券、期货及其他衍生品交易价格、交易量；

（6）以获取佣金或者其他利益为目的，用客户资产进行不必要的证券交易；

（7）让渡资产管理账户实际投资决策权限；

（8）代表投资组合对外行使投票表决权的过程中，不按照客观独立的专业判断投票；

（9）其他输送或者谋取不正当利益的行为。

【记忆技巧】与“（四）投资银行类业务禁止性行为”方法相同。

【例题6】证券经营机构及其工作人员在开展自营业务、资产管理业务、另类投资业务或者提供有关服务的过程中，不得通过（　　）方式输送或者谋取不正当利益。

Ⅰ. 侵占或者挪用受托资产

Ⅱ. 不公平对待不同投资组合，在不同账户之间输送利益

Ⅲ. 以明显偏离市场公允估值的价格进行交易

Ⅳ. 以不正当手段为本人或者团队谋取有利评选结果、佣金分配收入或者绩效考核结果

A. Ⅰ、Ⅱ、Ⅲ　　B. Ⅰ、Ⅱ、Ⅳ　　C. Ⅰ、Ⅲ、Ⅳ　　D. Ⅱ、Ⅲ、Ⅳ

【答案】A

【解析】本题考查自营业务、资产管理业务、另类投资业务禁止性行为。Ⅳ项为证券投资咨询业务中禁止性行为。

（七）证券经纪业务及其他销售产品或者服务中禁止性行为

证券经营机构及其工作人员在证券经纪业务及其他销售产品或者提供服务过程中，不得通过以下方式输送或者谋取不正当利益：

（1）协助客户通过提供虚假个人信息、伪造资料、代持等方式，向不满足适当性要求及合格投资者要求的客户销售产品或者提供服务；

（2）通过返还佣金或者其他利益、违规给予部分客户特殊优待等方式，输送或者谋取不正当利益；

（3）安排向特定客户销售显著偏离公允价格的结构化、高收益、保本理财产品等交易；

（4）违规向其他个人或者机构泄露客户资料、账户信息、交易情况等；

（5）委托不具备资质的人员或者机构招揽客户，并输送不正当利益；

（6）以所在机构名义或者以所在机构员工身份，销售未经公司核准销售的金融产品；

（7）其他输送或者谋取不正当利益的行为。

【记忆技巧】 与“（四）投资银行类业务禁止性行为”方法相同。

（八）证券投资咨询业务禁止性行为

证券经营机构及其工作人员在证券投资咨询业务中，不得通过以下方式输送或者谋取不正当利益：

（1）收受任何可能对其独立客观执业构成影响的财物或者其他好处；

（2）违反独立客观执业原则发布或者允诺发布有利于发行人、上市公司以及其他利益关系人的研究观点；

（3）将证券研究报告内容或者观点优先提供给公司相关销售服务人员、客户及其他无关人员；

（4）以不正当手段为本人或者团队谋取有利评选结果、佣金分配收入或者绩效考核结果；

（5）其他输送或者谋取不正当利益的行为。

【记忆技巧】 与“（四）投资银行类业务禁止性行为”方法相同。

（九）其他业务禁止性行为

证券经营机构及其工作人员在信息技术服务外包、物品和服务采购、项目招投标、人员招聘等业务相关活动中，应当建立严格的内部监督管理机制，不得违反公平公正原则，防范相关工作人员输送或者谋取不正当利益。

（十）报告义务**【每年4月30日前向证监会派出机构报送上年度廉洁从业管理情况报告】**

<table>
<tr><th>发生情形</th><th colspan="3">报告要求</th></tr>
<tr><td>（1）证券期货经营机构在内部检查中，发现存在违反规定行为的；</td><td>同时向主管纪检监察部门报告</td><td rowspan="3">涉嫌犯罪的，相关部门应当依法移送监察、司法机关</td><td rowspan="4">证券期货经营机构应当在5个工作日内，向中国证监会有关派出机构报告</td></tr>
<tr><td>（2）证券期货经营机构及其工作人员发现监管人员存在应当回避的情形而未进行回避、利用职务之便索取或者收受不正当利益等违反廉洁规定行为的；</td><td></td></tr>
<tr><td>（3）证券期货经营机构及其工作人员发现其股东、客户等相关方以不正当手段干扰监管工作的；</td><td></td></tr>
<tr><td>（4）证券期货经营机构或者其工作人员因违反廉洁从业规定被纪检监察部门、司法机关立案调查或者被采取纪律处分、行政处罚、刑事处罚等措施的。</td><td></td><td></td></tr>
</table>

【例题7】 证券期货经营机构应当于每年（　　）之前，向中国证监会有关派出机构报送上年度廉洁从业管理情况报告。

A. 3月30日　　B. 4月30日　　C. 5月30日　　D. 6月30日

【答案】B

【解析】证券期货经营机构应当于每年4月30日前，向中国证监会有关派出机构报送上年度廉洁从业管理情况报告。

【例题8】证券期货经营机构在内部检查中，发现存在违反规定行为的，证券期货经营机构应当在（　　）个工作日内，向中国证监会有关派出机构报告。

A. 5　　B. 7　　C. 10　　D. 12

【答案】A

【解析】证券期货经营机构在内部检查中，发现存在违反规定行为的，证券期货经营机构应当在5个工作日内，向中国证监会有关派出机构报告。

考点五：廉洁从业的行政监管措施、自律惩戒措施及相关法律责任（☆☆）

责任类型	措施
行政监管	（1）证券期货经营机构及其工作人员违反《规定》的，中国证监会可以采取出具警示函、责令参加培训、责令定期报告、责令改正、监管谈话、认定为不适当人选、暂不受理行政许可相关文件等行政监管措施。 （2）证券期货经营机构及其工作人员违反《规定》，并构成违反《证券法》《证券投资基金法》《证券公司监督管理条例》《期货交易管理条例》规定情形的，中国证监会可以采取限制业务活动，限制向董事、监事、高级管理人员支付报酬、提供福利，责令更换董事、监事、高级管理人员等行政监管措施，并按照相关法律法规的规定进行处罚。 （3）证券期货经营机构工作人员违反相关法律法规和《规定》，情节严重的，中国证监会可以依法对其采取市场禁入的措施。情节特别严重的，中国证监会可以依法对其采取终身市场禁入的措施。
自律惩戒	证券经营机构违反《细则》的，协会视情节轻重，按照有关规定采取谈话提醒、警示、责令改正等自律管理措施，或者行业内通报批评、公开谴责、暂停或者取消协会授予的业务资格、暂停会员权利、取消会员资格等纪律处分。 证券经营机构工作人员违反《细则》的，协会视情节轻重，按照有关规定采取谈话提醒、要求参加强化培训、警示、责令所在机构给予处理等自律管理措施，或者行业内通报批评、公开谴责、暂停执业、终止执业等纪律处分。

【本节学习提示】考查重点：

（1）廉洁从业适用范围：经营机构、工作人员（正式员工、经纪人、劳务派遣人员）、投资咨询公司、资信评级公司等。

（2）廉洁从业的总体禁止性要求包括：禁止向他人输送不正当利益，禁止为自身谋取不正当利益，禁止干扰监管和自律工作。

（3）廉洁从业各项业务的禁止性要求包括：投行类业务；融资类业务；自营、资管、另类投资业务；经纪业务；投资咨询业务。

第三节　证券市场诚信管理

考点一：中国证监会及中国证券业协会诚信管理的有关规定（☆☆）

（一）中国证监会诚信管理的有关规定

1. 中国证监会建立全国统一的证券期货市场诚信档案数据库，记录证券期货市场诚信信息

2. 诚信信息【**1 项基本信息、2 项正面信息、16 项负面信息 + 其他**】

信息类型	具体内容
基本信息	（1）姓名、性别、国籍、身份证件号码，法人或者其他组织的名称、住所、统一社会信用代码等；**【基本关键信息】**
正面信息	（2）中国证监会、国务院其他主管部门等其他省部级及以上单位和证券期货交易场所、证券期货市场行业协会、证券登记结算机构等全国性证券期货市场行业组织作出的表彰、奖励、评比，以及信用评级机构、诚信评估机构作出的信用评级、诚信评估；**【表彰奖励 + 评级评估】**
	（3）中国证监会及其派出机构作出的行政许可决定；**【许可】**
负面信息	（4）发行人、上市公司、全国中小企业股份转让系统挂牌公司及其主要股东、实际控制人，董事、监事和高级管理人员，重大资产重组交易各方及收购人所作的公开承诺的未履行或者未如期履行、正在履行、已如期履行等情况；**【未履行承诺】**
	（5）中国证监会及其派出机构作出的行政处罚、市场禁入决定和采取的监督管理措施；**【证监会处罚】**
	（6）证券期货市场行业组织实施的纪律处分措施和法律、行政法规、规章规定的管理措施；**【证券纪律处分】**
	（7）因涉嫌证券期货违法被中国证监会及其派出机构调查及采取强制措施；**【正被调查或采取强制措施】**
	（8）违反《证券法》第一百七十一条的规定，由于被调查当事人自身原因未履行承诺的情况；**【正在被调查的当事人未履行承诺】**
	（9）到期拒不执行中国证监会及其派出机构生效行政处罚决定及监督管理措施，因拒不配合中国证监会及其派出机构监督检查、调查被有关机关作出行政处罚或者处理决定，以及拒不履行已达成的证券期货纠纷调解协议；**【拒不执行、拒不配合、拒不履行】**
	（10）债券发行人未按期兑付本息等违约行为、担保人未按约定履行担保责任；**【违约】**
	（11）因涉嫌证券期货犯罪被中国证监会及其派出机构移送公安机关、人民检察院处理；**【涉嫌刑事犯罪】**
	（12）以不正当手段干扰中国证监会及其派出机构监管执法工作，被予以行政处罚、纪律处分，或者因情节较轻，未受到处罚处理，但被纪律检查或者行政监察机构认定的信息；**【干扰执法被处罚】**
	（13）因证券期货犯罪或者其他犯罪被人民法院判处刑罚；**【判处刑罚】**

续表

信息类型	具体内容
负面信息	（14）因证券期货侵权、违约行为被人民法院判决承担较大民事赔偿责任；**【证券民事责任】**
	（15）因违法开展经营活动被银行、保险、财政、税收、环保、工商、海关等相关主管部门予以行政处罚；**【其他部门行政处罚】**
	（16）因非法开设证券期货交易场所或者组织证券期货交易被地方政府行政处罚或者采取清理整顿措施；**【非法证券交易处罚】**
	（17）因违法失信行为被证券公司、期货公司、基金管理人、证券期货服务机构以及证券期货市场行业组织开除；**【从业人员被开除】**
	（18）融资融券、转融通、证券质押式回购、约定式购回、期货交易等信用交易中的违约失信信息；**【客户信用交易违约】**
	（19）违背诚实信用原则的其他行为信息。**【其他】**

3. 诚信信息的效力期限

效力期限，自对违法失信行为的处理决定执行完毕之日起算。超过效力期限的违法失信信息，不再进行诚信信息公开，并不再接受诚信信息申请查询。**【公民、法人或者其他组织申请查询自己信息的除外。】**

信息类型	效力期限
违法失信信息**【一般的】**	3 年
因证券期货违法行为被行政处罚、市场禁入、刑事处罚和判决承担较大侵权、违约民事赔偿责任的信息**【严重的】**	5 年

【例题 9】《证券期货市场诚信监督管理办法》规定的违法失信信息，在诚信档案中的效力期限为（　　），但因证券期货违法行为被行政处罚、市场禁入、刑事处罚和判决承担较大侵权、违约民事赔偿责任的信息，其效力期限为（　　）。

A. 3 年；5 年　　B. 3 年；6 年

C. 2 年；3 年　　D. 2 年；5 年

【答案】 A

【解析】《证券期货市场诚信监督管理办法》规定的违法失信信息，在诚信档案中的效力期限为 3 年，但因证券期货违法行为被行政处罚、市场禁入、刑事处罚和判决承担较大侵权、违约民事赔偿责任的信息，其效力期限为 5 年。

（二）中国证券业协会诚信管理的有关规定

中国证券业协会建立诚信信息管理系统、诚信状况评估和检查制度，对会员和从业人员的诚信建设进行日常管理。

1. 诚信信息【**基本信息、奖励信息、处罚处分信息**】

信息类型	具体内容	效力期限
基本信息	与证券业协会会员信息管理系统、从业人员信息管理系统基本信息保持一致。	长期有效
奖励信息	中国证券业协会、中证机构间报价系统股份有限公司、地方性证券业协会以及中国证券业协会认为有必要记录其奖励信息的其他单位。包括：受奖励单位或个人、表彰单位、表彰内容、荣誉称号或奖励等级、表彰时间和文号等。	3年 **【行政处罚、市场禁入的信息，效力期限为5年】**
处罚处分信息	中国证券业协会、中证机构间报价系统股份有限公司、地方性证券业协会实施的自律惩戒措施以及中国证券业协会认为有必要记录的其他情况。包括：受处罚处分机构或个人名称、受处罚处分机构责任人、处罚处分时间、效力期限、处罚处分原因、作出处罚处分决定的机构、处罚处分类别、文号等。**【注意：机构对从业人员的处分不算，只需进行备注】**	

【注：效力期限自奖励、处罚处分决定生效之日起算。奖励、处罚处分本身有执行期间的，效力期限自执行期间届满之日起算。】

2. 诚信信息的使用与查询

类型	公开信息	有限公开信息
内容	基本信息、效力期限内受奖励次数、协会作出的公开谴责及自律惩戒决定，有必要公开的其他信息	效力期限内除公开信息以外的信息
查询人	任何机构或个人均可	本人；其他机构和个人需申请
公布地点	证券业协会网站	证券业协会从业人员管理系统**【本人】**

【例题10】依据《中国证券业协会诚信管理办法》，诚信信息中的处罚处分信息包括（　　）。

Ⅰ. 受处罚处分机构或个人名称

Ⅱ. 受处罚处分机构责任人

Ⅲ. 处罚处分时间

Ⅳ. 处罚处分原因

A. Ⅰ、Ⅱ、Ⅲ、Ⅳ　　B. Ⅱ、Ⅲ、Ⅳ

C. Ⅰ、Ⅱ　　D. Ⅰ、Ⅲ、Ⅳ

【答案】A

【解析】处罚处分信息包括受处罚处分机构或个人名称、受处罚处分机构责任人、处罚处分时间、效力期限、处罚处分原因、作出处罚处分决定的机构、处罚处分类别、文号等。

【例题 11】有执行期间的处罚处分效力期限自（　　）起算。

A. 执行期间届满之日　　B. 执行期间届满次日

C. 处罚处分决定生效之日　　D. 处罚处分决定生效次日

【答案】A

【解析】奖励信息、处罚处分信息效力期限为 3 年，但因证券期货违法行为被行政处罚、市场禁入的信息，效力期限为 5 年。效力期限自奖励、处罚处分决定生效之日起算。奖励、处罚处分本身有执行期间的，效力期限自执行期间届满之日起算。

【易混知识点分析】

中国证监会与中国证券业协会诚信信息管理的部分知识点相似，容易混淆，区分如下：

区分	中国证监会	中国证券业协会
系统建设	证券期货市场诚信档案数据库	诚信信息管理系统
采集对象	证券、期货市场参与者	会员和从业人员
诚信信息	基本信息、正面信息、负面信息	基本信息、奖励信息、处罚处分信息
效力期限	一般违法失信信息——3 年 行政处罚、市场禁入、刑事处罚、较大民事赔偿——5 年	基本信息——长期有效 奖励、一般处罚处分信息——3 年 行政处罚、市场禁入——5 年

考点二：证券市场禁入措施的实施对象、内容、期限及程序（☆☆☆）

（一）实施对象【注意：禁入措施实施对象只能是自然人】

（1）发行人、上市公司、非上市公众公司的董事、监事、高级管理人员，其他信息披露义务人或者其他信息披露义务人的董事、监事、高级管理人员；【发行人系列】【董监高】

（2）发行人、上市公司、非上市公众公司的控股股东、实际控制人，或者发行人、上市公司、非上市公众公司控股股东、实际控制人的董事、监事、高级管理人员；【（1）的控、实控系列】【董监高】

（3）证券公司的董事、监事、高级管理人员及其内设业务部门负责人、分支机构负责人或者其他证券从业人员；【证券公司系列】【董监高 + 负责人 + 从业人员】

（4）证券公司的控股股东、实际控制人或者证券公司控股股东、实际控制人的董事、监事、高级管理人员；【（3）的控、实控系列】【董监高】

（5）证券服务机构的董事、监事、高级管理人员等从事证券服务业务的人员和证券服务机构的实际控制人或者证券服务机构实际控制人的董事、监事、高级管理人员；

【服务机构系列】【董监高】

（6）证券投资基金管理人、证券投资基金托管人的董事、监事、高级管理人员及其内设业务部门、分支机构负责人或者其他证券投资基金从业人员；**【基金系列】【董监高+负责人+从业人员】**

（7）中国证监会认定的其他违反法律、行政法规或者中国证监会有关规定的有关责任人员。

【例题12】中国证监会可依据违法违规情节的严重程度，对其采取证券市场禁入措施的人员包括（　　）。

Ⅰ．证券公司的董事、监事、高级管理人员

Ⅱ．证券公司的控股股东、实际控制人

Ⅲ．证券服务机构的董事、监事、高级管理人员

Ⅳ．证券投资基金管理人、证券投资基金托管人的董事、监事、高级管理人员

A. Ⅰ、Ⅱ、Ⅲ、Ⅳ　　B. Ⅰ、Ⅱ、Ⅳ

C. Ⅱ、Ⅲ　　D. Ⅰ、Ⅲ、Ⅳ

【答案】A

【解析】根据《证券市场禁入规定》，下列人员违反法律、行政法规或者中国证监会有关规定，情节严重的，中国证监会可以根据情节严重的程度，采取证券市场禁入措施：

（1）发行人、上市公司、非上市公众公司的董事、监事、高级管理人员，其他信息披露义务人或者其他信息披露义务人的董事、监事、高级管理人员；

（2）发行人、上市公司、非上市公众公司的控股股东、实际控制人，或者发行人、上市公司、非上市公众公司控股股东、实际控制人的董事、监事、高级管理人员；

（3）证券公司的董事、监事、高级管理人员及其内设业务部门负责人、分支机构负责人或者其他证券从业人员；

（4）证券公司的控股股东、实际控制人或者证券公司控股股东、实际控制人的董事、监事、高级管理人员；

（5）证券服务机构的董事、监事、高级管理人员等从事证券服务业务的人员和证券服务机构的实际控制人或者证券服务机构实际控制人的董事、监事、高级管理人员；

（6）证券投资基金管理人、证券投资基金托管人的董事、监事、高级管理人员及其内设业务部门、分支机构负责人或者其他证券投资基金从业人员；

（7）中国证监会认定的其他违反法律、行政法规或者中国证监会有关规定的有关责任人员。

（二）禁入措施的内容

被中国证监会采取证券市场禁入措施的人员，在禁入期间内：

（1）不得继续在原机构从事证券业务或者担任原上市公司、非上市公众公司董事、监事、高级管理人员；

（2）不得在其他任何机构中从事证券业务或者担任其他上市公司、非上市公众公司董事、监事、高级管理人员职务。

（三）禁入措施的期限

情形	禁入期限
【严重】违反法律、行政法规或者中国证监会有关规定，情节严重的	3～5年
【恶劣、较为严重】行为恶劣、严重扰乱证券市场秩序、严重损害投资者利益或者在重大违法活动中起主要作用等情节较为严重的	5～10年
【犯罪、累犯、组织策划、特别严重】 （1）严重违反法律、行政法规或者中国证监会有关规定，构成犯罪的； （2）从事保荐、承销、资产管理、融资融券等证券业务及其他证券服务业务，负有法定职责的人员，故意不履行法律、行政法规或者中国证监会规定的义务，并造成特别严重后果的； （3）违反法律、行政法规或者中国证监会有关规定，采取隐瞒、编造重要事实等特别恶劣手段，或者涉案数额特别巨大的； （4）违反法律、行政法规或者中国证监会有关规定，从事欺诈发行、内幕交易、操纵市场等违法行为，严重扰乱证券、期货市场秩序并造成严重社会影响，或者获取违法所得等不当利益数额特别巨大，或者致使投资者利益遭受特别严重损害的； （5）违反法律、行政法规或者中国证监会有关规定，情节严重，应当采取证券市场禁入措施，且存在故意出具虚假重要证据，隐瞒、毁损重要证据等阻碍、抗拒证券监督管理机构及其工作人员依法行使监督检查、调查职权行为的； （6）因违反法律、行政法规或者中国证监会有关规定，5年内被中国证监会给予除警告之外的行政处罚3次以上，或者5年内曾经被采取证券市场禁入措施的； （7）组织、策划、领导或者实施重大违反法律、行政法规或者中国证监会有关规定的活动的； （8）其他违反法律、行政法规或者中国证监会有关规定，情节特别严重的。	终身

（四）从轻、减轻或者免予采取证券市场禁入措施的情形

（1）主动消除或者减轻违法行为危害后果的；

（2）配合查处违法行为有立功表现的；

（3）受他人指使、胁迫有违法行为，且能主动交代违法行为的；

（4）其他可以从轻、减轻或者免予采取证券市场禁入措施的。

（五）禁入措施的程序

程序	内容
告知	采取证券市场禁入措施前，应当告知当事人采取证券市场禁入措施的事实、理由及依据，并告知当事人有陈述、申辩和要求举行听证的权利。
公布	通过中国证监会网站或指定媒体向社会公布，并记入被认定为证券市场禁入者的诚信档案。
撤销	被采取证券市场禁入措施者因同一违法行为同时被认定有罪或者进行行政处罚的，如果对其所作有罪认定或行政处罚决定被依法撤销或者变更，并因此影响证券市场禁入措施的事实基础或者合法性、适当性的，依法撤销或者变更证券市场禁入措施。**【禁入依据失效，则禁入措施需撤销或变更】**

【例题13】根据《证券市场禁入规定》，可以对有关责任人员从轻、减轻或者免予采取证券市场禁入措施的情形有（　　）。

Ⅰ．主动消除或者减轻违法行为危害后果的

Ⅱ．配合查处违法行为有立功表现的

Ⅲ．受他人指使、胁迫有违法行为，且能主动交代违法行为的

Ⅳ. 已依法被追究刑事责任的

A. Ⅰ、Ⅲ、Ⅳ　　B. Ⅱ、Ⅲ、Ⅳ　　C. Ⅰ、Ⅱ、Ⅲ　　D. Ⅰ、Ⅳ

【答案】 C

【解析】 有下列情形之一的，中国证监会可以对有关责任人员从轻、减轻或者免予采取证券市场禁入措施：

（1）主动消除或者减轻违法行为危害后果的；

（2）配合查处违法行为有立功表现的；

（3）受他人指使、胁迫有违法行为，且能主动交代违法行为的；

（4）其他可以从轻、减轻或者免予采取证券市场禁入措施的。

【例题 14】 中国证监会采取证券市场禁入措施前，应当告知当事人采取证券市场禁入措施的事实、理由及依据，并告知当事人有（　　）的权利。

Ⅰ. 抗诉

Ⅱ. 陈述

Ⅲ. 申辩

Ⅳ. 要求举行听证

A. Ⅰ、Ⅱ、Ⅳ　　B. Ⅰ、Ⅲ、Ⅳ

C. Ⅱ、Ⅲ、Ⅳ　　D. Ⅰ、Ⅱ、Ⅲ、Ⅳ

【答案】 C

【解析】 中国证监会采取证券市场禁入措施前，应当告知当事人采取证券市场禁入措施的事实、理由及依据，并告知当事人有陈述、申辩和要求举行听证的权利。Ⅰ项“抗诉”是检察院对法院判决或裁定提出重新审理的诉讼要求。

【本节学习提示】 考查重点：

（1）证监会诚信信息包括：1 项基本信息、2 项正面信息、16 项负面信息 + 其他。

（2）证券业协会诚信信息包括：基本信息、奖励信息、处罚处分信息。

（3）证监会诚信信息管理的效力期限：一般违法失信信息——3 年；行政处罚、市场禁入、刑事处罚、较大民事赔偿——5 年。

（4）证券业协会诚信信息管理的效力期限：基本信息——长期有效；奖励、一般处罚处分信息——3 年；行政处罚、市场禁入——5 年。

（5）市场禁入措施实施对象：发行人、上市公司、公众公司、证券公司、证券服务机构、基金管理人、托管人的董、监、高、负责人、从业人员以及上述主体的控股股东、实际控制人或其董、监、高。

（6）市场禁入措施期限：情节严重：3 ~ 5 年；恶劣/比较严重：5 ~ 10 年；特别严重/犯罪/累犯/组织策划：终身。

第四节　从业人员行为规范

考点一：从事证券业务的专业人员范围（☆☆☆）

所属机构	专业人员【包括管理人员与业务专业人员（从业人员）】
证券公司	从事自营、经纪、承销、投资咨询、受托投资管理等业务的专业人员，包括相关业务部门的管理人员
基金管理公司 基金托管机构	从事基金销售、研究分析、投资管理、交易、监察稽核等业务的专业人员，包括相关业务部门的管理人员
基金销售机构	从事基金宣传、推销、咨询等业务的专业人员，包括相关业务部门的管理人员**【注意：业务范围与管理人、托管人不同】**
投资咨询机构	从事证券投资咨询业务的专业人员及其管理人员
资信评级机构	从事证券资信评级业务的专业人员及其管理人员

【例题15】根据《证券业从业人员资格管理办法》，从事证券业务的专业人员不包括（　　）。

A. 信托机构业务部门的管理人员

B. 证券投资咨询机构从事证券投资咨询业务的专业人员

C. 证券公司从事证券经纪业务部门的管理人员

D. 证券资信评估机构中从事证券资信评估业务的专业人员

【答案】A

【解析】根据《证券业从业人员资格管理办法》，从事证券业务的专业人员是指：

（1）证券公司中从事自营、经纪、承销、投资咨询、受托投资管理等业务的专业人员，包括相关业务部门的管理人员。

（2）基金管理公司、基金托管机构中从事基金销售、研究分析、投资管理、交易、监察稽核等业务的专业人员，包括相关业务部门的管理人员；基金销售机构中从事基金宣传、推销、咨询等业务的专业人员，包括相关业务部门的管理人员。

（3）证券投资咨询机构中从事证券投资咨询业务的专业人员及其管理人员。

（4）证券资信评级机构中从事证券资信评级业务的专业人员及其管理人员。

（5）中国证监会规定的其他人员。

考点二：证券业从业人员应当符合的要求（☆☆）

（1）品行端正，具有良好的职业道德；

（2）最近3年未受过刑事处罚；

（3）未被中国证监会认定为证券市场禁入者，或者已过禁入期；

（4）通过相应的证券业从业人员资格考试等。

在满足基本要求基础上，从事证券投资咨询业务的人员、保荐代表人、证券经纪人还应满足《证券、期货投资咨询管理暂行办法》《证券发行上市保荐业务管理办法》《证券经纪人管理暂行规定》的相关规定。

考点三：证券业从业人员登记的类别（☆）

从业人员登记类别设为一般证券业务、证券经纪人、证券投资咨询（投资顾问）、证券投资咨询（分析师）、证券投资咨询（其他）、保荐代表人六类。同一人员只能登记为一个类别。

考点四：证券业从业人员的登记程序（☆）

从业人员应当通过所在机构进行登记。

1. 登记

机构应当自从业人员入职（含试用期）之日起7个工作日内，通过协会从业人员管理平台，将经本机构审核过的从业人员登记信息提交至协会进行登记。

2. 变更

从业人员所从事的业务类别或其他重要登记信息发生变化的，所在机构应当自发生变化之日起7个工作日内办理变更登记。**【注销原注册登记，办理新的注册登记】**

3. 注销

从业人员离职的，所在机构应当自劳动关系（或委托代理关系）解除之日起7个工作日内办理注销登记。**【另外，岗位变更时（如投顾变分析师或分析师变投顾等）也需要注销原登记】**

【例题16】根据《关于证券从业人员登记管理有关事项的通知》，从业人员应当通过所在机构进行登记，机构应当自从业人员入职（含试用期）之日起（　　）个工作日内，通过协会从业人员管理平台，将经本机构审核过的从业人员登记信息提交至协会进行登记。

A. 5　　B. 7　　C. 10　　D. 12

【答案】B

【解析】根据《关于证券业从业人员登记管理有关事项的通知》，从业人员应当通过所在机构进行登记，机构应当自从业人员入职（含试用期）之日起7个工作日内，通过协会从业人员管理平台，将经本机构审核过的从业人员登记信息提交至协会进行登记。登记信息完备的，协会在登记后生成唯一登记编号。登记信息不完备或不符合规定要求的，协会通知机构及时补正。

【例题17】证券投资顾问变更岗位从事发布证券研究报告业务，或者证券分析师变更岗位从事证券投资顾问业务，所在的证券公司或者证券投资咨询机构应当在（　　）

个工作日内，向证券业协会申请注销有关人员的原注册登记。

A. 5　　　　B. 7　　　　C. 15　　　　D. 20

【答案】 B

【解析】 证券投资顾问变更岗位从事发布证券研究报告业务，或者证券分析师变更岗位从事证券投资顾问业务，所在的证券公司或者证券投资咨询机构应当在7个工作日内，向证券业协会申请注销有关人员的原注册登记，并为该人员办理新的注册登记。有关人员变更注册登记完成后，方可从事相关业务。

考点五：证券业从业人员执业规范及行为准则（☆☆）

（1）从业人员应自觉遵守法律、行政法规，接受并配合中国证监会的监督与管理，接受并配合证券业协会的自律管理，遵守交易场所有关规则、所在机构的规章制度以及行业公认的职业道德和行为准则。**【守法合规】**

（2）从业人员在执业过程中应当维护客户和其他相关方的合法利益，诚实守信，勤勉尽责，维护行业声誉。**【维护合法权益】**

（3）从业人员应依照相应的业务规范和执业标准为客户提供专业服务，了解客户需求、财务状况及风险承受能力，为客户推荐合适的产品或服务，充分揭示其推荐产品或服务涉及的责任、义务及相关风险，包括但不限于法律风险、政策风险、市场风险等。**【投资者适当性服务】**

（4）从业人员应当品行良好，具备从事证券业务所需的专业能力。**【具备专业能力】**

（5）从业人员应保守国家秘密、所在机构的商业秘密、客户的商业秘密及个人隐私，对客户服务结束或者离开所在机构后，仍应按照有关规定或合同约定承担上述保密义务。**【保守秘密】**

（6）从业人员应当公平对待所有客户，不得从事与履行职责有利益冲突的业务。遇到自身利益或相关方利益与客户的利益发生冲突或可能发生冲突时，应及时向所在机构报告；当无法避免时，应确保客户的利益得到公平的对待。**【防范利益冲突】**

（7）机构或者其管理人员对从业人员发出指令涉嫌违法违规的，从业人员应及时按照所在机构内部程序向高级管理人员或者董事会报告。机构未妥善处理的，从业人员应及时向中国证监会或者中国证券业协会报告。**【报告违规行为】**

（8）从业人员应当尊重同业人员，公平竞争，不得贬损同行或以其他不正当竞争手段争揽业务。**【良序竞争】**

（9）禁止从事《证券法》规定的禁止行为。

（10）禁止从事《证券业从业人员执业行为准则》规定的禁止行为。

（11）从业人员应主动倡导理性成熟的投资理念，坚持长期投资、价值投资导向，自觉弘扬行业文化，加强自身职业道德修养，规范自身行为，履行社会责任，遵守社会公德，服务社会和投资者。

考点六：证券从业人员职业道德准则（☆☆☆）

（1）敬畏法律，遵纪守规；
（2）诚实守信，勤勉尽责；
（3）守正笃实，严谨专业；
（4）审慎稳健，严控风险；
（5）公正清明，廉洁自律；
（6）持续精进，追求卓越；
（7）爱岗敬业，忠于职守；
（8）尊重包容，共同发展；
（9）关爱社会，益国利民。

考点七：证券业从业人员的违规处理规定及惩戒机制（☆☆☆）

中国证监会及国务院其他部门、地方人民政府、国家司法机关和有关组织建立对证券市场参与主体的失信联合惩戒制度机制，提供证券市场主体的相关诚信信息，依法实施联合惩戒。

机构聘用不符合规定要求的人员从事证券业务的，机构或从业人员在登记中存在弄虚作假等违规行为的，协会将视情节轻重采取自律管理措施或纪律处分。

从业人员受到协会“暂停执业”纪律处分的，协会予以中止登记。

从业人员受到刑事处罚、被证券市场禁入或受到协会“终止执业”纪律处分的，协会予以注销登记。

【例题18】根据《关于证券业从业人员登记管理有关事项的通知》，从业人员受到刑事处罚、被证券市场禁入或受到协会“终止执业”纪律处分的，协会予以（　　）。

A. 注销登记　　B. 中止登记　　C. 联合惩戒　　D. 终生追责

【答案】A

【解析】从业人员受到协会“暂停执业”纪律处分的，协会予以中止登记。从业人员受到刑事处罚、被证券市场禁入或受到协会“终止执业”纪律处分的，协会予以注销登记。

考点八：证券公司从事经纪业务相关人员的要求（☆☆☆）

与客户权益变动相关业务的经办人员之间，应当建立制衡机制。

（1）涉及客户资金账户及证券账户的开立、信息修改、注销，建立及变更客户资金存管关系，客户证券账户转托管和撤销指定交易等与客户权益直接相关的业务应当一人

操作、一人复核，复核应当留痕。**【常规业务操作：一人操作，一人复核】**

（2）涉及限制客户资产转移、改变客户证券账户和资金账户的对应关系、客户账户资产变动记录的差错确认与调整等非常规性业务操作，应当事先审批，事后复核，审批及复核均应留痕。**【非常规业务操作：事先审批，事后复核】**

考点九：从事证券经纪业务相关人员不得存在的行为（☆☆）

（1）不得提供虚假、误导性信息；

（2）不得采取不正当竞争手段开展业务；

（3）不得诱导无投资意愿或者无风险承受能力的投资者参与证券交易活动。

考点十：证券公司承担技术、合规管理和风险控制职责的人员不得从事的工作（☆）

从事技术、风险监控、合规管理的人员不得从事营销、客户账户及客户资金存管等业务活动。

考点十一：违反经纪业务相关规定的人员承担的法律责任（☆）

主体	违规	法律责任
证券从业人员	违反法律、行政法规、监管机构和其他行政管理部门规定以及自律规则、证券公司证券经纪业务管理制度	证券公司应当追究其责任
证券公司及证券营业部	违反《关于加强证券经纪业务管理的规定》	中国证监会及其派出机构将视情况依法采取责令改正、监管谈话、出具警示函、暂不受理与行政许可有关的文件、责令处分有关人员、暂停核准新业务、限制业务活动等

考点十二：证券经纪人与证券公司之间的委托关系（☆）

证券公司委托公司以外的人员的，应以证券经纪人形式进行，不得采取其他形式。

证券经纪人，是指接受证券公司的委托，代理其从事客户招揽和客户服务等活动的证券公司以外的自然人。**【经纪人非证券公司正式员工，但属于从业人员】**

证券经纪人只能接受一家证券公司的委托。

证券经纪人应当在执业过程中向客户明示其与证券公司的委托代理关系，并在委托合同约定的代理权限、代理期间、执业地域范围内从事客户招揽和客户服务等活动。

【例题 19】接受证券公司委托，代理其从事客户招揽和客户服务等活动的证券公司以外的自然人指（　　）。

A. 证券经纪人　　B. 证券公司客户经理

C. 做市商　　D. 委托代理人

【答案】 A

【解析】 证券经纪人，是指接受证券公司的委托，代理其从事客户招揽和客户服务等活动的证券公司以外的自然人。

考点十三：证券经纪业务营销人员执业行为的范围、禁止性规定（☆☆☆）

（一）执业行为范围

证券经纪人在执业过程中，可以根据证券公司的授权，从事下列部分或者全部活动：

（1）向客户介绍证券公司和证券市场的基本情况；

（2）向客户介绍证券投资的基本知识及开户、交易、资金存取等业务流程；

（3）向客户介绍与证券交易有关的法律、行政法规、中国证监会规定、自律规则和证券公司的有关规定；

（4）向客户传递由证券公司统一提供的研究报告及与证券投资有关的信息；**【注意需公司统一提供，私自撰写的不允许】**

（5）向客户传递由证券公司统一提供的证券类金融产品宣传推介材料及有关信息；**【注意需公司统一提供】**

（6）法律、行政法规和中国证监会规定证券经纪人可以从事的其他活动。

（二）营销人员禁止性规定

（1）替客户办理账户开立、注销、转移，证券认购、交易或者资金存取、划转、查询等事宜；**【应由客户亲自办理】**

（2）提供、传播虚假或者误导客户的信息，或者诱使客户进行不必要的证券买卖；**【虚假信息，诱导交易】**

（3）与客户约定分享投资收益，对客户证券买卖的收益或者赔偿证券买卖的损失作出承诺；**【分享收益，分担损失】**

（4）采取贬低竞争对手、进入竞争对手营业场所劝导客户等不正当手段招揽客户；**【不正当竞争】**

（5）泄露客户的商业秘密或者个人隐私；**【泄露秘密】**

（6）为客户之间的融资提供中介、担保或者其他便利；**【非法融资、担保】**

（7）为客户提供非法的服务场所或者交易设施，或者通过互联网络、新闻媒体从事客户招揽和客户服务等活动；**【非法场所，非法手段招揽】**

（8）委托他人代理其从事客户招揽和客户服务等活动；

（9）以所服务证券公司或证券营业部的名义，与客户或他人签订任何合同、协议；

（10）代客户在相关合同、协议、文件等资料上签字；**【需客户亲自办理】**

（11）在执业过程中索取或收受客户款项和财物；**【谋取不正当利益】**

（12）向客户提供非由所服务证券公司统一提供的研究报告及与证券投资有关的信息、证券类金融产品宣传推介材料及有关信息；

（13）损害客户合法权益或者扰乱市场秩序以及违背职业道德的其他行为；

（14）营销人员不得经办客户账户及客户资金存管业务。

【例题 20】下列关于证券经纪业务营销人员执业行为管理的说法，正确的有（　　）。

Ⅰ. 证券经纪人可以向客户介绍证券公司和证券市场的基本情况

Ⅱ. 证券经纪人可以替客户办理账户开立、注销、转移等

Ⅲ. 证券经纪人可以替客户办理证券认购、交易或者资金存取、划转

Ⅳ. 证券经纪人可以向客户介绍证券投资开户、交易、资金存取等业务流程

A. Ⅰ、Ⅱ、Ⅲ、Ⅳ　　B. Ⅰ、Ⅱ、Ⅲ

C. Ⅰ、Ⅳ　　D. Ⅱ、Ⅲ

【答案】C

【解析】根据《证券经纪人管理暂行规定》，Ⅰ、Ⅳ两项属于证券经纪人执业范围内的事项。Ⅱ、Ⅲ两项是证券经纪业务营销人员禁止性行为。

考点十四：证券投资基金销售人员的有关规定（☆）

证券投资基金销售人员是指下列基金销售人员：

（1）基金销售机构总部及主要分支机构负责基金销售业务的部门中从事基金销售业务管理的人员，包括部门基金业务负责人；

（2）基金销售机构从事基金宣传推介活动、基金理财业务咨询等活动的人员。

【基金销售机构包括：商业银行、证券公司、证券投资咨询机构、专业基金销售机构等】

基金销售人员在开展基金宣传推介、基金理财业务咨询等活动时应通过适当的方式向基金投资人出示从业资质证明。**【基金从业资格】**

【例题 21】证券投资基金的销售人员包括（　　）。

Ⅰ. 负责基金销售业务的部门中从事基金销售业务管理的人员

Ⅱ. 基金销售机构中从事基金宣传推介活动的人员

Ⅲ. 基金销售机构中从事基金理财业务咨询活动的人员

Ⅳ. 取得证券经纪业务营销资格的人员

A. Ⅰ、Ⅱ、Ⅲ、Ⅳ　　B. Ⅰ、Ⅱ、Ⅲ

C. Ⅰ、Ⅱ、Ⅳ　　D. Ⅱ、Ⅲ、Ⅳ

【答案】B

【解析】证券投资基金销售人员是指下列基金销售人员：

（1）基金销售机构总部及主要分支机构负责基金销售业务的部门中从事基金销售业务管理的人员，包括部门基金业务负责人；

（2）基金销售机构从事基金宣传推介活动、基金理财业务咨询等活动的人员。

考点十五：从事代销金融产品人员的有关规定（☆）

证券公司从事代销金融产品活动的人员，应当符合规定的条件，并遵守证券从业人员的管理规定。

证券公司从事代销金融产品活动的人员不得接受委托人给予的财物或其他利益。

考点十六：证券投资咨询人员分类（☆☆☆）

证券投资咨询人员，即从事证券投资咨询业务的投资咨询人员，主要包括证券投资顾问及证券分析师两类。

【例题 22】证券、期货投资咨询人员，即从事证券、期货投资咨询业务的从业人员，主要包括（　　）。

Ⅰ. 证券投资顾问

Ⅱ. 证券分析师

Ⅲ. 客户经理

Ⅳ. 保荐代表人

A. Ⅰ、Ⅱ　　B. Ⅰ、Ⅳ　　C. Ⅱ、Ⅲ　　D. Ⅲ、Ⅳ

【答案】A

【解析】证券投资咨询人员，即从事证券投资咨询业务的投资咨询人员，主要包括证券投资顾问及证券分析师两类。

考点十七：证券投资咨询人员从业登记管理有关规定（☆）

证券投资咨询人员申请登记为从事证券投资咨询业务的人员，在满足基本要求基础上，还应当必须具备下列条件：

（1）具有中华人民共和国国籍；**【外籍不可】**

（2）具有完全民事行为能力；

（3）品行良好、正直诚实，具有良好的职业道德；

（4）未受过刑事处罚或者与证券业务有关的严重行政处罚；

（5）具有大学本科以上学历；

（6）证券投资咨询人员具有从事证券业务 2 年以上的经历，期货投资咨询人员具有从事期货业务 2 年以上的经历；

（7）通过相应的证券从业人员资格考试；**【投资顾问胜任能力考试或证券分析师胜任能力考试】**

（8）中国证监会规定的其他条件。

【例题 23】 下列人员不符合申请证券分析师资格条件的有（　　）。

Ⅰ. 李某最高学历为高中，并通过证券分析师资格考试

Ⅱ. 董某进入证券行业刚好满一年

Ⅲ. 付某为美国国籍

Ⅳ. 侯某仅通过证券从业资格考试一门科目

A. Ⅱ、Ⅲ　　B. Ⅲ、Ⅳ

C. Ⅰ、Ⅱ　　D. Ⅰ、Ⅱ、Ⅲ、Ⅳ

【答案】 D

【解析】 证券投资咨询人员申请登记为从事证券投资咨询业务的人员，在满足基本要求基础上，还应当必须具备下列条件：

（1）具有中华人民共和国国籍；【Ⅲ项不符合】

（2）具有完全民事行为能力；

（3）品行良好、正直诚实，具有良好的职业道德；

（4）未受过刑事处罚或者与证券业务有关的严重行政处罚；

（5）具有大学本科以上学历；【Ⅰ项不符合】

（6）证券投资咨询人员具有从事证券业务两年以上的经历，期货投资咨询人员具有从事期货业务两年以上的经历；【Ⅱ项不符合】

（7）通过相应的证券从业人员资格考试；【Ⅳ项不符合，应通过一般从业资格考试和分析师胜任能力考试】

（8）中国证监会规定的其他条件。

【例题 24】 证券、期货投资咨询人员申请取得证券、期货投资咨询从业资格，证券投资咨询人员需要具有从事证券业务（　　）年以上的经历。

A. 1　　B. 2　　C. 3　　D. 5

【答案】 B

【解析】 证券、期货投资咨询人员申请取得证券、期货投资咨询从业资格，证券投资咨询人员具有从事证券业务两年以上的经历，期货投资咨询人员具有从事期货业务两年以上的经历。

考点十八：证券投资顾问与证券分析师的注册登记要求（☆☆☆）

证券公司、证券投资咨询机构应当按照《证券投资顾问业务暂行规定》和《发布证

券研究报告暂行规定》的要求，根据选择的证券投资顾问、发布证券研究报告业务类别，做好证券投资咨询执业人员分类管理，并向中国证券业协会申请办理证券投资顾问、证券分析师的注册登记。**【登记、变更、注销7个工作日时效】**

证券投资顾问，注册登记为证券投资咨询业务（投资顾问）。

证券分析师，注册登记为证券投资咨询业务（分析师）。

证券公司、证券投资咨询机构向证券业协会提交书面申请时，应当同步在中国证券业执业证书管理系统，录入有关人员的申请材料和相关信息。

考点十九：证券投资咨询人员禁止性行为规定和法律责任（☆☆）

（一）禁止性行为

①代理投资人从事证券、期货买卖；

②向投资人承诺证券、期货投资收益；

③与投资人约定分享投资收益或者分担投资损失；

④为自己买卖股票及具有股票性质、功能的证券以及期货；**【从业人员禁止证券/期货交易】**

⑤利用咨询服务与他人合谋操纵市场或者进行内幕交易；

⑥法律、法规、规章所禁止的其他证券、期货欺诈行为。

【另：除此之外，《证券法》还额外规定“禁止买卖本证券投资咨询机构提供服务的证券”。】

【例题25】根据《证券法》，投资咨询机构及其从业人员从事证券服务业务不得有（　　）行为。

Ⅰ. 买卖本咨询机构提供服务的上市公司股票

Ⅱ. 代理委托人从事证券投资

Ⅲ. 与委托人约定分享证券投资收益或者分担证券投资损失

Ⅳ. 在报刊上发表证券投资咨询的文章

A. Ⅰ、Ⅱ、Ⅳ　　B. Ⅰ、Ⅱ、Ⅲ　　C. Ⅱ、Ⅲ、Ⅳ　　D. Ⅰ、Ⅲ、Ⅳ

【答案】B

【解析】根据《证券法》，证券投资咨询机构及其从业人员从事证券服务业务不得有下列行为：

①代理委托人从事证券投资；

②与委托人约定分享证券投资收益或者分担证券投资损失；

③买卖本证券投资咨询机构提供服务的证券；

④法律、行政法规禁止的其他行为。

Ⅳ项为证券投资咨询服务的内容。

（二）法律责任

证券投资咨询人员违反《证券法》第一百六十一条的规定，给投资者造成损失的，应当依法承担赔偿责任。

证券投资咨询人员违反《证券、期货投资咨询管理暂行办法》或者未按《证券、期货投资咨询管理暂行办法》规定向证券主管部门履行报告、年检义务的，由地方证管办（证监会）单处或者并处警告、没收违法所得、1万~3万元的罚款；情节严重的，地方证管办（证监会）应当向中国证监会报告，由中国证监会作出暂停或者撤销其业务资格的处罚；构成犯罪的，依法追究刑事责任。

考点二十：保荐代表人应具备的条件（☆☆）

保荐代表人应当熟练掌握保荐业务相关的法律、会计、财务管理、税务、审计等专业知识，最近5年内具备36个月以上保荐相关业务经历、最近12个月持续从事保荐相关业务，最近3年未受到证券交易所等自律组织的重大纪律处分或者中国证监会的行政处罚、重大行政监管措施。

中国证券业协会制定保荐代表人自律管理规范，组织非准入型的水平评价测试，保障和提高保荐代表人的专业能力水平。**【保荐代表人水平评价测试相关要求详见本书第三章“证券公司业务规范”第四节“证券承销与保荐”“考点二：证券发行上市保荐业务的一般规定”“4. 保荐代表人”】**

考点二十一：保荐代表人执业行为规范（☆☆☆）

（一）总体规范

保荐机构及其保荐代表人、其他从事保荐业务的人员应守法合规，不得通过从事保荐业务谋取任何不正当利益。

保荐机构应当指定2名保荐代表人具体负责1家发行人的保荐工作，出具由法定代表人签字的专项授权书，并确保保荐机构有关部门和人员有效分工协作。保荐机构可以指定1名项目协办人。**【2保+1协】**

保荐机构法定代表人、保荐业务负责人、内核负责人、保荐业务部门负责人、保荐代表人和项目协办人应当在发行保荐书上签字，保荐机构法定代表人、保荐代表人应当同时在证券发行募集文件上签字。**【比财务顾问业务多出“业务负责人”】**

【例题26】保荐机构应当指定（　　）名保荐代表人负责1家发行人的保荐工作，出具由法定代表人签字的专项授权书，并确保保荐机构有关部门和人员的有效分工合作。

A. 1　　　B. 2　　　C. 3　　　D. 5

【答案】B

【解析】保荐机构应当指定2名保荐代表人具体负责1家发行人的保荐工作，出具由法定代表人签字的专项授权书，并确保保荐机构有关部门和人员有效分工协作。保荐机构可以指定1名项目协办人。

（二）工作底稿要求

保荐机构应当为每一项目建立独立的保荐工作底稿。

保荐代表人必须为其具体负责的每一项目建立尽职调查工作日志，作为保荐工作底稿的一部分存档备查。**【保荐机构——工作底稿；保荐代表人——工作日志】**

保荐机构应当定期对尽职调查工作日志进行检查。保荐工作底稿应当真实、准确、完整地反映保荐工作的全过程，保存期不少于20年。

【提示：关于本科目所涉各类资料保存期限的对比汇总，详见本书最后《易混知识点汇总分析（一）》】

（三）持续督导要求

证券发行后，保荐机构不得更换保荐代表人，但因保荐代表人离职或者不符合保荐代表人要求的，应当更换保荐代表人。

保荐机构更换保荐代表人的，应当通知发行人，并在5个工作日内向中国证监会、证券交易所报告，说明原因。**【原保荐代表人在具体负责保荐工作期间未勤勉尽责的，其责任不因保荐代表人的更换而免除或者终止】**

持续督导工作结束后，保荐机构应当在发行人公告年度报告之日起的10个工作日内向中国证监会、证券交易所报送保荐总结报告书。保荐机构法定代表人和保荐代表人应当在保荐总结报告书上签字。

【保荐机构督导职责内容详见本书第三章“证券公司业务规范”第四节“证券承销与保荐”“考点二：证券发行上市保荐业务的一般规定”“6. 持续督导”】

（四）内部控制制度及问责机制

保荐机构应当建立健全并执行覆盖全部保荐业务流程和全体保荐业务人员的内部控制制度，包括但不限于立项制度、质量控制制度、问核制度、内核制度、反馈意见报告制度、风险事件报告制度、合规检查制度、应急处理制度等，定期对保荐业务内部控制的有效性进行全面评估，保证保荐业务负责人、内核负责人、保荐业务部门负责人、保荐代表人、项目协办人及其他保荐业务相关人员勤勉尽责，严格控制风险，提高保荐业务整体质量。

【例题27】根据《证券发行上市保荐业务管理办法》（以下简称《办法》），下列关于保荐机构及保荐代表人开展业务的说法，正确的有（　　）。

Ⅰ. 保荐机构应当针对发行人的具体情况，确定证券发行上市后持续督导的内容，督导发行人履行有关上市公司规范运作、信守承诺和信息披露等义务

Ⅱ. 证券发行后，保荐机构可以更换保荐代表人，因保荐代表人离职或者被撤销保

荐代表人资格的，应当更换保荐代表人

Ⅲ. 保荐机构更换保荐代表人的，应当通知发行人，并在5个工作日内向中国证监会、证券交易所报告

Ⅳ. 持续督导工作结束后，保荐机构应当在发行人公告年度报告之日起的10个工作日内向中国证监会、证券交易所报送保荐总结报告书

A. Ⅱ、Ⅲ　　B. Ⅰ、Ⅳ　　C. Ⅱ、Ⅲ、Ⅳ　　D. Ⅰ、Ⅲ、Ⅳ

【答案】D

【解析】Ⅱ项，证券发行后，保荐机构不得更换保荐代表人，但因保荐代表人离职或者不符合保荐代表人要求的，应当更换保荐代表人。

【例题28】关于证券发行后，保荐代表人的更换规定不正确的是（　　）。

A. 证券发行后，除规定原因外保荐机构不得更换保荐代表人

B. 因保荐代表人离职或者不符合保荐代表人要求的，应当更换保荐代表人

C. 保荐机构更换保荐代表人的，应当通知发行人，并在3个工作日内向中国证监会、证券交易所报告，说明原因

D. 原保荐代表人在具体负责保荐工作期间未勤勉尽责的，其责任不因保荐代表人的更换而免除或终止

【答案】C

【解析】证券发行后，保荐机构不得更换保荐代表人，但因保荐代表人离职或者不符合保荐代表人要求的，应当更换保荐代表人。保荐机构更换保荐代表人的，应当通知发行人，并在5个工作日内向中国证监会、证券交易所报告，说明原因。原保荐代表人在具体负责保荐工作期间未勤勉尽责的，其责任不因保荐代表人的更换而免除或者终止。

考点二十二：保荐代表人的权利及发行人的义务（☆☆）

（一）保荐代表人的权利

（1）要求发行人按照《办法》规定和保荐协议约定的方式，及时通报信息；

（2）定期或者不定期对发行人进行回访，查阅保荐工作需要的发行人材料；

（3）列席发行人的股东大会、董事会和监事会；

（4）对发行人的信息披露文件及向中国证监会、证券交易所提交的其他文件进行事前审阅；

（5）对有关部门关注的发行人相关事项进行核查，必要时可聘请相关证券服务机构配合；

（6）按照中国证监会、证券交易所信息披露规定，对发行人违法违规的事项发表公开声明；

（7）中国证监会、证券交易所规定或者保荐协议约定的其他权利。

（二）发行人的义务

配合保荐机构及其保荐代表人履行保荐职责，并承担相应的责任。保荐机构及其保荐代表人履行保荐职责，不能减轻或者免除发行人及其控股股东、实际控制人、董事、监事、高级管理人员、证券服务机构及其签字人员的责任。

考点二十三：保荐代表人违反有关规定的法律责任或被采取的监管措施（☆☆☆）

违规行为	监管措施
【保荐代表人】 （1）制作或者出具的文件不齐备或者不符合要求； （2）擅自改动申请文件、信息披露资料或者其他已提交文件； （3）申请文件或者信息披露资料存在相互矛盾或者同一事实表述不一致且有实质性差异； （4）文件披露的内容表述不清，逻辑混乱，严重影响投资者理解； （5）未及时报告或者未及时披露重大事项； （6）指定不符合《办法》第四条规定要求的人员具体负责保荐工作； （7）未通过内核程序，以公司名义对外提交或披露保荐业务项目文件； （8）采取业务包干等承包方式或其他形式进行过度激励； （9）以显著低于行业定价水平等不正当竞争方式招揽业务，违反公平竞争、破坏市场秩序。	责令改正、监管谈话、出具警示函等监管措施；情节严重的，中国证监会可以在3～12个月内不受理保荐机构、保荐代表人具体负责的推荐
【保荐代表人】 （1）尽职调查工作日志缺失或者遗漏、隐瞒重要问题； （2）未完成或者未参加辅导工作； （3）重大事项未报告、未披露； （4）未参加持续督导工作，或者持续督导工作未勤勉尽责； （5）因保荐业务或其具体负责保荐工作的发行人在保荐期间内受到证券交易所、中国证券业协会公开谴责； （6）唆使、协助或者参与发行人干扰中国证监会及其发行审核委员会、证券交易所及其上市委员会的审核工作； （7）伪造或者变造签字、盖章； （8）严重违反诚实守信、勤勉尽责义务的其他情形。	在3～36个月内不受理相关保荐代表人具体负责的推荐；情节特别严重的，认定为不适当人选
【保荐代表人】 （1）在与保荐工作相关文件上签字推荐发行人证券发行上市，但未参加尽职调查工作，或者尽职调查工作不彻底、不充分，明显不符合业务规则和行业规范； （2）通过从事保荐业务谋取不正当利益； （3）本人及其配偶持有发行人的股份； （4）唆使、协助或者参与发行人及证券服务机构提供存在虚假记载、误导性陈述或者重大遗漏的文件； （5）参与组织编制的与保荐工作相关文件存在虚假记载、误导性陈述或者重大遗漏。	认定为不适当人选；情节严重的，对其采取证券市场禁入措施

续表

违规行为	监管措施
【发行人在督导期间】 （1）证券上市当年累计50%以上募集资金的用途与承诺不符； （2）公开发行证券并在主板上市当年营业利润比上年下滑50%以上； （3）首次公开发行股票并上市之日起12个月内控股股东或者实际控制人发生变更； （4）首次公开发行股票并上市之日起12个月内累计50%以上资产或者主营业务发生重组； （5）上市公司公开发行新股、可转换公司债券之日起12个月内累计50%以上资产或者主营业务发生重组，且未在证券发行募集文件中披露； （6）实际盈利低于盈利预测达20%以上； （7）关联交易显失公允或者程序违规，涉及金额较大； （8）控股股东、实际控制人或其他关联方违规占用发行人资源，涉及金额较大； （9）违规为他人提供担保，涉及金额较大； （10）违规购买或出售资产、借款、委托资产管理等，涉及金额较大； （11）董事、监事、高级管理人员侵占发行人利益受到行政处罚或者被追究刑事责任； （12）违反上市公司规范运作和信息披露等有关法律法规，情节严重的； （13）中国证监会规定的其他情形。	3～12个月内不受理相关保荐代表人具体负责的推荐；情节特别严重的，对保荐代表人采取认定为不适当人选的监管措施

【例题29】保荐代表人出现以下（　　）情形之一的，中国证监会可以采取认定为不适当人选的监管措施；情节严重的，对其采取证券市场禁入的措施。

Ⅰ. 在与保荐工作相关文件上签字推荐发行人证券发行上市，但未参加尽职调查工作，或者尽职调查工作不彻底、不充分，明显不符合业务规则的行业规范

Ⅱ. 本人及其配偶持有发行人的股份

Ⅲ. 唆使、协助或者参与发行人及证券服务机构提供存在虚假记载、误导性陈述或者重大遗漏的文件

Ⅳ. 参与组织编制的与保荐工作相关文件存在虚假记载、误导性陈述或者重大遗漏

A. Ⅱ、Ⅲ、Ⅳ　　B. Ⅰ、Ⅱ、Ⅲ、Ⅳ

C. Ⅰ、Ⅱ、Ⅲ　　D. Ⅰ、Ⅲ、Ⅳ

【答案】B

【解析】保荐代表人出现下列情形之一的，中国证监会可以采取认定为不适当人选的监管措施；情节严重的，对其采取证券市场禁入的措施：

（1）在与保荐工作相关文件上签字推荐发行人证券发行上市，但未参加尽职调查工作，或者尽职调查工作不彻底、不充分，明显不符合业务规则和行业规范；

（2）通过从事保荐业务谋取不正当利益；

（3）本人及其配偶持有发行人的股份；

（4）唆使、协助或者参与发行人及证券服务机构提供存在虚假记载、误导性陈述或者重大遗漏的文件；

（5）参与组织编制的与保荐工作相关文件存在虚假记载、误导性陈述或者重大遗漏。

【例题30】 有关保荐代表人制作或者出具的文件不齐备或者不符合要求的，下列说法正确的是（　　）。

Ⅰ. 中国证监会会视情节轻重，采取责令改正、监管谈话、出具警示函等监管措施

Ⅱ. 中国证监会会视情节轻重，采取监管或者市场禁入措施

Ⅲ. 情节严重的，中国证监会可以在3个月到12个月内不受理保荐机构、保荐代表人具体负责的推荐

Ⅳ. 情节严重的，中国证监会可以在6个月到24个月内不受理保荐机构、保荐代表人具体负责的推荐

A. Ⅰ、Ⅱ　　B. Ⅰ、Ⅲ　　C. Ⅲ、Ⅳ　　D. Ⅱ、Ⅳ

【答案】 B

【解析】 保荐代表人出现制作或者出具的文件不齐备或者不符合要求的，中国证监会可以视情节轻重，采取责令改正、监管谈话、出具警示函等监管措施；情节严重的，中国证监会可以在3个月到12个月内不受理保荐机构、保荐代表人具体负责的推荐。

考点二十四：财务顾问主办人应该具备的条件（☆☆）

（1）具备中国证监会规定的投资银行业务经历；

（2）参加中国证监会认可的财务顾问主办人胜任能力考试且成绩合格；

（3）所任职机构同意推荐其担任本机构的财务顾问主办人；

（4）未负有数额较大到期未清偿的债务；

（5）最近24个月无违反诚信的不良记录；

（6）最近24个月未因执业行为违反行业规范而受到行业自律组织的纪律处分；

（7）最近36个月未因执业行为违法违规受到处罚；

（8）中国证监会规定的其他条件。

【例题31】 最近36个月内（　　）的人不得申请财务顾问主办人资格。

A. 因执业行为违法违规受到处罚

B. 因执业行为违反自律规范

C. 因执业行为违反行为规范

D. 存在违反诚信的不良记录

【答案】 A

【解析】 根据《上市公司并购重组财务顾问业务管理办法》，财务顾问主办人应当具备下列条件：

（1）具备中国证监会规定的投资银行业务经历；

（2）参加中国证监会认可的财务顾问主办人胜任能力考试且成绩合格；

（3）所任职机构同意推荐其担任本机构的财务顾问主办人；

（4）未负有数额较大到期未清偿的债务；

（5）最近24个月无违反诚信的不良记录；

（6）最近24个月未因执业行为违反行业规范而受到行业自律组织的纪律处分；

（7）最近36个月未因执业行为违法违规受到处罚；

（8）中国证监会规定的其他条件。

考点二十五：财务顾问主办人执业行为规范（☆☆）

财务顾问应当建立健全内部报告制度，财务顾问主办人应当就中国证监会在反馈意见中提出的问题按照内部程序向部门负责人、内部核查机构负责人等相关负责人报告，并对中国证监会提出的问题进行充分的研究、论证，审慎回复。

财务顾问及其财务顾问主办人应当严格履行保密责任，不得利用职务之便买卖相关上市公司的证券或者牟取其他不当利益，并应当督促委托人、委托人的董事、监事和高级管理人员及其他内幕信息知情人严格保密，不得进行内幕交易。

财务顾问主办人应当参加中国证券业协会组织的相关培训，接受后续教育。

考点二十六：客户资产管理业务投资经理应该具备的条件（☆☆☆）

证券公司投资经理应当具备：

（1）从事证券业务所需的专业能力；

（2）具有3年以上投资管理、投资研究、投资咨询等相关业务经验；

（3）具备良好的诚信记录和职业操守；

（4）最近3年未被监管机构采取重大行政监管措施、行政处罚；

（5）符合法律法规规定的其他条件。

【例题32】根据《证券期货经营机构私募资产管理业务管理办法》，下列关于证券公司从事私募资产管理业务的投资经理应具备的条件，错误的是（　　）。

A. 最近二年未被监管机构采取重大行政监管措施

B. 具备从事私募资产管理业务所需的专业能力

C. 具备良好的诚信记录和职业操守

D. 具有三年以上投资管理、投资研究、投资咨询等相关业务经验

【答案】A

【解析】根据《证券期货经营机构私募资产管理业务管理办法》《关于证券期货经营机构从事私募资产管理业务投资经理登记的通知》，证券公司投资经理应当具备从事证券业务所需的专业能力，具有3年以上投资管理、投资研究、投资咨询等相关业务经

验，具备良好的诚信记录和职业操守，且最近三年未被监管机构采取重大行政监管措施、行政处罚，符合法律法规规定的其他条件。

考点二十七：资产管理投资经理执业行为管理的有关要求（☆☆）

投资经理、交易执行、风险控制等岗位不得相互兼任。**【提示：关于本科目所涉各类主体任职限制要求对比汇总，详见本书最后《易混知识点汇总分析（二）》】**

证券期货经营机构应当采取有效措施，确保私募资产管理业务与其他业务在场地、人员、账户、资金、信息等方面相分离，不同投资经理管理的资产管理计划的持仓和交易等重大非公开投资信息相隔离，控制敏感信息的不当流动和使用，切实防范内幕交易、利用未公开信息交易、利益冲突和利益输送。

投资经理应当在授权范围内独立、客观地履行职责，重要投资应当有详细的研究报告和风险分析支持。

证券期货经营机构应当对不同资产管理计划之间发生的同向交易和反向交易进行监控。同一资产管理计划不得在同一交易日内进行反向交易。**【确因投资策略或流动性等需要发生同日反向交易的，应要求投资经理提供决策依据，并留存书面记录备查。】**

证券期货经营机构分管私募资产管理业务的高级管理人员、私募资产管理业务部门负责人以及投资经理离任的，证券期货经营机构应当立即对其进行离任审查，并自离任之日起30个工作日内将审查报告报送中国证监会相关派出机构和证券投资基金业协会。

考点二十八：证券资信评级业务人员有关规定（☆）

证券评级业务，是指对下列评级对象开展资信评级服务：

（1）经中国证监会依法注册发行的债券、资产支持证券；**【债项评级】**

（2）在证券交易所或者经中国证监会认可的其他证券交易场所上市交易或者挂牌转让的债券、资产支持证券；**【国债除外】【债项评级】**

（3）上述两项规定的证券的发行人、发起机构、上市公司、非上市公众公司、证券期货经营机构；**【主体评级】**

（4）中国证监会规定的其他评级对象。

证券评级机构及其人员从事证券评级业务，应当遵循一致性原则，对同一类评级对象评级，或者对同一评级对象跟踪评级，应当采用一致的评级标准和工作程序。

证券评级机构评级委员会委员及评级从业人员在开展证券评级业务期间有下列情形之一的，应当回避：

（1）本人、直系亲属持有评级委托方、受评级机构或者受评级证券发行人的股份达到5%以上，或者是受评级机构、受评级证券发行人的实际控制人；**【持股关系，5%以**

上或实控人】

（2）本人、直系亲属担任评级委托方、受评级机构或者受评级证券发行人的董事、监事和高级管理人员；**【任职关系，董监高】**

（3）本人、直系亲属担任评级委托方、受评级机构或者受评级证券发行人聘任的会计师事务所、律师事务所、财务顾问等证券服务机构的负责人或者项目签字人；**【服务关系】**

（4）本人、直系亲属持有评级委托方、受评级证券或者受评级机构发行的证券金额超过50万元，或者与评级委托方、受评级机构、受评级证券发行人发生累计超过50万元的交易；**【持股或交易关系，超过50万元】**

（5）中国证监会认定的足以影响独立、客观、公正、审慎性原则的其他情形。

【例题33】证券评级机构评级委员会委员及评级从业人员在开展证券评级业务期间，本人、直系亲属与受评级机构、受评级证券发行人发生累计超过（　　）万元的交易，应当回避。

A. 20　　B. 30　　C. 50　　D. 80

【答案】C

【解析】本人、直系亲属持有评级委托方、受评级证券或者受评级机构发行的证券金额超过50万元，或者与评级委托方、受评级机构、受评级证券发行人发生累计超过50万元的交易的，证券评级机构评级委员会委员及评级从业人员在开展证券评级业务期间应当回避。

【本节学习提示】考查重点：

（1）证券专业人员包括：证券公司、基金管理公司、基金托管机构、基金销售机构、证券投资咨询机构、证券资信评级机构中从事证券相关业务的管理人员和专业人员。

（2）从事技术、风险监控、合规管理的人员不得从事营销、客户账户及客户资金存管等业务活动。

（3）证券经纪人是证券公司以外的从事客户招揽和客户服务的自然人。

（4）证券投资咨询人员注册条件：中国籍、完全民事行为能力、品行良好正直、本科学历、2年经历、通过从业考试。

（5）保荐机构建立工作底稿，保荐代表人建立工作日志，工作底稿保存20年。

（6）在发行保荐书上签字的主体有：保荐机构法定代表人、保荐业务负责人、内核负责人、保荐业务部门负责人、保荐代表人和项目协办人。

（7）投资经理条件：专业能力，3年以上投资管理、研究、咨询经验，诚信，3年无监管处罚。

同步真题练习

1. 行业文化建设具有重要的意义，健康良好的行业文化是（　　）。

Ⅰ. 行稳致远的立身之本

Ⅱ. 服务实体经济的内在要求

Ⅲ. 全面深化资本市场改革的重要保障

Ⅳ. 防范金融风险的有力抓手

A. Ⅰ、Ⅱ、Ⅲ　　B. Ⅰ、Ⅲ、Ⅳ

C. Ⅰ、Ⅱ、Ⅲ、Ⅳ　　D. Ⅰ、Ⅱ、Ⅳ

2. 以下不属于证券行业文化建设观念层要素的是（　　）。

A. 秉承守正创新　　B. 崇尚专业精神

C. 强化文化认同　　D. 坚持可持续发展

3. 证券行业文化建设要素中，平衡各方利益是证券公司实现稳健经营的基础，其内涵包括（　　）。

Ⅰ. 完善公司治理和内部控制机制，确保党委、股东会、董事会、监事会和管理层各司其职、协调运作，充分发挥纪检监察、内审稽核、合规风控等部门的监督制衡作用，保障各利益相关方的合法权益

Ⅱ. 研究制定明确的与其文化理念和核心价值观相契合的发展战略，实现发展战略与文化理念和核心价值观的有机统一

Ⅲ. 健全合规管理与全面风险管理，形成较强的合规风控意识，完善合规风控制度机制，推动合规风控体系全覆盖，有效管理利益冲突，避免利益相关方的合法权益受到侵害

Ⅳ. 坚持诚实守信，尊崇法律制度，恪守职业操守，公平公正对待客户、合作伙伴、竞争对手及社会公众等利益相关方，切实保护投资者合法权益

A. Ⅱ、Ⅲ、Ⅳ　　B. Ⅰ、Ⅲ、Ⅳ

C. Ⅰ、Ⅱ、Ⅲ　　D. Ⅰ、Ⅱ、Ⅳ

4. （　　）决定廉洁从业管理目标，对廉洁从业管理的有效性承担责任。

A. 董事会　　B. 监事会

C. 高级管理人员　　D. 股东大会

5. 证券期货经营机构及其工作人员在开展期货业务及相关活动中，不得以（　　）方式向公职人员、客户、正在洽谈的潜在客户或者其他利益关系人输送不正当利益。

Ⅰ. 提供礼金、礼品、房产、汽车、有价证券、股权、佣金返还等财物，或者为上述行为提供代持等便利

Ⅱ. 提供旅游、宴请、娱乐健身、工作安排等利益

Ⅲ. 安排显著偏离公允价格的结构化、高收益、保本理财产品等交易

Ⅳ. 直接或者间接向他人提供内幕信息、未公开信息、商业秘密和客户信息，明示或者暗示他人从事相关交易活动

A. Ⅰ、Ⅱ、Ⅲ　　B. Ⅱ、Ⅲ、Ⅳ

C. Ⅰ、Ⅱ、Ⅳ　　D. Ⅰ、Ⅱ、Ⅲ、Ⅳ

6. 根据《证券市场禁入规定》，以下说法错误的是（　　）。

A. 被中国证监会采取证券市场禁入措施的人员，可在其他证券公司中从事证券相关业务

B. 违反法律、行政法规或者中国证监会有关规定，情节严重的，可以对有关责任人员采取 3 至 5 年的证券市场禁入措施

C. 被中国证监会采取证券市场禁入措施的人员，在禁入期间内，不得继续在原机构从事证券业务或者担任原上市公司董事、监事、高级管理人员职务

D. 行为恶劣、严重扰乱证券市场秩序，严重损害投资者利益或者在重大违法活动中起主要作用等情节较为严重的，可以对有关责任人员采取 5 至 10 年的证券市场禁入措施

7. 违反法律、行政法规或者中国证监会有关规定，从事欺诈发行、内幕交易、操纵市场等违法行为，严重扰乱证券、期货市场秩序并造成严重社会影响，或者获取违法所得等不当利益数额特别巨大，或者致使投资者利益遭受特别严重损害的，可以对有关责任人员采取（　　）的证券市场禁入措施。

A. 1 ~ 3 年　　B. 3 ~ 5 年　　C. 5 ~ 10 年　　D. 终身

8. 根据《关于证券从业人员登记管理有关事项的通知》，从业人员等级类别设为（　　）。

Ⅰ. 证券经纪人

Ⅱ. 证券投资咨询

Ⅲ. 保荐代表人

Ⅳ. 一般证券业务

A. Ⅰ、Ⅱ、Ⅲ　　B. Ⅰ、Ⅱ、Ⅳ

C. Ⅰ、Ⅲ、Ⅳ　　D. Ⅰ、Ⅱ、Ⅲ、Ⅳ

9. 《证券法》《证券业从业人员执业行为准则》对证券业从业人员的执业行为做出了具体规定，以下正确的是（　　）。

Ⅰ. 从业人员应当品行良好，具备从事证券业务所需的专业能力

Ⅱ. 从业人员应当公平对待所有客户，不得从事与履行职责有利益冲突的业务

Ⅲ. 从业人员可以利用资金优势、持股优势和信息优势，影响证券交易或交易量，

为客户谋取利益

Ⅳ. 从业人员应当尊重同业人员，公平竞争，不得贬损同行或以其他不正当竞争手段招揽业务

A. Ⅰ、Ⅱ、Ⅲ　　B. Ⅰ、Ⅱ、Ⅳ

C. Ⅰ、Ⅲ、Ⅳ　　D. Ⅰ、Ⅱ、Ⅲ、Ⅳ

10. 根据《证券经纪人管理暂行规定》，以下关于证券经纪人与证券公司之间的委托关系不正确的是（　　）。

A. 证券经纪人从事客户招揽和客户服务工作

B. 证券公司只能通过本公司员工的人员从事客户招揽和客户服务活动

C. 证券经纪人只能接受一家证券公司的委托

D. 证券经纪人只能是自然人

11. 证券经纪人可以从事的活动包括（　　）。

Ⅰ. 向客户介绍证券公司和证券市场的基本情况

Ⅱ. 向客户介绍证券投资的基本知识

Ⅲ. 向客户传递由证券公司统一提供的证券类金融产品宣传推介材料及有关信息

Ⅳ. 向客户介绍开户、交易等业务流程

A. Ⅰ、Ⅱ、Ⅲ　　B. Ⅱ、Ⅲ

C. Ⅰ、Ⅱ、Ⅲ、Ⅳ　　D. Ⅲ、Ⅳ

12. 根据《证券投资基金销售人员从业资质管理规定》，基金销售机构包括(　　)。

Ⅰ. 商业银行

Ⅱ. 政策性银行

Ⅲ. 证券公司

Ⅳ. 专业基金销售机构

A. Ⅰ、Ⅱ、Ⅲ　　B. Ⅱ、Ⅲ、Ⅳ

C. Ⅰ、Ⅲ、Ⅳ　　D. Ⅰ、Ⅱ、Ⅳ

13. 未按《证券、期货投资咨询管理暂行办法》规定向证券主管部门履行报告、年检义务的，由地方证管办（中国证监会）单处或者并处警告、没收违法所得、（　　）罚款。

A. 1 万元以上 2 万元以下

B. 1 万元以上 3 万元以下

C. 1 万元以上 5 万元以下

D. 1 万元以上 10 万元以下

14. 保荐机构应当建立健全工作底稿制度，为每一项目建立独立的保荐工作底稿，必须为其具体负责的每一项目建立尽职调查工作日志，作为保荐工作底稿的一部分存档

备查。保荐工作底稿的保存期不少于（　　）。

A. 5 年　　B. 10 年　　C. 15 年　　D. 20 年

15. 持续督导工作结束后，保荐机构应当在发行人公告年度报告之日起的（　　）个工作日内向中国证监会、证券交易所报送保荐总结报告书。

A. 5　　B. 10　　C. 15　　D. 20

16. 发行人在持续督导期间出现下列哪种情形，中国证监会可根据情节轻重，自确认之日起 3 个月到 12 个月内不受理相关保荐代表人具体负责的推荐；情节特别严重的，对保荐代表人采取认定为不适当人选（　　）。

A. 实际盈利低于预测盈利的 10% 以上

B. 证券上市当年累计 40% 以上募集资金的用途与承诺不符

C. 关联交易显失公允或者程序违规，涉及金额较大

D. 首次公开发行股票并上市之日起 24 个月内控股股东或者实际控制人发生变更

17. 保荐代表人出现（　　）情形之一的，中国证监会可以根据情节轻重，在 3 个月到 36 个月内不受理相关保荐代表人具体负责的推荐，情节特别严重的，采取认定为不适当人选的监管措施。

Ⅰ. 未完成或者未参加辅导工作

Ⅱ. 重大事项未报告、未披露

Ⅲ. 伪造或者变造签字、盖章

Ⅳ. 尽职调查工作日志缺失或者遗漏、隐瞒重要问题

A. Ⅰ、Ⅱ、Ⅲ　　B. Ⅰ、Ⅱ、Ⅳ

C. Ⅰ、Ⅲ、Ⅳ　　D. Ⅰ、Ⅱ、Ⅲ、Ⅳ

18. 按照《上市公司并购重组财务顾问业务管理办法》规定，财务顾问主办人应该具备的条件不包括（　　）。

A. 具有证券从业资格

B. 具备中国证监会规定的投资银行业务经历

C. 最近 36 个月无违反诚信的不良记录

D. 未负有数额较大到期未清偿的债务

19. 下列关于财务顾问主办人保密与培训制度表述正确的有（　　）。

Ⅰ. 财务顾问及其财务顾问主办人应当严格履行保密责任，不得利用职务之便买卖相关上市公司的证券或者谋取其他不当利益

Ⅱ. 财务顾问及其财务顾问主办人应当督促委托人、委托人的董事、监事和高级管理人员及其他内幕信息知情人严格保密，不得进行内幕交易

Ⅲ. 财务顾问应当按照证监会的要求，配合提供上市公司并购重组相关内幕信息知情人买卖、持有相关上市公司证券的文件，并向证监会报告内幕信息知情人的违法违规

行为，配合证监会依法进行调查

Ⅳ. 财务顾问主办人应当参加中国证券业协会组织的相关培训，接受后续教育

A. Ⅰ、Ⅱ、Ⅲ　　B. Ⅰ、Ⅲ、Ⅳ

C. Ⅱ、Ⅲ、Ⅳ　　D. Ⅰ、Ⅱ、Ⅲ、Ⅳ

20. 证券评级机构及证券资信评级业务人员从事证券评级业务，应遵循一致性原则，不包括（　　）。

A. 对同一类评级对象评级

B. 对同一评级对象跟踪评级

C. 采用一致的评级标准和工作程序

D. 不能调整评级标准

答案与解析

1. 【答案】C

【解析】健康良好的行业文化是行稳致远的立身之本，健康良好的行业文化是服务实体经济的内在要求，健康良好的行业文化是全面深化资本市场改革的重要保障，健康良好的行业文化是防范金融风险的有力抓手。

2. 【答案】C

【解析】观念层，包括秉承守正创新、崇尚专业精神、坚持可持续发展三个要素。观念是指导文化建设的思想源泉，是企业在生产经营过程中长期积淀形成的精神成果，是全体工作人员普遍的信条和价值观，是文化的“基因”。观念决定组织作用的形成，从而对最终的行为表现产生深刻影响。行为经过一定时间的沉淀和固化，反过来又将影响观念的形成和进化。

C 项属于组织层的要素。

3. 【答案】B

【解析】平衡利益是证券公司实现稳健经营的基础，具体包含三层内涵：一是完善公司治理和内部控制机制，确保党委、股东会、董事会、监事会和管理层各司其职、协调运作，充分发挥纪检监察、内审稽核、合规风控等部门的监督制衡作用，保障各利益相关方的合法权益。二是健全合规管理与全面风险管理，形成较强的合规风控意识，完善合规风控制度机制，推动合规风控体系全覆盖，有效管理利益冲突，避免利益相关方的合法权益受到侵害。三是坚持诚实守信，尊崇法律制度，恪守职业操守，公平公正对待客户、合作伙伴、竞争对手及社会公众等利益相关方，切实保护投资者合法权益。

Ⅱ项为融合发展战略的内涵。

4.【答案】A

【解析】董事会决定廉洁从业管理目标，对廉洁从业管理的有效性承担责任。

5.【答案】D

【解析】证券期货经营机构及其工作人员在开展证券期货业务及相关活动中，不得以下列方式（即《规定》第九条规定的方式）向公职人员、客户、正在洽谈的潜在客户或者其他利益关系人输送不正当利益：

（1）提供礼金、礼品、房产、汽车、有价证券、股权、佣金返还等财物，或者为上述行为提供代持等便利；

（2）提供旅游、宴请、娱乐健身、工作安排等利益；

（3）安排显著偏离公允价格的结构化、高收益、保本理财产品等交易；

（4）直接或者间接向他人提供内幕信息、未公开信息、商业秘密和客户信息，明示或者暗示他人从事相关交易活动；

（5）其他输送不正当利益的情形。

6.【答案】A

【解析】被中国证监会采取证券市场禁入措施的人员，在禁入期间内，除不得继续在原机构从事证券业务或者担任原上市公司、非上市公众公司董事、监事、高级管理人员职务外，也不得在其他任何机构中从事证券业务或者担任其他上市公司、非上市公众公司董事、监事、高级管理人员职务。

7.【答案】D

【解析】有下列情形之一的，可以对有关责任人员采取终身的证券市场禁入措施：

（1）严重违反法律、行政法规或者中国证监会有关规定，构成犯罪的；

（2）从事保荐、承销、资产管理、融资融券等证券业务及其他证券服务业务，负有法定职责的人员，故意不履行法律、行政法规或者中国证监会规定的义务，并造成特别严重后果的；

（3）违反法律、行政法规或者中国证监会有关规定，采取隐瞒、编造重要事实等特别恶劣手段，或者涉案数额特别巨大的；

（4）违反法律、行政法规或者中国证监会有关规定，从事欺诈发行、内幕交易、操纵市场等违法行为，严重扰乱证券、期货市场秩序并造成严重社会影响，或者获取违法所得等不当利益数额特别巨大，或者致使投资者利益遭受特别严重损害的；

（5）违反法律、行政法规或者中国证监会有关规定，情节严重，应当采取证券市场禁入措施，且存在故意出具虚假重要证据，隐瞒、毁损重要证据等阻碍、抗拒证券监督管理机构及其工作人员依法行使监督检查、调查职权行为的；

（6）因违反法律、行政法规或者中国证监会有关规定，5 年内被中国证监会给予除警告之外的行政处罚 3 次以上，或者 5 年内曾经被采取证券市场禁入措施的；

（7）组织、策划、领导或者实施重大违反法律、行政法规或者中国证监会有关规定的活动的；

（8）其他违反法律、行政法规或者中国证监会有关规定，情节特别严重的。

8.【答案】D

【解析】根据《关于证券业从业人员登记管理有关事项的通知》，从业人员登记类别设为一般证券业务、证券经纪人、证券投资咨询（投资顾问）、证券投资咨询（分析师）、证券投资咨询（其他）、保荐代表人六类。

9.【答案】B

【解析】Ⅲ项，根据《证券业从业人员执业行为准则》，证券从业人员不得利用资金优势、持股优势和信息优势，单独或者合谋串通，影响证券交易价格或交易量，误导和干扰市场。

10.【答案】B

【解析】《证券经纪人管理暂行规定》对证券经纪人与证券公司之间的委托关系作出了相关规定：证券经纪人，是指接受证券公司的委托，代理其从事客户招揽和客户服务等活动的证券公司以外的自然人。

证券公司可以通过公司员工或者委托公司以外的人员从事客户招揽和客户服务等活动。委托公司以外的人员的，应当按照《证券公司监督管理条例》规定的证券经纪人形式进行，不得采取其他形式。证券经纪人只能接受一家证券公司的委托，并应当专门代理证券公司从事客户招揽和客户服务等活动。

11.【答案】C

【解析】证券经纪人在执业过程中，可以根据证券公司的授权，从事下列部分或者全部活动：

（1）向客户介绍证券公司和证券市场的基本情况；

（2）向客户介绍证券投资的基本知识及开户、交易、资金存取等业务流程；

（3）向客户介绍与证券交易有关的法律、行政法规、中国证监会规定、自律规则和证券公司的有关规定；

（4）向客户传递由证券公司统一提供的研究报告及与证券投资有关的信息；

（5）向客户传递由证券公司统一提供的证券类金融产品宣传推介材料及有关信息；

（6）法律、行政法规和中国证监会规定证券经纪人可以从事的其他活动。

12.【答案】C

【解析】基金销售机构是指办理基金销售业务的基金管理公司和经中国证监会认定的取得基金销售业务资格的其他机构，包括商业银行、证券公司、证券投资咨询机构、专业基金销售机构等。不包括政策性银行，排除Ⅱ项。

13.【答案】B

【解析】未按《证券、期货投资咨询管理暂行办法》规定向证券主管部门履行报告、年检义务的，由地方证管办（证监会）单处或者并处警告、没收违法所得、1万元以上3万元以下罚款；情节严重的，地方证管办（证监会）应当向中国证监会报告，由中国证监会作出暂停或者撤销其业务资格的处罚；构成犯罪的，依法追究刑事责任。

14.**【答案】**D

【解析】保荐机构应当建立健全工作底稿制度，按规定建设应用工作底稿电子化管理系统。保荐机构应当为每一项目建立独立的保荐工作底稿。保荐代表人必须为其具体负责的每一项目建立尽职调查工作日志，作为保荐工作底稿的一部分存档备查；保荐机构应当定期对尽职调查工作日志进行检查。保荐工作底稿应当真实、准确、完整地反映保荐工作的全过程，保存期不少于20年。

15.**【答案】**B

【解析】持续督导工作结束后，保荐机构应当在发行人公告年度报告之日起的10个工作日内向中国证监会、证券交易所报送保荐总结报告书。

16.**【答案】**C

【解析】发行人在持续督导期间出现下列情形之一的，中国证监会可以根据情节轻重，在3个月到12个月内不受理相关保荐代表人具体负责的推荐；情节特别严重的，对保荐代表人采取认定为不适当人选的监管措施：

（1）证券上市当年累计50%以上募集资金的用途与承诺不符；

（2）公开发行证券并在主板上市当年营业利润比上年下滑50%以上；

（3）首次公开发行股票并上市之日起12个月内控股股东或者实际控制人发生变更；

（4）首次公开发行股票并上市之日起12个月内累计50%以上资产或者主营业务发生重组；

（5）上市公司公开发行新股、可转换公司债券之日起12个月内累计50%以上资产或者主营业务发生重组，且未在证券发行募集文件中披露；

（6）实际盈利低于盈利预测达20%以上；

（7）关联交易显失公允或者程序违规，涉及金额较大；

（8）控股股东、实际控制人或其他关联方违规占用发行人资源，涉及金额较大；

（9）违规为他人提供担保，涉及金额较大；

（10）违规购买或出售资产、借款、委托资产管理等，涉及金额较大；

（11）董事、监事、高级管理人员侵占发行人利益受到行政处罚或者被追究刑事责任；

（12）违反上市公司规范运作和信息披露等有关法律法规，情节严重的；

（13）中国证监会规定的其他情形。

17.【答案】D

【解析】保荐代表人出现下列情形之一的，中国证监会可以根据情节轻重，在3个月到36个月内不受理相关保荐代表人具体负责的推荐；情节特别严重的，采取认定为不适当人选的监管措施：

（1）尽职调查工作日志缺失或者遗漏、隐瞒重要问题；

（2）未完成或者未参加辅导工作；

（3）重大事项未报告、未披露；

（4）未参加持续督导工作，或者持续督导工作未勤勉尽责；

（5）因保荐业务或其具体负责保荐工作的发行人在保荐期间内受到证券交易所、中国证券业协会公开谴责；

（6）唆使、协助或者参与发行人干扰中国证监会及其发行审核委员会、证券交易所及其上市委员会的审核工作；

（7）伪造或者变造签字、盖章；

（8）严重违反诚实守信、勤勉尽责义务的其他情形。

18.【答案】C

【解析】根据《上市公司并购重组财务顾问业务管理办法》，财务顾问主办人应当具备下列条件：

（1）具备中国证监会规定的投资银行业务经历；

（2）参加中国证监会认可的财务顾问主办人胜任能力考试且成绩合格；

（3）所任职机构同意推荐其担任本机构的财务顾问主办人；

（4）未负有数额较大到期未清偿的债务；

（5）最近24个月无违反诚信的不良记录；

（6）最近24个月未因执业行为违反行业规范而受到行业自律组织的纪律处分；

（7）最近36个月未因执业行为违法违规受到处罚；

（8）中国证监会规定的其他条件。

19.【答案】D

【解析】本题考查财务顾问主办人保密与培训制度。Ⅰ、Ⅱ、Ⅲ、Ⅳ项表述均正确。

20.【答案】D

【解析】证券评级机构及其人员从事证券评级业务，应当遵循一致性原则，对同一类评级对象评级，或者对同一评级对象跟踪评级，应当采用一致的评级标准和工作程序。评级标准或者工作程序有调整的，应当充分披露。

本章总结

- 本章要点
  - 证券行业文化建设
    - 1.行业文化建设的意义是：立身之本、内在要求、重要保障、有力抓手
    - 2.行业文化的理念是：合规、诚信、专业、稳健
    - 3.行业文化建设的十要素包括：平衡各方利益、建立长效激励、加强声誉约束、落实责任担当、融合发展战略、强化文化认同、激发组织活力、秉承守正创新、崇尚专业精神、坚持可持续发展
  - 证券公司及其工作人员廉洁从业规定
    - 4.廉洁从业适用范围：经营机构、工作人员（正式员工、经纪人、劳务派遣人员）、投资咨询公司、资信评级公司等
    - 5.廉洁从业的总体禁止性要求包括：禁止向他人输送不正当利益，禁止为自身谋取不正当利益，禁止干扰监管和自律工作
    - 6.投行业务廉洁从业禁止行为：非公允价格或不正当方式获取股权、标的资产、债券，操纵发行价格，通过第三方输送利益，利用关系招揽项目，暗箱操作
    - 7.咨询业务廉洁从业禁止行为：收受利益，违反独立客观原则发布观点，将研报优先提供给特定主体，谋取有利结果、收入
  - 证券市场诚信管理
    - 8.证监会诚信信息包括：1项基本信息、2项正面信息、16项负面信息+其他
    - 9.证监会诚信信息管理的效力期限：一般违法失信信息——3年；行政处罚、市场禁入、刑事处罚、较大民事赔偿——5年
    - 10.证券业协会诚信信息管理的效力期限：基本信息——长期有效；奖励、一般处罚处分信息——3年；行政处罚、市场禁入——5年
    - 11.证券业协会诚信信息分为公开信息（基本信息、奖励次数、公开谴责及惩戒决定）、有限公开信息（公开信息以外的信息）
    - 12.市场禁入措施实施对象：发行人、上市公司、公众公司、证券公司、证券服务机构、基金管理人、托管人的董、监、高、负责人、从业人员以及上述主体的控股股东、实际控制人或其董、监、高
    - 13.市场禁入措施期限：情节严重：3~5年；恶劣/比较严重：5~10年；特别严重/犯罪/累犯/组织策划：终身
    - 14.禁入措施的内容：不得在原机构以及其他机构中从事证券业务或担任上市公司、非上市公众公司董、监、高
  - 从业人员行为规范
    - 15.证券专业人员包括：证券公司、基金管理公司、基金托管机构、基金销售机构、证券投资咨询机构、证券资信评级机构中从事证券相关业务的管理人员和专业人员
    - 16.从业人员基本要求：品行端正，3年无刑事处罚，未在禁入期，通过从业资格考试
    - 17.证券投资咨询人员注册条件：中国籍、完全民事行为能力、品行良好正直、本科学历、2年经历、通过从业考试
    - 18.经纪业务常规业务操作（账户开立、信息修改、注销、资金存管、指定交易、转托管）一人操作，一人复核；非常规业务操作（资产转移、改变对应关系、差错确认）事先审批，事后复核
    - 19.在发行保荐书上签字的主体有：保荐机构法定代表人、保荐业务负责人、内核负责人、保荐业务部门负责人、保荐代表人和项目协办人
    - 20.投资经理条件：专业能力，3年以上投资管理、研究、咨询经验，诚信，3年无监管处罚

【附表】易混知识点汇总分析

（一）本书所涉资料保存期限汇总表

保存资料	期限
证券登记结算机构应当向证券发行人提供证券持有人名册及有关资料	20 年
保荐工作底稿应当真实、准确、完整地反映保荐工作的全过程	20 年
投资者适当性管理的匹配方案、告知警示资料、录音录像资料、自查报告	20 年
证券自营业务原始凭证以及有关业务文件、资料、账册、报表	20 年
证券金融公司转融通业务形成的各类文件、资料	20 年
财务顾问的工作档案和工作底稿应当真实、准确、完整	10 年
反洗钱工作涉及的客户身份资料	5 年
信息技术管理应急演练应当形成报告	5 年
荐股软件健全内部管理，相关业务档案的保存期限自相关协议终止之日起	5 年
发布证券研究报告、证券投资顾问相关业务档案	5 年
IB 业务资料	5 年
投顾业务推广、协议签订、服务提供、客户回访、投诉处理等业务档案	5 年
经纪业务客户回访记录	3 年

（二）本书所涉任职限制汇总表

人员	任职要求
公司经理	执行董事可兼任。
监事	董事、高级管理人员不得兼任。
证券公司独立董事	不得在本证券公司担任董事会外的职务，不得与本证券公司存在可能妨碍其作出独立、客观判断的关系。最多可以在 2 家证券公司担任独立董事。
证券公司高管人员	不得在其他营利性机构兼职。
证券公司合规、风控、稽核审计部门的高管	不得兼任或者分管与合规管理、风险管理、稽核审计职责相冲突的职务或者部门。
首席风险官	不得兼任或者分管与其职责相冲突的职务或者部门。
从事技术、风险监控、合规管理的人员	不得从事营销、客户账户及客户资金存管等业务活动。
电脑部门、财务部门、监督检查部门与业务部门的人员	不得相互兼任。
资金清算人员	不得由电脑部门人员和交易部门人员兼任。
客户回访人员	不得从事客户招揽和客户服务活动。
发布证券研究报告业务的相关人员	不得同时从事证券自营、证券资产管理等存在利益冲突的业务。
分管融资融券业务的高级管理人员	不得兼管风险监控部门和业务稽核部门。
营销人员	不得经办客户账户及客户资金存管业务。
投资经理	与交易执行、风险控制等岗位不得相互兼任。

（三）本书所涉合格投资者要求汇总表

板块/业务	合格投资者要求
科创板	① 个人投资者申请权限开通前 20 个交易日证券账户及资金账户内的资产日均不低于人民币 50 万元，并且参与证券交易 24 个月以上； ② 符合法律法规及上交所规定的机构投资者，可直接申请开通科创板股票交易权限。
创业板	个人投资者申请权限开通前 20 个交易日证券账户及资金账户内的资产日均应不低于人民币 10 万元，并参与证券交易 24 个月以上。
沪伦通	① 申请权限开通前 20 个交易日证券账户及资金账户内的资产日均不低于人民币 300 万元（不含融资融券交易融入的资金和证券）； ② 不存在严重的不良诚信记录； ③ 不存在境内法律、上交所业务规则等规定的禁止或限制参与证券交易的情形。
融资融券	① 从事证券交易的时间：连续计算满半年以上； ② 账户状态：手续齐全，资料完备，结算状态好； ③ 信誉情况：无重大违约记录； ④ 资产状况：近 20 个交易日日均证券类资产不低于 50 万元，符合要求的担保品和较强还款能力； ⑤ 投资风格及业绩：较强的风险承受能力，符合适当性相关规定； ⑥ 关联关系：非证券公司股东和关联人（持有上市证券公司 5% 以下流通股份的股东除外）。
私募基金	① 机构投资者：净资产≥1000 万元； ② 个人投资者：金融资产≥300 万元或最近 3 年个人年均收入≥50 万元； ③社会保障基金、企业年金等养老基金，慈善基金等社会公益基金；依法设立并在基金业协会备案的私募基金产品；受国务院金融监督管理机构监管的金融产品；投资于所管理私募基金的私募基金管理人及其从业人员以及法律法规、中国证监会和中国基金业协会规定的其他投资者。
专业投资者	第一类： ① 经有关金融监管部门批准设立的金融机构（证券公司、期货公司、基金管理公司及其子公司、商业银行、保险公司、信托公司、财务公司等；经行业协会备案或者登记的证券公司子公司、期货公司子公司、私募基金管理人）； ② 上述金融机构发行的理财产品； ③ 经监管部门批准设立的养老基金【社会保障基金、企业年金】、社会公益基金【慈善基金】、合格境外机构投资者（QFII）、人民币合格境外机构投资者（RQFII）等。
	第二类： ① 同时符合下列条件的法人或者其他组织： 最近 1 年末：净资产≥2000 万元；金融资产≥1000 万元；投资经历≥2 年。 ② 同时符合下列条件的自然人： 金融资产≥500 万元，或近 3 年个人年均收入≥50 万元；投资、工作经历≥2 年。
	第三类：普通投资者可以申请转化成为专业投资者 ① 法人或组织：最近 1 年末：净资产≥1000 万元，金融资产≥500 万元，投资经历≥1 年。 ② 个人：金融资产≥300 万元或 3 年个人年均收入≥30 万元，投资、工作经历≥1 年。

（四）本书所涉股票限售要求汇总表

转让主体	限制时点	期限
发起人持有的本公司股份	自公司成立之日起	1年
公开发行前的股份（包括发起人，董、监、高）	自上市交易之日起	1年
董、监、高	任职期间	每年转让不超过25%
董、监、高	离职之后	6个月
上市公司收购，收购人持有的被收购的上市公司的股票	收购行为完成后	18个月
精选层：控股股东、实际控制人及其亲属以及持股10%股东	挂牌之日起	12个月
精选层：高级管理人员、核心员工参与战略配售	挂牌之日起	12个月
精选层：其他战略投资者	挂牌之日起	6个月